"十四五"职业教育国家规划教材

电子商务概论

（第6版）

主　编　姚克勤　章春苗　乔平平
副主编　蓝荣东　汪志林　戚家超
参　编　李嘉澍　王　暖

微信扫码
查看更多资源

南京大学出版社

图书在版编目(CIP)数据

电子商务概论 / 姚克勤，章春苗，乔平平主编. 6 版. -- 南京 ：南京大学出版社，2024. 7. -- ISBN 978 - 7 - 305 - 28148 - 8

Ⅰ. F713.36

中国国家版本馆 CIP 数据核字第 2024QX4732 号

出版发行 南京大学出版社
社　　址 南京市汉口路 22 号　　邮　　编 210093

书　　名 电子商务概论
DIANZI SHANGWU GAILUN
主　　编 姚克勤　章春苗　乔平平
责任编辑 武　坦　　编辑热线 025 - 83592315

照　　排 南京开卷文化传媒有限公司
印　　刷 南京人文印务有限公司
开　　本 787 mm×1092 mm　1/16　印张 18.75　字数 480 千
版　　次 2024 年 7 月第 6 版　2024 年 7 月第 1 次印刷
ISBN 978 - 7 - 305 - 28148 - 8
定　　价 49.90 元

网　　址：http://www.njupco.com
官方微博：http://weibo.com/njupco
微信服务号：njuyuexue
销售咨询热线：(025)83594756

前言

互联网的快速发展直接带动了电子商务的发展，而电子商务的飞速发展是信息技术在经济领域发展的集中体现。现在，电子商务正以前所未有的速度影响着这个世界。作为企业信息化的深层次应用，电子商务对企业的生存意义重大。许多传统企业的商业模式正发生着改变，全球范围内新的经济秩序逐渐建立。重新认识电子商务，并将电子商务与传统商务进行有机整合已成为很多企业的当务之急。

党的二十大对加快建设数字中国作出重要部署。习近平总书记强调，要站在统筹中华民族伟大复兴战略全局和世界百年未有之大变局的高度，统筹国内国际两个大局、发展安全两件大事，充分发挥海量数据和丰富应用场景优势，促进数字技术和实体经济深度融合，赋能传统产业转型升级，催生新产业新业态新模式，不断做强、做优、做大我国数字经济。电子商务作为数字经济和实体经济深度融合的重要结晶，极大引发了生产模式、流动模式、消费模式的深刻变革，在推动高质量发展、创造高品质生活方面发挥着非常重要的作用。

《电子商务概论》自 2007 年第 1 版出版以来，始终紧盯电子商务发展动向，曾先后修订 5 次。作者在认真学习、领会习近平总书记在党的二十大所作报告基础上，对教材进行了全面、细致的修订，力求反映党的十八大以来，在以习近平同志为核心的党中央英明领导下，我国互联网、数字经济、电子商务等的主要发展成果及应用案例、统计数据，并专列一个项目对跨境电商、移动电商、社交电商和新零售等新兴电子商务模式进行了详细介绍。党的二十大报告对深入推进法治中国建设作出重大决策部署，为此在本次修订中专门新增了电子商务法律法规等内容。本书经修订后以下特点：

(1) 内容体系完整，知识分布合理。全书系统介绍了电子商务的基本内容，包括电子商务的发展趋势、技术支持、商务模式，以及电子商务的网络营销、电子支付、物流管理、供应链管理、客户关系管理等，并力求从最基础的知识开始讲解，循序渐进，层层深入，使读者对电子商务有一个全方位的了解。

(2) 理论与实践相结合。除了介绍电子商务的基本理论外，还在部分项目末设计了“案例分析”和“实践训练”板块，以帮助读者更好地运用这些知识；每个项目开篇以案例的方式引导读者进行学习，并在正文知识讲解的过程中穿插对应的案例，帮助读者快速理解所学知识。

(3) 形式新颖，激发读者的学习兴趣。本书对重点、难点均配备了微课，其中既有对书中知识点的说明、补充和扩展，也有对重难点知识的讲解，读者可以通过扫描书中对应的二维码查看相关资源。

本书由浙江纺织服装职业技术学院姚克勤、章春苗，河南工业职业技术学院乔平平担任主编，厦门华天涉外职业技术学院蓝荣东、徽商职业学院汪志林、浙江纺织服装职业技术学院戚家超担任副主编，河南工业职业技术学院李嘉澍、王暖参编。具体分工为：项目一由章春苗编写，项目二由戚家超编写，项目三、四由蓝荣东编写，项目五由乔平平、李嘉澍编写，项目六由汪志林编写，项目七由乔平平编写，项目八由章春苗、王暖编写。全书由姚克勤、章春苗策划，姚克勤、章春苗、乔平平、戚家超，负责统稿、定稿。本书是 2019 年度河南省高等职业学校青年骨干教师培养计划《"一带一路"倡议背景下的河南农产品跨境电商物流发展研究》(项目编号 2019GZGG002)成果。

本次修订得到了众多专家的指点，南京大学出版社为本书的出版给予了大力的支持，在此表示诚挚的谢意。

编 者

2024 年 6 月

目　录

项目一

电子商务概述

项目导读

通过本项目的学习，理解电子商务的定义及基本类型、功能与特点；理解电子商务的概念模型、框架模型的内涵及电子商务体系结构；了解电子商务的产生、发展与演变过程。

项目任务及要求

任务编号	任务名称	要　求	相关知识
任务一	认识电子商务	1. 分析、比较传统商务与电子商务； 2. 分析企业电子商务中 B2B 与 B2C 交易	1. 电子商务的定义； 2. 电子商务分类及比较
任务二	认识电子商务体系结构	1. 理解电子商务交易中信息流、资金流、物流的关系； 2. 掌握实现电子商务的组成要素、动作机理	1. 电子商务概念模型； 2. 电子商务系统的组成； 3. 电子商务框架
任务三	认识电子商务的功能与特点	1. 理解电子商务商贸、应用、系统三大功能； 2. 理解电子商务的主要特点	1. 电子商务的应用领域； 2. 电子商务的特点
任务四	认识电子商务的起源和发展	1. 了解推动电子商务产生与发展的主要因素； 2. 了解中国电子商务与应用的发展现状	1. 电子商务发展历程； 2. 电子商务产生的背景； 3. 全球电子商务发展概况； 4. 中国电子商务发展现状
任务五	案例分析	了解目前的电子商务市场	1. 当当网上图书音像城； 2. 阿里巴巴的网上市场

案例点击 1－1

生活中的电子商务

1. 网上购物

学生张宏做毕业论文，看到网上介绍了一本新出版的书，该书有较高的参考价值。他就到当地新华书店去买，但书店营业员告诉他，这本书还没有到货。于是张宏就试着从当当网上订购，下单后不到两天他就收到书了。

2.“鲜语牧场”牛奶定制

蒙牛于 2015 年 9 月推出天猫专供进口奶品牌“鲜语牧场”，与阿里进行独家合作，作为集团“国际化”和“数据化”战略试点，通过阿里大数据贴近消费者的需求，在天猫上为消费者提供新鲜优质的进口奶。

鲜语牧场旗舰店于9月底上线，希望在“双11”打造品牌影响力，实现销量快速提升。然而，与所有进口新品牌一样，鲜语牧场在新市场的品牌建设和提升消费者好感方面面临挑战，如何带动店内流量和会员的积淀成为重要课题，加之进口奶消费者面临众多的品牌选择，能否在众多品牌中脱颖而出是鲜语牧场亟待解决的问题。

“双11”期间，鲜语牧场通过御膳房的大数据营销实现了骄人业绩，进口奶品类秒杀销量冠军，行业买家数第一，真正地让新鲜的进口牛奶变得“触”手可得！

3. 校园免费打印O2O服务平台

校园免费打印O2O服务平台“随印”于2015年6月17日获得数百万元融资。“随印”主要通过为学生用户提供免费打印为切入点，这些纸张只是单面打印，而在背面印刷广告，通过广告收入来弥补打印机、纸张及人工费用。目前“随印”主要通过免费向学生租赁打印机、帮助学生开打印店的方式来获得更大的市场。学生用户在线上就可以上传需要打印的文档，“随印”的学生店长会把打印好的文档送上门。

思考：

根据案例对照一下自己的生活，说说还有哪些新型的商务模式。

任务一　认识电子商务

从形式上来说，电子商务主要是指利用Web或类似Web技术提供的通信手段依托网络进行的交易活动，包括通过因特网买卖产品和提供服务。产品可以是实体化的，如汽车、电视机等；也可以是数字化的，如新闻、录像、软件等。此外，电子商务还可以提供各类服务，如安排旅游、开展远程教育等。电子商务并不仅仅局限于在线买卖，从生产到消费的各个方面都影响着商务活动的方式，而且对于顾客查找和购买产品乃至服务的方式都提供了新的渠道。那么，究竟什么是电子商务呢？

一、理解商务与商务活动

电子商务的概念

（一）商务的含义

随着市场经济的不断完善，企业直接面对市场谋求更大的生存和发展空间。政府采购采用市场化运作方式，个人消费日趋多样化，市场活动日益法制化、规范化，政府、企业、家庭与个人同市场间的联系愈加紧密，商务活动已渗透到社会经济的各个领域。对商务含义的解释大致归纳如下：

(1) 商务是涉及商品买卖的事务。一切买卖商品和为买卖商品服务的相关活动都是商务活动，一切旨在达成商品交易的相关行为都是商务行为。

(2)商务是市场营销。一切买卖商品的活动都是市场活动，都要以销售为中心开展市场营销活动。市场营销是商务概念的另一种表述方式。

(3) 商务是各种经济资源，包括物质产品、劳务、土地、资本、信息等有偿转让的相关活动。这些资源通过交换的方式实现所有权转移的过程就是商务活动的过程。

(4) 商务泛指营利性活动。以营利为目的的经济活动都是商务活动,它包括商品生产与买卖活动、其他营利性服务活动等。

(5) 商务是涉及企业、政府部门(包括事业单位)、家庭和个人的市场交换活动。

(二)与商务相关的概念

"商务"这一概念经常会与其他相关经济概念混淆。理解商务与这些概念的联系和区别,有利于在以后章节中对商务进行深入讨论。

1. 商业

商业是以买卖方式使商品流通的经济活动。商业兴起于先商时期的商国,形成初期是以物换物的方式进行的社会活动,后来发展为以货币为媒介进行交换从而实现商品流通的经济活动。现代的商业分为线下以及线上两种,极大地提高了贸易的效率。

2. 贸易

贸易是指买卖或交易行为的总称,通常指以货币为媒介的一切交换活动或行为。其活动范围,不仅包括商业所从事的商品交换活动,还包括商品生产者或他人所组织的商品买卖活动;不仅包括国内贸易,还包括国与国之间的国际贸易。

在古代市场上,不仅有物质商品贸易,还有奴隶贸易。在现代市场上,除了有形的商品贸易外,还有技术、资金、信息、劳务,以及保险、旅游等无形的贸易活动。

3. 市场营销

1996 年,菲利普·科特勒与阿姆斯特朗合著的《市场营销管理(第七版)》中定义:营销是通过创造与交换商品及其价值,使个人或群体的需求得以满足的过程。其核心概念包括需要与欲望,商品与服务,价值、满意与质量,交换与交易,以及市场。

市场营销是企业从满足消费者需求的角度出发,综合运用各种科学的市场营销手段,把商品和服务整体销售给消费者,以促进企业不断发展。

在市场营销过程中,目标消费者居于中心地位。企业会识别总体市场,将其划分为较小的细分市场,选择最有开发价值的细分市场,并集中力量服务于这些细分市场。为实施最好的营销组合,企业要做好市场营销调研、计划。

4. 经营

经营是指企业以市场为主要对象,通过商品生产和商品交换,为了实现总体目标而进行的与企业外部环境动态平衡的一系列有组织的活动。经营包含筹划、谋划、计划、规划、组织、治理、管理等含义。和管理相比,经营侧重于动态性地谋划发展,而管理侧重于使其正常、合理地运转。

企业经营是指企业根据其资源状况和所处的市场竞争环境,对企业长期发展进行战略性规划和部署,制定企业的远景目标和方针的战略活动。它解决的是企业的发展方向、发展战略问题,具有全局性和长远性。它是企业有目的的经济活动,是企业在国家的方针、政策指导下,根据宏观经济状况、市场需求状况及企业自身的需要,从自身所处的内外部环境条件出发,对企业的经济活动进行的筹划、设计与安排等活动。

(三)商务活动

商务活动也称商事活动,是指经法律认可的以商品或劳务交换为主要内容的营利性经济活动。企业在订货、销售和储存等过程中与生产厂商、消费者间发生的贸易、服务行为及信息传递均属于商务活动的范畴。

1. 商务活动的主体

商务活动的主体是指以独立形态参与商务活动过程的经济实体或个人,包括专门从事交易活动的企业及处于生产和消费两端的生产厂商和消费者。在特定情况下,政府也可以以生产厂商或消费者的身份出现。

2. 商务活动的内容

商务活动的内容非常丰富,包括营利性组织和个人除生产活动以外的全部对外经济活动。商务活动的内容至少包括以下几方面:

(1) 商情调研与发现商业机会是现代商务活动的起点。

(2)供给分析与选择商业机会。在现实生活中,商业机会普遍存在,通过商情调研可以发现一系列的商业机会,但并不是遇到每个商业机会,企业都能抓住,都能将其转化为营利机会。

(3) 商务磋商与签订商务合同。除了直接面对最终消费者的零售业务外,大多数商务活动都以合同为纽带。

(4) 商品购销与履行商务合同是从采购开始的,即以购买生产所需的经济资源为起点,经过生产过程,创造出商品或服务后,再把商品或服务推销出去,最终实现商品或服务的价值。

(5) 企业与外部的各种经济联系主要是通过商务活动实现的。由于商务活动面临的外部环境总是不断变化的,因此,商务活动必须保持与外部环境的适应性,理顺企业与外部的关系,包括企业与供应商、经销商、消费者,股东、竞争者、银行及其他金融机构、传播媒体、政府部门、社区及社会团体等的关系。商务活动在理顺企业对外关系中的重要职能是妥善处理商务冲突、讲求诚信交易、扩大对外宣传、塑造良好形象等。

(6) 制定、实施竞争战略与保持企业长期发展是有组织的整体活动,企业不能急功近利,只重视短期利益。

(7)稳定市场份额与开拓新市场领域的最终目的是实现企业的营利目标。

(8) 形形色色的交易活动归根结底是产权交易活动,商务活动的实质是实现商品所有权的有偿转让。

3. 商务活动的地位

商务活动也称商事活动,是指经法律认可的以商品或劳务交换为主要内容的营利性经济活动。商务活动是以交换为目的的社会生产的基本活动,是面向市场的活动,是塑造企业形象的活动,是决定营利性组织命运的活动。因此,做好商务活动工作对企业具有重要的意义。

二、了解电子商务的概念

很多人认为,电子商务就是在互联网上购物。虽然近几年消费者网上购物的总金额在逐年递增,但电子商务的业务领域却并不局限于网上购物,它包括很多商业活动。那么,究竟什么是电子商务呢?

(一) 从传统商务到电子商务

要全面地了解和认识“电子商务”,首先要明确“商务”的概念。这里所说的商务,按照一般的理解,(即英文 commerce 对应的解释)就是商品的买卖或交易活动。而商务活动是一种至少由两方参与的有价值物品或服务的协商交换过程，它包括买卖各方为完成交易所进行的各种活动。

回顾人类发展的历史，我们的祖先很早就开始了商品交易的活动。从最早的“以物易物”的交易模式，发展为以一般等价物为中介的交易模式，到一直延续至今的以货币为中介的交易模式，商品交易的原理并没有发生任何本质的变化，不断延伸和扩大的是其内涵。

在人类几千年的商务活动发展过程中，人们总是随着环境和社会的演变及时地利用各种新方法、新技术、新工具等手段来使交易活动变得更快捷、更准确、更便宜、更高效。例如，帆船的出现为买卖双方的水上交易开辟了新的舞台；印刷术、蒸汽机、电话和传真机等的发明也显著改变了人们的交易方式；而自 20 世纪后半叶以来的电子化的商务活动，则使人们可以在虚拟的时空中进行商务活动。

从传统商务到电子商务的形成大约经历了三个阶段。

第一阶段：20 世纪 50 年代中期，美国出现了“商业电子化”的概念，即利用电子数据处理设备使簿记工作自动化。1964 年，美国 IBM 公司研制出用磁带存储数据的打印机，第一次在办公室中引入了商业文书处理的概念。1969 年，IBM 公司又研制出磁卡打印机进行文字处理。至 20 世纪 70 年代中期，工业化国家已经普遍采用文字处理机、复印机、传真机、专用交换机等商业电子化设备，实现了商业单项业务的电子化。

第二阶段：20 世纪 70 年代，随着微电子技术的发展，特别是个人计算机的出现，商业电子化进入了以微型计算机、文字处理机和局部网络为特征的新阶段，以计算机、网络通信和数据标准为框架的电子商业系统应运而生。所谓电子商业系统，是指把分散在各商业领域的计算机系统连接成计算机局域网络，通常采用电子报表、电子文档、电子邮件等新技术和高功能的商业电子化设备。

第三阶段：从 20 世纪 80 年代后期开始，商业电子化向建立商业综合业务数字网的方向发展，出现了高性能的电子商业软件包、多功能的电子商业工作站和各种联机电子商业设备，如电子白板、智能复印机、智能传真机、电子照排轻印刷设备、复合电子文件系统等。随着电子通信标准的研究和电子数据交换系统的开发，以及计算机运用于商业数据的采集、处理，真正的电子商务时代到来了。

（二）电子商务的定义

目前，专家学者、政府部门、行业协会和 IT 公司等从不同角度提出了各自对电子商务的理解。下面列举一些典型的电子商务定义，以便帮助大家对电子商务有较全面的认识。

电子商务研究者从不同角度给出了众多的电子商务定义。

1. IT 企业对电子商务的定义

IT 企业是与电子商务（E-Business）相关技术的直接提供者、积极的推动者和参与者。

IBM 对电子商务的定义。电子商务＝Web＋IT。它所强调的是在网络计算环境下的商业化应用，是把买方、卖方、厂商及其合作伙伴在互联网、企业内部网（Intranet）和企业外部网（Extranet）结合起来的应用。只有先建立起良好的企业内部网，建立好比较完善的标准和各种信息基础设施，才能顺利扩展到企业外部网，最后扩展到电子商务。

惠普对电子商务的定义。电子商务是通过电子化手段来完成商业贸易活动的一种方式，电子商务使我们能够以电子交易为手段完成商品和服务的交换，是企业和消费者之间的联系纽带。它包括两种基本形式:企业之间的电子商务及企业与最终消费者之间的电子商务。

通用电气对电子商务的定义。电子商务是指通过电子数据交换方式进行商业交易,分为企业与企业间的电子商务以及企业与消费者之间的电子商务。企业与企业间的电子商务以 EDI 为核心技术,以 VAN 和互联网为主要手段,可实现企业间业务流程的电子化,配合企业内部的电子化生产管理系统,可提高企业生产、库存、流通各个环节的效率。企业与消费者之间的电子商务以互联网为主要服务提供手段,可实现公众消费和服务提供方式以及相关付款方式的电子化。

英特尔对电子商务的定义。电子商务是指在网络连接的不同计算机之间建立的商业运作体系,其利用互联网使商业运作电子化。电子贸易(E-Commerce)是电子商务的一部分,是指企业与企业之间或企业与消费者之间使用互联网进行商业交易(如广告宣传、商品介绍、商品订购、付款、售后服务等)。

联想对电子商务的定义。电子商务不仅仅是一种管理手段,而且触及企业组织架构、工作流程的重组乃至社会管理思想的变革。企业电子商务的发展道路是一个循序渐进、从基础到高端的过程:

(1) 构建企业的信息基础设施;

(2)实现办公自动化(OA);

(3) 建设企业核心的业务管理和应用系统(包括 ERP 和外部网站);

(4) 针对企业经营的三个直接增值环节设计和实施客户关系管理(CRM)、供应链管理(SCM)和产品生命周期管理(PLM)。

2. 有关组织对电子商务的定义

全球信息基础设施委员会(GIIC)电子商务工作委员会对电子商务的定义:电子商务是运用电子通信手段开展的经济活动,包括对商品和服务的宣传、购买和结算。

加拿大电子商务协会对电子商务的定义:电子商务是运用数字通信手段进行商品和服务的买卖以及资金的转账,包括公司间和公司内利用电子邮件(E-mail)、EDI、文件传输、传真、电视会议、远程计算机联网所能实现的全部功能,如市场营销、金融结算、销售及商务谈判。

欧洲经济委员会在全球信息标准大会上提出:电子商务是指各参与方以电子方式而不是以物理交换或直接物理接触方式完成任何形式的业务交易。这里的电子方式(或技术)包括 EDI、电子支付手段、电子订货系统、电子邮件、传真、网络、电子公告牌、条码、图像处理、智能卡等,这里的商务主要是指业务交易。

1997 年 11 月,国际商会在巴黎举行的世界电子商务会议(The World Business Agenda for Electronic Commerce)上,将电子商务定义为整个贸易活动的电子化。认为电子商务从外延上看,是交易各方以电子方式,而不是以当面或直接面谈的方式进行的任何形式的商业交易。

3. 政府部门对电子商务的定义

1997 年 7 月 1 日,美国政府在发布的《全球电子商务纲要》中比较笼统地指出:电子商务是指通过互联网进行的各项商务活动,包括广告、交易、支付、服务等活动。

欧洲议会对电子商务的定义为:电子商务是通过数字方式进行的商务活动。它通过电子方式处理和传递数据,包括文本、声音和图像。它涉及许多方面的活动,包括货物数字贸易和服务、在线数据传递、数字资金划拨、数字证券交易、数字货运单证、商业拍卖、合作设计与工程、在线资料和公共产品获得，还包括商品（如消费品、专门设备等）、服务（如信息服务、金融和法律服务等）、传统活动（如健身、体育等）和新型活动（如虚拟购物、虚拟训练）。

4. 对电子商务概念的探讨

上述定义只是从不同角度对电子商务各抒己见，本教材从广义和狭义两个角度来定义电子商务。

狭义的电子商务也称为电子交易（Electronic Commerce），是指人们利用电子化手段进行以商品交换为中心的各种商务活动，是公司、厂家、商业企业、工业企业与消费者个人之间的交易，是双方或各方利用计算机网络进行的商务活动，包括电子商情、电子广告、电子合同签订、电子购物、电子交易、电子支付、电子转账、电子结算、电子商场、电子银行等不同层次、不同程度的电子商务活动。

广义的电子商务是指各行各业（包括政府机构和企事业单位）、各种业务的电子化、网络化，可称为电子业务，包括电子商务、电子政务、电子军务、电子医务、电子教务、电子公务、电子事务、电子家务等。

5. 电子商务的本质

电子商务强调创造新的商机，以较少的投入获得较大的回报，创造商业价值。电子商务是运用现代信息技术（特别是网络技术）的一种新的社会生产、经营和管理形态，根本目的是通过提高企业生产效率、降低经营成本、优化资源配置，来实现社会财富的最大化。因此，电子商务要求的是整个生产、经营方式，价值链的改变，是利用信息技术实现商业模式的变革与创新。这是电子商务的本质。

案例点击 *1－2*

亚马逊网上书店

亚马逊最初是一家通过因特网售卖图书的网上书店，就在谁都没有搞清其店面在哪里的时候，在短短的两年间一举超过无数成名已久的百年老店而成为世界上最大的书店，其市值更是远远超过了售书业务的本身。在亚马逊网站，用户购书时可以享受到很大的便利。例如，要在100万种书中查找一本书，传统的方法可能要跑上几个书店，花费很多时间，但在亚马逊，用户可以通过检索功能，只需点击鼠标，很快就会有人把想要的书送到家里。亚马逊还有一个吸引人的方面就是提供了很多增值服务，包括提供了众多的书籍评论和介绍。而在传统销售方式下，这些增值服务会非常昂贵。在成功地将自己发展成超越传统书店的世界最大规模书店之后，今天亚马逊的业务已扩展到音像制品、软件、各类日用消费品等各个领域，成为美国，也是全世界较大的电子商务网站公司之一。

思考：

根据案例分析亚马逊书店属于哪种电子商务类型。

三、掌握电子商务的分类

电子商务依据不同的分类方法，有多种分类方式。了解与掌握电子商务的分类和特征，是掌握电子商务基本应用的前提。不同分类标准对电子商务的基本分类如表1-1所示。

表1-1 不同分类标准对电子商务的基本分类

分类标准	分类
按照商业活动的运行方式	完全电子商务、非完全电子商务
按照开展电子交易的范围	本地电子商务、远程国内电子商务、全球电子商务
按照交易对象	数字化商品(完全EC)、非数字化商品、网上服务
按照参与主体	B2B、B2C、C2C、B2G、U2B、M2B、H2B等
按照应用平台	专用网(EDI)、因特网、电话网(固定电话和移动电话)、电视网、三网合一
按照是否在线支付	在线支付型、非在线支付型
按照电子商务交易阶段	交易前、交易中、交易后

(一)按照商业活动的运行方式来划分

1. 完全电子商务

完全电子商务是指完全可以通过电子商务方式实现和完成完整交易的交易行为和过程。换句话说，完全电子商务是指商品或服务的完整过程是在信息网络上实现的电子商务。完全电子商务能使双方超越地理空间的障碍进行电子交易，可以充分挖掘全球市场的潜力。

2. 非完全电子商务

非完全电子商务是指不能完全依靠电子商务方式实现和完成完整交易的交易行为和过程。非完全电子商务要依靠一些外部因素，如运输系统的效率等。

(二)按照开展电子交易的范围来划分

1. 本地电子商务

本地电子商务是指利用本城市或地区内的信息资源实现电子商务的活动。本地电子商务地域范围有限，是利用局域网、因特网、Intranet等将这些系统连接在一起的网络系统：①参加交易各方的电子商务交易系统，包括买卖双方和相关的第三方；②银行金融机构和保险公司的电子信息系统；③物流单位的信息系统；④税务、工商及检验检疫部门的信息系统。本地电子商务是开展远程国内电子商务和全球电子商务的基础体系。

2. 远程国内电子商务

远程国内电子商务是指在本国范围内进行的网上电子交易系统。其交易范围比较广，对网络软硬件要求相应较高，对国内电子商务发展程度的要求也较高，在全国范围内实现交易、支付、物流等方面的电子化、自动化，并要求电子商务的从业人员具有相应的技术能力和电子商务知识。

3. 全球电子商务

全球电子商务是指在世界范围内进行的电子商务活动。不同国家的电子商务交易方通过网络进行贸易活动，其涉及有关各方的信息系统复杂程度远远超过前两者。这些相关系统包括以下几个方面：①交易双方的信息系统；②海关检验检疫信息系统；③银行和保险信息系统；④税务信息系统；⑤国际物流组织信息系统。全球电子商务是电子商务发展的高级阶段，要求电子商务系统安全、准确、及时，是未来国际贸易的主流趋势，具有很大的潜力。中国应该积极参与制定全球统一的电子商务标准和电子商务贸易协定，使中国电子商务和全球电子商务都能得到顺利发展。

（三）按照交易对象来划分

1. 有形商品电子商务

有形商品电子商务是指将实物商品的交易尽可能通过网络来完成，这是电子商务的一个重要部分，也是传统商务与电子商务相互交叉的最大部分。与其他两种电子商务相比，有形商品电子商务具有一个明显的特点，就是它与物流过程紧密结合在一起，并且随着有形商品电子商务的不断发展，传统的物流过程也得到了重组、优化，更加适应信息时代电子商务条件下对有形商品储存、调配、运输的特殊要求。在有形商品电子商务的流程中，物流、资金流、信息流、商流四流界限分明，各成体系又相互结合，形成了流畅的商品流通的全过程。

2. 数字商品电子商务

数字商品电子商务是指通过网络传输数字商品，达成交易的电子商务形式。在数字商品交易过程中，没有实物商品流通过程，所以也就没有商品的储存、包装和运输费用。在传统的商贸中，数字商品一般都有实物载体，如磁带、光盘等，从而增加了数字商品的储存、包装、运输等成本，大大降低了数字商品的交易效率。事实上，如文字知识、音像、文化商品、计算机软件等数字化商品都可以通过网络进行传输，这也是数字商品电子商务不同于传统商务过程，甚至生产和消费过程的重要方面。

3. 服务商品电子商务

服务商品电子商务的交易对象是服务商品。服务商品电子商务提供的也是无形商品，但和数字商品电子商务不同的是，有的服务商品电子商务流程中也有实物部分，也可能有物流过程，如邮政电子商务等。

（四）按照参与主体来划分

1. 企业对企业电子商务交易模式(B2B)

B2B是指企业之间进行的电子商务活动。这种模式最早是以企业通过专用网或增值网采用EDI方式进行的商务活动，目前这种模式也是电子商务的主流。随着中国国内市场竞争日益激烈，商业环境也不断完善，越来越多的企业采用这一模式。

B2B模式又可以划分为B2B2B和B2B2C两种模式。B2B2B即企业—企业—企业电子商务模式，是以B2B模式为基础，实际上是在常规的B2B模式中增加了一个代理中间商环节，这一环节将企业分散执行的销售功能集中地由代理中间商完成，减轻了生产企业的销售负担，代理中间商本身也有盈利空间。而B2B2C模式却是从B2C模式中发展而来，零售的特点使商家的配送工作十分繁重，而消费者不愿意为低价格的商品支付相对高额的配送费用，在这种情况下把经销商作为销售渠道的下游引进，既可以减轻配送费用，降低成本，同时又可以减轻库存负担。

2. 企业对消费者电子商务交易模式(B2C)

B2C 是指企业与消费者之间进行的电子商务活动。这种模式主要是借助于网络销售模式。这种模式的电子商务近年来发展较快，特别是企业的网页面对广大消费者并不需要统一标准的单据传输，只涉及信用卡、电子货币和电子钱包，而且网上搜索浏览功能和多媒体界面使消费者更容易寻找商品。

3. 消费者对消费者电子商务交易模式(C2C)

C2C 是指商品直接由消费者出售给消费者。这一思想主要来源于传统的跳蚤市场。它主要是消费者之间的自由交易，交易商品大多是日常用品，也包括住房、汽车等旧货商品或服务。

4. 企业对政府电子商务交易模式(B2G)

B2G 是指企业与政府机构之间进行的电子商务活动。政府将采购清单在网上公布，通过网上竞价方式进行招标，而企业可以通过网上投标。这种方式有利于政府节省费用，提高政府办公的公开性和透明度。这种商务活动覆盖了企业与政府组织之间的各项事务。例如，企业与政府之间进行的各种手续的报批；政府通过因特网发布采购清单，企业以电子化方式响应；政府在网上以电子交换方式完成对企业和电子交易的征税；等等。这成为政府机关政务公开的手段和方法。

5. 学校对企业电子商务交易模式(U2B)

U2B 是指学校通过网络对学校内的基础建设、设备等进行招投标采购或公开采购。这样可以提高效率，降低选择成本，防止腐败漏洞产生等。

6. 军队对企业电子商务交易模式(M2B)

M2B 是指军事机构通过网络进行设备采购、后勤管理等活动。

7. 医院对企业电子商务交易模式(H2B)

H2B 是指医院通过网络公开对医疗器材、医药产品、基础建设等进行招投标、网上采购等。

(五)按照应用平台来划分

1. 基于专用网的电子商务

基于专用网的电子商务就是利用 EDI 网络进行电子交易。EDI 是按照一个公认的标准和协议，将商务活动中涉及的文件标准化和格式化，并通过计算机网络，在贸易伙伴的计算机网络系统之间进行点对点的贸易、商务数据交换和自动处理。EDI 主要应用于企业与企业、企业与批发商、批发商与零售商之间的批发业务。EDI 电子商务在 20 世纪 90 年代已得到了较大发展，技术上也较为成熟。但是，由于开展 EDI 对企业在管理、资金和技术上有较高的要求，所以在发展中国家的一般企业尚不太普及。

2. 基于因特网的电子商务

它是一种采用 TCP/IP 协议组织起来的松散的、独立与合作的国际互联网络。基于因特网的电子商务是指利用连接全球的因特网开展的电子商务活动，由于它涉及的领域广泛，发展速度快，所以成为目前电子商务的主要形式。

3. 基于内联网络的电子商务

基于内联网络的电子商务是指在一个大型企业的内部或一个行业内开展的电子商务活动，形成一个电子商务活动链，可以大大提高工作效率和降低业务成本。

4. 电话网电子商务

电话网现在可以分为固定电话网络和移动电话网络，特别是利用移动电话在因特网上开展商务活动已成为电子商务新的发展方向。移动电子商务不仅能提供因特网上的直接购物，而且还是一种全新的销售与促销渠道。它全面支持移动因特网业务，可实现电信、信息、媒体和娱乐服务的电子支付。与传统的电子商务相比，移动电子商务具有更多的优势，最特别的当属“随时随地”和“个性化”。移动电子商务能完全根据消费者的个性化需求和喜好定制，包括设备选择及提供服务与信息的方式也完全由用户自己控制。服务付费也可通过多种方式进行，如可直接转入银行、用户电话账单或在专用预付账户上实时借记，以满足不同需求。移动电子商务在用户的消费信用问题上显然具有一定的优势：手机号码的唯一性确保了用户身份得以保证，也就是确定了信用认证的基础。而利用固定电话网，传统企业可以通过电话采访、电视的广告节目等达到推销企业和产品的目的。电信网、电视网和计算机网在业务类型、服务范围、网络结构和线路等方面都存在许多不同之处，但 3 种网络间的界限也必将越来越模糊，它们共同构建信息高速公路的网络基础设施将成为必然趋势。

（六）按照是否在线支付来划分

1. 在线支付型

在线支付型是指借助网上银行、第三方认证等模式，交易双方的货币支付通过网络就可以完成。

2. 非在线支付型

非在线支付型是指货币交易不能通过网络进行，必须通过传统方式进行。

（七）按照电子商务交易阶段来划分

1. 交易前电子商务

交易前电子商务是指将电子商务信息分类上网和进行组合查询，如用电子邮件查询商品的信息、沟通交易双方或多方等活动。

2. 交易中电子商务

交易中电子商务主要是指支持达成交易的电子商务系统，其功能是对各种业务文件或单证进行网上传递。它要保证数据交换的准确性和单证记录的不可更改性，以完成网上的谈判、签约等商务活动。

3. 交易后电子商务

交易后电子商务主要是指交易后进行服务的电子商务系统，涉及银行、金融机构、售后维修和物流配送等。

任务二　认识电子商务体系结构

一、认识电子商务概念模型

电子商务概念模型是对现实生活中电子商务活动的一般抽象描述，由电子商务实体、电子交易市场、交易事务和物流、资金流、商流、信息流等基本要素构成，如图 1-1 所示。

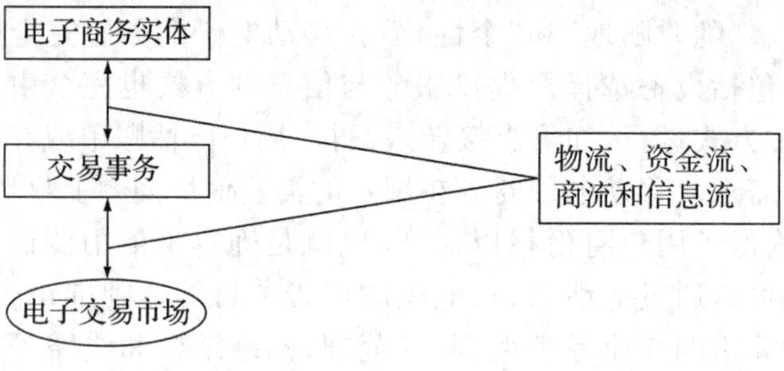

图 1-1　电子商务概念模型

电子商务概念模型中各对象的含义如下。

（一）电子商务实体

在电子商务概念模型中，电子商务实体是指能够从事电子商务的客观对象，如消费者、企业、网上银行、认证中心、政府机构、物流中心和中介机构等。

(1) 消费者。电子商务交易主体，是经济活动不可缺少的重要一环，在电子商务中其角色定位明确，也比较容易理解。

(2)企业。电子商务最主要的推动者和受益者。

(3) 网上银行。在互联网上实现传统银行的业务，为用户提供 24 小时的实时服务；与信用卡公司合作，发放电子钱包，提供网上支付手段，为电子商务交易中的用户和商家服务。

(4) 认证中心(Certificated Authority，CA)。受法律承认的权威机构，负责发放和管理电子证书，使网上交易的各方能互相确认身份。电子证书是一个包含证书持有人、个人信息、公开密钥、证书序号、有效期、发证单位的电子签名等内容的数字文件。

(5) 政府机构。在电子商务环境中，政府应该发挥何种作用，各国政府的态度不尽相同。对于我国来说，政府在电子商务中扮演着双重角色，既是宏观政策的制定者和调控者，又是商业采购的积极参与者。

(6) 物流中心。接受商家的送货要求，组织运送无法从网上直接得到的商品，跟踪产品的流向，将商品送到消费者手中。

(7)中介机构。可以分为三类：第一类是为商品所有权的转移过程(即支付机制)服务的，像一些金融机构，如支付宝；第二类是提供电子商务软硬件服务、通信服务的各种厂商，像 IBM、HP、Microsoft 这样的软硬件和解决方案提供商；第三类是像 Yahoo、Alta Vista、

Infoseek这样的提供信息及搜索服务的信息服务增值商。

（二）电子交易市场

在电子商务中，对于每个交易实体来说，所面对的是一个电子交易市场（Electronic Market，EM），它必须通过EM来选择交易的对象和内容。电子交易市场是指电子商务实体从事商品和服务交换的场所，它由各种各样的商务活动参与者利用各种接入设备（计算机、个人数字助理等）和网络连成一个统一的整体。它是在互联网通信技术和其他电子化通信技术的基础上，通过一系列的动态Web应用程序和其他应用程序将交易的双方集中在一起的虚拟交易环境。EM中众多的交易主体可以通过EM提供的电子化交易信息和交易工具建立起点对点和一对多的交易通道。负责EM的建立、维护、运行等工作的中介服务机构被称为EM运营商。阿里巴巴就是国内的一家电子交易运营商。

（三）交易事务

交易事务是指电子商务实体之间所从事的具体的商务活动的内容，如询价、报价、转账支付、广告宣传和商品运输等。

（四）电子商务中的“四流”

(1) 物流。物流主要是指商品和服务的配送及传输渠道。对于大多数商品和服务来说，物流可能仍然经由传统的经销渠道，然而对有些商品和服务来说，可以直接以网络传输的方式进行配送，如各种电子出版物、信息咨询服务、有价信息等。

(2)资金流。资金流指资金的转移过程，包括付款、转账、兑换等过程。它始于消费者，终于商家账户，中间可能经过银行等金融部门。

(3) 信息流。服务于商流和物流所进行的信息活动的总称，既包括商品信息的提供、促销营销、技术支持、售后服务等内容，也包括诸如询价单、报价单、付款通知单、转账通知单等商业贸易单证，还包括交易方的支付能力、支付信誉、中介信誉等。

(4) 商流。商流指购、销之间进行交易和商品所有权转移的运动过程。具体是指商品交易的一系列活动，包括交易前的商品宣传、用户选择及双方的谈判磋商，交易中的规则确认（合同）及订货、发货过程，交易后的服务行为等，往往涉及商检、税务、海关和运输等各行业。

电子商务中的任何一笔交易都包含四种基本的“流”，即物流、资金流、信息流、商流。资金流、信息流、商流的处理可以通过计算机和网络通信设备来实现，而物流作为电子商务四种“流”中最为特殊的一种，是指物质实体（商品和服务）的流动。它们之间的关系如图1-2所示。

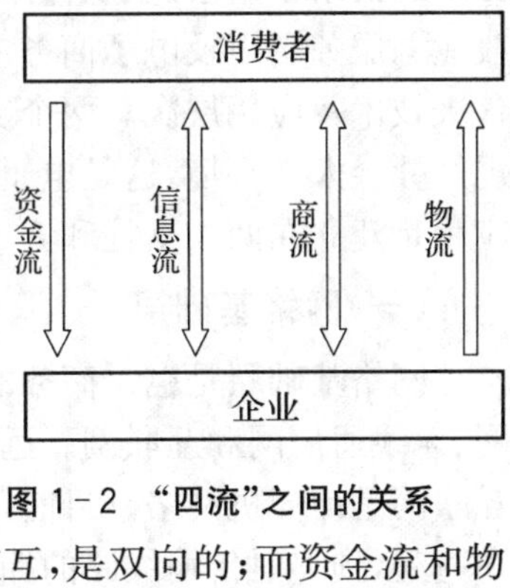

图1-2　“四流”之间的关系

从流动方向看，信息流、商流在商家和消费者之间传递和交互，是双向的；而资金流和物流的流向是单向的、相逆的。

在商品价值形态的转移过程中以信息流为依据，通过资金流实现商品的价值，通过物流实现商品的使用价值，从而完成整个电子商务的交易活动。

物流是基础，信息流及资金流是桥梁，但信息流处于中心地位，直接影响并控制着商品流通中各个环节的运作效率。物流是资金流的前提与条件，资金流是物流的价值担保，并为适应物流的变化而不断进行调整。商流是交易的核心，是电子商务的最终目的。

二、了解电子商务的一般框架

电子商务不仅是创建一个网站，其涵盖的内容还要多得多。目前电子商务已经有很多方面的应用，如网上购物、网上证券交易、网上招聘、网上拍卖等，而这些应用都需要相关技术的支持。电子商务的一般框架是对电子商务活动的概括描述，是电子商务基本要素的结构组合。

电子商务的框架结构如图 1－3 所示。

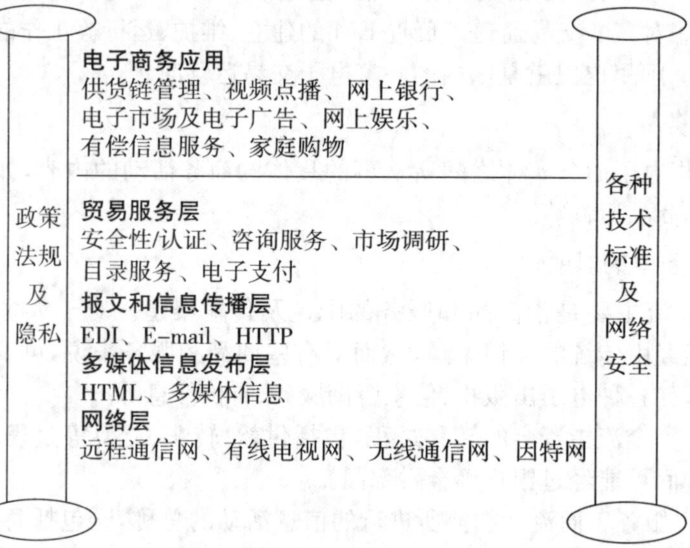

图 1－3　电子商务的一般框架

电子商务系统框架可以分为五个层次和两个支柱。五个层次自下而上分别为网络基础层、多媒体内容和网络表示层、消息/信息发布与传输层、一般业务服务层以及电子商务应用层，这五个层次依次代表电子商务设施的各级技术及应用层次。两个支柱分别是安全技术标准和国家宏观政策、法规等社会人文环境，这是电子商务顺利应用的坚实基础。电子商务的各类应用是建立在两大支柱和五个相互支持的层次基础之上的。

电子商务框架

（一）网络基础层

网络基础层是电子商务的硬件基础设施，是信息传输系统，包括远程通信网、有线电视网、无线通信网和互联网。远程通信网包括电话、电报，无线通信网包括移动通信和卫星网，互联网是计算机网络。目前，这些网络基本上是独立的，研究部门正在研究将这些网络连接在一起，到那时传输线路的拥挤将会彻底改变。

这些不同的网络都提供了电子商务信息传输线路，但是，当前大部分的电子商务应用还是基于互联网。互联网上包括的主要硬件有基于计算机的电话设备、集线器（Hub）、数字交换机、路由器（Router）、调制解调器、电缆调制解调器（Cable Modem）等。

经营计算机网络服务的是互联网网络接入服务供应商（IAP）和内容服务供应商（ICP），它们统称为网络服务供应商（ISP）。IAP 只向用户提供拨号入网服务，它的规模一般较小，向用户提供的服务有限，一般没有自己的骨干网络和信息源，用户仅将其作为一个上网的接入点看待。ICP能为用户提供全方位的服务，可以提供专线、拨号上网，提供各类信息服务和培训等，拥有自己的特色信息源。它是ISP今后发展的主要方向，也是发展电子商务的重要力量。

（二）多媒体内容和网络表示层

多媒体内容和网络表示层解决电子商务系统内部信息的发布问题。HTML作为互联网中主要的信息内容制作的工具，可以容纳文字、图形、动画、音效等多媒体内容，并将其组织得便于检索和富有表现力。应用Java语言可以更方便地使之适用于各种网络、设备、操作系统及界面等。最常用的信息发布应用就是WWW，用HTML或Java将多媒体内容发布在Web服务器上，然后通过一些传输协议将发布的信息传送给接收者。

（三）消息/信息发布与传输层

消息/信息发布与传输层解决电子商务系统外部信息的传输问题。信息的发布和传输形式并不是唯一的，不同的场合、不同的要求需要采用不同的方式。互联网上的信息传播工具提供了两种主要的交流方式：一种是非格式化的数据交流，如电子邮件；另一种是格式化的数据交流，如电子数据交换。目前，大量的互联网使用者在各种终端和操作系统下通过HTTP使用统一资源定位器（URL）查找所需要的信息。

（四）一般业务服务层

一般业务服务层用于实现标准的网上商务活动，为方便交易可提供通用的业务服务，这些业务服务是所有企业、个人在网上进行贸易时都会用到的服务。它主要包括保证商业信息安全传输的方法、买卖双方合法性的认证、电子支付工具与商品目录服务、电子支付工具的开发、保证商业信息安全传送的方法、认证买卖双方的合法性方法等。为保证商务活动的持续进行，必须保证交易安全有效地进行，目前的做法是采用信息加密技术（非对称密钥加密、对称密钥加密等）、安全认证技术（数字签名、数字证书、CA认证等）和安全交易协议（SET、SSL等）来提供端到端的安全保障。

以上四个层次构成了电子商务的基础设施环境。

（五）公共政策、法规、隐私权问题

公共政策包括围绕电子商务的税收制度、信息定价（信息定价围绕谁花钱来进行信息高速公路建设）、信息访问的收费、信息传输成本、隐私问题等需要政府制定的政策。其中，税收制度如何制定是一个至关重要的问题。例如，对咨询信息、电子书籍、软件等无形商品是否征税，如何征税；对于汽车、服装等有形商品，如何通过海关，如何征税；税收制度是否应与国际惯例接轨，如何接轨；WTO是否应把电子商务部分纳入其中。这些问题不妥善解决，就会阻碍电子商务的发展。

法规维系着商务活动的正常运作，违规活动必须受到法律的制裁。网上商务活动有其独特性，买卖双方很可能存在地域的差别，他们之间的纠纷如何解决？如果没有一个成熟的、统一的法律系统进行仲裁，纠纷就不可能解决。那么，这个法律系统究竟应该如何制定？应遵循什么样的原则？其效力如何保证？如何保证授权商品交易的顺利进行？如何有效遏止侵权商品或仿冒产品的销售？如何有力打击侵权行为？这些都是制定电子商务法规时应该考虑的问题。法规制定得成功与否直接关系到电子商务活动能否顺利开展。保障隐私权是指在电子商务交易过程中，对交易各方各种信息的有效保护。

（六）文档、安全、网络协议的技术标准

安全问题可以说是电子商务的中心问题。如何保障电子商务活动的安全，一直是电子商务能否正常开展的核心问题。作为一个安全的电子商务系统，首先必须具有一个安全、可靠的通信网络，以保证交易信息安全、迅速地传递；其次必须保证数据库服务器的绝对安全，防止网络黑客闯入盗取信息。目前，电子签名和认证是网上比较成熟的安全手段。同时，人们还制定了一些安全标准，如安全套接层协议（Secure Sockets Layer，SSL）、安全 HTTP 协议（Secure-HTTP）、安全电子交易（Secure Electronic Transaction，SET）等。

技术标准定义了用户接口、通信协议、信息发布标准、安全协议等技术细节，它是信息发布、传递的基础，是网络信息一致性的保证。就整个网络环境来说，技术标准对于保证各种硬件设备和应用软件的兼容性和通用性是十分重要的。目前，许多企业和厂商、国际组织都意识到技术标准的重要性，正致力于联合起来开发统一的国际技术标准，比如 EDI 标准、TCP/IP 协议等。

以上两个支柱构成了电子商务必备的外部支撑条件。

（七）电子商务应用层

上面所介绍的四个基础设施和两个支柱构成了电子商务运行的环境平台，在此基础上可以开展网上招标、在线购物、在线营销、博客营销、网上银行、有偿信息服务等电子商务活动。

任务三　认识电子商务的功能与特点

一、认识电子商务的功能

电子商务的功能非常强大，内容也十分丰富，其功能与电子商务系统划分的层次有关，不同层次的电子商务其功能也是不一样的。按下列分类法，可以分为商贸功能、应用功能和系统功能这三大类。

（一）商贸功能

电子商务可以提供网上交易、支付和管理等商贸服务的全过程，内容十分丰富，具体来说可以分为网上广告宣传、咨询洽谈、服务传递、网上订购、电子账户、意见征询和交易管理等商贸功能。

1. 广告宣传

企业可以凭借自身的信息技术设施在因特网上发布各类商业信息，客户可以借助网上检索工具迅速搜寻到所需的商品信息，而商家可利用网上主页和电子邮件在全球范围内迅速做出大量的广告宣传，而且与以往的各类广告相比，网上的广告成本更为低廉，而给顾客的信息量却是最丰富的。

2. 咨询洽谈

网络技术的普遍应用，使得通常的地域、时间限制将不再成为人们交流沟通的障碍，人们可以借助因特网与客户或合作伙伴进行实时或非实时的交互式讨论，了解市场及商品的有关信息，还可以在 BBS 上留言来讨论。

3. 服务传递

客户服务是现代商务中一项很重要的经营理念。从顾客的咨询洽谈开始,就有相应的顾客服务条款与其相匹配,以便让客户及时了解商务进展情况。对于已付款的客户应将其预订的货物尽快送到他们的手中,而对有些货物在本地、有些货物在外地的情况,应利用电子邮件和网络实时交互系统进行相应的物流调整配送。

4. 网上订购

网上订购是借助 Web 交互技术实现的,通常是在产品介绍的页面上提供十分友好的订购提示信息和订购交互格式框。当顾客填完订购单后,通常系统会回复确认信息单来保证订购信息的收悉。对于订购信息,也可以采用加密的方式使客户和商家的商业信息不会被泄露。

5. 电子账户

网上支付活动必须要有相应的电子金融进行支持,即通过银行和信用卡公司及保险公司等金融单位为商业活动提供网上支付等金融服务。而电子账户管理是其基本的组成部分,必须采取技术措施来保证其可信度,如通过数字凭证、数字签名、加密等手段提供电子账户的安全保障。

6. 意见征询

电子商务可以方便地借助于网页上的“选择”“填空”等格式文件来搜集用户对销售服务的反馈意见,这样使企业的市场运营能形成一个封闭的回路。客户反馈意见不仅能提高售后服务水平,还有助于企业获得改进产品、提高服务质量和发现市场商机的信息。

7. 交易管理

整个交易管理将涉及人、财、物等多个方面,也涉及企业和企业、企业和客户之间的协调管理。因此,交易管理是涉及商务活动全过程的管理。电子商务的发展,特别是电子商务系统的出现,为创造一个良好的交易管理系统的网络环境及实现多种多样的应用服务平台提供了可能。

(二)应用功能

应用功能主要包括售前服务、售中服务和售后服务 3 种。

1. 售前服务

因特网作为一个被人们称为第四媒体的新事物,具有即时互动、跨越时空和多媒体展示等特性,它强调互动性和即时性,与一般媒体相比,具有更新速度快、价格低廉的优势。企业可以利用网上主页和电子邮件在全球范围内进行宣传,客户也可以借助检索工具十分方便地搜寻到所需商品的相关信息。

2. 售中服务

电子商务售中服务主要是指通过网络等信息手段来帮助企业完成与客户之间的咨询洽谈、网上订购和网上支付等商务活动。例如,对于销售诸如多媒体和其他无形服务的商品来说,可以提供直接在网上试用这些商品或服务,如可以在网上直接试听音乐、观看影片等,再决定是否购买。

3. 售后服务

电子商务的售后服务主要包括帮助客户解决产品使用过程中出现的问题、排除技术故障、提供技术支持、传递产品改进或升级的信息等,努力为顾客提供及时和高质量的服务,在客户使用产品的过程中与其保持联系,及时获得客户的反馈信息。网上售后服务具有反应速度快、质量高、费用低的优势,同时也可大大降低服务人员的工作强度。

(三)系统功能

电子商务功能按目标的不同,可分为交易服务(Commerce)功能、协同处理(Collaboration)功能与内容管理(Content Management)功能3个层次,又称为3C功能。

1. 交易服务

电子方式下的交易服务具体包括3个方面的应用:市场与售前服务、销售活动和客户服务,也可以用3S来表示,即Show、Sale、Serve。

(1) Show,即展示,接近于市场和售前服务的内容,主要用于向顾客提供相关信息。企业可以在网上发布商品及其他信息,展示自己的产品和企业形象。通过这种展示,企业可以树立自己的企业形象,扩大其知名度,宣传自己的产品和服务,以寻找新的贸易合作伙伴,进一步打开市场。

(2)Sale,即交易,将传统交易的全过程以电子方式来实现。企业通过将交易环节以电子方式来完成交易的全过程,扩大了交易范围,提高了工作效率,降低了交易成本,从而获取了较好的经济和社会效益。

(3) Serve,即服务,主要是指企业为完善整个商务过程,运用网络开展的各种售前、售中和售后服务。这种服务是企业电子商务系统的基本部分,通过服务有助于巩固原有的客户,吸引新的客户,从而扩大企业的经营业务,获得更大的经济效益和社会效益。

2. 协同处理

协同处理是指能支持电子商务系统中群体人员协同工作的功能。这种功能较好地提供了自动处理业务流程,从而减少了产品开发周期。协同处理的具体内容为:通信协同处理,是指电子邮件和信息系统的信息协同处理;人力资源协同管理,通常情况下由专门的部门来进行人力资源管理和相关服务,以提高工作效率,在人力资源的协同处理中包括雇员的自我服务;供应链信息的协同处理,是指为实现供应链的信息协同而建立起来的企业内部网和企业外部网;销售业务的自动化,通过信息的协同处理可以很好地实现包括合同管理、合同审定及签署的自动化。

3. 内容管理

内容管理涉及网络上信息的安全渠道和分布,客户信息服务和安全、可靠、高效的服务,主要包括提供在Web及其他地方的有关产品宣传和相关信息的发布;提供保护和管理关键数据的能力;提供存储和利用复杂多媒体信息的能力;公司内部的信息传播和管理。

二、认识电子商务的特点

与传统商务方式相比,电子商务具有明显的特点,具体可归结为这样几点:商务的高效性、用户的便捷性、商务电子化、安全性、兼容性和可扩展性等。

案例点击 1－3

电子商务与传统商务的融合

时下，传统企业开网店、网店开传统实体店这样的案例在中国已经越来越多。2009年5月，古越龙山绍兴酒公司在淘宝商城开起了旗舰店；6月，据称是国内最大的鞋类B2C网站——拍鞋网开起了首家连锁实体商城，同时这家公司在2010年福建省内各大主要城市开设了50家连锁实体商城。这两个典型事例正是中国无数个传统企业与网店双向融合的一个缩影。针对这样的现状，一直专注于向互联网转型的管理软件提供商金算盘公司董事长杨春发表观点认为，当电子商务发展到一定成熟度，并开始形成对传统商务的冲击时，各种传统经营模式必将向电子商务融合。因为面对电子商务这一新兴的市场，传统企业不可能无动于衷，甘愿失去分食这一大蛋糕的机会。反之，成长起来的电子商务企业，要想与传统商务分庭抗礼，甚至超越它，也不可避免地要渗透到传统商务领域，最后形成的就是互相融合的经济现象。

思考：

根据案例，结合电子商务的优点说明电子商务和传统商务如何做到优势互补。

（一）商务的高效性

电子商务为买卖双方提供了一种高效的交易服务方式。例如，网上无人商店，无须提供实体店铺，在为企业节省大量开销的同时，也提供了全天候的服务，从而能有效地扩大销售量，提高客户满意度和企业的知名度。并且，通过企业的电子商务系统还可以记录有关商务信息，从而可以了解每位客户每次访问网站、购买商品的情况及对产品的偏爱，在此基础上通过统计就可以获知客户最想购买的产品是什么，进而为新产品开发、生产提供有效的信息。

总之，电子商务不仅为消费者提供了一种方便、迅捷的购物途径，也为商家提供了一个良好的营销环境，培养了一个遍布世界各地的巨大的消费群体。因此，无论是对大企业、中小企业及个体经营者来讲，还是对一般消费者来说，电子商务都能提供一种由信息技术发展而带来的便利。

（二）用户的便捷性

在电子商务环境中，客户可以不受时间和空间限制，不出门即可享受到各种消费和服务。客户不再像以往那样因受地域的限制而只能在一定区域内的、有限的几个商家中选择交易对象、寻找所需的商品，他们可以在更大范围内，甚至是在全球范围内寻找交易伙伴进行商品选择。更为重要的是，当企业将客户服务过程转移到因特网上之后，过去客户要大费周折才能获得的服务，现在能很方便地得到。例如，通过网络银行能够全天候地访问资金账户、查询信息等；同时使企业对客户的服务质量大大提高，顾客可以实时查询货物的收发情况，寻找和购买不常用的稀有商品；等等。真正做到足不出户，就能方便、实时地完成商务工作。可见，电子商务所提供的客户服务使用户获得了很大便捷，企业也能从中受益。

（三）商务电子化

商务电子化是电子商务最本质的特征之一，其核心是商务，电子化是它实施商务活动的手段，目的是为商务活动服务。其最终目标是能比传统的商务活动获得更大的商业利益。

电子商务为企业和顾客提供了服务于买卖交易全过程的电子平台。电子商务网上购物提供了一种客户所需要的方便途径，对任何规模的企业而言都是一种新的机遇。同时就其商务性而言，电子商务可以进一步扩展市场，增加客户数量。通过把从网络搜集到的信息连至数据库，企业能记录下访问量、销售量、购买形式和购货动态变化过程，以及客户对产品的偏爱等重要信息，为企业经营决策提供第一手材料。

（四）安全性

电子商务的安全性是决定电子商务发展前途的一个至关重要的因素。对于客户而言，如果他们对交易安全性缺乏信心，无论网上的物品如何具有吸引力，他们也不敢冒险在网上进行买卖。对企业来说也一样，如果没有安全保障，他们也同样不敢涉足这一领域。为了解决电子商务安全性问题，帮助企业创建和实现一些具体的安全保障方案，国际上多家公司联合开展了安全电子交易的技术标准和方案研究，并发表了相关的安全协议标准，使企业能建立一种安全的电子商务环境。随着技术的发展，电子商务的安全性也会得到增强。

电子商务安全性要求在整个商务运作过程中能提供一种端到端的安全保障机制，因此整个安全方案必须是一个完全解决方案。目前安全技术主要包括加密机制、签名机制、安全管理、存取控制、防火墙、安全互联网服务器、防病毒保护及安全套接层（Secure Socket Layer，SSL）协议和安全电子交易（Secure Electronic Transaction，SET）协议等，为企业建立了一个安全、可靠的电子商务环境。

（五）兼容性

任何商务活动都不是简单的一种技术或一种管理思想就能解决的，它具有自身的复杂性。电子商务能够规范事务处理的工作流程，利用它的兼容性，将人工操作和电子信息处理集成为一个不可分割的整体，这样不仅能提高人力和物力的利用率，也可以提高系统运行的严密性。

电子商务的真正商业价值还在于整合、协调新老技术。电子商务中大量采用了计算机、网络通信等新技术，而这些新技术的运用并非意味着企业原有的信息系统和设备将被全部淘汰，而是通过电子商务系统地对原有的技术设备进行改造，充分利用企业已有的信息资源和技术，提高系统运行的可靠性，从而更加高效地完成企业的生产、销售和客户服务。

（六）可扩展性

电子商务的可扩展性是电子商务的重要特点，随着信息技术的进一步发展，网络上的用户数量之大、增长速度之快将不断出现新高，这就要求电子商务系统能够有与其相适应的可扩展性，以便在网络用户数增加及出现传输高峰时，系统仍然能够正常工作。反之，会使客户的访问速度急剧下降，严重时，甚至会导致整个系统的瘫痪，从而影响企业的营销工作，损害企业的形象和信誉。

任务四　认识电子商务的起源和发展

一、了解电子商务的产生

电子商务的起源可以追溯到19世纪40年代电报刚刚诞生之时。商人为了加快贸易信息传递，采用莫尔斯码点和线的形式在电线中传输贸易信息，这标志着运用电子手段进行商务活动进入了新纪元。后来利用电话、传真等传递商贸信息的活动应该是电子商务活动的开端。

在与计算机技术和网络通信技术的互动中，电子商务逐步发展并完善。其中，以EDI的出现为另一个重要标志。EDI是一种在公司之间传输订单、发票等作业文件的电子化手段，通过计算机通信网络将贸易、运输、保险、银行和海关等行业信息，用一种国际公认的标准格式，实现各有关部门或公司与企业之间的数据交换与处理，完成以贸易为中心的全部过程。国际标准化组织将EDI描述成，“将贸易（商业）或行政事务处理按照一个公认的标准变成结构化的事务处理或信息数据格式，从计算机到计算机的电子传输”。通过EDI，电子商务实现了商业数据的无纸化处理。

大量的银行、航空公司、连锁店及制造业单位建立了相互之间电子通信和商务活动处理关系，这种方式加快了供方处理速度，有助于实现最优化管理。到20世纪80年代，一些专门的数据交换系统逐渐建成并投入运行，如欧洲各主要港口的航道信息交换系统等，特别是当电信部门推出增值网络服务后，这样的专用信息交换系统得到了大发展，如海关报关系统、民航订票系统等。早期的电子商务解决方式在很大程度上依赖于大量功能单一的专用软硬件设施，因此使用成本太高，无法进行大规模的商业应用。同时，早期网络技术发展的局限性也限制了应用范围的扩大和水平的提高。

现代意义上的电子商务是因特网技术成熟后才开始的。1990年，因特网进入以资源共享为中心的实用服务阶段；1991年，美国政府宣布因特网向社会公众开放，允许在网上开发商业应用系统；1992年，因特网主干网上计算机发展到4 500台；1993年，万维网（World Wide Web，WWW）在因特网上出现，这是一种具有处理图文、声像等超文本对象能力的网络技术，它使因特网具备了支持多媒体应用的功能；到了1995年，因特网上的商业信息量首次超过了科教信息量，这既是因特网此后产生爆炸性发展的标志，也是电子商务从此大规模起步发展的标志。

因特网具有3个特点：一是信息交流的双向性；二是开放式信息传输标准，即信息提供者可以采用多种方式，信息接收者可以通过方便快捷的方式收集信息，同时各种系统之间互联简单；三是范围广泛，因特网是全球性网络结构，可以轻松实现全球范围的连接，深入千家万户，使交易无限扩大，费用却大大降低，使依赖于传统EDI的企业迅速介入因特网，轻而易举地实现了全球性网上交易。因特网相对于其他媒体的这种绝对优势使得因特网得以迅速普及，同时为EDI技术带来了无限生机，并直接推动了电子商务的发展。

二、了解电子商务产生的背景和原因

电子商务的产生与发展是社会发展的客观要求，同时又有着深刻的商业和技术背景。

（一）电子商务是商务应用需求的必然结果

在商品经济条件下，经济规律作用的结果必然要求全球资源在世界范围内最优配置，因此形成了经济全球化、市场国际化、社会分工国际化及产业结构在全球范围的调整，而这又导致了资本的大量转移和大批跨国公司的涌现，推动了国际贸易的发展。国际贸易的迅速增长造成了传统的以纸为载体的贸易单证和文件数量的激增。市场的激烈竞争使生产方式由大规模的批量生产向柔性的小批量多品种生产转变，以适应迅速变化的市场的各种各样的需求，组织形式则由大型、纵向、集中式向横向、分散式、网络化发展。制造商、供货商和消费者之间，跨国公司与各分公司之间迫切要求提高商业文件、单证的传递和处理速度、空间跨度和准确度。追求商业贸易的“无纸化”成为所有贸易伙伴的共同需求。而传统的单证和文件采用人工处理，劳动强度大、效率低、出错率高、费用高。以纸为载体的贸易单证和文件成为阻碍国际贸易发展的一个关键因素。

（二）电子商务是 IT 业技术发展的必然结果

IT 技术的发展为电子商务的产生和发展奠定了坚实的技术基础，并且推动着电子商务应用的蓬勃发展。计算机的处理速度越来越快，处理能力越来越强，价格越来越低，因而得以迅速进入普通家庭和中小企业，这一切都为电子商务的应用提供了物质基础，同时因特网逐渐成为全球通信与交易的媒体，全球上网用户呈级数增长，国际线路容量不断增大，带宽不断扩大，特别是越来越多的用户使用宽带上网，因特网上的应用和服务也更加丰富，这些又为电子商务的发展提供了应用条件。网络计算机技术的迅速发展，从早期的 X. 25 协议为基础的专业网络到 TCP/IP 协议组为基础的因特网，从集中式计算到分布式处理再到大集中式的计算处理模式的螺旋式发展，每一步都成为电子商务前进的里程碑；网络编程语言的不断演化，从早期的汇编语言到 C 语言、B 语言，一直到 Perl、JAVA、C# 语言的出现，每一次变革都为电子商务的应用带来了新的机遇；网络数据库也不断推陈出新，既有应用于大型部署的 SYBASE、Oracle，也有适用于小型应用的 MySQL 等；计算机安全保障技术和网络安全技术的研究和发展，包括数据加密技术、数字签名技术和防火墙技术的应用等，为电子商务的发展提供了重要的保障作用。

（三）电子商务环境的发展起了重要的推动作用

电子商务的发展离不开电子支付、网络安全及相关法律体系的支撑。以电子支付技术为基础的信用卡和电子货币的普遍应用，为电子商务提供了金融基础。信用卡以其方便、快捷、安全等优点而成为人们消费支付的重要手段，并由此形成了完善的全球性信用卡计算机网络支付与结算系统，为电子商务中的网上支付提供了重要的技术手段。1996 年 2 月，VISA 与 MasterCard 大信用卡国际组织共同发起制定保障在因特网上进行安全电子交易的 SET 协议，该协议的制定得到了 IBM、Microsoft、Netscape、GTE、VeriSign 等一批技术领先的跨国公司的支持。SET 协议适用于 B2C 模式，围绕客户、商户、银行，或者客户、商户、收单行或开户行，以及其他银行相互关系确认身份（把数字加密技术用于数字签名和颁发电子证书），以此保障交易安全。此后，VISA 与 MasterCard 两组织共同建立安全电子交易有限公司 SETCO，专门从事管理与促进 SET 协议在全球的应用推广。SET 协议的出台使得在一个安全的网络环境下完成购物和支付成为可能，为电子商务的发展起了关键的推动作用。

1994 年成立的美国 Netscape（网景）公司致力于推广 SST 协议，用以弥补因特网上的主要协议 TCP/IP 在安全性能上的缺陷（如 TCP/IP 协议难以确定用户的身份），支持 R2B 方式的电子商务。加拿大北方电讯公司（Nortel）所属 Entrust 公司开发公钥基础设施技术，支持 SET、SSL、IPSec 及电子证书和数字签名，可弥补 SSL 协议的缺陷，IBM、Sun、Microsystems 等公司均采用 Entrust 公司的 PKI 技术以支持 B2B 方式的电子商务进行安全结算。

三、全球电商市场发展、挑战与展望

（一）全球电商市场概况

1. 市场规模

随着信息技术的发展，零售业是最早被互联网兴起所颠覆的行业之一，2019 年年底开始的全球疫情导致的封锁、隔离和关店措施，人们对在线消费的需求迅速增加，使越来越多的企业、品牌和新零售平台进入了电商市场，全球电商市场规模持续扩大，电商行业获得了快速发展的机会。2022 年，全球零售电商销售额达 5.7 万亿美元（见图 1－4），而且这一数字近几年保持续持续增长，预见到 2026 年将达到 8.1 万亿美元。

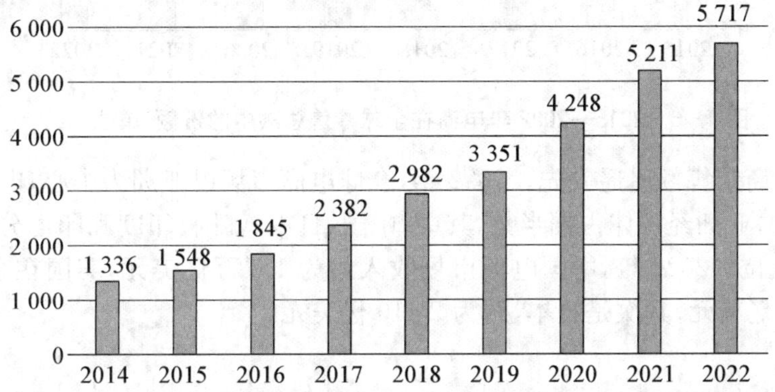

图 1－4　2014 年至 2022 年全球零售电商销售额　（单位：十亿美元）

过去十几年全球互联网用户数量快速增长，叠加疫情防控期间流动限制和店铺关闭的影响，推动更多消费者转向线上购物，也促使以前没有大规模开展在线业务的卖家进行线上扩张。全球零售电商市场增长率在 2020 年达到 25.7%，2021 年回落至 17.1%，2022 年后增速虽趋缓，但依旧保持增长态势（见图 1－5）。

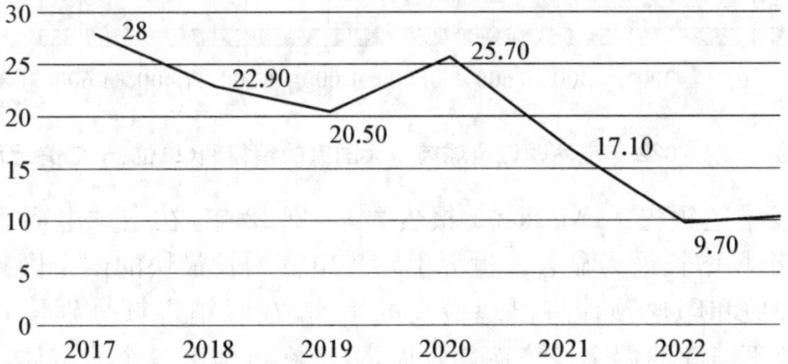

图 1－5　2017 年至 2022 年全球零售电商销售额年度增长率（单位：%）

2. 市场特征

（1）电商占零售总额比重逐年增加。零售是几乎被互联网颠覆的行业之一，线上销售在零售业中发挥着越来越重要的作用。2020 年的疫情导致线下消费受到严重影响，而线上消费在一定程度上推动了电商行业快速发展，电商占零售总额比重快速增加至17.8%，之后增长较为平缓。2022年，电商占全球零售总额的近20%（见图1-6）。eMarketer预测，到2026年，在线部分将占全球零售总额的近四分之一。

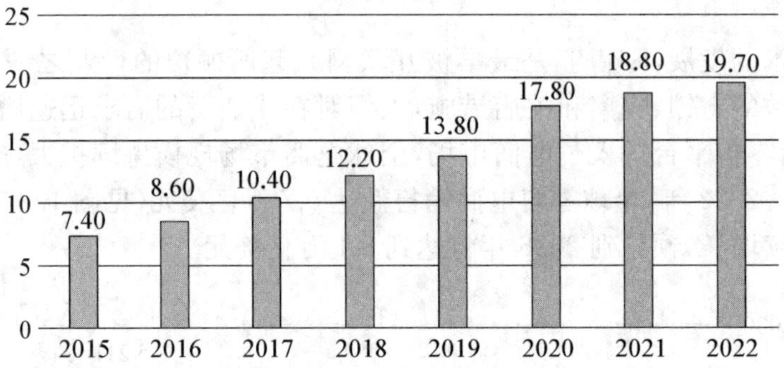

图1-6　2015—2022年电商在全球零售总额中的份额（单位：%）

(2) 亚洲电商销售额遥遥领先。2022年，全球电商市场以亚洲为中心，电商销售额全球领先的经济体中，亚洲经济体占据半数，其中，中国、日本、韩国、印度和印尼分列第一、第三、第六、第七、第九位。2022年，中国电商市场收入约为1.5万亿美元，美国在全球排名第二，规模约为8 750亿美元；其次是日本，约为2 410亿美元。

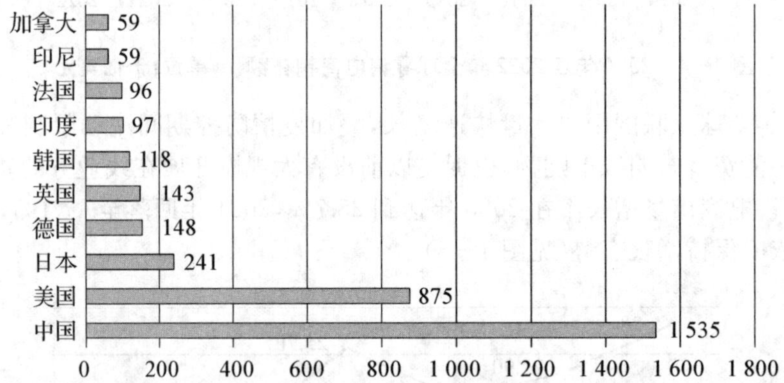

图1-7　2022年电商领域全球前十大国家的销售额（单位：十亿美元）

(3) 亚洲市场增速领先。eMarketer报告显示，2022年，在全球电商市场中，亚洲、澳洲和美洲的电商市场增长最为显著。世界上零售电商增长最快的四个国家都在亚洲。从具体国别看，新加坡和印尼预计将出现最高的增速，在线销售额分别增长36%和34%。疫情防控期间，拉丁美洲的数字经济蓬勃发展，电商在该地区各个经济体中呈现了前所未有的增长。其中，阿根廷线上零售市场增长25%以上，增速高于美洲任何国家（见图1-8）。

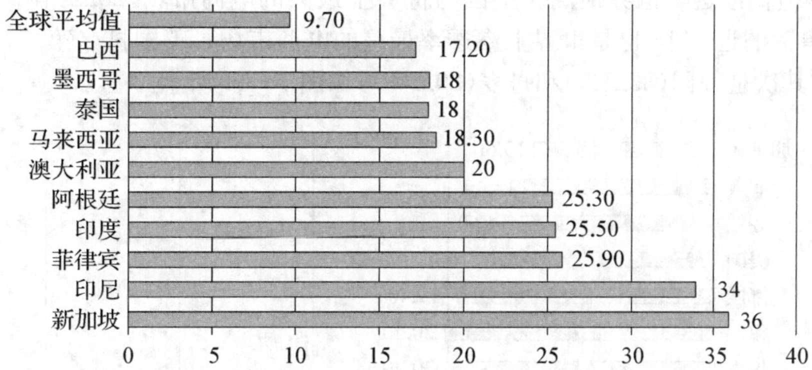

图 1－8　2022 年零售电商增长率领先的国家(%)

3. 市场表现

(1) 中国是最受欢迎的线上跨境购物市场。根据 Dynata 对全球范围内 39 个国家的跨境购物者的调查，中国是最受欢迎的线上跨境购物市场，30%的受访者表示他们通过中国电商平台购物。德国以 14%的得票率位居第二，其次是英国和美国，均为 10%(见图 1－9)。

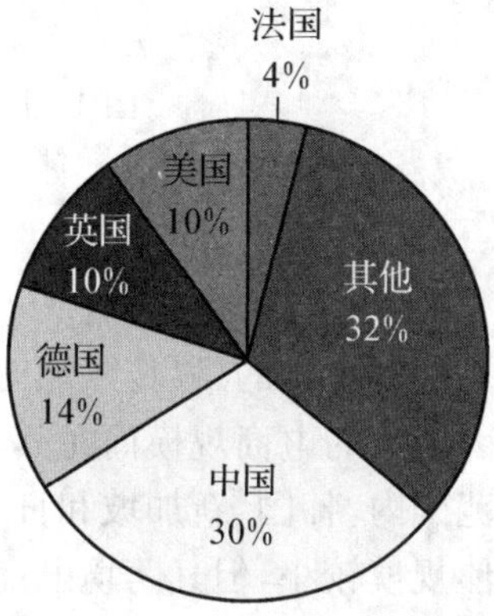

图 1－9　2022 年全球跨境在线购买领先市场(基于对跨境购物者的调查)

(2)电商市场规模的主要贡献者是排名靠前的平台。世界领先的电商销售平台(以销售额计)为阿里巴巴、亚马逊、京东、拼多多、Apple、ebay、三星、小米、Coupang、沃尔玛等。阿里巴巴是全球最大的电商零售商，2022 年，阿里巴巴年在线销售额为 7 800 亿美元，亚马逊是第二大电商零售商，拥有约 6 900 亿美元的在线销售额。

据 Edge by Ascential 预测，到 2027 年，亚马逊将超过阿里巴巴，预计年在线销售额将超过 1.2 万亿美元。Dynata 调查数据显示，超过四分之一的跨境购物者通过亚马逊进行购物。使用阿里巴巴/速卖通的购物人数位居第二(约占 17%)(见图 1－10)。

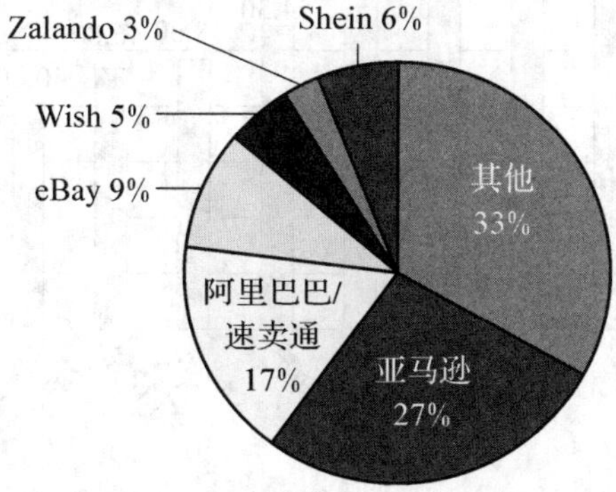

图 1－10　2022 年全球购物者使用的跨境购物的平台

(3) 中国电商渗透率世界最高。中国为世界上最大的电商市场，2022 年中国的线上销售额占总零售额的近一半，也是世界上渗透率最高的电商市场。英国排名第二，线上零售比例为 36.3%，其次是韩国(32.2%)和丹麦(20.2%)，如图 1-11 所示。

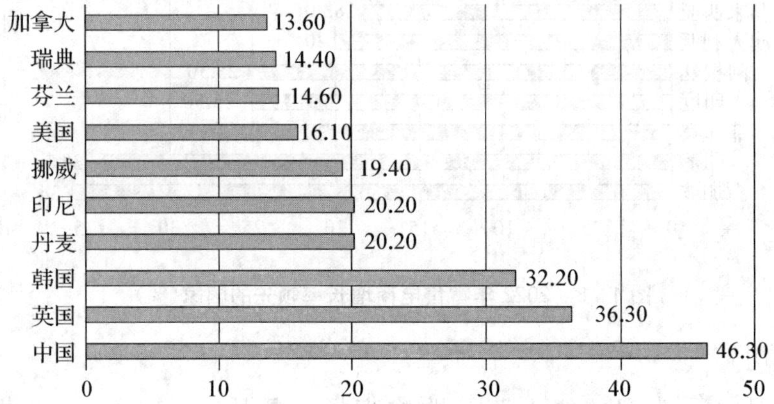

图 1-11　2022 年网上零售额占比最高的国家(单位:%)

(二) 重点市场分析

1. 亚洲

德勤发布的《科技赋能亚太数字贸易》报告显示，截至 2021 年，在跨境电商发展方面，中国因庞大的电商规模而尤其具有突出优势，数字贸易发展总体得分为 71.4(见图 1-12)。亚洲范围内，韩国、新加坡和日本在跨境电商方面也是发展较为成熟的市场。新加坡虽然市场整体规模较小，但其跨境电商占电商整体规模的比例较高，高昂的物流成本是开展跨境电商最紧迫的挑战；日韩电商市场发展较为成熟，但目前跨境电商占电商整体规模较低。未来，随着电商市场取得更大程度的开放，国民的购买力和发达的电商供应链能有效促进跨境电商市场的持续增长。

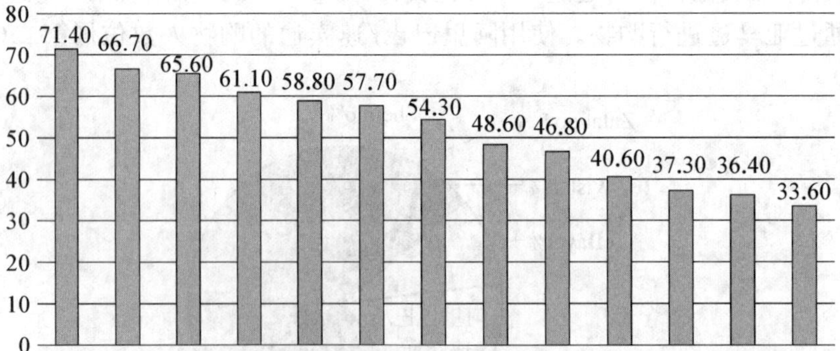

图 1-12　亚洲主要国家数字贸易发展总体得分(分数越高，表现越优)

谷歌、淡马锡和贝恩公司联合发布的《2022 年东南亚数字经济报告》预计，2025 年，印尼电商市场将产生 950 亿美元的在线零售额，显著高于 2019 年的 250 亿美元（见图 1-13）。预计到 2025 年，印尼将占东南亚电商市场的 45%以上，也将是东南亚国家中最大的电商市场之一，这可能是由于中产阶级的增长和互联网普及率的增加。其他新兴市场还包括马来西亚、菲律宾、泰国和越南。

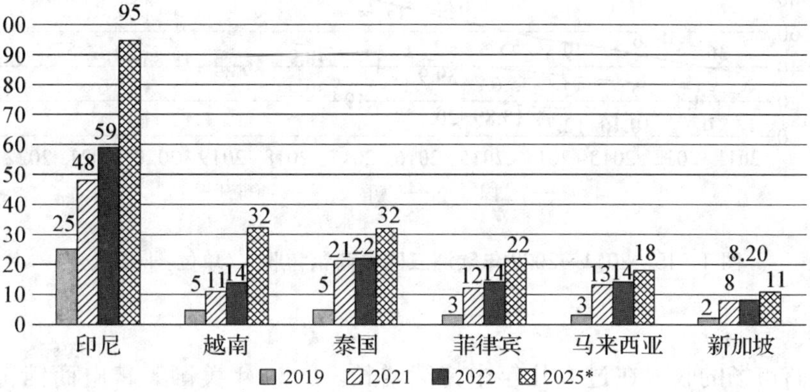

注：2025 年为预测值

图 1-13　2019—2025 年东南亚电商市场规模（单位：十亿美元）

2. 欧洲

近年来，欧洲线上购物规模呈上升趋势，在经历新型冠状病毒感染疫情、英国脱欧、乌克兰危机之后，欧洲电商销售逐步走向正常化和稳定化。Statista 预计欧洲电商市场的收入在经历 2022 年的下降后，在 2023 年至 2027 年将持续增长。

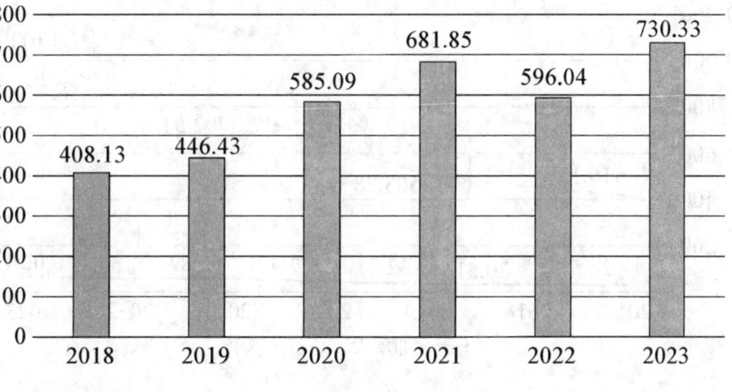

图 1-14　2018—2023 年欧洲电商市场收入（单位：十亿美元）

2022 年，德国电商销售收入为 904 亿欧元，较前一年约增加 4%。2022 年，法国电商销售额约为 1 469 亿欧元，与前一年的 1 290 亿欧元相比，这一数字增长了近 14%。西班牙的电商收入在 2020 年上半年有所下降，下半年开始快速复苏，预计可以维持多年的持续增长。如图 1-15 所示。

图 1 - 15 2011—2022 年欧洲三国电商销售收入(单位:十亿欧元)

3. 北美

美国电商市场的收入在过去几年中持续增长。2023 年美国零售电商销售额总额超过 1 万亿美元,然而,电商占美国零售总额的比例不足五分之一。Statista 预测,2023 年至 2027 年,美国电商市场的收入将持续增长,2027 年预计为 1.6 万亿美元。随着行业收入的持续增长,企业数量也有望增加,但利润率增长乏力,2022 年美国电商行业利润率占行业收入的 5.9%,与 2017 年的 5.6%相比增长微弱。

2022 年,加拿大零售电商创造了超过 520 亿美元的收入(见图 1 - 16)。Statista 预测,到 2027 年,这一数字预计将增至 940 亿美元。加拿大时尚和电子这两个细分部门在 2022 年分别占加拿大所有电商零售额的 27%和 25%。

图 1 - 16 2017—2023 年美国、加拿大电商行业收入(单位:十亿美元)

由于电商市场的兴起,北美的跨境购买行为越来越普遍。根据 Dynata 的一项调查,美国购物者最近的跨境线上购物大多在中国进行,在美国受访者中,占比高达 41%;英国以 15%的得票率位居第二;加拿大以 9%的得票率紧随其后。同时,46%的加拿大受访者近期从美国跨境购物,中国以 32%位居第二,其次是英国(6%)。根据 Ipsos MORI 与 PayPal 进行的调查,截至 2022 年 1 月,服装和服饰作为美国受访者从国外购买的最受欢迎的产品类别,占比 33%;14%的人购买玩具及消费电子产品。加拿大受访者购物的主要类别是服装，占 35%；第二大类别是玩具，占 16%；其次是消费电子产品，占 13%。

4. 拉美

近年来，线上购物在拉美市场越来越受欢迎。在此前的疫情防控期间，拉丁美洲的数字经济蓬勃发展，电商在该地区各个经济体中呈现了前所未有的增长。2021 年，拉丁美洲零售电商销售额扩大至 850 亿美元（见图 1-17）。据 Morgan Stanley 预测，到 2025 年，这一数字预计将上升至约 1 600 亿美元。

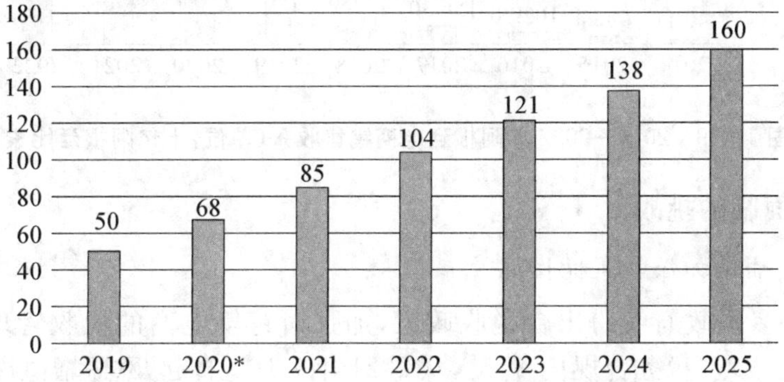

图 1-17　2019—2025 年拉丁美洲零售电商销售额（估计值，单位：十亿美元）

2020 年，由于疫情，南美国家的线上销售收入激增，每年增长 40%。2020 年巴西和墨西哥将共同占据拉丁美洲电商市场 60%左右的份额。零售电商约占墨西哥零售总额的 5.5% 和巴西的 4.5%。2022 年，巴西电商创造了近 1 700 亿巴西雷亚尔的收入，比前一年的 1 500 亿增长了 12%（见图 1-18）。

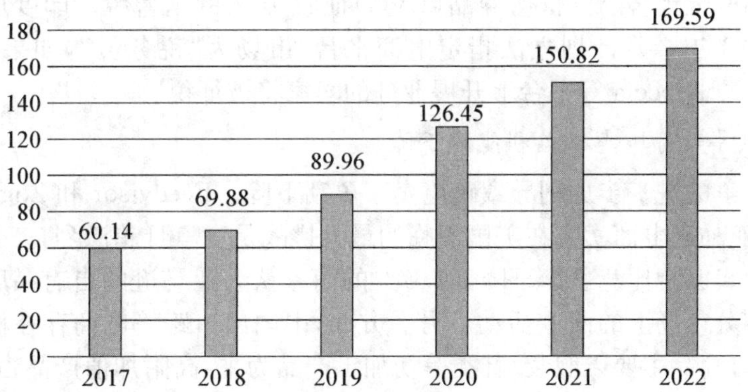

图 1-18　2017—2022 年巴西线上销售收入（单位：十亿巴西雷亚尔）

巴西和阿根廷位列世界上增长最快的在线零售市场。2022 年，其中，阿根廷的在线销售收入超过 2.8 万亿阿根廷比索，比 2021 年约 15 亿比索的电商收入高出 87%（见图 1-19）。但值得注意的是，2022 年，阿根廷的通货膨胀率超过了 72%。

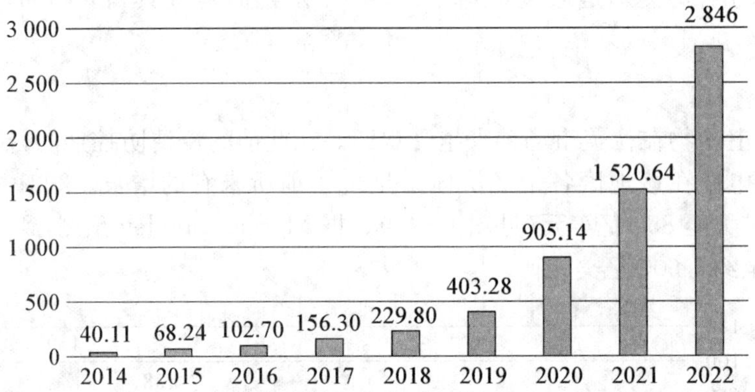

图 1-19　2014—2022 年阿根廷电商销售收入（单位：十亿阿根廷比索）

（三）发展面临的挑战

1. 海外多国陆续加强电商税收征管

近年来海外多国政府纷纷出台税收政策，加强对跨境电商的税收管理。欧洲各国自 2016 年开始纷纷发起“税务合规化”行动，从 2021 年 7 月 1 日起，欧盟增值税改革正式实施，明确电商平台增值税纳税义务。美国最高法院于 2018 年 6 月通过法案，规定各州政府有权对电商的跨州销售征消费税，全美已有 45 个州全面征收电商税，其余 5 个州也正在进行新税法的协商和落地。巴西政府为保护本国的工业生产，升级了对国外进口货物的征税贸易保护政策。2019 年 4 月，日本改变了对跨境电商进口商品的征税方式，取消了 3 000 日元以下的商品免税政策，并提高了进口免税额度。自 2019 年 7 月起，韩国推出了新的跨境电商进口税收政策，对于跨境电商进口商品实行普遍税率 10%的消费税。马来西亚从 2023 年 4 月 1 日起对该国网上销售的低价值商品（LVG）征收 10%的销售税。印度尼西亚财政部税务总局（DJP）2023 年 2 月计划立法指定电商平台、市场为“税务员”，如果此法规通过，在 Shopee、Lazada、Tokopedia 等平台上开展业务的卖家将被征税。

2. 竞争激烈导致跨境卖家盈利能力下降

电商行业竞争的进一步加剧导致跨境卖家盈利下降。Feedvisor 和 Zogby 在 2022 年的一项调查显示，亚马逊电商卖家在美国面临的最大挑战是竞争日趋激烈，三分之二的亚马逊商家担心与其他卖家相比竞争力下降，而 67%的商家认为亚马逊的自有品牌和独家产品阻碍他们在热门细分市场上的商业活动。另一方面，中国出口跨境电商存在商品同质化程度偏高的现象，出口商品主要以服装、鞋类等初加工产品为主，高附加值产品占比较低，且存在跨境电商物流成本趋高、跨境支付存在风险等问题，导致企业盈利能力呈下降趋势。根据雨果跨境一项针对 800 多名中国亚马逊卖家的调查，约 55%的受访者表示，与 2021 年相比，他们在 2022 年的利润有所下降；相比之下，约 34%的受访者获得利润增长。

3. 消费者信心和消费能力不足

曾经肆虐的疫情带来的“疤痕效应”、通货膨胀以及对未来的不确定性的担忧，使消费者购买力和消费信心正在减弱。在过去五年中，可支配收入已成为决定电商行业需求的一个越来越重要的因素。但随着经济不确定性的增加和失业率达到历史高位，一些消费者正在推迟非必需品的购买。此外,俄乌冲突可能将产生长期、严重的后果。尽管俄罗斯和乌克兰仅占全球贸易的2%左右,但两国仍是一些矿产和农产品的主要供应方,因此,俄乌冲突将引发额外的供应链压力。消费者预算也将受到食品和燃料价格上涨的挤压,这将挤出其他消费支出。

4. 商家面临多重欺诈风险

跨境电商促进了世界经济贸易的普惠共赢,带动了流通基础设施现代化建设,推动了生产和流通的深度融合。但同时,商家也面临多重欺诈风险。Qualtrics进行的调研显示,2022年墨西哥约四分之一的电商公司遭遇了友好欺诈。在德国,近三分之一的商家报告称这类欺诈行为激增,而一半的商家则发现滥用促销的行为有所增加。受访者中,加拿大和澳大利亚是报告遭遇在线支付欺诈增加的商家最多的国家,约70%的受访者表示受到过此类欺诈。表1-2为2022年度全球线上零售商报告的主要欺诈类型增加情况统计。

表1-2 2022年全球线上零售商报告的主要欺诈类型增加情况(按国家,%)

	网上支付欺诈	退货/退款滥用	促销滥用	账户接管	友好欺诈
加拿大	71	69	59	67	56
澳大利亚	70	66	63	59	58
英国和爱尔兰	65	68	55	48	38
德国	61	54	50	48	32
美国	59	57	55	48	40
意大利	56	49	46	54	39
法国	55	57	43	48	46
西班牙	54	59	54	54	33
巴西	54	44	43	54	34
墨西哥	44	44	44	38	24

(四)前景展望

1. 全球跨境电商市场规模将继续稳步增长

消费者对海外商品的需求一直不均衡,主要是由供应链挑战和通货膨胀等与国内产品供应有关的因素驱动,而跨境购买本身仍具有持久力。预计未来几年,将有越来越多的消费者通过跨境电商方式购买商品。2023年零售电商全球总收入约为6.3万亿美元,其中亚洲的零售电商总收入约为2万亿美元,是各区域市场中最高的;第二高的地区是美洲,约为1.1万亿美元;非洲电商收入规模仍将是全球最小的,约为440亿美元。作为世界最大的电商市场,中国跨境电商动能依然十足。2023年,中国跨境电商进出口额为2.38万亿元,同比增长15.6%,中国跨境电商出口占整体出口的比重超过7%,跨境电商主体超过10万家,独立站超过20万个。依托强大的产业链、供应链优势,中国卖家通过亚马逊等国际电商平台走向世界,给全球消费者带来实惠。STATISTICA网站估计,全球电子商务还将保持较快增长势头,预测到2030年,全球跨境电商规模将达79 380亿美元,年均增长达29.3%,将为全球贸易合作提供新渠道。

2. 当地参与者推动电商市场规模快速增长

尽管在线零售巨头阿里巴巴和亚马逊在全球在线购物市场占据主导地位,但在许多增长最快的电商市场中,它们并不是当地最大的平台。就每月网站流量而言,新加坡电子零售商 Shopee 是新加坡领先的电商网站。在阿根廷,Mercado Libre 的流量几乎是与其最接近的竞争对手亚马逊的十倍。非洲市场基础设施不足、政治不稳定、网络安全风险高,导致渗透非洲电商市场的成本高昂,亚马逊和阿里巴巴等电商巨头在非洲大陆的影响力仍然很弱。因此,本土市场参与者有望发挥“后发优势”,推动当地电商市场快速增长。

3. *新兴市场发展潜力大*

新兴市场虽然起步晚,但是潜在客户数量正在增加,发展潜力大。根据 Statista 预测,2023 年至 2027 年,巴西的零售电商销售额增速将在全球 20 个国家中排名第一,年复合增长率为 14.6%。阿根廷和土耳其也在全球增长最快的电商市场之列,复合年增长率均超过 14%。同期,全球零售电商的复合年增长率估计为 11.3%(见图 1 - 20)。

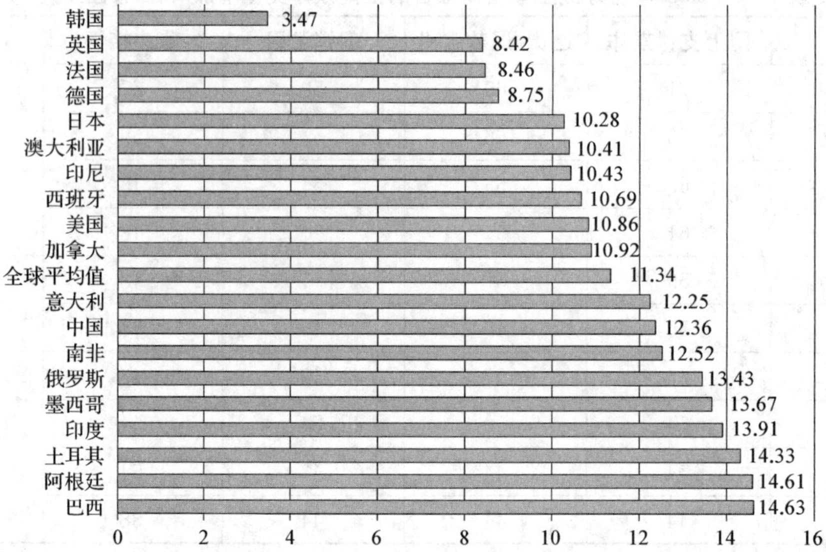

图 1 - 20 Statista 预测 2023—2027 年各国零售电商销售额复合年增长率(%)

任务五 案例分析

一、从 C2C 平台到阿里系生活消费娱乐生态圈——淘宝网

(一)基本概况

淘宝网(见图 1 - 21)在中国是深受欢迎的网购零售平台、商圈,由阿里巴巴集团在 2003 年 5 月创立。截至 2023 年,阿里巴巴中国零售市场(淘宝天猫)的成交金额达到 1 320.62 亿元人民,淘宝用户 13 亿人。在 C2C 市场,淘宝一家独大,占据了 83.5%的市场份额。

随着淘宝网规模的扩大和用户数量的增加,淘宝也从单一的 C2C 网络集市变成了包括 C2C、团购、分销、拍卖等多种电子商务模式在内的综合性零售商圈。淘宝的未来三大战略方向为:社区化、内容化和本地生活化。

图 1－21　淘宝网首页

（二）发展历程

2003 年 5 月 10 日，淘宝网成立，由阿里巴巴集团投资创办。10 月推出第三方支付工具“支付宝”，以担保交易模式使消费者对淘宝网上的交易产生信任。2003 年全年成交总额 3 400万元。

2004 年，推出淘宝旺旺，将即时聊天工具和网络购物连接起来。

2005 年，淘宝网超越 eBay(易趣)，并且开始把竞争对手们远远抛在身后。5 月，淘宝网超越日本雅虎，成为亚洲最大的网络购物平台。2005 年成交额突破 80 亿元，超越沃尔玛。

2006 年，淘宝网成为亚洲最大的购物网站。

2007 年，淘宝网不再是一家简单的拍卖网站，而是亚洲最大的网络零售商圈。这一年，淘宝网全年成交额突破 400 亿元，成为中国第二大综合卖场。

2008 年，淘宝 B2C 新平台淘宝商城(天猫前身)上线。

2009 年，淘宝网已成为中国最大的综合卖场，全年交易额达到 2 083 亿元。

2010 年 1 月 1 日，淘宝网聚划算上线，然后又推出一淘网。

2011 年 6 月 16 日，阿里巴巴集团旗下淘宝公司分拆为 3 个独立的公司，即沿袭原 C2C 业务的淘宝网(taobao)、平台型 B2C 电子商务服务商淘宝商城(tmall)和一站式购物搜索引擎一淘网(etao)。

2012 年 1 月 11 日，淘宝商城正式宣布更名为天猫。2012 年 11 月 11 日，天猫借“光棍节”大赚一笔，宣称 13 小时卖 100 亿元，自此开启了每年一度的“双 11”网购节，深刻地影响着整个网上购物生态体系。

2012 年 4 月 20 日，《IT 时代周刊》出版的第 08 期封面文章曝光称，中国知名电子商务淘宝内部员工存在集体性腐败行为。就此，阿里巴巴集团副总裁陶然表示，不能因为个体的事件就夸大成为团体腐败，淘宝在两年前就设立了廉政部，将对举报进行调查，核实后会进行处理。

2015 年 12 月 24 日，阿里巴巴旗下天猫、淘宝、1688 等电子商务平台将导入 CCC 认证信息数据库实现自动校验和标注，从而避免无证及假冒认证产品。

2016 年 1 月 27 日，成交记录模块被正式隐藏，但原先销量、评价等信息不会消失，仍正常累积。

2018 年 6 月 20 日，淘宝网发布公告称，关闭手游第三方代充服务，后续开放时间待定。

2018 年 8 月 8 日上午消息，阿里巴巴淘宝将进军 MR（混合现实）购物领域，即将在 2018 年造物节上推出产品——淘宝买啊。

2020 年 6 月 5 日，网友纷纷要求淘宝支持改名，淘宝官微用两个字进行了回应："不改"。

（三）产品与服务（运营模式）

1. 淘宝网店铺

淘宝店铺是指所有的淘宝卖家在淘宝网上所使用的旺铺或店铺。淘宝旺铺是相对普通店铺诞生的，每个在淘宝网上新开的网店都是系统默认产生的店铺界面，就是常说的普通店铺；淘宝旺铺（个性化店铺）的服务则是由淘宝网提供给淘宝卖家，允许卖家使用淘宝网提供的计算机和网络技术，实现个性化店铺页面展现功能的服务。

2. 阿里旺旺

阿里旺旺是淘宝网官方推出的一款沟通工具。这是一种即时通信软件，供网上注册的用户之间通信使用。淘宝网支持买卖双方以网站聊天室的形式交流沟通，淘宝网交易认可淘宝旺旺交易聊天内容保存为电子证据。

3. 支付平台

为了解决 C2C 网站支付的难题，淘宝打造了支付宝服务技术平台。支付宝（中国）网络技术有限公司是国内领先的第三方支付平台，在致力于提供简单、安全、快速的支付解决方案，始终以信任作为产品和服务的核心。

4. 生意参谋

生意参谋最早是应用在阿里巴巴 B2B 市场的数据工具。2013 年，生意参谋正式走进淘系，在原有规划基础上，生意参谋分别整合量子恒道、数据魔方，最终升级成为阿里巴巴商家端统一数据产品平台。

5. 淘鲜达

淘鲜达是淘宝旗下食品生鲜配送平台，在淘鲜达专区购买蔬菜、水果、肉类等日常生鲜，线上生成订单后 1 小时内送达。

6. 淘宝基金及余额宝

2013 年 6 月，淘宝基金理财频道上线，泰达瑞利、国泰、鹏华、富国等多种基金成为首批上线的基金淘宝店。余额宝的横空出世，被普遍认为开创了国人互联网理财元年，确立了余额资金的财富化，同时也确立了市场化利率的大致尺度，推动了利率的市场化进程。

7. 淘票票

淘票票业务于 2014 年年底上线，目前已成为内地最主要的电影线上售票平台之一，阿里影业宣布，旗下的互联网售票业务平台"淘宝电影"正式将品牌更名为"淘票票"，并宣布与大麦网正式达成战略合作，致力打造成国内最大的泛娱乐产业营销平台。

(四)特色与创新

1. 突出免费优势

淘宝网于2003年7月成功上线后,就以3年免费牌迅速打开中国C2C市场,并在短短3年时间内,替代eBay(易趣)登上中国C2C头名的交椅。2005年10月19日,阿里巴巴又宣布淘宝网继续免费3年。2008年10月8日,淘宝在新闻发布会上宣布继续免费。

2. 打造信用体系

淘宝网注重诚信安全方面的建设,引入了实名认证制,并区分了个人用户与商家用户认证。两种认证需要提交的资料不一样,个人用户认证只需提供身份证明,商家认证还需提供营业执照。一旦淘宝发现用户注册资料中主要内容是虚假的,淘宝可以随时终止同该用户的服务协议。

淘宝网的信用评价系统的基本原则是:成功交易一笔买卖,双方对对方做一次信用评价,给予商铺"心""钻石""皇冠"3个信用等级。

支付宝的推出,解决了买家对于先付钱而得不到所购买的产品或得到的是同卖家在网上声明不一致的劣质产品的担忧,同时也解决了卖家对于先发货而得不到钱的担忧。

3. 推荐物流战略

阿里集团联合各方共同组建的菜鸟网络科技有限公司,打造了一个开放的社会化物流大平台。其实质上就是淘宝大物流计划,阿里借助第三方物流来实现淘宝网配送服务体系。淘宝没有像京东那样自建自营物流体系,采取的是推荐物流战略,将价值链相关方企业作为一种经营资源纳入自身电子商务模式流程内,通过不同企业间的横向联合与协作方式完成整个价值链的实现。

4. 电子商务加油站——淘宝大学

淘宝大学是为网商打造的24小时电子商务加油站,无论是淘宝掌柜、电子商务从业者,还是电子商务企业主,都可以通过在线学习平台学到一线实战卖家分享的各类实用内容。淘宝大学已逐步形成了覆盖各网商群体的完善培训课程,包括针对中小卖家的"点亮淘宝路"活动,针对电子商务中层的"网商特训营",针对电子商务基层专业人才的"电子商务精英""企业内训师"项目,以及针对网商核心高层的"传统企业进驻电子商务总裁班"和"网商MBA"培训课程,从而切实有效地提升了学员的电子商务综合能力。

5. 个性化及低廉价格

"只有想不到的商品,没有买不到的商品"成为淘宝平台品种齐全的最恰当写照,极大地满足了顾客的个性化需求。同时,价格趋于透明化及价格竞争的白热化成就了"以低廉价格寻找到个性化商品的网络零售网站"的称号。

(五)经验要点

1. 淘宝售假及信用机制问题

这起源于美国服装和鞋履协会(AAFA)呼吁美国贸易代表办公室重新将阿里巴巴及该公司旗下的淘宝等平台列入"恶名市场"名单。其实,不只是阿里,京东、eBay,甚至全球知名的亚马逊也曾曝出过售假丑闻。

淘宝平台上销售假货，这是无法回避的问题，但也无须放大。原因有两个：一是地下作坊式生产的假冒伪劣产品由实体渠道延伸到网络平台；二是国内的全球品牌代工厂利用阿里平台等互联网渠道直接面向消费者销售自主产品。平台完全杜绝假货的可能性几乎为零，电子商务平台对商家的监管确实存在难度。2016 年 3 月 15 日，“3·15”晚会曝光，淘宝存在刷单现象。淘宝卖家对信用好评率已经视作生命一样重要，确实可以起到一定的监督作用，但同时导致不良商家炒作信用度、炒作销量行为的产生。

淘宝网致力于打击信用炒作、销量炒作，这点是值得肯定的。但更需要把舆论引导到一个正确的方向上：一是淘宝买家应该观察分析评价的内容，而不是好评、差评本身；二是淘宝规则应该把卖家指引到积极提高产品质量和服务的正确道路上；三是社会共同打击刷单现象，曝光刷单这一灰黑产业，以便让更多的人了解和抵制这一毒瘤。

2. 淘宝与天猫的内部资源争夺

阿里旗下淘宝、天猫、聚划算的关键词广告、佣金、营销费用和增值收入都来自阿里流量变现，流量、资源、政策都向天猫大品牌、大卖家倾斜。为加强各平台之间的资源整合和统一规划，阿里集团把旗下的淘宝、天猫、聚划算统一整合为“阿里巴巴中国零售平台”，即通过内部的架构调整与资源整合来避免内部淘宝同天猫之间产生更多裂痕，扫除阿里大战略规划布局的内部障碍。

3. 国民经济的发展上行趋势对淘宝模式构成威胁

宏观经济层面的发展和国民收入的提升，使国民开始更注重对商品品质、品牌的追求，淘宝则逐渐跟不上品质消费的主流大潮，而更多是一个商品价格底线的风向标。淘宝流量的红利时代与风口都已经接近落幕，市场的饱和度已见顶，正逐渐开始被谋求转型的品质卖家所抛弃。

从阿里近年来在农村电商方面的布局看，淘宝上的价格优势、丰富的非标类产品品类及 C2C 的模式无疑同未来农村市场的需求达成匹配，农村才是淘宝需要着力的市场。

4. 新型移动电子商务对淘宝的威胁

随着移动端去中心化模式的崛起，用户消费习惯的变化将导致电子商务模式的革新。另一方面，淘宝 C2C 平台获取流量的难度与成本大增，形成了卖家的需求开始转变为同消费者的直接沟通，消除中介，进而降低新用户获取成本的新型模式。因此，微商等新型移动电子商务必然成为基于中小卖家在淘宝渠道之外的扩充，意味着淘宝平台上的商家与流量被分流。

对淘宝来说，流量下滑是未来不可逆转的趋势。淘宝面临的威胁，不仅在于内部被边缘化，也来自外部新的电子商务模式的冲击、人口红利的丧失，以及国民经济层面的发展对淘宝生态的多向挤压。淘宝的隐忧不仅仅在于假货这么简单，更大的危机在于时代的发展会甩掉相对落后的平台模式。消费者、商家、资本市场甚至阿里内部都在心理认知层面不认同淘宝会代表未来，这才是淘宝的最大危机。内忧外患下的淘宝何去何从？在杭州召开的 2016 年度卖家大会，阿里巴巴集团 CEO 张勇在会上为淘宝的未来明确了三大方向战略：社区化、内容化和本地生活化。

淘宝充分赋予大数据个性化，以及提供粉丝、视频、社区等工具，搭台让卖家唱戏；利用优酷、微博、阿里妈妈、阿里影业等阿里生态圈的内容平台，紧密打造从内容生产到内容传播、内容消费的生态体系；根据用户的需求，继续进行中心化供给和需求之间的匹配，进一步开拓自营内容和消费传播机制，如网红直播的火爆，挖掘移动互联网基于 LBS 的特点，让用户、商品和服务的供给需求能够获得更好的匹配。

二、从 3C 垂直电商到 B2C 网购综合平台——京东商城

（一）基本概况

京东(JD.com)是中国最大的自营式电子商务企业，如图 1-22 所示。目前，京东集团旗下设有京东商城、京东金融、拍拍网、京东智能、O2O 及海外事业部。2014 年 5 月，京东在美国纳斯达克证券交易所正式挂牌上市(股票代码:JD)，是中国第 1 个成功赴美上市的大型综合型电子商务平台，与阿里巴巴、腾讯、百度等中国互联网巨头共同跻身全球前十大互联网公司排行榜。

图 1-22　京东首页

京东商城从最初在线销售计算机、手机及其他数码产品等 3C 类的垂直 B2C 网站，发展为销售 3C 数码产品、家电、汽车配件、服装与鞋类、奢侈品、家居与家庭用品、化妆品与其他个人护理用品、食品与营养品、书籍与其他媒体产品、母婴用品与玩具、体育与健身器材及虚拟商品等，共 13 大类 3 150 万种 SKU 的商品。2023 年，京东商城年度活跃用户数超 6 亿人，全年线上自营与第三方平台核心交易总额达 10 847 亿元人民币。

（二）发展历程

1998 年 6 月 18 日，刘强东在中关村创业，成立京东公司。

2001 年 6 月，京东成为光磁产品领域最具影响力的代理商，销售量及影响力在行业内首屈一指。

2004 年 1 月，京东多媒体网正式开通，启用新域名。

2007 年 6 月，成功改版后，京东多媒体网正式更名为京东商城。

2008 年 6 月，京东公司成立十周年之际完成了 3C 产品的全线搭建，成为名副其实的 3C 网购平台。

2010 年 11 月，京东商城图书产品上架销售，实现从 3C 网络零售商向综合型网络零售

商的转型。12 月，京东商城团购频道正式上线，京东商城注册用户均可直接参与团购。

2011 年 2 月，京东商城 iPhone、Android 客户端相继上线，启动移动互联网战略。

2012 年 2 月，京东商城酒店预订业务、电子书刊业务、迷你挑相继上线。

2013 年 3 月，京东去商城化，全面改名为京东，更换 Logo；启用 JD.COM 域名，并将 360buy 的域名更换为 JD。

2013 年 7 月，京东针对 POP 平台上的卖家提供小额信用贷款、流水贷款、联保贷款、票据兑现、应收账款融资、境内外保理业务等金融服务。

2014 年 3 月，腾讯同意以 2.15 亿美元收购京东 3.5 亿多股普通股股份，占上市前在外流通京东普通股的 15%。同时，京东、腾讯还签署了电子商务总体战略合作协议，腾讯将旗下拍拍 C2C、QQ 网购等附属关联公司注册资本、资产、业务转移给京东。

2014 年 5 月 22 日上午 9 点，京东集团在美国纳斯达克挂牌上市(股票代码:JD)。

2014 年 11 月，京东集团宣布大家电"京东帮服务店"在河北省赵县正式开业。此举主要是帮助京东渠道下沉。借此，京东大家电可在四至六线城市进行物流提速。

2015 年 10 月，京东集团发布公告，停止提供 C2C 模式(拍拍网)的电子商务平台服务。

2016 年 6 月，京东和沃尔玛宣布达成一系列深度战略合作。

2017 年 4 月，京东集团宣布将正式组建京东物流子集团。京东物流子集团将拥有更加独立的经营权和决策权，并致力于与商家和社会化物流企业协同发展，以科技创新打造智慧供应链的价值网络，并最终成为中国商业最重要的基础设施之一。

2017 年 12 月，京东发布"拍拍二手"品牌。

2018 年 5 月，唯品会宣布唯品国际与京东全球购已在供应链和采买方面达成合作。

2018 年 9 月，京东集团与泰国尚泰集团一起打造的泰国线上零售平台 JD CENTRAL 正式上线运营。

2018 年 11 月 15 日，中国民用航空西北地区管理局向京东集团旗下西安京东天鸿科技有限公司颁发"民用无人驾驶航空器经营许可证"，明确将"物流配送(限试点企业)"业务纳入企业经营项目。西安京东天鸿科技成全球首个获得省域范围从事末端物流无人机物流配送经营许可的企业。

2020 年 6 月 18 日京东正式在香港联交所上市交易，股份代号选为 9618。

(三)产品与服务(运营模式)

1. 一站式购物平台

京东商城实施"一站式购物平台"战略布局，让消费者足不出户，就能轻松实现打酱油、买啤酒等日常生活购物需求。京东商城首次上线的商品逾 5 000 种，涉及休闲特产、纯净水、粮油、调味品、啤酒饮料等多个产品品类，这些品类都与消费者日常生活息息相关。京东送货到家，加上支持货到付款等服务，真正能帮用户实现购物的"多""快""好""省"。

2. 京东金融

2015 年 4 月 28 日，京东金融宣布网银钱包更名为京东钱包，"网银＋"更名为京东支付。京东金融还提出围绕京东支付体系，为用户提供全方位的金融解决方案。京东金融主要有两大拳头产品，分别为京东众筹和京东白条。

3. 京东云

依托京东商城电子商务优势而开发的京东电子商务云平台，正在基于其产业链优势构建一个庞大的电子商务云生态系统，将应用推进云计算落地的真谛演绎得淋漓尽致。2013年，京东集团已经形成了以“京东宙斯”“京东云鼎”“京东云擎”“京东云汇”四大解决方案为核心的技术体系，完整的电子商务云服务链条已经形成。

四大解决方案分别向合作ISV和个人开发者提供了京东系统开放接口、服务交易市场、电子商务应用云托管平台、应用开发云平台、社区生态环境等电子商务云服务，初步形成了一个完整闭环的电子商务云服务链条。

4. JIMI机器人

JIMI(JD Instant Messaging Intelligence)是京东自主研发的人工智能系统，通过自然语言处理、深度神经网络、机器学习、用户画像、自然语言处理等技术，能够完成全天候、无限量的用户服务，涵盖售前咨询、售后服务等电子商务的各个环节，堪称京东用户的购物伴侣。

(四)特色与创新

1. 强大的供应链管理体系

供应链体系对于零售行业至关重要，不断提高存货和现金的周转率是其核心。京东把产品分3个层次：自营(标准化的产品)、POP平台(非标准化的品类)、O2O，以优质的购物平台入口，提供优质商品、优质服务，抓住优质客户，通过技术体系和物流体系，搭建3个层次的零售体系；提高库存周转率，确保向产业链上的供货商、终端客户提供更多的价值空间。

2017年推出的Y-SMART SC智慧供应链战略，核心就是围绕数据挖掘、人工智能、流程再造和技术驱动4个原动力，形成覆盖商品、价格、计划、库存、协同五大领域的“四好一智慧”供应链解决方案。其中，“好商品”是通过打造大数据选品平台，解决卖什么的问题；“好价格”是通过打造动态定价平台，解决卖多少钱的问题；“好计划”是通过构建京东零售的商业预测能力，制订匹配市场的零售计划，解决怎么卖商品的问题；“好库存”是通过用计划来指导自动化的库存管理，解决商品放到哪里的问题；“智慧协同”是通过打造供应商协同平台将技术能力开放给合作伙伴，让数据产生更有价值的流动。

2. 高效的物流配送体系

凭借“多快好省”的理念，京东为消费者提供全品类商品和急速物流服务：建设了全国电子商务行业最大的仓储设施，首创了211限时达、京东次日达、京东极速达、京东京准达、京东夜间配、京东自提柜等一系列创新的配送服务。这些创新的服务模式，使国内消费者享受到比欧美发达国家更加舒适的网购体验。

3. 风投融资

京东在电子商务市场开疆扩土的过程中，离不开资本的助推。从今日资本给的第1桶金开始，京东就开始了野蛮式的成长。

从2007年8月的今日资本1 000万美元，到2013年年初7亿美元，在IPO上市前京东总计融资22.62亿美元，如表1-3所示。京东融资的投向更多的是不断拓展其新业务，包括物流、信息系统投资、品类扩张、平台建设等，为京东长远发展布局。在2014年成功IPO两年后，京东在2016年又开始了新一轮的股权融资。

表 1-3　京东 4 轮股权融资

融资时间	融资额	投资方
2007 年 8 月	1 000 万美元	今日资本
2009 年 1 月	2 100 万美元	今日资本、雄牛资本、梁伯韬私人公司
2011 年 5 月	15.31 亿美元	俄罗斯 DST、老虎基金等 6 家基金和社会知名人士
2013 年 2 月	7 亿美元	加拿大安大略老师退休基金、沙特王子控股集团及公司原主要股东跟投
2014 年	2.14 亿美元	腾讯投资

（五）经验要点

1. 超强的融资能力与资金链断裂疑云

电子商务向来以“烧钱”著称，京东自 2007 年以来经过 4 轮股权融资，2014 年上市前融资总额折合人民币 138 亿元。但京东商城一直处于亏损状态，2012 年以来市场屡屡曝出京东资金链即将断裂的传闻。投资一家数次陷入资金链危机而仍未盈利的公司无疑是一场豪赌。京东成功 IPO，大赢家之一是它的投资人。

在纷繁复杂的投资市场中，常常充斥着不同的声音。资本寒冬时，因投资人和创始人之间的矛盾而导致的公司更换管理层，甚至倒闭的案例屡见不鲜。2016 年年初，又见京东新一轮融资，京东一直亏损的状态总归是一把悬挂在头顶的达摩克利斯之剑。

2. 如何确保商品质量及良好的购物体验

京东力图将同购物体验相关的环节全部纳入掌中。自营商品的质量、价格及配送都做到可圈可点，成为京东向天猫等其他电商叫板的王牌。但要在规模上赶上并超过阿里，单凭一己之力，京东尚无法实现这个宏伟目标，必须依赖第三方 POP 平台。第三方 POP 平台卖家大量涌入，保障用户享受与京东自营同样的购物体验是极大的挑战。京东目前的第三方几万个卖家同淘宝的 800 万个卖家相比，在信誉体系建设和管理经验上还无法相提并论。

3. 自营物流进度与成本的挑战

京东商城想在物流配送服务方面更加出色，必须加大自建物流网点建设，否则物流配送体系越到网点密集的末端，利润越难以支撑网点的运营成本。京东用了 7 年，形成处理 1 000 亿元 GMV(Gross Merchandisc Volume，商品交易总额)的物流体系。如果通过自营物流实现 POP 平台卖家的物流配送，京东即使每年能增加处理 500 亿元 GMV 的物流能力，也必然跟不上自己的扩张步伐，多年来依靠自营物流树立的口碑必将遭到蚕食，京东将会失去自我。

4. 开拓新的领域，实现多元化发展

京东不断开拓新的领域，推出新业务：从全品类实物产品，到游戏、金融这样的虚拟业务。京东已经打破了 B2C 的单纯模式，形成集 B2C、O2O、移动支付、移动社交的混合模式。

在多元化发展道路上，京东更多的是在跑马圈地，用户运营能力尚待检验。例如，京东最有优势的品类是 3C，但在这个领域并没有形成绝对的优势，在大家电品种上一直未能超越苏宁。另外，同腾讯合作后，移动端为京东吸引了更多的消费者，但成效还需进一步检验。

三、消费升级路上的逆袭者——拼多多

(一)基本概况

拼多多成立于2015年9月,是国内移动互联网的主流电子商务应用平台,以社交模式迅速裂变,成为中国三大头部电商之一。拼多多专注于C2M拼团购物的第三方社交,用户通过发起和朋友、家人、邻居等的拼团,可以以更低的价格拼团购买优质商品。

在阿里巴巴和京东崛起后,几乎所有人都以为电商的流量红利接近于尾声,大家都做好了长期两强争霸的心理准备。但就在此时,拼多多一夜崛起,这个新电商企业打碎了两强共享天下的格局。通过沟通分享形成的社交理念,形成了拼多多独特的新社交电商思维。

(二)发展历程

2015年4月,拼多多正式上线。

2016年2月,拼多多单月成交额破1 000万元,付费用户突破2 000万人。

2016年7月,拼多多用户量突破1亿元,并获得B轮1.1亿美元融资,IDG资本、腾讯、高榕资本领投。

2016年9月,拼多多与拼好货宣布合并。

2016年10月10日,拼多多周年庆单日交易额超过1亿元。

2017年10月,拼多多近1个月长期占据iOS总榜及购物类第一名。

2018年7月26日,拼多多正式登陆美国资本市场,发行价19美元,市值达到240亿美元。

2018年10月,国美电器与拼多多已展开合作,前者为拼多多提供电器类商品经营业务。

2018年12月4日,根据央视经济网报道,拼多多在年度活跃用户方面则达到了3.855亿人,超过京东的3.052亿人,成为中国第二大电商平台。

2019年2月,拼多多纳入MSCI。

2019年6月11日,拼多多入选"2019福布斯中国最具创新力企业榜"。

2019年12月,拼多多入选"2019中国品牌强国盛典榜样100品牌"。

2021年,拼多多成为榜上互联网服务行业亏损最多的公司,亏损额为71.8亿元。

2022年3月8日,拼多多入选"2022年十大创新物流供应链公司"榜单。

2022年,入选"福布斯2022全球企业2000强榜单",排名第581位。

2022年12月,荣获联合国粮农组织(FAO)颁发的2022年度创新奖。

2023年9月,拼多多跨境平台Temu马来西亚站上线。

2024年5月,根据国家邮政局官网显示,拼多多旗下公司上海禹璨信息技术有限公司已获得开办服务站经营快递业务(信件除外)的许可证,该快递服务品牌为"拼多多驿站",公司注册资本为350万美元。

(三)产品与服务

1. 优惠体系

拼多多的优惠体系主要包括低价补贴、现金签到、省钱月卡等功能模块。多种优惠模式彼此补充,满足不同用户群体对优惠的需求。

(1) 低价补贴。拼多多的低价补贴模块有限时秒杀、断码清仓、九块九特卖和百亿品牌补贴。用户在相应的活动页选中商品后下单,即可以优惠价格购入商品,无须额外完成任

务。值得一提的是，此类活动页内没有搜索功能，用户需要花时间寻找需要的商品。这样设计，一是因为活动页面的商品有限，用户直接搜索某些商品品类很可能没有结果；二是用户会花费更多时间停留在活动页上，能够增加用户使用时间和浏览商品的数量，即通过价格让利吸引更多用户花费更多时间浏览平台商品、增加商品曝光。

(2)现金签到。现金签到是拼多多的签到模块。用户首次进入“签到领现金”界面时会被提醒打开拼多多 App 的通知功能，每晚九点左右会发送通知提醒用户登录签到。现金签到模块内部又包含很多子模块：定时领红包、抢红包、逛街领红包、限时夺宝、神券折上折、免费发红包，以及连签奖励和签到时随机获得的招财猫等。现金签到通过签到得现金、连签有奖励等方法激励用户每天打开拼多多 App，提升用户留存率，增强用户黏性。

(3) 省钱月卡。拼多多的省钱月卡也是培养忠实用户的一种策略。用户选择连续包月首月可以用 5.9 元获得 194 元的优惠，包括 20 元无门槛券、20 元满减券、104 元 9 折券；还能获得免费试用、商品免单以及折扣商品三种特权。用户在拼多多平台的消费金额、消费次数越多，购买省钱月卡就越值。每个月使用两张 5 元无门槛券即能收回购买月卡的成本，所有的拼多多用户都能通过购买月卡获得优惠。拼多多推出省钱月卡有助于培养更多忠实用户，用户为了更充分地利用省钱月卡带来的优惠和特权，会首先考虑使用拼多多进行购物。

2. 购物决策

拼多多通过拼团、限时优惠模式结合全场包邮、个性推荐策略刺激用户消费，极大地压缩了用户在拼多多上购物的决策时间，降低了用户网上购物的门槛。

(1) 拼团模式。拼多多能够快速成长为第三大综合电商平台，“拼团”模式功不可没。拼多多平台初期，用户发起拼团、完成支付后，还需要邀请亲朋好友完成拼团才能完成购物。平台借助拼团模式，利用社交裂变快速获得大量用户；并通过低价商品、全场包邮、新人优惠、支付流程简单等优势降低用户的购物决策门槛，让更多的用户完成在平台第一笔交易，提升新用户的留存率。

(2)限时优惠。用户登录拼多多 App 时，有一定的概率收到平台赠送的优惠券。优惠券仿照微信红包的样式，用户领取后会看到优惠券仅在很短的期限内有效。倒计时精确到秒的优惠券和优惠券领取页的推荐商品能通过给用户带来紧迫感来加大用户冲动消费的概率。限时优惠券能够降低用户消费决定门槛，促使新用户首次消费和近期未消费的老用户重新消费，提升用户留存率和复购率。

(3) 个性推荐。拼多多的搜索功能不像其他电商平台一样放在应用首页，而是要进入“搜索”Tab 后才可进行搜索。拼多多这样布局是因为拼多多更希望用户在平台内“逛”而不是“搜索”。拼多多的商品主要是通过信息流个性推荐进行分发的。平台通过分析用户的下单记录、商品浏览记录、店铺类型偏好等用户数据，通过一系列算法向用户推荐系统认为用户会喜欢的商品。用户的点击、下单等行为反馈推荐的准确度、优化推荐算法，形成推荐算法的闭环迭代，为用户推荐更多喜欢的商品，增加用户的留存时间和复购率。通过精准的信息流推荐的商品能让没有明确购物意向的用户也能够继续留在平台内“逛”，能够提升用户的留存时长、增加商品的曝光率，并且符合用户心意且低价质优的商品能够让用户产生购物冲动，提升平台的 GMV。

(4) 特色模块。拼多多有限时秒杀、9 块 9 特卖、品牌馆、每日好店等特色模块。这些特色模块能够满足拼多多各细分用户群体的购物需求，提供更有针对性的产品和服务。

3. 社交分享

拼多多的社交分享充分利用了微信的社交关系链，通过社交裂变的方式，拼多多以极低的成本快速获客，短时间内获得了大量用户。助力享免单和砍价享免单的分享免单模式、天天领现金和 1 分抽大奖的分享有礼模式都能够激励用户将平台活动分享给亲朋好友。拼多多通过利用用户社交关系链裂变可以降低获客成本，同时各种有趣的活动也能够增加用户活跃和用户黏性。

4. 游戏化体验

拼多多平台将低价优惠、社交裂变的特点融入"种树、养猪、消星星"（多多果园、金猪赚大钱、多多爱消除）这三款游戏中，通过相对复杂、拥有独立等级体系的游戏增加平台的趣味性。多多果园和金猪赚大钱属于养成类游戏，多多爱消除属于闯关类游戏，不同类型的游戏也为喜好不同的用户提供更多的选择空间。

这几款游戏通过一系列有趣的玩法和各种各样的优惠、奖励鼓励用户花费更多时间和精力，不仅能占据用户更多的时间，提升日活；还能增加用户离开平台的沉没成本，增加产品黏性，获得更多忠实用户。

（四）创新与特色

1. 捕捉不同的市场

拼多多在其地域市场中具有战略定位，而不是较为成熟的一线和二线城市，拼多多的目标市场是生活在三、四线城市和中国农村地区的市场，拼多多把重点放在这些领域，以避免与京东和淘宝的直接竞争，让拼多多快速占有自己的市场份额。

2. 微信整合营销

拼多多整合并利用中国最大的社交媒体网络微信，在 2018 年拼多多利用微信小程序实现快速裂变。当用户将产品分享到微信账户并将足够多的人分组购买某种产品时，他们可以获得更便宜的购买价格。用户分享的越多，用户可以获得的折扣越高，如果他们聚集了足够的人来购买产品，他们甚至可以免费获得产品。

（五）经验要点

1. 社交裂变＋购物优惠激励

拼多多借助微信社交关系链快速裂变，许多用户第一次用拼多多并不是在拼多多 App 里，而是通过点击家人朋友分享到微信中砍价或拼团邀请链接，授权微信登录，完成拼多多的用户注册，成为拼多多的用户。拼多多的超低价商品、没有购物车、不用比价等特点压缩了用户的决策时间，降低了用户在手机上进行购物的门槛，刺激了用户消费。用户无须太多思考，看上商品后可以快速下单，形成了拼多多用户消费频次高、客订单价低的购物习惯。拼多多上还有"多多果园""金猪存钱罐"等游戏，能够吸引用户在拼多多上花费更多时间，促进用户活跃度，提升用户留存率、复购率。

凭借"社交裂变＋购物优惠激励"模式，拼多多快速发展成为第三大综合电商平台。随着互联网人口红利逐渐消失，获客成本增加，相较运营导向的传统模式，拼多多增长导向的"社交裂变＋购物优惠激励"模式，契合更宽泛人群的人性需求，获客成本较低，有助于用户的新增和留存。

2. C2M 模式压缩供应链

拼多多通过创新的商业模式和技术应用，对现有商品流通环节进行重构，持续降低社会资源的损耗，为用户创造价值的同时，有效地推动了农业和制造业的发展。通过 C2M 模式对传统供应链进行压缩，为消费者提供公平且最具性价比的选择。通过去中心化的流量分发机制，拼多多大幅降低传统电商的流量成本，并让利于供需两端。

拼多多将创新的电商模式与精准扶贫紧密结合，为推动农产品大规模上行提供了有效途径。平台的“拼购”模式能够迅速裂变并聚集消费需求，实现大规模、多对多匹配，迅速消化掉大批量的当季农产品，将农产品直接从田间送到消费者手中，令中国农业生产与需求离散化的劣势转变为优势。

基于平台大数据，拼多多根据消费者喜好与需求，帮助工厂实现定制化生产，持续降低采购、生产、物流成本，让“低价高质”商品成为平台主流。拼多多平台“拼购”少 SKU、高订单、短爆发的模式，不仅能迅速消化工厂产能，还帮助生产厂商通过“现象级”爆款迅速赢得消费者的信任，树立品牌形象。拼多多通过提供免费流量，大幅降低生产商的营销成本，平台还持续向有志于打造自主品牌的生产商倾斜资源，助力其转型升级。

小结

随着互联网及信息技术的发展，企业借助互联网，以电子手段为工具开展商务活动。电子商务改变了传统的面对面的商务模式，通过网络为全球用户提供每周 7 天、每天 24 小时的全天候服务，完成了包括采购、销售、商贸磋商、价格比较、营销推广、宣传促销、售前或售后服务、客户关系等一系列的商务活动。这些商务活动不仅涵盖企业与企业之间的商务活动，还包括企业与消费者、消费者与消费者之间，以及企业与政府之间的一切商务活动。整个交易过程实现了无纸化、高效率、低成本、数字化、网络化、全球化的运作目的。完整的电子商务系统一般包括基础网络平台、商家客户及消费者、网上支付中心、认证中心、物流配送中心等要素，基本涵盖了信息流、资金流和物流运作所必需的平台。

复习思考题

1. 什么是电子商务？电子商务的类型包括哪些？
2. 描述电子商务框架结构中的组成部分。
3. 简述电子商务概念模型。
4. 从电子商务概念模型出发，比较电子商务与传统商务的异同。
5. 简述电子商务的特点。
6. 电子商务产生的背景和形成的原因是什么？
7. 举出几个身边的关于电子商务应用的例子。

实践题

1. 登录当当网购买一本书，请描述网上购物基本流程，并分析网上购物流程与传统购物流程存在哪些不同。

2. 登录戴尔公司的官方网站(http://www.dell.com.cn)，分析其网上商城的运作模式及特点，并比较戴尔公司计算机销售模式与联想公司销售模式的优缺点。

项目二

电子商务运作模式

项目导读

在这个互联网飞速发展的时代，电子商务应运而生，给企业带来了更高的生产率，为企业提供更广阔的目标市场，提供新的商业价值和盈利模式。电子商务模式研究也对企业管理创新和战略转型有重要的理论和实践意义。

企业在实施电子商务项目时，首先应该考虑的就是商务模式的选择，根据商务模式的特点，再系统地设计项目的运营和管理模式。所以对各种商务模式的典型案例进行系统分析，从而对各种具体的电子商务模式内涵、特点及应用情况进行系统的把握，以利于电子商务模式的推广和应用。

项目任务及要求

任务编号	任务名称	要　求	相关知识
任务一	电子商务模式的相关概念	1. 了解商务模式的概念； 2. 了解电子商务企业商务模式的类型	1. 传统商业模式和电子商务模式； 2. 电子商务企业商务模式要素
任务二	认识 B2B 电子商务模式	1. 认识 B2B 商务模式及分类； 2. 认识 B2B 交易的收益模式及运作策略	1. B2B 的基本知识； 2. B2B 电子商务分类； 3. B2B 的运作模式
任务三	认识 B2C 电子商务模式	1. 认识 B2C 交易； 2. 认识 B2C 交易运作策略	1. B2C 的基本知识； 2. B2C 的运作模式； 3. B2C 的盈利模式
任务四	认识 C2C 电子商务模式	1. 认识 C2C 电子商务的运作模式及策略； 2. 了解 C2C 电子商务收益模式	1. C2C 的基本知识； 2. C2C 的运作模式； 3. C2C 的盈利模式
任务五	了解电子政务商务模式	1. 理解电子政务的定义； 2. 了解三种典型的电子政务商业模式主要内容	1. 电子政务； 2. G2B； 3. G2C； 4. G2G
任务六	了解 O2O 电子商务模式	1. 掌握 O2O 模式的概念和特点； 2. 了解 O2O 模式适用企业； 3. O2O 的基本模式	1. O2O； 2. 导游类 O2O； 3. 整合类 O2O
任务七	案例分析——天猫商城商业模式分析	了解天猫商城商业模式	天猫商城业务模式及盈利模式

案例点击 2-1

找钢网:“找钢模式”四部曲,如何给 B2B 电商破局

近几年,惨淡的钢铁行业成为产能过剩的典型代表。然而,就在这个阴云密布的行业,却透出了一抹罕见的亮色:2015 年,钢铁电商找钢网的月交易量达到了 100 万吨,而年交易量超过 100 万吨的零售钢贸商在全中国不超过 20 家。那么,找钢网是如何成立短短 4 年就飞速崛起的呢?

钢材的交易链条冗长,物流次数约等于交易次数。李绪富认为,这意味着钢贸行业效率极其低下。理论上讲,钢材这么笨重的商品从钢厂出来,要么直接发送到用户那里,要么倒转一次到用户那里。换句话说,物流次数应该是 1 或 2。钢材倒转的次数越多,流通企业体现的价值就越小,因为它们没有把效率提上去。找钢网的核心价值在于,它缩减了交易次数和物流次数,大幅提升了供应链效率。在此基础上,它开发出了丰富的盈利模式。

下文将“找钢模式”的发展总结为四部曲,相信各行业的 B2B 企业都可以从中获得启示。

一部曲:为小买家提供优质服务,成为行业订单的入口

看准趋势之后的难点是如何找准切入点。作为交易平台,可以通过汇集卖家的方式来吸引买家,也可以通过汇集买家的方式来吸引卖家。传统钢材交易的环节是:钢厂—大代理商—中间商—零售商(次终端)—终端用户(真正的用钢企业)。钢厂和大代理商之间有着长期稳定的合作,双方是强关系,以找钢网薄弱的创业资金,贸然去撼动这种强关系显然是不明智的。相比之下,30 万个钢铁零售商和中间商之间是弱关系,找钢网找到的切入点就是先汇集这批小买家,再以此吸引卖家进入平台。

二部曲:以海量订单吸引厂家和代理商,赚佣金而非博差价

2013 年一季度,开始有钢厂提出与找钢网合作,找钢网借此推出“找钢商城”,将业务模式成功扩展到钢厂自营。到 2014 年年初,合作的钢厂增长到 13 家。到 2015 年,找钢网的客户已覆盖中国大部分的主流钢厂。相比于传统的代理买断制,找钢网的钢厂自营“保价代销”模式,非常有利于做大销售规模,快速消化钢厂库存。找钢网的“保价代销”模式只赚少量佣金,但不承担价格风险,这样找钢网就敢做大销售规模,只要找钢网的融资能力没有上限,它的销售规模也是没有上限的。因为“保价代销”消灭了囤货博差价的原始动机,找钢网的利益就和钢厂、零售商保持了一致,规模迅速扩大了。

钢厂自营达到一定规模后,想加快销售速度的贸易商也开始进入找钢网平台。2013 年下半年,找钢商城推出联营业务。联营业务交易环节是:钢厂—贸易商—找钢网—零售商(次终端)—终端用户。由于交易环节多,这些贸易商的利润相对较薄,找钢网就把销售佣金降到了每吨 5~8 元。2015 年年底,找钢商城月销售 100 万吨,其中 35 万吨是钢厂自营,65 万吨是钢贸商联营。

三部曲:优化产业链,靠服务赚钱

一旦去赚交易的钱,就可能像传统钢贸商那样被单吨利润所迷惑,现在确实有钢铁电商走上了这条老路,却遭遇严重亏损。找钢网不追求单吨利润,以低佣金来做大规模,再通过规模向下游做产业链优化,靠服务赚钱。

找钢网给钢贸行业提供的是一揽子的服务:零售商只要在找钢网平台上买货,就有胖猫物流跟进去运货;然后还有仓储和加工服务;因为交易格式化、可监控,还有金融机构愿意跟找钢网一起给零售商提供金融服务。

四部曲:"找钢模式"的未来——反向定制与敏捷采销

在未来,找钢网能够通过海量的交易数据,做比较精准的用户分析,把用户的特殊需求归纳出来,然后递交给钢厂。钢厂要的是连续性订单,特殊订单只来一次就没意思。如果找钢网告诉它这种订单每个月都会有,钢厂就会愿意对自己的生产做出调整。

找钢网已经开始做反向定制的小规模试验。例如,找钢网上有三四十家封头企业(封头是一种锅炉部件),它们每个月都需要两三千吨属性偏软的中板,但对板面整洁度等方面没有要求。找钢网就向一家小钢厂每个月下2 000多吨的订单,专门供给这些封头企业。虽然是反向定制,但钢厂的成本其实是下降了。找钢网还可以挤压钢厂的利润以增加网站利润,原先卖一张钢板的利润不到30元,现在可以赚50元。

除了根据大数据做反向定制,找钢网未来还有一种可能的商业模式——敏捷采销:用户预判它未来二三十天的用钢量,钢厂提高它的生产速度,10～15天就交付给找钢网,找钢网再花几天时间送到用户那里。敏捷采销能够大量节省订单的交付时间,从而大幅提升资金周转率。资金效率提升,有利于找钢网更快做大规模。

思考:

哪些行业能够复制"找钢模式"?

案例点击 *2-2*

神州租车:从重资产到无车车生活共享平台

神州租车成立于2007年,是中国领先的汽车出行服务供应商,为客户提供短租自驾、长租自驾等服务。10年来,神州租车三亚机场店从最初的15台车,增长至3 851辆,这是神州租车发展的一个缩影。如今的神州租车已经是亚洲最大的租车公司,车队规模超过10万辆,在全国近300个城市拥有上千家服务网点。在共享经济出行领域里,神州租车靠优质专业的服务独树一帜,挂牌新三板的神州优车市值就超过了450亿元。

2015年,神州宣布进入专车领域。2016年,神州免费开放平台,并承诺永不抽成,对C2C盈利模式造成了重创。同时,上线了神州车闪贷。2017年上半年,神州优车实现毛利2.4亿元,其首次实现了历史性转正,这在网约车发展进程中具有里程碑意义。

在发布2017年前三季度财报时，陆正耀表示，神州租车要成为新一代消费者无车车生活的共享平台，为广大客户提供更新、更全面的汽车生活服务，满足大家不断升级的汽车消费需求，并为将来过渡成为无人驾驶的运营平台做好准备。

以前，拿着驾驶证和信用卡到门店排队取车，再正常不过。从2016年8月起，神州租车以“轻门店”模式，在全国93个城市提供免费上门送取车服务。用户只要提前4小时下单，神州租车就会免费将车送到用户需要的地方。无论是居民小区、单元楼，还是办公楼、商业区，走出了一条“重资产车队＋轻门店”的新兴运营模式。简单地一变，实际是多年积累的互联网基因爆发。单说免费上门送取车，背后涉及一整套互联网式的运营方式和管理技巧。神州租车通过“优车智脑”10年的大数据积累，可以提前1周，甚至1个月预测某个区域、某个热门地区的车辆需求情况。通过智能化调度，门店只需整备和为客户办理手续，调车、供车全由智能后台统一安排，“免费上门送车”等服务不是停留在表面。

从轻门店到无门店的变化，对用户来说是一场服务升级。从神州租车的角度则是综合运用大数据、云计算等技术手段，进一步挖掘车辆使用效率，这对于整个租车行业无疑是一场变革，它将整个行业从实体网络向服务网络推进。而这个变化，在新的移动互联网时代仍在继续。据悉，神州租车提出了通过创新科技，建立中国领先的汽车移动平台和智能出行生态系统的发展使命，将不断开拓崭新和富有创意的商业模式，以持续提供优质的汽车相关服务。

思考：

种种原因促成神州租车的成功，你认为神州租车能分“共享经济”一杯羹的关键因素有哪些。

任务一　电子商务模式的相关概念

一、商务模式的概念

商务模式，又叫商业模式(Business Model)，是来源于企业管理领域的一个专业术语，是一系列有规划的活动，用以从市场上得到利润。商业模式是整个商业计划的核心。

商业计划(Business Plan)是说明企业商业模式的文件。电子商务商业模式(E-business business Model)的目标在于使用和产生互联网及电子商务的商业效应。

二、传统商业模式与电子商业模式

传统商务与电子商务有何不同？多数企业在进一步了解电子商务内涵或是利用电子商务改善企业运作模式及拓展商务之前，往往尚不了解企业自身问题之所在。也就是说，企业往往在解决问题后，尚无法掌握问题核心所在。

大部分企业在传统的商业环境下所遭遇的主要问题包括下列三项。

（一）地理环境的区隔

地理环境的区隔造成拓展商业市场的限制，以及市场中出现同构型过高的顾客与供货商。企业受限于商业地理环境的限制，买主无法找到提供满意产品与服务的合宜的卖主；相对地，供应商亦无法找到合适的顾客，导致整体经济资源的错置与浪费。在传统的商业环境中，买卖双方迫切需要一种发现对方或被对方发现的机制，因而增加商业交易的机会，然而受限于地理环境，市场中买卖双方往往不知对方的存在，从而造成营销上市场及顾客群的隔离。

（二）企业间联系与互动的频繁

企业的许多作业流程缺乏效率是由于企业运用人力来管理企业间复杂的联系与互动关系，这种管理方式导致企业间的联系十分复杂与烦琐，且易产生错误。企业间商务交易的行为包括订单、报价、原料购买、制造、储放运输、发票、会计作业等，细微错误的产生往往需要耗费大量人力与资源加以修改更正，营运效率因此大幅降低。

（三）充斥过多的产品库存

缺乏产品各项计划的能见度与透明度，导致产品供应链中充斥着过多的库存品，供应链间的成员无法了解其他成员的营运计划，无法在适当的时间点产生正确的产品组合与产量。

电子商务的发展与信息软件的应用，从根本上解决了上述传统商业经营所面临的问题。电子商务的使用增加了企业价值链间的透明度（Transparency），企业得以突破既有市场上的限制，利用不同的营销渠道寻找商业合作伙伴，将产品推展至以往无法触及的市场；同时企业亦得以利用网络的联结驱动企业间彼此的联系与合作，真正落实商业合作伙伴关系；另外，亦可借由电子商业软件大幅度增加产品供应链间的透明度与能见度（Visibility），进而降低生产成本，减少产品库存，并借由信息的交流，使得企业可随时掌握产品市场信息，了解顾客需求，以提高产业竞争力。

由于电子商务的使用增加了企业价值链间的透明度，企业供应链的管理不再局限于公司内部的成本降低，而扩展至公司原有的上下游厂商的相互合作。供应链管理使得厂商从原先企业内部静态的控管提升至动态的管理模式，由于局部化的管理模式与成本控制无法有效反映顾客的需要，因此取而代之的是以顾客价值为导向的整体供应链经营模式。为因应电子商务所带来之变革，企业必须不断地取得及分析既有与可能合作的上下游厂商、信息科技与公司组织架构，机动调整经营模式。

三、商业模式的八个元素

在快速变化的商业环境中，企业通过持续的变革和创新从而引入新的商务模式非常关键。其主要包含以下八个要素。

（一）价值主张

价值主张（Value Proposition）是指公司通过其产品和服务所能向消费者提供的价值。价值主张确认了公司对消费者的实用意义。好的商务模式有以下特点：能为顾客提供独特价值（如更低的价格、交易的乐趣或更高的性价比以及更多的便利等，这些价值难以模仿）以及对顾客行为的准确理解等。例如，豆瓣网可为客户提供好的电影、书籍和音乐信息，并有基于共同偏好的、共同兴趣的以及共同地域的社区内容的分享。

(二)消费者目标群体

消费者目标群体(Target Customer Segments)是指当企业选定了产品和服务时,需要选择合适的市场来消化其产品。特定的顾客提供合理的价值是企业商务模式中不可缺少的一部分,选定消费者群体的过程也被称为市场细分(Market Segmentation)。例如,宝马公司面对的客户群体主要是新兴的现代企业家、新职业精英、向上攀登的年轻人,代表能量和活力的成功人士;麦当劳产品经常创新,有针对家庭、儿童、恋人等不同人群的产品。

(三) 分销渠道

分销渠道(Distribution Channels)是公司用来接触消费者的各种途径,阐述了公司如何开拓市场,涉及公司的市场和分销策略。通常所说的批发、代理、零售及直销等销售模式就是指分销渠道的问题。

(四)收益来源

通常企业都有多种收益来源,即可以为顾客提供多种价值。一个设计完善的商务模式要充分考虑企业的每种收益来源、收益的定价等问题。例如,一个软件开发公司不仅能帮助客户开发系统,还可以提供后续的服务,提供技术咨询和培训等业务。

(五)资源配置

一个企业的运营离不开资源配置(Value Configurations),而如何利用有限的资源去实现企业价值的最大化是企业必须认真思考和执行的关键问题。任何一个有活力、有创新能力的企业都会向着实现资源的最合理配置和实现价值最大化的目标奋斗。

(六)核心能力

核心能力(Core Capabilities)是企业能够在激烈的竞争环境中生存和发展的强有力武器。相对于竞争对手而言,企业和个人如何有效地实现这些增值活动的优势,就是企业的核心竞争力,它往往决定了企业的竞争优势。企业的核心能力可体现在一个企业运营环境的各个方面,如设计、生产、专利、秘方、营销、服务、创新等各个环节。例如,可口可乐以配制的秘方而成为饮料行业的龙头,海尔以其持续的创新能力成为世界白色家电的知名品牌。

(七)伙伴网络

在经济全球化和信息化时代,企业参与竞争不能单打独斗,而要与外部上下游的合作伙伴建立相互依赖的战略关系,共同创造差异化的顾客模式,建立共赢的商务模式。

(八)企业内涵

企业的成功和发展仅仅依靠上述 7 条仍然不够,还需要锲而不舍、相互支持的团队,需要合理的企业组织结构,需要严谨的管理制度和体系,需要传承企业文化等。

四、电子商务企业的商业模式

电子商务企业的商业模式,是指在网络环境中基于一定技术基础的商业运作方式和一系列为了盈利而创造核心竞争力的业务流程的集合。电子商务商业模式主要包括以下内容:厂商可为客户提供怎样的价值;可为哪些客户提供价值;如何提供价值定价;如何提供价值;如何在提供价值的过程中保持竞争优势。

(一)电子商务企业商业模式要素

电子商务企业商业模式要素一般有如下六种:

(1) 客户以及公司与客户的关系,包括客户价值主张。

(2)公司所提供的所有产品及服务。

(3) 制造和销售产品和服务所需的业务流程。

(4) 制造和销售产品所需要的资源。

(5) 组织的供应链,包括供应商和其他业务合作伙伴。

(6) 盈利模式、期望成本、财务资源以及预期利润。

(二) 电子商务企业商业模式的类型

目前较为常见的商业模式主要有以下几类:

(1) 直销(Direct Sales)。电子商务的特性使得很多厂商摆脱了对经销商、分销商等中间商的依赖,实现了去中间环节化,越来越多的厂商开始建立自己的门户网站,或者在各大电商平台建立门店直销自己的产品,或者是自己采购自己经销。DELL电脑、当当网等采用的就是直销商业模式

(2)中介(Intermediary)。电子商务中介的主要存在形式是信息平台,通过提供平台供交易双方发布各自所需信息,撮合交易。例如,阿里巴巴 B2B 平台、搜房网、58 同城、赶集网,还包括一些提供金融服务及物流服务的信息平台,都是电子商务中介模式。

(3) 内容提供商(Content Provider)。内容提供商是通过信息中介商向最终消费者提供信息、数字产品、服务等内容的信息生产商,或直接给专门信息需求者提供定制信息的信息生产商。内容提供商能够处理大量的信息,包括图像、图形、声音、文本等。由于信息安全性是第一要求,因此,信息内容提供商在存储介质和网络设施上投资较大。一些视频网站如优酷,在线音乐下载如百度音乐,新闻资讯如新浪、搜狐等均为内容提供商。

(4) 服务提供商(Full-service Provider)。电子商务服务提供商涵盖 IT 技术类服务商、运营服务类服务商、营销推广类服务商、市场研究类服务商、仓储物流类服务商、品控保险类服务商和电子商务整体外包类服务商(电商整包类)等。其属于电子商务生态系统中的支持种群。天气预报、股票指数等提供者可视为服务提供商商业模式。

(5) 公共基础设施提供商(Shared Public Infrastructure)。这类商业模式目前主要由各大电信运营商运营,如中国移动、中国联通、中国电信等,还有一些代理商从电信批发购买服务,再将服务零售给消费者。

(6) 价值网集成商(Value Net Integrator)。价值网集成商是将各种有价值的信息集成在一起的集成商商业模式。新浪门户网站集成了各类有价值的资讯、新闻、财经、科技、汽车、房产、博客、读书、教育、时尚等,类似的门户网站还有很多,这些均为价值网集成商。

(7)虚拟社区(Virtual Community)。天涯论坛、校友录、人人网、猫扑等为此类商业模式。

(8) 综合服务商(Consolidator of Service)。新浪网在提供内容、价值网集成的同时,还提供其他服务,如服务器托管等,多类服务的提供者称为综合服务商。

目前,电子商务模式的研究还处于起步阶段,国内外许多学者众说纷纭,没有形成共识。总的来说,电子商务模式,就是指在网络环境中基于一定技术基础的商务运作方式和盈利模

式。研究和分析电子商务模式的分类体系，有助于挖掘新的电子商务模式，为电子商务模式的创新提供途径，也有助于企业制定特定的电子商务策略和实施步骤。

电子商务模式

任务二　认识 B2B 电子商务模式

企业对企业的电子商务或商家对商家的电子商务（Business to Business，B2B），是指企业与企业之间通过互联网或私有网络等现代信息技术手段进行的各种商务活动，如谈判、订货、签约和付款等。

一、B2B 电子商务的特点

B2B 电子商务是电子商务领域应用较广泛和很受企业重视的商务模式。B2B 电子商务平台的出现，使企业可以在网上实现为每笔交易寻找到最佳合作伙伴，完成从定购到结算的全部交易行为。B2B 电子商务的特点主要表现为交易金额大、交易对象广泛、交易操作规范和交易过程复杂等方面，下面分别进行介绍：

(1) 交易金额大。相对于 B2C 和 C2C 电子商务模式来说，B2B 电子商务模式的交易次数相对较少，但单次交易金额往往会大于前两者。

(2)交易对象广泛。B2B 电子商务模式的交易对象可以是任何一种商品，同时商品除了成品外，还可以是原材料或半成品。

(3) 交易操作规范。相较于传统的企业间的交易，B2B 电子商务模式的交易操作相对规范化、标准化及流程化。在 B2B 交易方式下，买卖双方能够在网上完成整个业务流程，包括从最初接触沟通，到货比三家，再到讨价还价、签单和交货，最后到售后服务，大大节省了企业的经营成本及时间，并提高了工作效率。

(4) 交易过程复杂。相对于 B2C 和 C2C 电子商务模式来说，B2B 电子商务模式的交易金额一般较大，还会涉及交易谈判、合同签订和售后服务及赔付等环节，因此交易过程相对较为复杂。

二、B2B 电子商务的优势

B2B 电子商务的实施可以降低企业的成本并增加企业收入来源，这种模式的优势可以从商务成本、供应链管理和产销周期等方面凸显出来。

(1) 降低商务成本。企业商务成本一般包括采购成本与库存成本。传统企业间进行贸易往来往往要耗费大量的资源和时间，而在 B2B 电子商务模式下，企业通过与上游的供应商和下游的客户建立企业电子商务，买卖双方都能够自主地在网上完成整个业务流程，减少了买卖双方为进行交易而投入的人力、物力和财力等资源。同时，企业还能优化内部采购体系和库存体系，通过批量采购的方式来更好地管理，实现高效的企业运转与库存控制，降低成本。

(2)强化供应链管理。在 B2B 电子商务模式下，可以很明确地获悉所有商品的情况，进一步预计和控制市场供求信息，方便对库存和物流进行更科学的规划和管理，提高企业的经济效益。最理想的 B2B 电子商务模式是最大化缩减企业库存，创造高效率的无形市场，实现

“零库存”状态下的即时生产(Just In Time,JIT)。

(3) 缩短产销周期。在传统商务模式下,商品从设计、生产、上架到出售,需要经过很多环节,时间周期较长。而在电子商务模式下则是一天 24 小时不间断运作,从而加快各个环节之间的交流,加快企业资金和物流等的流动,缩短整个生产和销售的周期。

三、B2B 电子商务的主要商业模式

B2B 电子商务模式的市场规模庞大,也是目前企业改善竞争条件、建立竞争优势的主要方式。目前,B2B 电子商务的主要模式包括面向制造业或面向商业的垂直 B2B、面向中间交易市场的 B2B 两种。

(1) 面向制造业或面向商业的垂直 B2B。该模式分为两个方向,包括上游供应商和下游经销商。生产商或零售商与上游的供应商形成供货关系,生产商与下游的经销商形成销货关系。

(2)面向中间交易市场的 B2B。该模式将各个行业中相近的交易过程集中到一个场所,为采购方和供应方提供了交易的机会,也称为水平 B2B。

四、B2B 电子商务的交易模式

B2B 电子商务的交易模式按企业战略的不同可以分为 3 种类型,即卖方控制型、买方控制型和中介控制型。

(一)卖方控制型市场战略电子商务模式

卖方控制型市场战略是指由单一卖方建立,以期寻求众多的买者,旨在建立或维持其在交易中的市场势力的市场战略。这种交易模式主要是一些大中型企业利用网络平台面向广大的经销商、代理商等开展销售业务。

(二)买方控制型市场战略电子商务模式

买方控制型市场战略是由一个或多个购买者建立,旨在把市场势力和价值转移到买方的市场战略。买方控制型市场战略除了由一个购买者直接建立的电子商务市场之外,还包括买方代理型和买方合作型两种买方控制型市场战略。

(三)中介控制型市场战略电子商务模式

中介控制型市场战略是由买卖双方之外的第三方建立,通过第三方平台为买卖双方搭建一个集广告、交易、支付、物流等业务于一体的市场战略。中介控制型市场能广泛地聚集闲散的资源、优化资源配置,为买卖双方搭建一个广阔的、一站式的交易平台;同时,由于中介控制型市场包括广泛的行业,因此平台的交易体量、社会品牌及影响力都比较大。

五、B2B 电子商务模式的交易流程

(一)B2B 电子商务交易流程

B2B 电子商务交易流程如图 2－1 所示。

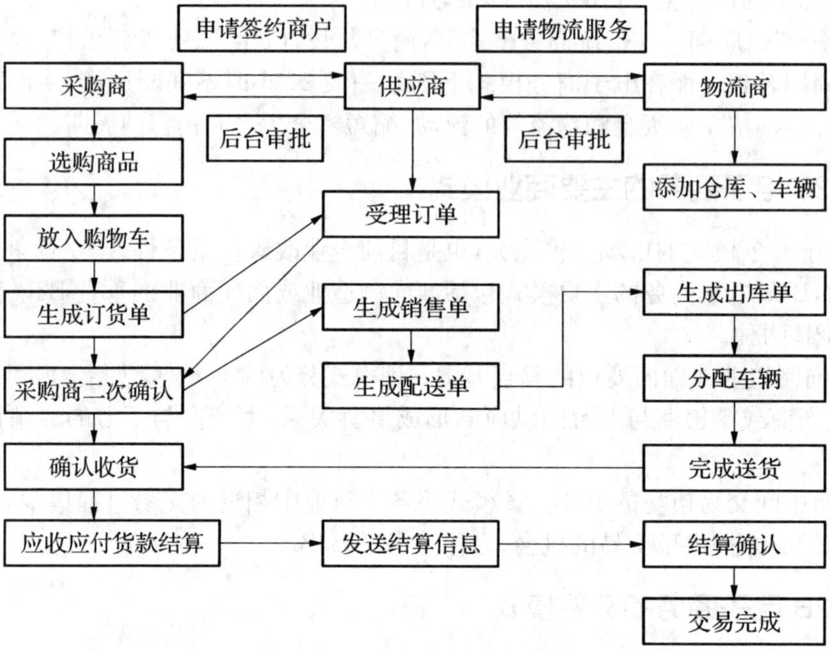

图 2－1　B2B 电子商务交易流程

(1) 商业客户向销售商订货时，首先要发出“用户订单”。该订单中应包括商品名称、数量等一系列与商品有关的信息。

(2)销售商收到“用户订单”后，根据“用户订单”的要求向供货商查询商品情况，发出“订单查询”。

(3) 供货商收到并审核“订单查询”后，给予回答。回答内容通常是有无货物等。

(4) 销售商在确认供货商能够满足商业客户“用户订单”要求的情况下，向物流商发出有关货物运输情况的“运输查询”。

(5) 物流商在收到“运输查询”后，给予回答，内容包括有无能力完成运输，有关运输的日期、线路、方式等。

(6) 在确认运输无问题后，销售商即刻给商业客户一个满意的回答，同时要给供货商发出“发货通知”，并通知物流商运输。

(7)物流商接到“运输通知”后，将商品从供货商处运输到商业客户处。接着，商业客户向支付网关发出“付款通知”，支付网关进行转账。

(8) 支付网关向销售商发出交易成功的“转账通知”。

(二)B2B 网站的基本功能

B2B 网站的基本功能主要包括商品信息发布、关键字设置、免费会员权限设置、分析竞争对手、引擎优化、邮件列表杂志订阅、销售信息、分类排名、论坛管理、系统管理。

1. 商品信息发布

商品信息发布模块的设计目的在于使企业便捷地将商品、服务等信息在 B2B 网站进行展示。发布商品信息时最需要注意关键字的选择，客户根据关键字来搜索商品，并且关键字是B2B网站搜索排名的重要依据。如果商品搜索结果比较靠后,则应通过B2B网站系统模块适当调整关键字,使排名靠前。

2. 关键字设置

关键字设置是企业产品在B2B网站上操作的重点,多家企业产品的关键字常常出现互相竞争的状况。对此,应用B2B网站的企业可通过系统后台有效发掘和扩展关键字。

3. 免费会员权限设置

B2B网站与其他零售网站相比具有一定的规范性,需要客户注册、登录账号,才能查看商品信息、订单信息及支付货款。系统根据会员的等级,设置不同的权限,提供差异化的服务。例如,高级会员可定期在首页发布广告,可利用平台的短信服务直接联系客户等。

4. 分析竞争对手

分析竞争对手模块主要从采购商的角度来分析竞争对手的不足,促使采购商在商品介绍、商品图片、厂房介绍、各种认证上下功夫,提高竞争力。

5. 引擎优化

网站级别较高的B2B网站设置引擎优化模块,可提供定制开发服务,使得会员的二级网站主页能够获得百度、360及搜狗等搜索引擎的抓取,为提高会员知名度创造便利条件。

6. 邮件列表杂志订阅

设置邮件列表杂志订阅模块,可增强企业产品推广力度。在申请订阅之后,平台会通过此模块把最新的行情及信息发送至客户的邮箱。

7. 销售信息

平台的强大之处主要通过销售信息模块体现出来。企业运用此模块,可对商品展示内容中的标题进行设置,并且可以不断刷新更新速度,达到强有力地宣传商品、进行商品推广的目的。

8. 分类排名

平台商品可进行分类排名,商品分类具有准确性、多样性的特点。很多采购商依赖于排名对商品进行筛选,国外客户、年长的客户尤其如此。分类排名模块使得买家可通过常用分类来查找商品信息。

9. 论坛管理

将论坛系统与会员系统整合,对论坛内容进行管理,同时支持会员创建和加入不同的论坛,促进网站会员之间的交流。

10. 系统管理

其可对网站数据库和文件进行管理,以使网站页面得到及时更新和调整。

六、B2B 电子商务的主要盈利模式

（一）会员费

企业通过第三方电子商务平台参与电子商务交易，必须注册为 B2B 网站的会员，每年要缴纳一定的会员费，才能享受网站提供的各种服务。目前会员费已成为中国 B2B 网站最主要的收入来源。例如，阿里巴巴网站收取中国供应商、诚信通两种会员费，中国供应商会员费分为 4 万元/年和 6 万元/年两种，诚信通的会员费为每年 2 300 元；中国化工网每个会员第一年的费用为 12 000 元，以后每年综合服务费用为 6 000 元；五金商贸网中国的金视通会员费为 1 580 元/年；百万网的百万通会员费为 600 元/年等。

（二）广告费

网络广告是门户网站的主要盈利来源，同时也是 B2B 电子商务网站的主要收入来源。例如，阿里巴巴网站的广告根据其在首页的位置及广告类型来收费；中国化工网有弹出广告、漂浮广告、Banner 广告、文字广告等多种表现形式可供用户选择；ECVV 网站提供固定排名、首页广告和关键字广告等多种方式。

（三）竞价排名

企业为了促进产品销售，都希望自己在 B2B 网站的信息搜索排名中是靠前的，而网站在确保信息准确无误的基础上，根据会员缴费的不同对排名顺序做相应的调整。阿里巴巴的竞价排名是诚信通会员专享的搜索排名服务，当买家在阿里巴巴搜索供应信息时，竞价企业的信息将排在搜索结果的前三位，会被买家第一时间找到。中国化工网的化工搜索是建立在全球最大的化工网站上的化工专业搜索平台，对全球近 20 万个化工及化工相关网站进行搜索，搜录的网页总数达 5 000 万个，同时采用搜索竞价排名方式，确定企业排名顺序。

（四）增值服务

B2B 网站通常除了为企业提供贸易供求信息以外，还会提供一些独特的增值服务，包括企业认证、独立域名、提供行业数据分析报告、搜索引擎优化等。像现货认证就是针对电子这个行业提供的一个特殊的增值服务，因为通常情况下，电子采购商比较重视库存。另外，针对电子型号所做的谷歌排名推广服务，就是搜索引擎优化的一种，如国际贸易网（ECVV）就有这个增值服务，企业对这个都比较感兴趣。因此，可以根据行业的特殊性深挖客户的需求，然后提供具有针对性的增值服务。

（五）线下服务

线下服务主要包括展会、期刊、研讨会等。通过展会，供应商和采购商可以面对面地交流，一般的中小企业比较青睐这种方式。期刊主要是介绍行业资讯等信息，期刊内也可以植入广告。Global Sources 的展会现已成为其重要的盈利模式，占其收入总额的 1/3 左右。而 ECVV 组织的线下展会和采购会也获得了不错的效果。

（六）商务合作

商务合作包括广告联盟、政府、行业协会合作、传统媒体的合作等。广告联盟通常是网络广告联盟。亚马逊通过这种方式已经取得了不错的成效，但在中国，联盟营销还处于发展阶段，部分网站对于联盟营销还比较陌生。

任务三　认识 B2C 电子商务模式

一、B2C 电子商务概述

（一）B2C 电子商务的含义

B2C(Business to Customer)电子商务是企业(Business)与消费者(Customer)通过电子化、信息化的手段，尤其是互联网技术，把本企业或其他企业提供的产品和服务，直接传递给消费者的商务模式。

（二）网站类型

1. 综合商城

如同传统商城一样，综合商城有庞大的购物群体，有稳定的网站平台，有完备的支付体系、诚信安全体系(尽管目前仍然有很多不足)，促进了卖家进驻卖东西，买家进去买东西。而线上的商城，在人气足够、产品丰富、物流便捷的情况下，具有成本低、24 小时不夜城、无区域限制、更丰富的产品等优势。这种商城在线下是以区域来划分的，每个大的都市总有三五个大的商城。

2. 百货商店

商店，谓之店，说明卖家只有一个；而百货，即是满足日常消费需求的丰富产品线。这种商店一般有自有仓库，也有库存的系列产品，以备更快的物流配送和更好的客户服务。这种店甚至会有自己的品牌。

3. 垂直商店

这种商城的产品存在更多的相似性，要么是满足于某一人群的，要么是满足于某种需要或某种平台的，如电器。

4. 复合品牌店

随着电子商务的成熟，会有越来越多的传统品牌商加入其中。

5. 服务型网店

服务型的网店越来越多，都是为了满足人们不同的个性需求，如为你排队买电影票等。估计网店未来会朝这个方向发展。

6. 导购引擎型

导购类型的网站可使购物的趣味性、便捷性大大增加。同时，诸多购物网站都推出了购物返现，小部分推出了联合购物返现，这些都用来满足大部分消费者的需求。许多消费者已经不单单满足直接进入 B2C 网站购物了，他们购物前都会查询一些网上导购网站。

7. 在线商品定制型

很多客户看中商品的可能仅仅是商品的某一点，但是却不得不花钱去购买整个商品，而商品定制就恰恰能解决这一问题，让消费者参与商品的设计，从而得到自己真正需要和喜欢的商品。

8. 在线礼品送礼型

如今礼品价格越来越透明,各个礼品企业得到的利润也越来越少。据不完全统计,全国每年各种送礼达到5 000亿元以上,且每年增长率达12%左右。这引发了传统的礼品企业都往电子商务网站方向发展,以“收礼自选”礼品册的模式,完成了从做礼品到做送礼服务的转变。

二、认识B2C交易运作策略

B2C电子商务的基本业务形式主要有商家自己进行网络直销和通过网上电子交易市场两种。

(一)网络商品直销的流程

网络商品直销,是指消费者和生产者或商家,直接利用网络形式所开展的买卖活动。这种交易的最大特点是供需直接见面,环节少,速度快,费用低。其流程如图2-2所示。

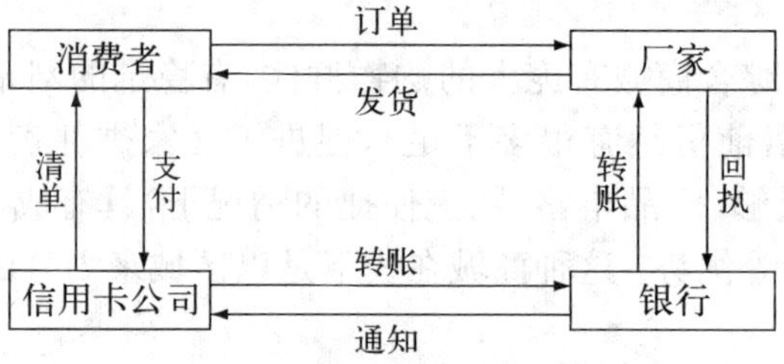

图2-2 网络商品直销流程

由图2-2可以看出,网络商品直销过程可以分为以下6个步骤:

(1) 消费者进入因特网,查看在线商店或企业的主页。

(2)消费者通过购物对话框填写姓名、地址、商品品种、规格、数量等。

(3) 消费者选择支付方式,如信用卡、借记卡、电子货币或电子支票等。

(4) 在线商店或企业的客户服务器检查支付方服务器,确认汇款额是否被认可。

(5) 在线商店或企业的客户服务器确认消费者付款后,通知销售部门送货上门。

(6) 消费者的开户银行将支付款项传递到消费者的信用卡公司,信用卡公司负责发给消费者收费清单。

为了保证交易过程的安全,需要有一个认证机构对在因特网上交易的买卖双方进行认证,以确认他们的真实身份。这时,图2-2演变为图2-3。

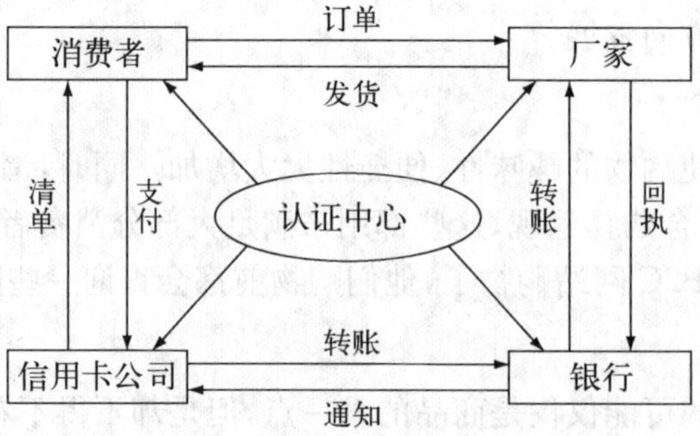

图2-3 带有CA认证的交易过程

上述过程应当在 SET 协议下进行。在安全电子交易的 4 个环节中，即从消费者、商家、支付网关到认证中心，IBM、Microsoft、Netscape、SUN、Oracle 均有相应的解决方案。

网络商品直销的诱人之处在于它能够有效地减少交易环节，大幅度地降低交易成本，从而降低消费者所得到的商品的最终价格。在传统的商业模式中，企业和商家不得不拿出很大一部分资金用于开拓分销渠道。分销渠道的扩展，虽然扩大了企业的分销范围，加大了商品的销售量，但同时也意味着，企业不得不出让很大一部分的利润给分销商，用户也不得不承担高昂的最终价格，这是生产者和消费者都不愿看到的。电子商务的网络直销可以很好地解决这个问题，消费者只需输入厂家的域名，访问厂家的主页，即可清楚地了解所需商品的品种、规格、价格等情况，而且主页上的价格既是出厂价，同时也是消费者所接受的最终价。这样就达到了完全竞争市场条件下出厂价格和最终价格的统一，从而使厂家的销售利润大幅度提高，竞争能力不断增强。

从另一方面讲，网络商品直销还能够有效地减少售后服务的技术指导费用。许多使用中经常出现的问题，消费者都可以通过查询厂家的主页找到答案，或者通过电子邮件与厂家技术人员直接交流。这样，厂家可以大大减少技术服务人员的数量，减少技术服务人员出差的次数，从而降低企业的经营成本。

网络商品直销的不足之处主要表现在两个方面：

(1) 购买者只能从网络广告上判断商品的型号、性能、样式和质量，对实物没有直接的感知，在很多情况下可能产生错误的判断，而某些生产者也可能利用网络广告对自己的产品进行不实的宣传，甚至可能打出虚假广告欺骗顾客。

(2)购买者利用信用卡进行网络交易，不可避免地要将自己的密码输入计算机，由于新技术的不断涌现，犯罪分子可能利用各种高新科技的作案手段窃取密码，进而盗窃用户的钱款。这种情况不论是在国内还是在国外，均有发生。

(二) 通过网上电子交易市场进行交易的业务流

这种交易是通过网上电子交易市场，即通过虚拟网络市场进行的商品交易。在这种交易过程中，网上电子交易市场以因特网为基础，利用先进的通信技术和计算机软件技术，将商品供应商、消费者和银行紧密地联系起来，为消费者提供市场信息、商品交易、仓储配送、货款结算等全方位的服务。其流程如图2－4所示。

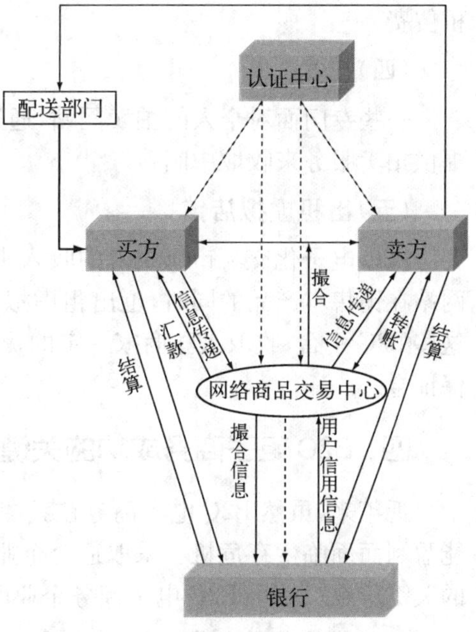

图 2－4　通过网上电子交易市场交易的流程

可以看出，网上电子交易市场交易的流程可分为以下几个步骤：

(1) 买卖双方将各自的供应和需求信息通过网络告诉网上电子交易中心，网上电子交易市场通过信息发布服务，向参与者提供大量的、详细准确的交易数据和市场信息。

(2)买卖双方根据网上电子交易市场提供的信息，选择自己的贸易伙伴。

(3) 网上电子交易市场从中撮合，促使买卖双方成交。

(4) 买方在网上电子交易市场按市场支持的支付方式办理支付手续。

(5) 指定银行通知网络交易中心买方货款到账。

(6) 网上电子交易市场通知卖方将货物发送到设在离买方最近的交易中心配送部门。

(7)配送部门送货给买方。

(8) 买方验证货物后通知网上电子交易市场货物收到。

(9) 网上电子交易市场通知银行买方收到货物。

(10) 银行将买方货款转交卖方，卖方将回执送交银行。

三、B2C 电子商务的盈利模式

B2C 电子商务网站的企业收益模式是不同的，一般有以下几种收益模式。

(一)广告费

大多数 B2C 网站都把收取广告费作为一种主要的盈利方式，如今广告收益简直是一切电子商务企业的主要盈利源泉。这种方式成功与否的关键是其网页能否吸引大量的访客，网络广告能否受到关注。

(二)交易费

一些 B2C 网站通过网上销售产品，赚取采购价与销售价之间的差价和交易费，从而获取更大的利润。有形商品和服务的电子商务模式大都属于这种模式，如亚马逊、京东商城、当当网、海尔商城等。

(三)产品租赁

产品租赁行业在 B2C 网站也特别盛行，如通过玩具租赁、汽车租赁、图书租赁等来收取租赁费。

(四)拍卖

一些专门面对个人的拍卖网站，通过拍卖产品收取中间费。例如，汉唐收藏网为收藏者提供拍卖服务来收取中间费。

(五)出租虚拟店铺

B2C 电子化交易市场主要的收入来源就是出租虚拟店铺，如网上南京路。一部分 B2C 网站在销售本产品的同时，也出租虚拟店铺，来赚取中介费。例如，当当网、京东商城、天猫这些 B2C 平台，收取入驻商家一定的费用，并根据提供服务级别的不同收取不同的服务费和保证金。

四、B2C 电子商务成功的关键因素

近年来，虽然 B2C 电子商务在我国发展非常迅速，但目前许多 B2C 电子商务企业因不能盈利而面临生存危机。采取适合企业发展的盈利对策，是促进 B2C 电子商务可持续发展的关键所在。一个 B2C 电子商务企业取得成功的要素应该包括以下几点。

(一)解决物流问题

在 B2C 电子商务模式中，物流是必不可少的关键因素。一般中小 B2C 网站与第三方物

流企业合作，这样选择合适的物流企业尤为重要。但是，现在很多大型B2C网站在全国各大城市设立了分公司据点，建立自己的物流配送队伍。进货渠道决定了进货成本，而销售渠道物流的好坏决定了商品能否顺利到达顾客手中，并得到顾客的认可。京东商城、苏宁易购等B2C网站都建立了自己的物流配送体系。

（二）诚信与安全保障

根据中国互联网络信息中心调研，许多人之所以不能接受电子商务这种购物模式，就是因为担心诚信与安全。纵观当前我国B2C典型成功案例，几乎所有的网站都提供退换货保障，当当网还提出了假一罚二、差价退换等机制，以提高消费者的信任度；货到付款是B2C不同于C2C的一个特有支付方式，它有效地规避了传统消费者对网上商户的不信任；B2C网站的品牌效应有效地降低了消费者的风险感知程度。因此，诚信与安全保障成为B2C电商网站成功的关键因素之一。

（三）特色经营

B2C的另一个成功关键因素就是特色经营。通过对B2C行业内的40多家比较成功的电子商务企业的了解发现，只有做出特色才能取得成功。美国沃尔玛在线的特色是“大而全”，凡是在线下能买到的在线上也一定能买到，并且折扣也不比线下低；京东商城和新蛋的特色在于它们在数码产品这一专业化的领域做到了产品全和折扣低；红孩子和PPG的特色在于选择了细分市场和目标客户，用心去做好市场的深度；云网、莎啦啦鲜花网等都是选择了特色商品；饭统视野拓展网和携程旅行网选择了特色的领域。总之，只有在产品定位和客户定位上下功夫，灵活经营，寻找特色，才能在B2C电子商务中找到一条合适的盈利道路。

（四）网站黏着度

黏着度是指用户对于网站的依赖度。对于一个网站而言，黏着度越高，说明用户的忠诚度越高，这样的用户一般不容易流失，而且通常黏着度越高的网站，盈利能力越强，商业价值越高。在电子商务网站中，有一类商品促使网民经常登录回此网站，如淘宝的话费充值业务。因此，需要B2C电子商务公司对自己平台上的商品进行价值分析，结合相关顾客分析，对商品的质量、价格和结构等方面进行优化，增强平台的吸引力。B2C电子商务平台的服务贯穿于购买前、购买中及购买后，黏着度的高低将与平台所提供服务的好坏密切相关。例如，社区服务能满足顾客的社交需求，降低其购物风险感知等。

（五）有效控制成本

事实上，B2C本质上是一种零售业，零售业相当程度上代表低利润。因此，首要是解决成本控制问题。据调查，顾客之所以选择网上买书，很大一个原因就是价格低，而当当网、卓越网之所以成功就是因为有效控制成本使之维持了低价。

（六）商业能力的合理应用

从目前的趋势看，越是了解传统行业市场的货源调配、顾客管理、市场营销，具备实战经验，就越能在电子商务新时代中脱颖而出。

商业能力包括对市场的了解，对供货商的选择，是否了解消费者消费心理和行为习惯，能否刺激消费者的购物欲望等，而这些是传统的商家比较擅长的。这就是为什么美国的沃尔玛在2001年推出网上零售以后，迅速发展成为仅次于易贝（eBay）和亚马逊的美国第三大在线销售商，而中国的百联、苏宁、国美开展网上商城以后也产生了不错的经营业绩的原因。

（七）创造成功的网络商店品牌

创造一个好的品牌对于网络零售商来说是至关重要的。在虚拟的网络世界里，顾客可以不受任何时间和空间限制地从一个商店转到另一个商店，他们在网络上感受到的品牌所代表的商店和商品都是无形的。优秀的品牌可以使顾客建立起对网络零售商的信任感，这种信任感交易反过来又给网络零售商带来了广阔的空间去进一步提高产品质量和服务。因此，在虚拟世界模式中过硬的品牌更容易取得成功。

任务四　认识C2C电子商务模式

一、C2C电子商务概述

（一）C2C电子商务的含义

C2C（Customer to Customer）电子商务是指买方是消费者，卖方也是消费者，即消费者之间的电子商务。典型的C2C类型是拍卖网站。其交易过程如图2－5所示。

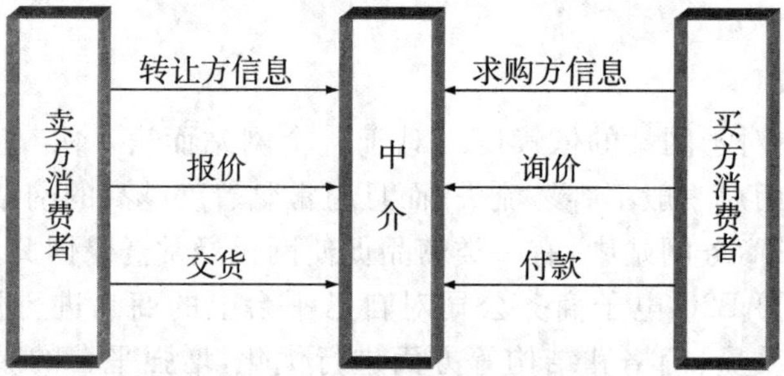

图2－5　C2C电子商务交易过程

（1）交易者登录C2C型网站。
（2）卖方发布拍卖商品信息，确定起拍价和竞价阶梯、截止日期等信息。
（3）买方查询商品信息，参与网上竞价。
（4）买卖双方成交，买方付款，卖方交货，交易完成。

（二）动态定价和拍卖的类型

拍卖的最主要特征是动态定价。动态定价是指价格不固定的商业交易。动态定价有几种不同的形式。习惯上，根据买卖双方的人数将动态定价分为以下4类。

1. 一个买家，一个卖家

在该结构中，可以使用谈判、易货、议价方式。最后的价格由议价实力、商品市场上的供求和商业环境因素决定。

2. 一个卖家，多个潜在买家

在该结构中，卖方采用正向拍卖，也称普通拍卖。主要的拍卖方式有英国式拍卖、美国式拍卖、荷兰式拍卖 3 种。

(1) 英国式拍卖，即英式拍卖，也称为出价逐升式拍卖或增价式拍卖。这种方式类似于传统拍卖，由低价走向高价。这种方式通常规定了最少加价金额(加价幅度)。加价幅度是指参与竞拍的买家为了超越前一个人的出价在当前出价上允许增加的最低出价金额。卖家在发布宝贝的时候可以自定义加价幅度，也可以使用系统自动代理加价。系统自动代理加价的加价幅度会随着当前出价金额的增加而增加。买方在拍卖规定的时间内竞价，如果价格是唯一标准，那么获胜者就是出价最高的人。拍卖可以持续数天。英式拍卖也是目前采用最多的网上拍卖竞价方式。这种拍卖是最后出价者获得商品，出价最高者获胜。

(2)美国式拍卖，即美式拍卖，卖家提供多件完全相同的商品，并给出底价。出价人可以在底价之上出价购买任何数量的商品。美式拍卖也可以称为允许出价人制定购买量的英式拍卖。

(3) 荷兰式拍卖，也称为出价逐降式拍卖或减价式拍卖。它的起价非常高，起源于荷兰的鲜花市场。这种方式适用于卖方要拍卖的商品数量较多的情况，或拍卖的商品有一定的保质期。卖方必须规定一个底价，即起拍价或拍卖物品的数量。拍卖过程中，买方以高出底价的价格竞买一定数量的物品。拍卖结束后，所有成功的投标人以成功竞价的价格买走商品。相比之下，英式拍卖速度慢，可能需要几天时间，而荷兰式拍卖的速度很快。网上荷兰式拍卖一般是竞价结束时，出价最高者获得他所需要的数量，如果物品还有剩余，就由出价第二高的人购买。网上荷兰式拍卖的原则是：价高者优先获得宝贝，相同价格先出价者先得。成交价格是最低成功出价的金额。

竞价方式还可分为个人竞价和集体议价两种方式。个人竞价又分为透明和不透明两种。透明竞价有点类似于股市的交易，随时可见最新的出价；不透明的方式就是买方出价，卖方认为合适即可成交，所有的出价只有卖方知道。

3. 一个买家，多个潜在卖家

在该结构中，使用反向拍卖的方式，也被称为竞标或招标系统。这种方式通常用于密封递价拍卖。

密封递价拍卖是出价人在互不协商的情况下各自递交自己的出价，具体又分为密封递价最高(最低)价拍卖和密封递价次高(次低)价拍卖。前者以出价最高(最低)者胜出，以其出价购得拍卖品，如果拍卖品较多，出价低于前一个出价者可以购得剩余的拍卖品。后者又称为维氏拍卖，也是出价最高(最低)者胜出，但出价最高(最低)者是按照出价第二高(第二低)的人所出的价格来购买拍卖品。

网上密封递价式拍卖多用于工程项目、大宗货物、土地房地产等不动产交易，以及资源开采权出让等交易。目前这种拍卖方式已被越来越多的国家政府用于在网上销售库存物资及海关处理的货物。

4. 多个卖家，多个买家

在该种结构中，买家及其还价与卖家及其要价相匹配，并考虑双方报出的数量。股票和商品市场都是典型的例子。买卖双方可以是个人，也可以是企业。这种拍卖也被称为双向拍卖。

(1) 开放出价双重活动拍卖。买家和卖家同时递交价格和数量，拍卖人把卖家的要约(从最低到最高)和买家的要约(从最高到最低)匹配，买家和卖家可以从其他出价中获得的消息来修改出价。

(2)开放出价双重固定拍卖。买家和卖家同时递交价格和数量，拍卖人(拍卖专家)把卖家的要约(从最低到最高)和买家的要约(从最高到最低)匹配，买家和卖家不可以修改出价。这种拍卖方式只对那些事先知道质量的物品有效，如有价证券或有标准级别的农副产品。

在网上双重拍卖中，买方和卖方出价是通过软件代理竞价系统进行的。具体过程是:拍卖开始前，买方向软件代理竞价系统提交最低出价和出价增量，卖方向软件代理竞价系统提交最高要价和要价减量，由网上拍卖信息系统把卖方要约和买方要约自动进行匹配，直到要约提出的所有出售数量都卖给了买家。

案例点击 2-3

易贝网和淘宝网的荷兰式拍卖

1. 易贝网的荷兰式拍卖

① 出售者列出商品的起价及待售数量;②如果没有人竞价就降低价格;③竞拍者同时指定和希望购买的数量;④所有获胜者为每件商品支付同样的价格，即最低的成交价;⑤如果需要的数量大于商品数量，则最早出价者获得商品;⑥出价更高的竞拍者将更可能得到需要的商品数目;⑦荷兰式拍卖不使用代理拍卖机制;⑧竞拍者可以拒绝数量不足的商品，例如，假如某人竞价 10 个单位的商品，但是拍卖后只得到 8 个单位，那么他完全可以一件都不买。

2. 淘宝网的荷兰式拍卖

多件相同商品参加拍卖，价高者优先获得商品，相同价格先出价者先得。最终商品成交价格是最低成功出价的金额。如果商品的拍卖数量大于出价人数，则最终按照起拍价成交。如果最后一位获胜者可获得的商品数量不足，则可以放弃购买(注:买家不能使用系统代理出价)。其发布要求如卖家信用的分数须大于等于 11 分，参与拍卖的商品件数必须大于 1，可使用系统代理加价幅度等。

举例:

(1) 一位卖家拍卖 10 个摄像头，起拍价格是 1 元。10 位买家各出价购买一个摄像头，出价金额均为 1 元。在这种情况下，所有 10 位出价者都将以 1 元的价格购得一个摄像头。

(2)一位卖家拍卖 10 个摄像头，起拍价格是 1 元。到竞价拍卖结束的时候，有 3 位获胜的出价者——一个出价 5 元，买 1 件;一个出价 3 元，买 1 件;1 个出价 2 元，买 10 件。最后，这 3 位竞拍者都将以 2 元购买此商品。因为前两位出价者出价较高，所以都能得到自己需要的数量(出价相同的，先出价者排前面)。最后一位出价者因为出价较低，所以只能得到 8 件(此时只剩下 8 件，不能满足他的购买总数，他可以放弃购买)。

(3) 一位卖家拍卖10个摄像头,起拍价格是1元。到竞价拍卖结束的时候,有2位获胜的出价者——一个出价5元,买1件;一个出价3元,买1件。因为他们的购买数量均不足10件,将以起拍价格,即1元成交。

思考:

易贝网的荷兰式拍卖与淘宝网的荷兰式拍卖有什么区别?

二、C2C业务流程

(一)C2C的购买流程

(1) 会员注册。如果是C2C平台的新用户,首先要进行会员注册。会员注册前要阅读服务条款并同意,其次填写个人资料并提交,最后通过接收邮件激活会员账号的方式完成会员注册。

(2)浏览搜索商品。可以利用C2C平台的搜索引擎,也可以按照商品分类来选择购买商品。一般C2C平台都具有高级搜索的功能。

(3) 联络卖家。可以通过发站内信件给卖家、给卖家留言、使用沟通工具等不同的方式联络卖家。不同网站支持不同的沟通工具,如淘宝网支持阿里旺旺,拍拍网支持QQ,易趣网支持易趣通等,利用它们能够直接找到卖家并进行沟通。

(4) 出价和付款。如果选择的是以拍卖方式出售的物品,首先必须认真学习该拍卖网站的拍卖规则,其次要看好邮费、剩余的时间、起拍价格、加价幅度和现在的价格。如果卖家不包邮费,买家的付款金额是最终的竞拍价加邮费;如果选择的是以一口价方式出售的物品,且卖家不包邮费,买家的付款金额是一口价加邮费;如果选择的是以张贴海报的方式出售的汽车、房产、服务等商品,则可以按照提供的联络方式和卖家取得联系,并做进一步洽谈。

(5) 收货和评价。收货后,买家应在第一时间检查物品的状况,如尺寸、新旧程度、颜色等是否和照片一致,如果和照片有出入或自己不满意,可以和卖家协商退货。收货后,要对卖家进行客观、公正的评价。

(二)C2C的拍卖流程

C2C的购买和拍卖流程如图2-6所示。

(1) 会员注册。与买方注册会员相同,如果作为买方已注册会员,作为卖方时可以与买方用同一会员账号。

(2)开通C2C平台的支付工具:淘宝开通支付宝,拍拍开通财付通。

注意:卖家必须开通相应C2C平台的支付工具,买家也应该开通这些支付工具,以保证自己的合法权益。

(3) 实名认证。如果要在C2C平台上卖商品,必须通过实名认证。具体有个人实名认证和商家实名认证两种。个人实名认证必须提供本人的身份证,商家实名认证必须提供营业执照等能证明商家身份的证件。

(4) 发布商品,开设店铺。通过身认证后,就可以发布商品、开设店铺进行拍卖了。目前，在淘宝、拍拍网上拍卖物品时不收取任何中介费用，是完全免费的。但 C2C 网站的增值服务是收取费用的，如淘宝的旺铺、试衣间等要收取一定的服务费。

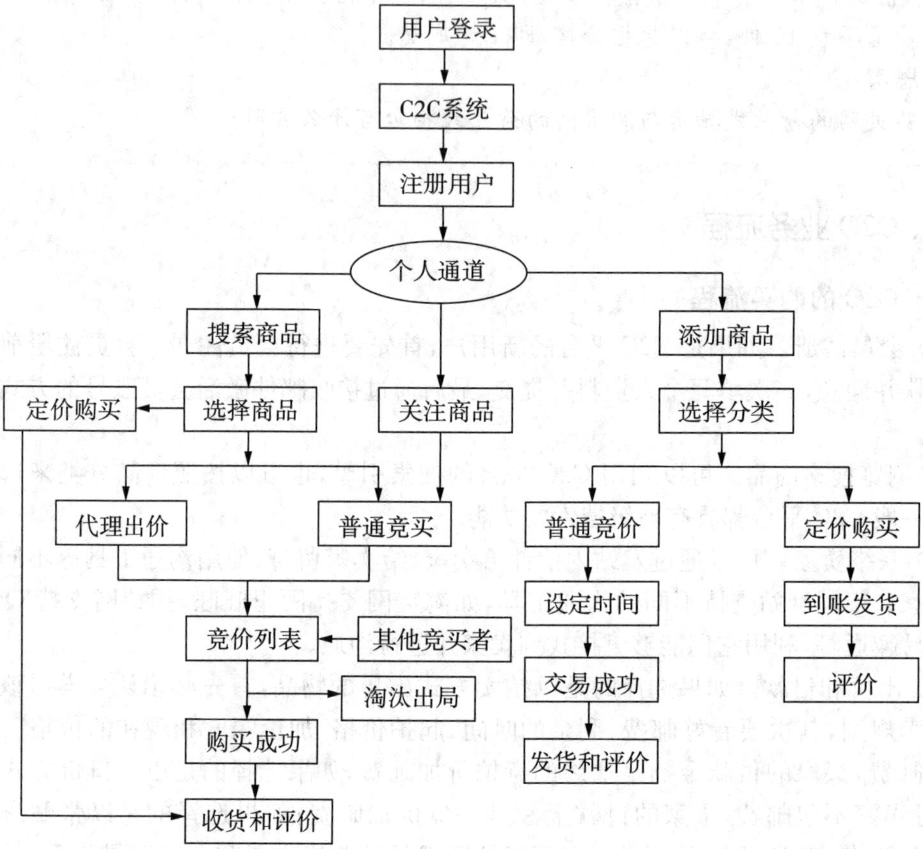

图 2-6　C2C 的购买和拍卖流程

(5) 联络买家。在物品拍卖过程中，随时会有买家留言提问，服务周到的卖家应及时、耐心地回复留言；有的买家会通过站内信的方式联系，卖家也应及时处理，通过相应工具联系买家。

(6) 发货和评价。确认收到买家的货款后或者知道买家把货款付给支付工具后，就可以放心地安排发货了。卖家账户收到买家款项后，卖家必须客观、公正地对买方进行评价，买卖双方互相做了评价后，都得到一定的信用积分。

三、C2C 电子商务收益模式

(一)C2C 商务网站收益

1. 平台交易费用

平台交易费用主要包括登录费、交易费、店铺费以及特色功能费。其中，登录费包括商品登录费和底价设置费，是发布一件物品所需支付的费用；交易费包括商品成交费、交易服务费；店铺费即开设店铺需要缴纳的基本费用；特色功能费包括分类广告费、陈列改良费、图片服务费、卖家工具费、立即购买费等一系列可选费用。

这一收益模式在目前的中国 C2C 电子商务环境下，基本不存在可能性。中国各家 C2C 电子商务平台也已经完全不考虑这一收益模式。

2.“首页黄金铺位”推荐费

根据 Alexa 网站统计分析，除了目的性较强的上网者外，有 70%的上网者只是观看一个网站的首页。因此网站首页的广告铺位和展位都具有很深的商业价值。对于 C2C 网站首页的“黄金铺位”，网站可以定价销售，也可以进行拍卖，购买者或者中标者可以在规定时间内在铺位上展示自己的商品。

然而，网站的首页位置毕竟是有限的，从 C2C 电子商务中卖家用户的特征来看，不可能通过巨额的费用来购买这个位置。由此看来，C2C 电子商务平台只能将这种盈利模式作为网站收入的一个来源。

3. 搜索引擎竞价排名

基于 C2C 电子商务网站上品种繁多、款式纷杂的特点，随着网站数量的不断增长，搜索引擎的作用逐步凸显出来。类似百度搜索的盈利模式，C2C 电子商务平台也可以通过搜索引擎竞价排名的模式进行盈利。

但同样基于 C2C 电子商务网站用户的特点，这种盈利模式不可能和百度的搜索竞价排名相比拟，用户对于此种服务的态度依赖于用户自身的发展和壮大。对于一般卖家用户而言，搜索引擎竞价排名服务还和自己稍有距离。

4. 广告收入

C2C 网站在网络中的地位就像大型超市在生活中的地位，它是网民经常光顾的地方，拥有超强的人气、频繁的点击率和数量庞大的会员。其中蕴藏的商机是所有企业都不想错过的。由此为网站带来的广告收入也应该是网站利润的一大来源。

C2C 网站超强的人气是其广告的最大优势，但是目前 C2C 电子商务平台广告背后都对应相应的店铺，很难将希望投放大额广告但又不属于 C2C 电子商务领域的公司融合进来。但随着用户使用习惯的成熟，以及 C2C 电子商务网站在广告模式上的不断创新，在具有如此多的用户数量的基础上，广告收入将会成为未来 C2C 电子商务的重要来源。

5. 信用认证

信用认证在 B2B 电子商务领域取得盈利，成为 B2B 电子商务平台收入的重要组成部分。以阿里巴巴为例，阿里巴巴正是利用开展企业的信用认证，敲开了创收的大门。直到现在，诚信通仍然是阿里巴巴主要的收入来源之一。作为阿里巴巴诚信通的会员，可以享受四大特权，包括独享买家信息、第三方认证、优先排序和网上专业商铺。而这些特权对于从事电子商务的商家而言，是非常有吸引力的。至 2023 年年末，诚信通会员数已超 100 万，每个会员每年缴纳 6 688 元的会员费，由此可以计算出诚信通每年给阿里巴巴带来 17 亿元左右的收入。

目前我国 C2C 电子商务平台都提供信用认证系统，但是并没有企业通过这种模式收费。主要是由于 C2C 电子商务平台的买卖双方小额交易的特点，很少有用户愿意通过付会员费的方式获得信用认证，因此，这一模式仍然依赖于 C2C 电子商务平台的发展，以及用户在此过程中的不断壮大和交易需求的扩大。

（二）潜在盈利模式

1. 移动电子商务

随着互联网技术的不断发展，移动互联网已经成为下一代互联网发展的方向，中国的网民也在不断地接受移动互联网，在移动互联网上进行网络购物的用户也在不断增加。

C2C 电子商务平台与移动通信运营商合作，通过手机上网实现随时随地操作简便的商务活动，可采用按流量收费、包月收费等多种可选择的收费方式，利润双方协议拆分。

2. 物流

C2C 电子商务网站的一个特点就是交易数量多，但交易成交额往往较小。我国 C2C 电子商务的交易规模已经达到数百亿元，由此而产生的物流规模也是相当巨大的。目前 B2C 电子商务平台将物流作为自己的提供服务之一，但在 C2C 电子商务市场，仍然依赖于目前第三方物流公司的物流支持。

C2C 电子商务平台可以考虑和物流企业之间实现战略合作，开发自己的特色物流服务，在提高物流服务质量的同时，在物流中获取利润。

如果 C2C 电子商务平台向第四方物流系统发展，并成功构建第四方物流系统，那么毫无疑问，物流将成为我国 C2C 电子商务盈利的重要支撑点。

3. 金融手段

目前我国 C2C 电子商务平台都拥有第三方支付平台，基于 C2C 电子商务平台的交易规模产生了停滞在第三方支付系统上的大量无法移动的资金流。这些资金流由于法律法规的原因，是不能动的。第三方支付平台只具有保管的功能作用，而无法将其作为投资使用。

但是随着第三方支付的发展，其在金融系统中的作用也逐步明显。其发展状况甚至已经超越一些小银行，我国自 2011 年 5 月开始审批发放支付牌照，并将支付平台纳入金融系统，从而 C2C 电子商务进入了一个崭新的阶段。至 2014 年 7 月，共审批 7 批 271 家，后进行合并或注销为 85 家，截至 2024 年 1 月，存量机构为 186 家。

4. 融合 B2C 电子商务

以淘宝网为例，2008 年 4 月 10 日，淘宝 B2C 商城——“天猫商城”全面上线，淘宝网这样一个 C2C 电子商务平台以 B2C 电子商务平台的姿态向进驻商城的店铺收费，同时为它们提供更多服务，并为买家提供更多保障。

这代表了我国 C2C 电子商务发展的方向。从目前的行业发展状态可以看出，C2C 和 B2C 电子商务的界限逐渐模糊，而且 B2C 电子商务进入 C2C 电子商务平台后能够获得更多用户的关注，由此而为企业带来更多的收入。同时，C2C 电子商务平台希望通过向 B2C 电子商务的卖家提供更多的服务而获得一定的收入，从 B2C 电子商务中获得的收入可能成为 C2C 电子商务平台发展过程中的重要盈利点。

通过对上述 8 种盈利模式的分析，广告收入、物流系统、金融手段和融合 B2C 电子商务在我国 C2C 电子商务平台盈利模式的发展过程中将成为最重要的 4 个手段。随着我国 C2C 电子商务相关政策的不断发展和成熟，以及 C2C 电子商务的不断发展，该行业将走出无法盈利的困境。

任务五　了解电子政务商务模式

政府、企业和个人之间的电子商务商业模式即电子政务，可分为政府与企业之间的电子商务商业模式（G2B）、政府与公众之间的电子商务商业模式（G2C）、政府与政府之间的电子商务商业模式（G2G）。

一、G2B 电子商务商业模式

（一）G2B 电子商务商业模式的含义

G2B 是政府和企业之间的电子商务商业模式，也称政府采购，是指政府或政府授权的机构在网上进行采购的电子商务平台。政府通过网络进行采购与招标，快捷迅速地为企业提供各种信息服务；企业通过网络进行税务通报、办理证照、参加政府采购、对政府工作的意见反馈等；政府向企业事业单位发布各种方针、政策、法规、行政规定等。

（二）G2B 电子商务商业模式的主要任务

(1) 政府对企业开放各种信息，以便于企业的经营活动。

(2)政府对企业业务的电子化服务，包括政府电子化采购、政府税收服务电子化、政府审批服务电子化、政府对中小企业服务等各种与企业业务有关的电子化服务活动。

(3) 政府通过电子政务对企业进行监督管理，包括政府对企业的工商管理、政府对企业的对外贸易管理、政府对企业的环保卫生管理、政府对企业的其他管理。目前，政府对企业的管理正向综合化信息服务管理方向发展，其特点是政府信息公开化、各部门对企业服务和管理一体化，以达到改变政府职能、增强政府服务意识、提高政府服务水平的目的。

（三）G2B 电子商务商业模式的优点

(1) 提供更广泛、更深入的政府采购咨询专家的支持。结合使用电子政务系统的专家库，政府采购机关可以跨越地域、行业的障碍，获得各个领域大量专家实时的具体指导。

(2)扩大供应商的选择面，突破地方保护主义障碍。网上采购面对的是为数众多、不受地域限制的供应商，形成了最大的竞争范围。而竞争范围的扩大，最直接的效果就是有利于采购质优价廉的产品和享受高质量的服务。

(3) 利于监督，真正达到“阳光工程”的目的。传统的交易方式存在诸多中间环节，实际交易价格无从查起，而网络能提供强大的功能和资源，并且各种信息发布一目了然，具有很强的公开性，从而使政府采购真正成为阳光作业，减少徇私舞弊和暗箱操作的概率。

(4) 利用集中采购，可以打破地区和部门封锁，建立地区性乃至全国性的政府采购大市场，形成规模效益，缩短采购周期，达到降低采购成本的目的。

二、G2C 电子商务商业模式

（一）G2C 电子商务商业模式的概念

G2C 是政府通过互联网为公众提供各种服务以及政府部门通过电子政务平台与公众进行信息交换的新的政府工作模式之一，它同 G2B 的共同点在于，它们都是政府对外服务的一项内容。由于政府的工作重点本来就是为公众服务，因此，G2C 所覆盖的范围更广，目的是除了政府给公众提供方便、快捷、高质量的服务外，更重要的是可以开辟公众参政、议政的渠道，建立公众的利益表达机制，建立政府与公众的良性互动平台。

（二）G2C 电子商务商业模式的主要内容

(1) 公开政府业务。例如，政务公开与公众有关的文件公开，政府各机构的设置、职能服务公开。

(2)为公众提供各种服务，如电子身份认证、电子社会保障服务、电子民主管理服务、电子就业服务、电子教育和培训服务等。

(3) 政府对公众的管理，包括政府通过网络发布政府的政策法规、重要通知和信息，提出各管理措施和规定。同时，公众通过电子政务可以实现对政府行为的监督。

三、G2G 电子商务商业模式

G2G 是政府内部、政府上下级之间、不同地区和不同职能部门之间实施电子政务的各种活动，可以分为以下 3 种。

（一）政府上下级之间的管理系统

政府上下级之间的电子政务管理通过 3 种方法进行：一是上级政府机关通过电子政务进行规范化管理，其主要通过政策法规电子化管理来进行；二是国家的垂直管理机构，如公安系统、检察系统、司法系统、国家税务系统等部门内部形成垂直型的网络化管理，以实现统一决策；三是上级对下级的绩效评估系统。

（二）不同部门之间的电子政务系统

电子政务还体现在政府各部门之间的相互协调上。一是有业务关系的部门之间的电子政务。例如，公、检、法之间的电子政务，虽然各自独立，但存在业务关系，通过电子政务可以大大提高办事效率；二是无业务关系的部门之间的电子政务，如目前各地为了加快办公效率所实行的“一站式”服务的各种系统，即使部门之间完全没有关系，但在共同为公众服务的过程中，也能极大地提高他们的办事效率。

（三）不同地区之间的电子政务系统

随着社会信息化的发展，地区之间的联系更加紧密，它要求电子政务必须实现地区之间联网向不同地区之间的政府服务一体化方向发展。另外，G2G 电子商务商业模式还包括城市公共服务系统电子政务化、社会安全服务电子政务化、各种突发事件管理电子政务化和各种灾难管理网络化等内容。

任务六 了解 O2O 电子商务模式

一、O2O 模式的概念和特点

O2O(Online to Offline)电子商务商业模式是指线上营销、线上购买带动线下经营和线下消费的商业模式。O2O 模式是将线下商务的机会与互联网结合在一起，让互联网成为线下交易的前台，线上平台为消费者提供消费指南、优惠信息、便利服务（预订、在线支付、地图等）和分享平台，而线下商户则专注于提供服务。从线上到线下，让更广泛的实体店分享线上汹涌的客流，同时又让在线顾客以更实惠的价格享有线下商品和服务（见图 2－7）。O2O 电子商务商业模式是继 B2B、B2C 等成功的电子商务商业模式之后，第一个全面将线上虚拟经济与线下实体店面经营相融合的商业模式，也是移动互联网技术发展扩散到人们日常生活中的必然结果。

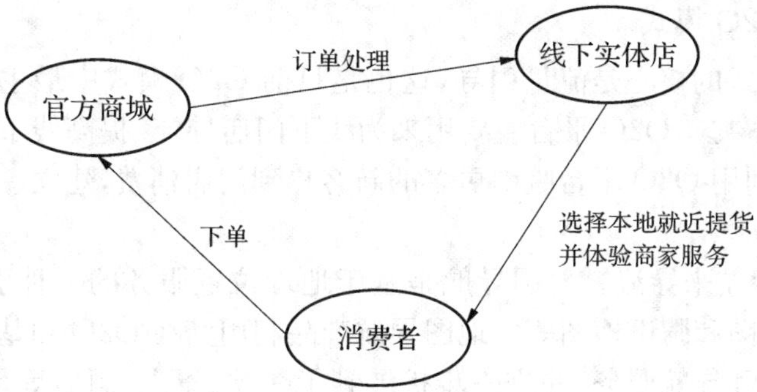

图 2－7　O2O 电子商务商业模式

O2O 模式具有以下几个特点：

(1) 将线下的服务优势更好地发挥，具有体验营销的特色，相对信任度更高，成交也更高。例如，某发饰连锁加盟企业的核心优势是购买产品终身免费盘发，但由于是加盟，所以门店只针对区域内会员提供服务，而这是 B2C 模式无法解决的问题。

(2)通过网络能迅速掌控消费者的最新反馈信息，易于提供更个性化的服务和实黏性的重复消费。

(3) 对连锁加盟型零售企业来说，一方面，能顺利解决线上线下渠道利益冲突问题；另一方面，能将品牌商、加盟商和消费者三者的关系更加紧密化。

二、O2O 模式的适用企业

O2O 模式的诞生会促进很多新生网络公司提供该服务，尤其是团购类网站，以及本地信息生活服务类平台。对传统企业来说，究竟什么样的企业适合 O2O 模式呢？

（一）连锁加盟型的零售企业

像流行美、卡顿、哎呀呀之类，或者大型渠道流通品牌商，由于加盟门店分布广且有线下服务优势，并不适合 B2C 模式，因此可以采取自建官方商城＋连锁分子店铺的形式，使消费者可以直接向最近门店的网络店铺下单购买，然后线下体验服务。而在这个过程中，品牌商提供在线客服服务和随时调货支持（在缺货情况下），加盟商收款发货，这种方式适合全国连锁型企业，可以实现线上和线下店铺一一对应。

（二）连锁类餐饮企业

像小肥羊、真功夫、嘉旺之类，因为产品无法快递，客户只能在线下体验，所以可以借助全国布局的第三方平台，如 58 同城、阿城网、赶集网、窝窝团等，实现加盟企业和分站系统的完美结合，并且借助第三方平台的巨大流量，通过线上下单、线下服务的方式迅速推广，抢占更多消费者。

（三）本地生活服务类企业

酒吧、会所、餐饮、健身、电影院等可以通过网上商城开展各种促销和预付款活动，实现线上销售、线下服务。

三、O2O 基本模式

（一）导流类 O2O 模式

导流类 O2O 模式的核心是流量引导，这也是目前 O2O 模式中最主流的模式。导流类 O2O 模式以门店为核心，O2O 平台主要用来为线下门店导流，提高线下门店的销量。使用该模式的企业旨在利用 O2O 平台吸引更多的新客户到门店消费，建立一套线上和线下的会员互动互通机制。

(1) 利用地图导航来导流。地图导航是基于地理位置服务的一种引流方式，主要软件有高德地图、百度地图和腾讯地图等。地图导航产品利用其在 O2O 和基于位置服务方面的优势，提供地图服务和导航服务，并进一步扩展到了餐饮、景点、酒店等预订服务，还专门开发了独立的手机软件来满足用户需求，帮商家引流。

例如，高德地图在用户、流量和渠道等方面的优势明显，消费者通过高德地图可进行景点门票预订、机票预订、美食查找等。通过手机上的高德购物导航，消费者可就近找到品牌门店进行消费，再回到网上下单支付。线上的卖家也因此可以吸引更多地理位置上与实体店邻近的买家。百度地图集聚了众多 O2O 领域的伙伴，如糯米网等，可基本满足用户的需求，进一步利用原创内容和商家生产内容共建基于位置服务的生态圈。

(2)利用手机应用程序入口来导流。导流模式以门店为核心，O2O 主要用来为线下门店导流，提高线下门店的销量。门店里放置手机应用程序的标志，鼓励用户关注、下载和登录。手机应用程序有具体门店的优惠信息和优惠券，可吸引用户到店消费。该模式适用于品牌号召力较强且以门店体验和服务拉动为主的品牌。

例如，GAP(美国最大的服装公司之一)的 O2O 引流是以强化线下体验为基础的，其通过线上互动营销及手机应用程序为线下导流，并注重线下向线上回流，从而形成良性循环，GAP 所有门店都有 B2C 网站和 APP 的标志，鼓励用户关注、登录，而网站和 APP 上也有具体门店的优惠信息和优惠券，通过线上发放优惠券到线下使用，线上发布新品预告，吸引客户到店试穿，拉动用户来店消费。

（二）体验类 O2O 模式

体验类 O2O 模式的核心是使消费者能享受良好的服务和感受生活的便利。在网上寻找消费品，然后再到线下门店体验和消费，是最典型的 O2O 模式。

例如，“钻石小鸟”将线上销售与线下体验店相结合。“钻石小鸟”网上销售的商品包括钻石、婚戒、配饰等。为满足消费者的需求，2004 年，“钻石小鸟”开始采用线上销售与线下体验店相结合的营销模式，体验店开张当月商品销量就增加了 5 倍。其体验店只是网店的一个补充，商品展示还是以网络为主。

类似家具这种家居商品，实物给顾客的直观感受很重要。部分网店开设了家居体验馆，顾客在家居体验馆现场体验后，可在实体店购买，也可在网店购买，如宜家家居网上商城和宜家家居线下体验馆就是这种模式。

（三）整合类 O2O 模式

整合类 O2O 模式的核心是全渠道的业务整合，即线上、线下全渠道的业务整合。

(1) 先线上后线下。所谓先线上后线下，就是企业先搭建一个线上平台，再以这个平台为依托和入口，将线下商业流导入线上进行营销和交易，同时，用户又可到线下门店享受相应的服务体验。这个线上平台是 O2O 运转的基础，应具有强大的资源流转化能力和促使其线上线下互动的能力。在现实中，很多本土生活服务性的企业都采用了这种模式。比如，腾讯凭借其积累的流量资源和转化能力构建的 O2O 平台生态系统即采用了这种模式。

(2)先线下后线上。所谓先线下后线上，指企业先搭建起线下平台，以这个平台为依托进行线下营销，让用户享受相应的服务体验，同时将线下商业流导入线上平台，在线上进行交易，以此促使线上线下互动并形成闭环。在这种 O2O 模式中，企业必须自建两个平台，即线下实体平台和线上互联网平台。其基本结构是：先开实体店铺，后自建网店，再实现线下实体店铺与线上网络商城的同步运行。在现实中，采用这种 O2O 模式的实体化企业居多，苏宁云商构建的 O2O 平台即采用了这种模式。

任务七　案例分析——天猫商城商业模式分析

天猫商城（简称“天猫”）是阿里巴巴集团旗下的一个综合性购物网站，它整合了数万家品牌商、生产商，为商家和消费者提供一站式解决方案。天猫商城依托于庞大的用户量，通过独特、创新的理念，迅速成长为全球知名的电子商务企业。

2011 年 6 月，淘宝拆分为淘宝网、淘宝商城和一淘网，并分别独立运营。2012 年 1 月 11 日，淘宝商城正式更名为“天猫商城”，作为 B2C 平台独立运营。自此，天猫商城迎来了高速发展的黄金时期，在 2012—2017 年的 5 年时间里，天猫商城总成交额由 2 000 亿元增长到 2 万亿元，规模翻了近 10 倍。至 2018 年，天猫商城入驻商家超过 20 万个，合作品牌达到 15 万个；同时，在 B2C 电子商务市场份额中，连续多年持续维持 50%的市场占比，其领头羊的位置依然稳固。以下将从业务模式、营利模式和核心竞争力等方面对天猫商城的商业模式进行分析。

一、业务模式

天猫商城属于平台型 B2C，向企业提供第三方交易平台，并不负责销售等相关环节，企业通过平台直接面向消费者销售商品或服务，平台起信誉保证和中间联系人的作用。天猫商城的定位比较清晰。对内，它是阿里巴巴集团在实物消费领域的主战场，承担着 B2C 电子商务发展的重担。对外，天猫商城将打造成一个多元化、品质和服务都非常好的时尚虚拟商圈，与淘宝的“集市”模式相对应，天猫是一家大型“商城”，这里不仅拥有各种国内、外品牌的旗舰店，也拥有刚刚起步创业者的全新品牌，但都是经过商业注册的正式商标和品牌，从而比淘宝更有品质保障，在琳琅满目、良莠不齐的互联网中树立起了信誉购物、安全购物、品质购物的标杆。

天猫商城销售的商品分类齐全，从汽车、电脑到服装服饰、家居用品、珠宝饰品、化妆品、运动户外用品、手机数码、家用电器、家居建材、食品保健、母婴用品及文娱用品一应俱全。就目标用户而言，随着商家入驻条件的提高，天猫商城的目标用户定位是追求品质、对服务有所要求的购物能力较强的人群，包括都市白领、公务人员等。目前，天猫商城主打的是服饰箱包和个护化妆，女性消费者对这些品类更加感兴趣。

在物流方面，天猫商城采用第三方物流模式。将库存集中在某地，再从店铺所在地直发全国，并且利用第三方物流企业的交通、运输、仓储连锁经营网络，全部由物流快递企业提供配送服务。为了提高配送效率，提升用户的物流体验，阿里巴巴集团旨在搭建起菜鸟网络，并在各地建设仓储，加强对物流环节的控制，为消费者带来更优质的物流服务。天猫商城中的部分商品已支持菜鸟物流进行配送。

二、盈利模式

天猫商城的大部分收入来自服务费。另外，广告收入、资金沉淀收入等也是重要的收益来源。

（一）软件服务年费和软件服务费

天猫商城的收费主要有软件服务年费和软件服务费。软件服务年费即入驻时缴纳的年费，包括 3 万元/年和 6 万元/年两档，商家需要在入驻时一次性缴纳。另外，软件服务费也是天猫商城作为 B2C 平台的主要营利部分。软件服务费也称为实时划扣技术服务费，简单来说就是入驻天猫商城平台的商家每成交一笔订单，天猫平台都会提取的交易佣金。具体的收费情况如下：

(1) 软件服务年费。商家在天猫商城经营必须缴纳年费。为鼓励商家提高服务质量和壮大经营规模，天猫商城对软件服务年费有条件地向商家返还。例如，男装的服务年费为 60 000元，销售额达到 36 000 元，享受 50%年费折扣优惠，即返还 30 000 元；销售额达到 120 000 元，享受 100%年费折扣优惠，即返还 60 000 元。

(2)软件服务费。商家在天猫商城经营需要按照其销售额(不包含运费)的一定百分比(简称“费率”)缴纳软件服务费。例如，男装的软件服务费费率为 5%，一件男装的成交额为 500 元，天猫商城将收取 25 元软件服务费。

天猫商城的软件服务年费和软件服务费可看作佣金收取方式，这在线上和线下零售平台中是十分普遍的。但是在天猫商城刚成立时，线上交易市场仍然是新鲜的事物，收取佣金无疑是一个充满创新性、冒险性的举动。淘宝网就曾利用免费策略战胜了无数劲敌，免费也成为当时电子商务网站吸引商家的一大手段。因此，当时天猫商城收取服务费面临巨大的压力，然而在今天看来，这一策略是成功的。

（二）广告收入

目前，天猫商城的店铺数量超过 20 万家，每天的访问量数以亿计，为了更好地展示店铺，天猫商城平台提供了一些营销推广机会，如商品展示广告、品牌展示广告、旺旺植入广告等。除此之外，天猫商城允许商家付费购买关键词，以提高在搜索结果中的排名，提高店铺的流量，这些都是天猫商城重要的收入来源。

（三）资金沉淀收入

资金沉淀收入是指消费者在天猫商城上购买商品并支付货款后，这部分货款由第三方支付平台支付宝暂存，当消费者确认收货后，商家才会收到这部分货款。这个时间差所产生的资金沉淀可以供天猫商城用来进行其他的投资从而获利。

（四）广告费

天猫商城还通过提供一些店铺工具进行营利，如生意参谋，它为商家提供数据披露、分析、诊断、建议、优化、预测等一站式数据商品或服务。2018 年 8 月，生意参谋推出全新升级的"市场洞察"服务功能，其专业版收费 9 000 元/年起。目前，月成交额 30 万元以上的商家中，超过 90%的商家都在使用生意参谋。

三、核心竞争力

天猫商城的核心竞争力有以下几点。

（一）海量商家与消费者

海量的注册用户是支撑天猫商城平台的基础。天猫商城在开展平台业务时，共享了淘宝网的用户群。注册用户量非常庞大，在这方面具备了先天优势；同时，依托海量的用户群，提供优质的商家。丰富的商品资源和个性化的服务，培养出优质的用户群；然后通过优质的用户群吸引优质商家入驻。

（二）优质服务

天猫商城提供即时通信工具——阿里旺旺，以方便买卖双方沟通联系，从而使交易更加透明化，通过即时沟通，磋商交易的相关事宜，使买卖双方的网上交易更加令人放心。同时，使用支付宝在线支付交易，提供了安全支付的保障，还提供了现金担保的功能，通过设置 7 天支付期解决了买卖双方交易不信任的问题。为了解决网络交易的诚信问题，让商家尽可能提高自己的服务质量，保护消费者的利益，天猫商城开发了店铺评价体系。

此外，天猫商城拥有严格的申请条件和违规处罚制度，有详细的各经营种类的招商标准及行业标准，对入驻商家进行充分约束。根据严重程度将违规行为分为严重违规和一般违规，采用扣分制，详细地列出不同行为的扣分说明，根据扣分的累加进行相应的处罚，严重的则强制其退出天猫商城。

（三）强大的品牌传播能力

品牌的塑造是企业营销能力的体现，高的品牌价值对电商意味着更多的入口流量，以及大量有黏性的会员群体。天猫商城依托强大的网络通信能力和密集的客流量，能够轻松打造网络品牌，提高品牌的知名度和影响力。同时，海量的商品可供消费者选择且价格令人满意，使品牌销量直线上升。

小结

本项目介绍电子商务模式，就是指在网络环境中基于一定技术基础的商务运作方式和盈利模式。研究和分析电子商务模式的分类体系，有助于挖掘新的电子商务模式，为电子商务模式创新提供途径，也有助于企业制定特定的电子商务策略和实施步骤。电子商务模式可以从多个角度建立不同的分类框架，最简单的分类莫过于 B2B、B2C 和 C2C 这样的分类，但就各模式还可以再次细分。本项目对这些模式进行了概念性的分析，并举出个别实例。

复习思考题

1. 电子商务的参与主体有哪些?
2. 电子商务的交易过程包括哪几个阶段?
3. 论述 B2B 电子商务模式的内容。
4. 论述 B2B 电子商务的交易流程。
5. 论述 B2C 电子商务模式的内容。
6. 论述 B2C 电子商务的交易流程。
7. 论述 C2C 电子商务模式的内容。
8. 论述 C2C 电子商务的交易流程。
9. 什么叫电子政务,其中包括哪些电子商务模式?
10. 简述 O2O 商业模式的定义和特点,O2O 商业模式适用的场合。

实践题

1. 进入海尔 B2B 智慧集成解决方案平台(http://b2b.haier.com),找两个行业或两种产品的智慧解决方案进行分析,总结海尔的智慧集成解决方案为企业带来怎样的机会,海尔的产品给人们带来什么样的便利。

2. 登录闲鱼网,选择一件自己的二手产品进行发布销售。分析其与在天猫上购物的体验差异。

项目三 电子商务技术基础

项目导读

电子商务是以因特网为平台而从事的商务活动，通过本项目的学习，对实现电子商务涉及的网络技术包括计算机网络技术、因特网技术、EDI技术有较为全面的了解，并对移动互联网、大数据、云计算及虚拟现实等新兴技术有初步的认识。

项目任务及要求

任务编号	任务名称	要　求	相关知识
任务一	了解计算机网络	1. 认识计算机网络的定义和拓扑结构； 2. 了解计算机网络的分类和传输介质及互联设备	1. 计算机网络的定义； 2. 计算机网络的分类和传输介质； 3. 计算机网络的拓扑结构
任务二	认识因特网技术	1. 了解因特网的产生和发展； 2. 理解 TCP/IP 协议； 3. 掌握 IP 地址分类和了解域名解析	1. TCP/IP 协议； 2. IP 地址的分类； 3. 域名解析
任务三	认识无线网络和移动互联网	1. 认识无线网络； 2. 认识移动互联网	1. 无线网络； 2. 移动互联网
任务四	认识 EDI 技术	1. 理解 EDI 的含义和特点及系统构成要素； 2. 掌握 EDI 的工作过程； 3. 认识 EDI 的分类、应用及标准	1. EDI 的定义、工作原理； 2. EDI 系统的组成； 3. EDI 的应用标准
任务五	云计算、大数据和虚拟现实技术	了解云计算、大数据和虚拟现实技术的概念、发展现状及其在电子商务中的应用	1. 云计算； 2. 大数据； 3. 虚拟现实技术

电子商务的实现涉及许多技术，其中最底层的网络层是电子商务的硬件基础设施，是信息的传输系统，也是实现电子商务的基本保证。本项目将介绍电子商务的基础设施，即网络技术和因特网，包括计算机网络的概念、分类、组成和拓扑结构；因特网的发展、TCP/IP 协议、IP 地址、域名、基于因特网的服务；电子商务涉及的其他技术，如 EDI 技术，云计算、大数据和虚拟现实技术等。

任务一　了解计算机网络

计算机网络定义与特点

1946 年，世界上第一台电子计算机问世，其技术得到迅猛发展。随着社会信息化的发展，计算机技术与现代通信技术日益紧密结合，通信网络为计算机之间的数据传输和数据交换提供了必要的手段，而计算机技术渗透到通信技术中又提高了通信网络的性能。

一、认识计算机网络

随着计算机网络的发展，针对不同的发展阶段，人们对计算机网络提出了不同的定义。这些定义可分为 3 类：广义的观点、资源共享的观点和用户透明性的观点。从目前计算机网络的特点来看，资源共享观点的定义能比较准确地描述计算机网络的基本特征，即将地理位置不同且具有独立功能的多个计算机系统，通过通信设备和线路相互连接起来，并配以功能完善的网络软件，实现网络上资源共享的系统，称为计算机网络系统。

二、了解计算机网络的分类

计算机网络分类

计算机网络按照网络规划大小和通信距离分为广域网（其作用范围通常为几十千米到几千千米）、城域网（其作用范围通常为 5～50 千米，如一个城市）、局域网（其作用范围通常在几千米以内，如一幢办公楼等）三大类；按网络拓扑结构可分为集中式网络、分散式网络及分布式网络 3 类；按使用范围分为公用网和专用网；按通信方式分为基带网络和宽带网络；按传输介质分为有线网络和无线网络等。

三、了解计算机网络的一般结构

计算机网络的一般结构如图 3－1 所示。

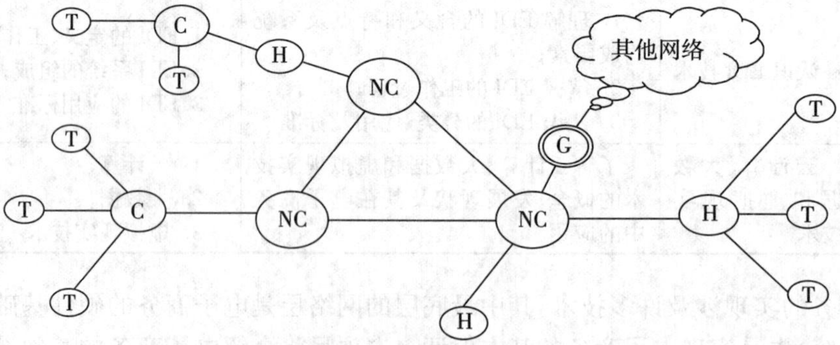

H——主计算机　　T——终端　　C——集中器

NC——节点交换机　　G——网络连接器

图 3－1　计算机网络的一般结构

从逻辑功能上看，一个计算机网络由通信子网和资源子网两部分组成。

资源子网——负责网络数据处理，由主机、终端及有关软件组成。

通信子网——负责网络通信，由节点交换机、集中器、网络连接器和通信线路等组成。

四、认识计算机网络拓扑结构

计算机网络的拓扑结构是指网络节点和通信线路组成的几何排列，也称网络物理结构图形，即网络节点与节点间连线的几何布置，定义了各节点之间的物理位置和逻辑位置。

常见的计算机网络拓扑结构如图 3－2 所示。

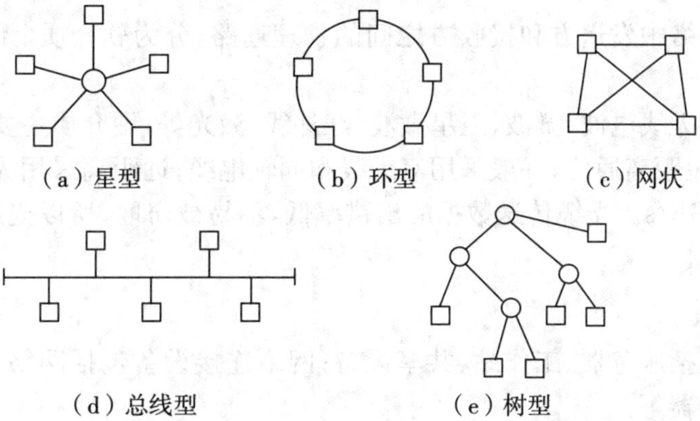

图 3－2　常见的计算机网络拓扑结构

（一）星型结构

星型结构即具有一个控制中心，采用集中式控制。其优点是：各节点的设计简单；缺点是：各节点间的信息交换必须由控制中心中转或控制，当控制中心出现超负载或控制中心发生故障时，会导致整个网络瘫痪。

（二）环型结构

环型结构即各节点通过一条首尾相连的通信链路连接起来，形成一个闭合环。其优点是：环中各节点地位相同，信息沿固定方向单向流动，如果某节点出现故障，此节点就会自动短路，不影响全网工作；缺点是：由于环是封闭的，所以不便于扩充，响应时间长，信息传输效率相对较低。

（三）网状结构

网状网络的每一个站点都与其他站点直接互连。这种连接方法主要是利用冗余的连接，实现站与站之间的高速传输和高容错性能，以提高网络的速度和可靠性。

（四）总线型结构

总线型结构即各个节点和一条总线相连，所有节点都通过总线进行信息传输。总线的负载是有限的，所以总线型结构中的节点个数是有限的。任何时候只有一个节点可以发送信息，其余节点都不能发送。

（五）树型结构

树型结构是分级的集中控制式网络，有多个中心节点，各个中心节点之间很少进行信息交换，信息交换主要是在按树型排列的上下节点之间进行，根节点管理整个网络。任意两个节点之间不产生回路，每条通信链路都支持双向传输。除了叶节点及相连的链路外，任何节点或链路的故障都会影响整个网络的正常工作。

（六）混合型结构

混合型结构即由一种以上的拓扑结构构成，可以结合不同拓扑结构的优点。

五、了解计算机网络的传输介质和互联设备

（一）传输介质

传输介质是网络中发送方和接收方之间的物理通路，分为软介质（无形介质）和硬介质（有形介质）两类。

软介质主要有无线电波、微波、卫星微波、红外线、激光等；硬介质主要有双绞线、同轴电缆、光缆等。局部短距离通信，一般采用双绞线和同轴电缆；远距离采用光缆，光缆传送数据的速度快，可达 2 Gb/s。光缆传送数据的出错率低，不易被窃取，所以光缆是最安全的传输介质，但费用较昂贵。

（二）互联设备

计算机设备包括服务器、工作站、共享设备；网络连接设备包括网络适配器、中继器、交换机、集线器、路由器等。

任务二　认识因特网技术

案例点击 3－1

因特网的来历

因特网是 Internet 的中文译名，其前身是美国国防部高级研究计划局（ARPA）主持研制的 ARPAnet。

20 世纪 60 年代末，美苏正处于冷战时期。当时美国军方为了自己的计算机网络在受到袭击时，即使部分网络被摧毁，其余部分仍能保持通信联系，便由美国国防部的高级研究计划局（ARPA）建设了一个军用网，叫作阿帕网（ARPAnet）。阿帕网于 1969 年正式启用，当时仅连接了 4 台计算机，供科学家们进行计算机联网实验用，这就是因特网的前身。

到 70 年代，ARPAnet 已经有了好几十个计算机网络，但是每个网络只能在网络内部的计算机之间互联通信，不同计算机网络之间仍然不能互通。为此，ARPA 又设立了新的研究项目，支持学术界和工业界进行有关研究。研究的主要内容就是想用一种新的方法将不同的计算机局域网互联，形成“互联网”。研究人员称之为 Internetwork，简称 Internet，这个名词就一直沿用到现在。

案例点击 3－2

因特网的应用现状

互联网是当今社会中不可或缺的一部分，它在我们的日常生活中起着至关重要的作用。从传播信息到商务交易，从娱乐休闲到社交，互联网的影响越来越深远，已经成为连接全球的桥梁。

互联网作为一种普及的工具，迅速进入全球各个角落。联合国的数据显示，全球互联网用户数量持续增长，2023 年全球互联网用户约 53 亿，占全球人口的 65.4%。其中，中国互联网用户最多，为 10.5 亿。增长主要由智能手机和移动数据普及推动，电子商务、流媒体视频和社交媒体普及率日益提高。全球超过 60% 的互联网流量来自手机用户，平均每天使用时间为 6 小时 40 分钟。互联网的普及率不断提高，不仅仅使得人们更加便捷地获取各种信息，也使得在线教育、远程办公等成为现实，改变了人们的生活方式和工作模式。

互联网技术的进步促进了技术创新和经济发展。互联网的发展不仅仅是用户数量的增加，更重要的是互联网技术的进步。随着人工智能、大数据、物联网等技术的不断升级和突破，互联网正在给各个行业带来深刻的变革。例如，智能驾驶、人脸识别、智能家居等应用的出现都离不开互联网的支持。互联网的技术发展不仅提升了生产力，还促进了各国经济的发展。据统计，互联网经济正在成为全球经济增长的重要引擎之一。

如今，全球互联网的发展仍处于高速发展中，将给我们的生活和工作带来进一步的变化。

思考：

Internet 的迅速发展给电子商务带来什么影响？

因特网商业化的出现，在现代通信、资料检索、客户服务等方面提供了巨大的发展潜力。1998 年是世界电子商务年，我国开始试运行因特网电子交易。

互联网在促进人们获取信息，拓展人际交往，鼓励人们参与社会，便利实际生活上发挥了积极的作用，但是也容易引起人们与现实的脱离，可能造成一定的网络沉迷和成瘾。总体而言，互联网作为生活助手、信息渠道和交往工具的价值突出。

互联网作为一种互动媒体、信息渠道、生活平台，对人们行为方式的影响尤其值得研究。

一、了解因特网的产生和发展

因特网即通常所说的互联网或网际网，是指全球最大的、开放的，基于 TCP/IP 协议的众多网络相互连接而成的计算机网络。

Internet 简介

（一）因特网的起源

因特网的雏形是由美国国防部高级计划资助建成的 ARPAnet。它是冷战时期由军事需要的驱动而产生的高科技成果。

ARPA 是美国"国防高级研究计划署"的英文缩写，是为了与苏联展开军备竞赛于 1958 年年初成立的国防科学研究机构。当时冷战双方所拥有的原子弹都足以把对方的军队毁灭多次，因此美国国防部最担心的莫过于战争突发时美国军队的通信联络能力。而当时美国军队采用的是中央控制网络，这种网络的弊病在于：只要摧毁网络的控制中心，就可以摧毁整个网络。

1968 年 6 月 21 日，美国国防高级研究计划署正式批准了名为"资源共享的计算机网络"的研究计划，以使联入网络的计算机和军队都能从中受益。这个计划的目标实质上是研究用于军事目的的分布式计算机系统，通过这个名为 ARPAnet 的网络把美国的几个军事及研究用的计算机主机连接起来，形成一个新的军事指挥系统。这个系统由一个个分散的指挥点组成，当部分指挥点被摧毁后，其他点仍能正常工作，而这些分散的点又能通过某种形式的通信网取得联系。在因特网面世之初，由于建网是出于军事目的，参加试验的人又全是熟练的计算机操作人员，个个都熟悉复杂的计算机命令，所以没有人考虑对因特网的界面及操作方面加以改进。

（二）因特网的第一次快速发展

因特网的第一次快速发展出现在 20 世纪 80 年代中期。1981 年，另一个美国政府机构——全国科学基金会开发了有 5 个超级中心相连的网络。当时全国的许多大学和学术机构建成的一批地区性网络与 5 个超级计算机中心相连，形成了一个新的大网络——NSFnet，该网络上的成员之间可以互相进行通信，从而开始了因特网的真正快速发展阶段。

最初，NSF 曾试图用 ARPAnet 作为 NSFnet 的通信干线，但这个决策并没有取得成功。由于 ARPAnet 属于军用性质，并且受控于政府机构，所以要从 ARPAnet 起步，把它作为因特网的基础并不是一件容易的事情。20 世纪 80 年代是网络技术取得巨大进展的年代，不仅涌现出大量如以太网电缆和工作站组成的局域网，而且奠定了建立大规模广域网的技术基础，正是在那时提出了发展 NSFnet 计划。1982 年，在 ARPA 资助下，加州大学伯克利分校将 TCP/IP 协议嵌入 UNIXBSD 4.1 版，这极大地推动了 TCP/IP 的应用进程。1983 年，TCP/IP 成为 ARPAnet 上标准的通信协议，这标志着真正意义上的因特网出现了。1988 年年底，NSF 把全国建立的五大超级计算机中心用通信干线连接起来，组成全国科学技术网 NSFnet，并以此作为因特网的基础，实现同其他网络的连接。

采用因特网名称是在 MILnet（系由 ARPAnet 分出）实现和 NSFnet 连接后开始的。随后，其他联邦部门的计算机网络相继并入因特网，如能源科学网 Esnet、航天技术网 NASAnet、商业网 COMnet 等。NSF 巨型计算机中心则一直肩负着扩展因特网的使命。

因特网在 20 世纪 80 年代的扩张不仅带来量的改变，同时也带来某些质的变化。由于多种学术团体、企业研究机构甚至个人用户的进入，因特网的使用者不再限于纯粹的计算机专业人员。新的使用者发现，加入因特网除了可共享 NSF 的巨型计算机外，还能进行相互间的通信，而这种相互间的通信对他们来讲更有吸引力。于是，他们逐步把因特网当作交流与通信的一种工具，而不仅仅是共享 NSF 巨型计算机的运算能力。

（三）因特网的第二次飞跃

因特网的第二次飞跃应当归功于因特网的商业化。在 20 世纪 90 年代以前，因特网的使用一直仅限于研究领域和学术领域，商业性机构进入因特网一直受到这样或那样的法规或传统问题的困扰。美国国家科学基金颁发的因特网使用指南就这样说："NSFnet 主干线仅限于美国国内科研及教育机构把它用于公开的科研及教育目的，以及美国企业的研究部门把它用于公开学术交流，任何其他使用均不允许。"其实，这类指南有许多模糊不清的地方。例如，企业研究人员向大学的研究伙伴通过因特网发出一份新产品的介绍，以帮助该伙伴掌握该领域的最新动向，这一行为属于学术交流还是商业广告？到了 20 世纪 90 年代初，因特网已不是全部由政府机构出钱，出现了一些私人投资的老板。这些私人老板的加入，使在因特网上进行商业活动有了可能。

1991 年，General Atomics、Performance Systems International 和 UUnet Technologies 三家公司组成了"商业因特网协会"(Commercial Internet Exchange Association)，宣布用户可以把他们的因特网子网用于任何的商业用途。因为这 3 家公司分别经营着自己的 CERFnet、PSInet 及 Alternet 网络，可以在一定程度上绕开由美国国家科学基金出钱的因特网主干网络 NSFnet，而向客户提供因特网联网服务。真可谓"一石激起千层浪"，其他因特网的商业子网也看到了因特网用于商业用途的巨大潜力，纷纷做出类似的承诺，到 1991 年年底，连专门为 NSFnet 建立高速通信线路的 Advanced Network and Service Inc. 也宣布自己的名为 CO+RE 的商业化因特网骨干通道。因特网商业化服务提供商的接连出现，使工商企业终于可以堂堂正正地从正门进入因特网。

(四)因特网的完全商业化

商业机构一踏入因特网这一陌生的领域，很快就发现了它在通信、资料检索、客户服务等方面的巨大潜力。于是世界各地无数的企业及个人纷纷涌入因特网，从而带来了因特网发展史上一次质的飞跃。到 1994 年年底，因特网已通往全世界 150 个国家和地区，连接着 3 万多个子网，320 多万台计算机主机，直接的用户超过 3 500 万，成为世界上最大的计算机网络。

看到因特网的快速发展，NSFnet 意识到已经完成了自己的历史使命，于 1995 年 4 月 30 日正式宣布停止运作，代替它的是由美国政府指定的上述 3 家私营企业。至此，因特网的商业化彻底完成。

二、理解 TCP/IP 协议

TCP/IP 协议

因特网采用的网络协议为 TCP/IP(Transfer Control Protocol/Internet Protocol)，即传输控制协议/网间互联协议。该协议的主要目标就是使分散在因特网上的无数子网可以方便地进行相互通信。

TCP/IP 是用于计算机通信的一组协议，除了 TCP 和 IP 两个协议之外，TCP/IP 还包括工具性协议、管理协议和应用协议等其他协议，如 TCP(Transfer Control Protocol，传输控制协议)、IP(Internetworking Protocol，网间网协议)、UDP(User Datagram Protocol，用户数据包协议)、ICMP(Internet Control Message Protocol，互联网控制信息协议)、IGMP(Internet Group Management Protocol，互联网组管理协议)、SMTP(Simple Mail Transfer Protocol，简单邮件传输协议)、SNMP(Simple Network Manage Protocol，简单网络管理协议)、ARP(Address Resolution Protocol，地址解析协议)、FTP(File Transfer Protocol，文件传输协议)等许多协议。这些协议一起称为 TCP/IP 协议。

TCP/IP是Internet网络协议集的总称，含有上百个协议，TCP和IP是这个集合中最基本，也是最重要的两个协议。但是长期以来，人们习惯于把TCP/IP协议集称为TCP/IP。TCP协议向网络应用程序提供基本的通信连接等服务，IP协议负责为互联的网络及计算机提供通信等服务。

（一）网间协议IP

IP协议是TCP/IP的核心，IP详细地定义了计算机通信应该遵循的具体细节。IP定义了分组如何构成，以及路由器如何将一个分组递交到目的地。IP主要功能如下。

1. 寻址与路由

（1）用IP地址来标识Internet的主机：在每个IP数据报中，都会携带源IP地址和目标IP地址来标识该IP数据报的源和目的主机。IP数据报在传输过程中，每个中间节点（IP网关）还需要为其选择从源主机到目的主机的合适的转发路径（路由）。IP协议可以根据路由选择协议提供的路由信息对IP数据报进行转发，直至抵达目的主机。

（2）IP地址和MAC地址的匹配。数据链路层使用MAC地址来发送数据帧，因此在实际发送IP报文时，还需要进行IP地址和MAC地址的匹配，由TCP/IP协议簇中的ARP（地址解析协议）完成。

2. 段与重组

（1）IP数据报通过不同类型的通信网络发送，IP数据报的大小会受到这些网络所规定的最大传输单元（MTU）的限制。

（2）将IP数据报拆分成一个个能够适合下层技术传输的小数据报，被分段后的IP数据报可以独立地在网络中进行转发，在到达目的主机后被重组，恢复成原来的IP数据报。

（二）传输控制协议TCP

IP提供了将分组从源地址传送到目的地址的方法，但IP没有解决诸如数据包丢失或误投递的问题。TCP是一种可靠的传输服务，解决了IP没有解决的问题，二者的结合，提供了一种在因特网上可靠的数据传输方法。TCP协议的主要功能如下。

1. 可靠的分组交换

分组交换是因特网上一种极为有效的数据交换方式，但在因特网上的可靠传输方面仍有一定问题。TCP协议就是要确保分组在端到端之间传输的安全性、可靠性。TCP从上一层的应用层接收到字节形式的数据流（Stream）后，按既定规则把该数据流划分成一个一个的数据段（Segment）。数据段是数据分组在TCP这一层的称呼，TCP把它加上自己的头后便称为数据包或IP数据包，其实它也是数据分组，这种分组交换使用户感觉多台计算机之间能进行几乎是无延迟的通信，效率高得多。

2. 实现应用程序之间的连接

TCP能使任何两台计算机的应用程序，通过因特网以类似于人们打电话的方式相互接通，传送数据，然后结束通信。

3. 安全、可靠

因特网在传输数据时，主要由TCP提供一定安全、可靠的保障。其主要保障功能有3个方面。①恢复丢失的分组。当TCP发送数据时，就会启动一个计算机内部时钟作为它的计时器，目的主机在收到数据后，会向源主机发回一个确认。如果在确认到来之前，计时器超时了，TCP就认为有数据分组丢失，会再重传一遍。当然，这个措施同其他措施一样，并不是十全十美的。②删除重复的分组。TCP在每个数据段（TCP的数据分组称为数据段）的头中都设置了一些标识位，目的主机把收到的数据标识与不断到来的数据分组标识进行比较，如果发现有重复的分组，就不予理睬，以此删去重复的分组。③自动重传。如果TCP的计时器在超时之前，目的主机的确认尚未到达，或者发生校验和出错等情况，就把数据重传一遍。

鉴于因特网非常庞大、复杂，路由也多，TCP还采用调整超时值的办法进行自动延迟调整。这就是说，如果许多网上主机都在发送数据，使因特网的传输速度下降，TCP就加大重传之前的等待时间，反之则自动减少超时值。尽管人们抱怨因特网的“拥塞”现象，但是，大多数应用程序一旦失去了TCP自动调整超时值的支持，就会无法运行。

4. 兼容多种数据流格式

TCP提供面向数据流的传输服务，但对数据流结构格式并无任何限制，只当它是一种连续性的数据流；同时对数据流分组的限制也不大，要求分组的最大长度不超过65 KB。此外，TCP对下一层的依赖很少，这使许多体系结构不同的网络都可以采用TCP。

三、掌握IP地址分类和了解域名解析

（一）IP地址

IP地址是标识因特网上所有计算机的唯一标志。IP地址是由四组八位的二进制来表示，中间用“.”隔开。为表示方便，每组的8位二进制数都用一个十进制数表示，因此常用4组十进制数表示IP地址，每组十进制数的取值范围都是0～255（即二进制的00000000～11111111）。例如，202.112.112.101就是一个IP地址的表示方法。在实际使用中，IP地址码分配是分级进行的，IANA（Internet As Signed Numbers Authority）是负责全球因特网上IP地址分配的机构。中国互联网信息中心（CNNIC）负责我国IP地址的分配。

IP地址分为A、B、C三类。在A类地址中，第一组的取值范围为1～126，代表网络号，后三组标识主机号。对A类地址而言，只能有126个大的主要网络，其中之一就是ARPA网。B类地址是为大型商业或组织的网络系统设计的。在B类地址中，前两组用于标识网络号，因此凡在128.1到191.254（0、255，以及127.1～127.254经常保留用于某些有特定目的的系统）范围内的地址都是有效的B类地址。例如，清华大学WWW网站的IP地址为166.111.9.2，这就是一个B类地址。其中，166.111是清华大学的网络号，9.2标识这个网络中的一个主机地址。在这个网络中，最多可以有64 516个拥有独立IP地址的主机。C类地址使用前三组标识网络号，地址范围从192.1.1到223.254.254。在C类地址中，一个网中最多可有254个主机，但可以给一个组织分配多个网络号。我国的大部分企业使用的都是C类地址。

案例点击 3-3

广东科龙(容声)集团有限公司诉吴永安域名注册纠纷案

广东科龙(容声)集团有限公司(简称科龙公司)于1992年1月获得KELON注册商标专用权,并自1992年起将该商标用于其所生产销售的家电商品上。1997年9月,吴永安开办的永安制衣厂(个体工商户)向中国互联网络信息中心注册kelon. com. cn域名,并取得了注册登记证书。1997年年底,科龙公司曾与吴永安商谈有关KELON域名注册事宜,吴永安向科龙索取80万元的转让费,但遭到科龙公司拒绝。1998年1月,吴永安发送传真给科龙公司,称"为了尽快了结关于科龙域名的争议,永安制衣厂要求对方补偿现金5万元,即放弃争议权"。科龙公司遂以吴永安为被告诉至北京市海淀区人民法院。

原告科龙公司诉称,经国家工商行政管理局商标局核准,科龙公司于1992年1月取得了KELON商标专用权。1997年下半年,科龙公司向中国互联网络信息中心申请以KELON注册商标作为域名登记时,发现由被告吴永安开办的永安制衣厂已使用KELON作为自己的域名注册,被告恶意抢注域名后又借此向科龙公司索要所谓域名补偿费,诈取非法利益。故请求法院确认被告吴永安注册KELON域名属于恶意侵权行为,判决其立即停止使用KELON域名。在法庭上,原告称被告的抢注行为违反了《中华人民共和国反不正当竞争法》《中华人民共和国商标法》等法律规定,侵犯了其合法权利(商标权、商号权和使用商标商号注册域名的权利),故请求人民法院:①确认被告注册域名属恶意侵权行为;②判令被告停止以KELON域名侵犯原告的合法权益;③判令被告负担诉讼费。

思考:

1. 试利用因特网了解域名注册的原则。
2. 域名对企业有何商业价值?

(二)域名

IP地址由数字构成,难以记忆,也难以理解。因此,在实际使用中通常采用域名来标识一个主机,一个IP地址对应一个域名,TCP/IP的名字管理机制称为域名系统(Domain Name System,DNS),这是一个层次型的结构。例如,www. ruc. edu. cn这个名字可以标识一台主机,其中cn标识中国,edu表示教育机构,ruc表示人民大学,www表示这台主机是一台WWW服务器。由后向前,所表示的范围越来越小。

其中一个完整的域名由两个或两个以上的部分组成,各部分之间以英文句号"."隔开,从右往左依次称为一级域名(也称顶级域名)、二级域名、三级域名、四级域名。顶级域名由ICANN定义,分为通用顶级域名、国家/地区顶级域名、国际顶级域名3种。国际顶级域名适用于国际组织,以int为其域名,如国际警察组织域名地址为www. interpol. int。国家/地区顶级域名根据网络所属的国别划分,用国家/地区的两个字母缩写来表示,目前有超过240个国家/地区顶级域名,常见的国家/地区顶级域名如表3-1所示。通用顶级域名按网络类别划分，常见的通用顶级域名如表 3－2 所示。

表 3－1 常见国家/地区顶级域名

域 名	国家/地区	域 名	国家/地区	域 名	国家/地区	域 名	国家/地区
ar	阿根廷	Cn	中国	It	意大利	Eg	埃及
Au	澳大利亚	Hk	中国香港	jp	日本	Gr	希腊
Br	巴西	In	印度	Fr	法国	Nl	荷兰
ca	加拿大	ie	爱尔兰	de	德国	tw	中国台湾

表 3－2 常见通用顶级域名

域 名	含 义	域 名	含 义
com	商业组织	mil	军事部门
edu	教育机构	net	主要网络支持中心
gov	政府部门	org	非营利性组织

因传统通用顶级域名，如．com，．net 等资源有限，ICANN 于 2000 年 11 月推出了新的顶级域名，可用于替代各个传统的通用顶级域名，如表 3－3 所示。

表 3－3 新增加的通用顶级域名

域 名	含 义
bit	用来替代 com，适用于商业组织
info	用来替代 com，适用于提供信息服务的企业
name	专用于个人的顶级域名
pro	专用于医生、律师、会计师等专业人士的顶级域名
coop	专用于商业合作社的顶级域名
aero	专用于航空运输业的顶级域名
museum	专用于博物馆的顶级域名

域名由网络信息中心（NIC）管辖，假如一个国家的主机要按地理模式登记进入域名系统，需要首先向 NIC 请求登记本国的第一级域名（一般采用该国国际标准的二字符标识符）。NIC 将第一级域名的管理特权分派给指定管理机构，各管理机构再对其管辖范围内的域名空间继续划分，并将各子部分管理特权授予子管理机构。如此下去，便形成了层次型域名。例如，以．cn 结尾的域名全部由中国互联网络信息中心（CNNIC）管理。

（三）域名解析

域名解析即域名和 IP 地址之间的映射，包括正向解析（从域名到地址）和逆向解析（从地址到域名）。这种映射是由一组名字服务器完成的。名字服务器实际上是一个服务器软件，运行在指定的机器上，完成名字一地址映射。通常把运行名字服务软件的机器叫作域名服务器（也称 DNS）。相应地，请求域名解析服务的软件叫作名字解析器（name resolver）。在 TCP/IP 域名系统中，一个名字解析器可以利用一个或多个域名服务器进行名字映射。

与域名系统相同，域名服务器也是层次型的。一个域名服务器一般只包括本网络内的名字和下一层的域名服务器，而其他网络的域名则交由上一层服务器处理。

任务三 认识无线网络和移动互联网

一、认识无线网络

无线网络是基于无线通信技术实现的网络。与有线网络相比，无线网络不再需要网线，只要具备无线网络，用户就可以在无线网络覆盖范围内的任何地方通过笔记本电脑、手机等设备上网，不再受限于网络接口的布线位置。下面将对无线网络的基础知识进行介绍，包括无线网络的概念和特点、无线网络的分类和无线网络连接设备。

（一）掌握无线网络的概念和特点

无线网络是指使用无线通信技术将地理上分散的计算机连接起来，实现数据通信和资源共享的网络。与有线网络不同的是，无线网络解决了有线网络的布线问题，且在网络覆盖范围和移动性等方面存在极大优势。具体来说，无线网络的特点主要包括灵活性、可扩充性和经济实用性等。

(1) 灵活性。一般通过安装一个或多个无线访问接入点设备，就能保证所覆盖区域连接到无线网络，位于无线网络覆盖范围内的各种设备的位置可以随时发生变化，不受空间和时间的限制。无线网络的灵活性使其广泛应用于移动会议和移动电子商务等领域。

(2)可扩充性。与有线网络一个接口只能接入一个设备的特点相比较，无线网络对接入设备数量的限制则宽泛得多，它允许多个无线终端设备同时接入无线网络。无线网络的网络规模更加具有优势，并且能够方便地组建更加广泛的大型网络，具有很强的可扩充性。

(3) 经济实用性。由于无线网络非常灵活，不用像有线网络一样需要准备大量的接入点以备不时之需，因此无线网络减少了资源浪费，节约了资金成本。

（二）无线网络的类型

从不同的角度进行分类，可以将无线网络分为不同的类型。一般主要从覆盖范围的角度进行分类，可以将无线网络分为无线个域网、无线局域网、无线城域网和无线广域网。下面分别进行介绍：

(1) 无线个域网。无线个域网(Wireless Personal Area Network，WPAN)为用户提供了一种小范围内无线通信的手段。该方式可以将电子设备用无线技术连接起来实现自组网络，而不需要使用无线接入点，其中最典型的就是蓝牙(Bluetooth)。蓝牙是一种短距离、低成本的无线传输应用技术，用于实现固定设备、移动设备和无线个域网之间的短距离数据交换。

(2)无线局域网。无线局域网(Wireless Local Area Network，WLAN)是通过无线技术在一定局部范围内建立的网络，它同时具备局域网和无线网络的特征，既能提供传统有线局域网(Local Area Network，LAN)的功能，又能让用户不受时间、地理和空间的限制随时随地接入宽带网络。无线局域网的覆盖范围一般在 100 m 左右，适合于公司或校园大楼、某个公共场所（如地铁站、机场等）等场合。

无线局域网的整个局域网系统由计算机、服务器、网络操作系统、无线网卡和无线接入点（Access Point，AP）等组成，其技术标准主要包括 IEEE 802.11 和 HiperLAN。IEEE 802.11 标准又称为 Wi-Fi（Wireless Fidelity），是在有线局域网技术的基础上发展而来的。随着技术的不断发展，美国电气和电子工程师协会（Institute of Electrical and Electronics Engineers，IEEE）陆续推出了 IEEE 802.11b 标准、802.11g/a 标准和 802.11n 标准，Wi-Fi 的无线传输速率也逐渐变得更快。HiperLAN 标准是欧洲电信标准化协会（European Telecommunication Standard Institute，ETSI）提出的，与 IEEE 802.11 标准主张采用无连接的 WLAN 不同的是，HiperLAN 标准更注重基于连接的 WLAN。总的来说，无线局域网是目前人们日常生活中使用最广泛的无线网络方式，具有安装便捷、使用灵活、维护方便、经济节约和扩展方便等特点。

(3) 无线城域网。无线城域网（Wireless Metropolitan Area Network，WMAN）是指通过无线技术实现在城区的多个场所之间创建无线连接。无线城域网一般使用无线电波或红外线进行数据传送，当有线宽带不能使用时，可以将无线城域网当作备用网络来使用。

无线城域网的网络标准是 IEEE 802.16，它又称为无线城域网空中接口标准，是主要用于规范工作于不同频带的无线接入系统空中接口的标准。该标准推动了无线城域网技术的发展，即 WiMAX 技术；2001 年 4 月，由 Intel、富士通和诺基亚等公司共同组建了非营利性的全球微波接入互操作性论坛，其主要职能是根据 IEEE 802.16 和 ETSI HIPeRMAN 标准形成一个可互操作的全球统一标准，对接入无线网络的产品进行兼容性和互操作性的测试和认证，发放 WiMAX 认证标志。WiMAX 技术同时具有基于线缆的传统宽带接入和无线接入的优势，具有传输距离远、接入速度快、系统容量大和提供广泛的多媒体通信服务、安全性能高等特点。

(4) 无线广域网。无线广域网（Wireless Wide Area Network，WWAN）是指覆盖全国或全球范围内的无线网络，是通过无线网络把物理距离极为分散的局域网（LAN）连接起来的通信方式。无线广域网通过无线服务提供商（如移动、联通等）负责维护的若干天线基站或卫星系统来保持局域网的连接，其目的是让分布较远的各局域网互联，其结构包括末端系统（两端的用户集合）和通信系统（中间链路）两部分。

无线广域网的重要标准 IEEE 802.20，是一种适用于高速移动环境下的宽带无线接入系统，空中接口规范，具有性能好、效率高、成本低和部署灵活等特点。在物理技术上，该标准以正交频分复用技术（Orthogonal Frequency Division Multiplexing，OFDM）和多输入多输出技术（Multiple Input Multiple Output，MIMO）为核心，充分挖掘时域、频域和空间域的资源，大大提高了系统的频谱效率。基于 IEEE 802.20 标准，无线广域网能够实现大范围的局域网互联，被广泛应用于电力、医疗、税务、交通、银行和调度系统等领域。

与无线个域网、无线局域网、无线城域网相比较，无线广域网更加强调的是快速移动性。移动通信系统就属于典型的无线广域网。移动通信大致经历了以下 5 个发展阶段。

第一代移动通信（1 G）。1 G 制定于 20 世纪 90 年代初，是一种蜂窝电话通信标准，主要用于提供模拟语音业务。Nordic 移动电话（Nordic Mobile Telephone，NMT）、美国的高级移动电话系统（Advanced Mobile Phone System，AMPS）、英国的总访问通信系统（Total

Access Communication System,TACS)等都是典型的第一代移动通信。中国主要采用的是TACS。

第一代移动通信主要通过模拟技术和频分多址(Frequency Division Multiple Access,FDMA)技术来进行信息传播,但由于受到系统容量、安全性和干扰性的限制,它不能进行大规模的普及和应用。同时,由于不同国家的技术标准并不统一,国际漫游功能不能使用,它只能作为一种区域性的移动通信系统。

第二代移动通信(2 G)。为了解决第一代移动通信中遇到的问题,1982 年欧洲邮电主管部门会议成员一致赞成采用统一的制式,因此成立了一个新的标准化组织——移动通信特别小组(Group Special Mobile,GSM),用于制定欧洲 900 MHz 数字 TDMA 蜂窝移动通信系统(GSM 系统)技术规范,以使欧洲移动电话用户在欧洲境内实现自动漫游。1986 年,在 GSM 的协调下,欧洲国家的有关厂商向 GSM 提供了 8 个系统建议和大量的技术成果,并就 GSM 的主要技术规范达成共识。1990 年,GSM 第一期规范确定,GSM 系统开始试运行。1991 年,GSM 系统正式在欧洲开通运行,其规范为 DCS1800。1992 年,北美 ADC(IS-54)和日本 PDC 投入使用;GSM 系统重新命名为全球移动通信系统(Global System for Mobile Communication);CDMA(IS-95)系统标准被批准,并继续进行现场实验。1994 年,CDMA 系统开始使用。1995 年,DCS 1800 开始推广应用。至此,第二代移动通信开始全世界范围内的应用。

与第一代模拟蜂窝移动通信相比,第二代通信技术以数字技术为主体,具有更高的网络容量、语音质量、保密性和漫游功能。在中国,第二代移动通信主要包括中国移动的 GSM 和中国联通的 CDMA(IS-95)。

第三代移动通信(3 G)。3 G 是一种支持高速数据传输的蜂窝移动通信,能够提供语音和多媒体数据通信、各种宽带信息业务和全球漫游等功能,是无线通信与国际互联网等多媒体通信相结合的新一代移动通信系统。与 2 G 相比,3 G 被广泛应用于宽带上网、视频通话、手机商务、手机电视、无线搜索、手机办公和网上购物等领域。

第三代移动通信存在 3 种标准,分别是 CDMA 2000、WCDMA、TD-SCDMA。这 3 种标准的基础技术参数如表 3-4 所示。

表 3-4　3 G 三种技术标准

基础技术参数	制式		
	CDMA 2000	WCDMA	TD-SCDMA
继承基础	窄带 CDMA(IS-95)	GSM	GSM
采用国家和地区	美国、中国、韩国等	欧洲、美国、中国、日本、韩国等	中国
核心网	ANSI-41	GSM WAP	GSM MAP
双工方式	FDD	FDD	TDD
同步方式	同步	同步/异步	同步
信号带宽	2×1.25 MHz	2×5 MHz	2.6 MHz
标准化组织	3 GPP2[1]	3 GPP	3 GPP

第四代移动通信(4 G)。随着移动通信技术的发展,1 G、2 G 和 3 G 逐渐被淘汰,4 G 是目前主流的移动通信技术。2013 年年底,中华人民共和国工业和信息化部(以下简称工业和信息化部)正式向电信运营商发布了 TDD 制式 4 G 牌照,标志着 4 G 时代大幕的开启,而拥有 TD-LTE 技术自主知识产权的中国移动成为首家在全国范围内开展 4 G 业务的运营商。

4 G 是集 3 G 与 WLAN 于一体的,能够提供高速数据传输、高质量的音视频和图像的技术。在 3 G 时代,附图的文字资讯已经随处可见,而在 4 G 时代,文字不再是主流,视频资讯的应用更加常见,如主流通信平台微信,早已增加短视频发布功能。短视频在微信、微博中随处可见,视频节目可以“随手获得”。同时,4 G 技术让商家利用视频、游戏、语音、图片等多媒体手段,更直观、全面地将信息传递给目标用户群。与 3 G 相比,4 G 网络容量更大、体验性更好、速度更快,在宽带上网、视频通话和网上购物等方面为消费者带来了更好的体验。

第五代移动通信(5 G)。4 G 网络造就了繁荣的互联网经济,解决了人与人随时随地通信的问题,随着移动互联网快速发展,新服务、新业务不断涌现,移动数据业务流量爆炸式增长,4 G 移动通信系统难以满足未来移动数据流量暴涨的需求,急需研发下一代移动通信(5 G)系统。

5 G 作为一种新型移动通信网络,其峰值速率达 10～20 Gbit/s、空中接口时延低至1 ms、拥有百万连接/平方千米的设备连接能力、频谱效率比 LTE 提升 3 倍以上;在连续广域覆盖和高移动性下,用户体验速率达 100 Mbit/s、流量密度达 10 Mbps/m^2,移动性支持 500 km/h。解决了人与人通信问题,为用户提供增强现实、虚拟现实、超高清(3D)视频等更加身临其境的极致业务体验;人与物、物与物通信问题得到完全解决;满足了移动医疗、车联网、智能家居、工业控制、环境监测等物联网应用需求。可以预见,5 G 将渗透到经济社会的各行业各领域,成为支撑经济社会数字化、网络化、智能化转型的关键新型基础设施。

二、认识移动互联网

随着互联网的快速发展,基于个人计算机方式的 PC 端互联网方式已经渐渐饱和,移动互联网方式开始快速发展并引发了全球热潮。移动互联网(Mobile Internet,MI)是一种通过智能移动终端,采用移动无线通信方式获取业务和服务的新兴业务,包含终端、软件和应用 3 个层面。

(1) 终端层。终端层包括智能手机、平板电脑、电子书和 MID 等。

(2)软件层。软件层包括操作系统、中间件、数据库和安全软件等。

(3) 应用层。应用层包括休闲娱乐类、工具媒体类和商务财经类等不同应用与服务。

移动互联网是在宽带无线接入技术,特别是移动通信技术和移动终端技术的飞速发展下产生的。如果只有移动通信技术的快速发展,而移动终端止步不前,那么消费者的移动消费体验也无法得到改善。移动终端也称为移动通信终端,常见的智能手机、平板电脑和 POS 机等都属于移动终端。从广义上讲,一切可以在移动中使用的计算机设备都可以看作移动终端,其移动性主要表现在移动通信能力和便携性上。

随着网络技术、集成电路技术等技术的快速发展,移动终端的功能也越来越强大,逐步从功能简单的通信工具发展成一个智能化的综合信息处理平台。移动终端的智能化主要体现在以下 4 个方面：

（1）移动终端具备开放的操作系统平台，如目前主流的智能手机主要包括安卓（Android）和 iOS 操作系统平台。程序人员可以在这些操作系统平台中灵活开发各种实用的应用程序，普通用户可以在这些操作系统中下载、安装并运行这些应用程序。

（2）移动终端的操作十分简单、快捷，通过采用触摸屏 TP 技术来实现操作命令的选择与应用程序的使用，无须接入其他设备或使用按钮操作。

（3）移动终端通过无线网络进行连接，具有高速数据网络接入能力与信息共享功能，能够实时处理信息。

（4）在显示技术、语音识别和图像识别等多模态交互技术越来越成熟的环境下，移动终端的人机交互功能将越来越完善，未来将朝着以人为核心的更智能化的方向发展。

任务四　认识 EDI 技术

EDI 系统定义和特点

一、理解 EDI 的含义和特点

案例点击 3-4

上海华联超市集团的 EDI 系统

1. 基本情况

上海华联超市集团成立于 1992 年，目前已发展到有门店 1 000 多家。华联超市有直营店、加盟店、合营店 3 种经营方式，其中直营店有 80 多家，加盟店分布在浙江、江苏等外省市，合营店主要以控股方式经营，主要分布在远郊区、县。直营、加盟、合营 3 种方式的门店都由总部统一进货。

随着经营规模越来越大，管理工作也越来越复杂。公司领导意识到必须加强高科技的投入，搞好计算机网络应用。从 1997 年开始，成立了总部计算机中心，完成经营信息的汇总、处理。其配送中心也完全实现了订货、配送、发货的计算机管理，各门店的计算机系统由总部统一配置、统一开发、统一管理。配送中心与门店之间的货源信息传递通过上海商业高新技术公司的商业增值网以文件方式（E-mail）完成。

每天中午 12 点，配送中心将商品的库存信息以文件形式发送到增值网上，各门店计算机系统从自己的增值网信箱中取出库存信息，然后根据库存信息和自己门店的销售信息制作"要货单"。但由于要货单信息没有通过网上传输，而是从计算机中打印出来，通过传真形式传送到配送中心，配送中心的计算机工作人员再将要货信息输入计算机系统。这样做的结果不仅导致了数据二次输入可能发生的错误和人力资源的浪费，也体现不出网络应用的价值和效益，因此，公司决定采用 EDI 系统管理公司的业务。

2. 系统结构

上海华联超市集团公司作为国家科委"九五"科技攻关项目"商业 EDI 系统开发与示

范”的示范单位之一，从1998年3月开始，与北京商学院、浙江工商大学、上海商业高新技术开发公司合作开发自己的EDI应用系统。这个EDI应用系统包括配送中心和供货厂家之间、总部与配送之间、配送中心与门店之间的标准格式的信息传递，信息通过上海商业增值网EDI服务中心完成。

3. 应用信息流

上海华联超市集团的应用信息流如图3-3所示。

图3-3　上海华联超市集团的应用信息流

思考：

1. 华联超市为什么要采用EDI系统？
2. 简述华联超市EDI应用信息流的流动过程。

（一）EDI的含义

EDI是20世纪70年代发展起来的，融合现代计算机技术和远程通信技术为一体的信息交流技术。30多年来，EDI作为一种电子化的贸易工具和方式，广泛应用于商业贸易伙伴之间，特别是从事国际贸易的贸易伙伴之间，将标准、协议规范化和格式化的贸易信息通过电子数据网络，在相互的计算机系统之间进行自动交换和处理，成为全球具有战略意义的贸易手段和信息交换的有效方式。EDI的应用部门主要是与国际贸易有关的行业和部门，如外贸企业、对外运输企业、银行、海关、商品检验、对外经贸管理部门等。EDI在工商业界的应用中不断得到发展和完善，在当前电子商务中占据了重要地位。随着EDI应用于WWW，它将得到更广泛的应用。

关于EDI的定义，国际标准化组织（ISO）、国际标准化组织电工委员会、联合国国际贸易法委员会和国际电报电话咨询委员会都分别给出了不同的定义。国际标准化组织于1994年确认了EDI的技术定义：按照一个公认的标准形成的结构化事务处理或信息数据格式，实施商业或行政事务处理从计算机到计算机的电子传输。

EDI的含义如下：

(1) EDI的使用者是交易的双方，是企业之间而非同一组织内不同部门之间的文件传递。

(2)交易双方传递的是符合报文标准的、有特定格式的文件。目前采用的报文标准是联合国的UN/EDIFACT。

(3) 双方有各自的计算机或计算机管理信息系统。

(4) 双方的计算机或计算机系统能发送、接收并处理符合约定标准的交易电文的数据信息。

(5) 双方计算机之间有网络通信系统，信息传输是通过该网络通信系统实现的。信息处理是由计算机自动进行的，无须人工干预和人为介入。这里所说的数据或信息是指交易双方互相传递的具备法律效力的文件资料，可以是各种商业单证，如订单、回执、发货通知、运单、装箱单、收据发票、保险单、进出口申报单、报税单、缴款单等，也可以是各种凭证，如进出口许可证、信用证、配额证、商检证等。

（二）EDI 的特点

EDI 经过 30 多年的发展与完善，作为一种全球性的电子化贸易工具，具有以下几个显著特点。

1. 单证格式化

EDI 所传送的资料是贸易活动中的格式化数据，如发票、订单等。它们都具有固定的格式与行业通用性，而不是一般性的通知，如信件、公函等非格式化的文件。

2. 报文标准化

EDI 的使用对象是不同的组织之间，其传输的是企业间的报文，也是企业间信息交流的一种方式。EDI 传输的报文是格式化的，是符合国际标准的。这是计算机能够自动处理报文的基本前提。目前最为广泛使用的 EDI 标准是 UN/EDIFACT 和 ANSI X. 12。

3. 处理自动化

数据传输由收发双方的计算机系统直接传送、交换资料，不需要人工介入操作。

4. 运作规范化

EDI 报文是目前商业化应用中成熟、有效、规范的电子凭证之一，EDI 单证报文具有的法律效力已被普遍接受。任何一个成熟的 EDI 系统，都有相应的规范化环境作为基础，如上海华联超市集团 EDI 系统就有其相应的协议、管理法规与相应的配套措施。

EDI 使用的数据通信网络一般是增值网、专用网。EDI 与传真或电子邮件的区别是：传真与电子邮件，需要人工的阅读判断处理才能进入计算机系统。人工将资料重复输入计算机系统中，既浪费人力资源，也容易发生错误，而 EDI 不需要人工再将有关资料重复输入系统中。

EDI 系统工作原理

二、掌握 EDI 的工作过程

EDI 的工作过程如图 3－4 所示。

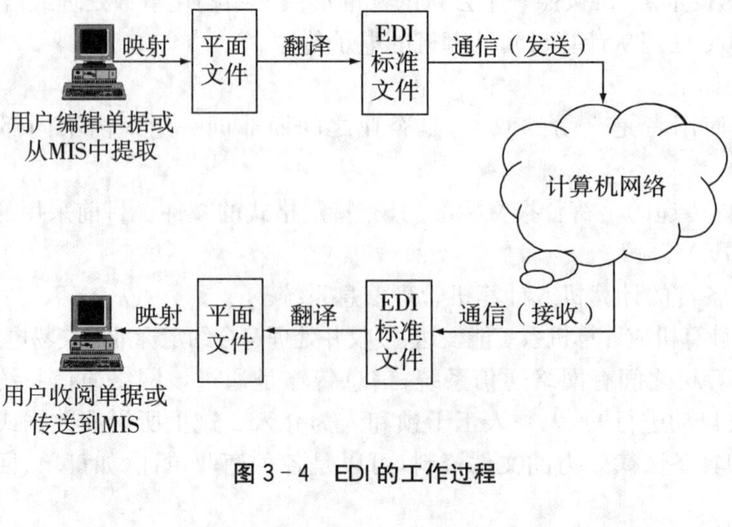

图 3－4 EDI 的工作过程

（一）映射——生成平面文件

EDI应用系统将用户的应用文件（如单证、票据）或数据库中的数据，组成一种标准的中间文件，这一过程被称为映射（Mapping）。

平面文件是用户通过应用系统直接编辑、修改和操作的单证和票据文件，可直接阅读、显示和打印输出。

（二）翻译——生成EDI标准格式文件

翻译，即将平面文件通过翻译软件（Translation Software）生成EDI标准格式文件。

EDI标准格式文件，就是所谓的EDI电子单证，又称电子票据，是EDI用户之间进行贸易和业务往来的依据，是一种只有计算机才能阅读的ASCII文件。它是按照EDI标准的要求，将单证文件（平面文件）中的目录项，加上特定的分隔符、控制符和其他信息，生成的一种包括控制符、代码和单证信息在内的ASCII码文件。

（三）通信

这一步由计算机通信软件完成，用户通过通信网络，接入EDI信箱系统，将EDI电子单证投递到对方的邮箱中。EDI邮箱系统则自动完成投递和转接，并按照通信协议的要求，为电子单证加上信封、信头、信尾、投送地址、安全要求及其他辅助信息。

（四）EDI文件的接收

接收过程是发送过程的逆过程。首先需要接收用户通过通信网络接入EDI邮箱系统，打开邮箱，将来件接收到自己的计算机中，经格式校验、翻译、映射还原成应用文件，最后对应用文件进行编辑、处理和回复。

在实际操作过程中，EDI系统为用户提供了EDI应用软件包，包括了应用系统、映射、翻译、格式校验和通信连接等全部功能。其处理过程，用户可看作一个“黑匣子”，完全不必关心里面具体的过程。

三、理解EDI系统的构成要素

从功能上看，一个EDI系统由EDI标准、EDI软件及硬件和通信网络三要素组成。它们构成EDI系统服务的基础。

（一）EDI标准

目前的EDI标准主要是由联合国欧洲经济委员会制定的EDIFACT，已被国际标准化组织颁布为ISO 9735。该标准规定了进行电子事务处理的格式和数据内容，定义了在不同部门、不同公司、不同行业，以及不同国家之间进行信息传送的通用方法。

（二）EDI软件

EDI软件具有将用户数据库系统中的信息译成EDI的标准格式，以供传输交换。虽然EDI标准具有足够的灵活性，可以适应不同行业的众多需求，但每个公司有自己规定的信息格式。因此，当需要发送EDI电文时，必须用某些方法从公司的专有数据库中提取信息，并把它翻译成EDI标准格式进行传输，这就需要相关软件的帮助。

EDI 软件的构成包括转换软件、翻译软件和通信软件。

(1) 转换软件，即帮助用户将原有计算机系统的文件转换成翻译软件能够理解的平面文件，或者将翻译软件接收来的平面文件转换成原计算机系统中的文件。

(2)翻译软件，即将平面文件翻译成 EDI 标准格式，或者将接收到的 EDI 标准格式翻译成平面文件。在 EDI 交易中，不必要求所有的企业都使用相同的应用程序来读取收到或发出的信息。使用一些翻译软件，某一种应用程序格式中的特殊字段能够转换成一种通用格式，然后转换成接受方的应用程序格式。

(3) 通信软件，即将 EDI 标准格式的文件外层加上通信信封，再送到 EDI 系统交换中心的邮箱，或者从EDI系统交换中心将接收到的文件取回。

(三) 硬件和通信网络

EDI 所需的硬件设备大致有计算机、通信设备及通信线路。

四、认识 EDI 的分类及应用

EDI 技术的应用

(一) EDI 的分类

按照 EDI 的功能，可分为以下 4 类。

1. 订货信息系统

该系统又称为贸易数据互换系统(Trade Data Interchange，TDI)，是用电子数据文件来传输订单、发货票和各类通知。

2. 电子金融汇兑系统

电子金融汇兑系统(Electronic Funds Transfer，EFT)，即在银行和其他组织之间进行电子费用汇兑。

3. 交互式应答系统

交互式应答系统(Interactive Query Response，IQR)，可应用在旅行社或航空公司，作为机票预订系统。

4. 图形资料自动传输的 EDI

最常见的是计算机辅助设计 (CAD)图形的自动传输。

(二)EDI 的应用范围

EDI 最初只是应用于国际大公司之间实现商业文件的传输。作为一种先进的电子传输方式，现在 EDI 已经应用到许多领域，涵盖工业、商业、外贸、金融、医疗保险、运输、政府机关等。这些领域的应用一般是互为联系且交叉的。一般而言，国内 EDI 需要涉及贸易双方、银行、运输业；国际贸易 EDI 需要涉及进出口公司、运输公司、保险公司、海关、商检、银行和外贸管理部门。图 3－5 展示了国际贸易 EDI 系统的应用范围。

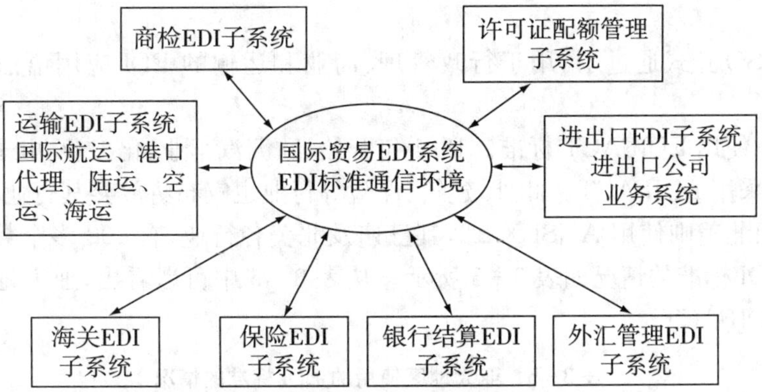

图 3-5 国际贸易 EDI 系统

五、了解 EDI 标准

标准化工作是实现 EDI 互通和互联的前提和基础。EDI 刚刚产生时，其标准的国际化就成为人们日益关注的焦点。早期的 EDI 使用的大都是行业标准，不能进行跨行业 EDI 互联，严重影响了 EDI 的效益，阻碍了全球 EDI 的发展。例如，美国就存在汽车工业的 AIAG 标准、零售业的 UCS 标准、货栈和冷冻食品储存业的 WT@kTS 标准等；日本有连锁店协会的 JCQ 行业标准和电子工业协会的 EIAT 标准等。

为了促进 EDI 的发展，世界各国都在不遗余力地促进 EDI 标准的国际化，以求最大限度地发挥 EDI 的作用。目前，在 EDI 标准上，国际上最有名的是联合国欧洲经济委员会(UN/ECE)下属第四工作组(WP4)于 1986 年制定的《用于行政管理、商业和运输的电子数据互换》标准，即 EDIFACT(Electronic Data Interchange For Administration，Commerce Transport)标准。EDIFACT 已被国际标准化组织接收为国际标准，编号为 ISO 9735。

(一)EDI 标准的发展简史

1968 年，美国运输数据协调委会 (TDCC)首先在铁路系统使用 EDI，并提出用于运输业的报文和通信结构方面的标准。

1970 年，英国贸易工业部 (DTI)变成了简化国际贸易程序组织(XITPRO)，负责简化进出口程序并着手起草文件。

1978 年，美国会计研究基金会(ACRF)和美国运输数据协调委员会联合成立了一个委员会负责开发事务处理和信息的数据互换。

1980 年，美国国家标准化协会成立了 X. 12 鉴定标准委员会(ASCX. 12)，下设 10 个分委员会，负责开发和制定美国 EDI 通用标准。

1981 年，联合国欧洲经济委员会第四工作组推出了贸易数据元目录 TDED 和贸易数据交换指南 GTDI。

1985 年，ANSI 提出 X. 12 系列标准，推广应用于北美地区。

1986 年，ANSI 与欧洲标准协会、英国 EDI 标准组织等单位共同协调全球 EDI 标准。

1986 年，WP4 正式提出《用于行政管理、商业和运输的电子数据互换》文件，即 EDIFACT 标准。

1986 年，EXO/TCI54 分别通过了 UN/TDED 以及 UN/EDIFACT，为 7372—86《贸易

数据元目录》。

1987 年，ISO 正式通过了《用于行政管理、商业和运输的 EDI 应用语法规则》，即 ISO 9735－87。

目前，欧洲使用 EDIFACT 标准。1991 年开始，欧洲汽车业、化工业、电子业和石油天然气业已经全部采用 EDIFACT。此外，建筑、保险等行业也宣布将放弃其行业标准，转而采用 EDIFACT。而北美则使用 ANSI X. 12，其已遍及北美各行业，有 100 多个数据交易集。亚太地区使用 EDI 标准的情况如表 3－5 所示。从表 3－5 中可以看出，亚太地区使用的 EDI 标准主要是 EDIFACT。

表 3－5　亚太地区使用的 EDI 标准的情况

国家或地区	澳大利亚	新西兰	新加坡	中国香港	日　本	韩　国	中国台湾
使用标准	EDIFACT	EDIFACT	EDIFACT	EDIFACT	N/A	ANSI X. 12	N/A

（二）EDI 标准的分类

EDI 的标准包括 EDI 网络通信标准、EDI 处理标准、EDI 联系标准和 EDI 语义语法标准等。

1. EDI 网络通信标准

EDI 网络通信标准是要解决 EDI 通信网络应该建立在何种通信网络协议之上，以保证各类 EDI 用户系统的互联。目前国际上主要采用 MHX(X. 400)作为 EDI 通信网络协议，以解决 EDI 的支撑环境。

2. EDI 处理标准

EDI 处理标准是要研究那些不同地域不同行业的各种 EDI 报文相互共有的“公共元素报文”的处理标准。它与数据库、管理信息系统(如 MPRII)等接口有关。

3. EDI 联系标准

EDI 联系标准解决 EDI 用户所属的其他信息管理系统或数据库与 EDI 系统之间的接口。

4. EDI 语义语法标准

EDI 语义语法标准，又称 EDI 报文标准，是要解决各种报文类型格式、数据元编码、字符集和语法规则，以及报表生成应用程序设计语言等。EDI 语义语法标准是 EDI 技术的核心。

（三）EDI 标准的未来发展

EDI 的迅猛发展，其影响已波及全球。但目前存在的 EDIFACT 和 ANSI X. 10 两种标准在某种程度上制约了 EDI 全球互通的发展。例如，当一个美国公司要与其在欧洲或亚洲的子公司或贸易伙伴联系时，因双方所采用的 EDI 标准不同，就要进行复杂的技术转换才能达到目的。虽然绝大多数翻译软件的制造厂商都支持这两个标准，但仍会给用户或厂商造成一些不必要的麻烦。

为了在国际贸易中更快、更省、更好地使用 EDI，世界各国特别是欧美等工业发达国家，都在强烈要求统一 EDI 国际标准，即“讲一种语言，用一种标准”。

EDIFACT 和 ANSI X. 12 标准在语义语法等许多方面都有很大区别。ANSI X. 12 标准目前只可用英语，而 EDIFACT 标准则可用英语、法语、西班牙语、俄语，即日耳曼语系或拉丁语系均可使用该标准的语义、数据字典等。所谓拉丁语系，是指可用 96 个字母和 10 个数字表示的语言系统，日耳曼语系可认为是拉丁语系的一个派系。

当然，世界上大部分人不用拉丁语作为母语。如何对这些文字进行翻译处理，从全球性的贸易和贸易文件的交流来看，这是一个十分困难而又必须解决的问题。

在 EDIFACT 被 ISO 接受为国际标准之后，国际 EDI 标准就逐渐向 EDIFACT 靠拢。ANSI X. 12 和 EDIFACT 两家已一致同意全力发展 EDIFACT，使之成为全世界范围内能接受的 EDI 标准。ANSI X. 12 向 EDIFACT 转变意味着使用 ANSI X. 12 标准的公司今后可以在更多地使用 EDIFACT 的市场上加快资金流动，改善用户服务。同时，从用户的角度来看，今后面对的将是唯一的国际标准。

总之，EDIFACT 成为统一的 EDI 国际标准已是大势所趋。我国有关部门和专家也一致认为，我国 EDI 标准应积极向国际标准靠拢，采用 EDIFACT 标准。

任务五　云计算、大数据和虚拟现实技术

一、认识云计算

（一）云计算的概念

云计算是一种按需付费为用户提供服务的计算模式，用户在云计算上共享处理能力、存储、带宽等资源以节省云提供商和用户的成本。云计算包含丰富的服务种类、技术以及应用，不同研究人员根据不同的视角分别给出侧重点有所区别的云计算的定义。

维基百科给出的云计算定义重点强调云计算的核心是“服务”，即云计算可以通过网络提供给用户各种形式的与 IT 相关的服务，服务实现的技术细节对于用户是完全透明的，用户可方便地调用云中的服务而无须做过多的前期准备。

伯克利分校的 Michael Armbrust 在云计算白皮书中定义云计算为：“基于因特网的各种应用型服务以及这些服务所依托的云数据中心的系统软件和硬件；云服务仅指软件即服务这一种模式，而数据中心拥有的软件和硬件被称为云。”

云安全联盟(Cloud Security Alliance，CSA)对云计算的定义为：云描述了对一组分布式服务、应用、信息以及由计算、网络、信息和存储资源池构成的基础设施的使用方式。

美国国家标准与技术研究院(NIST)给出了较为通用的云计算定义，其强调云计算是一种服务提供商与用户之间以最少的交互和管理开销为其提供共享资源池中各种资源的新型模式，各种资源可封装为软件、平台和基础设施三种不同模式的云服务，并且云计算模型包含五种基本特征和四种部署模式。

（二）云计算的特点

云计算是计算机在网络上一种新型的计算模式，利用的是它强大的计算能力，来帮助人们解决实际中各种各样的问题，如可以提高生产效率、降低成本、节省能源，可持续发展，可

以解决目前资源紧缺、技术共享问题等。目前被人们普遍接受的云计算特点总结如下。

1. 超大规模

“云”是一些可以自我维护和管理的虚拟计算资源，一般是指一些大型服务器集群。“云”能赋予用户前所未有的计算能力，并且具有相当的规模。Google云计算已经拥有200多万台服务器，Amazon、IBM、微软、Yahoo等的“云”均拥有几十万台服务器。客户私有云一般拥有数百上千台服务器。

2. 虚拟化

云计算支持用户随时随地地使用各种终端获取应用服务。用户请求的资源就来自“云”，而不是固定的有形的实体。服务应用在某处“云”中运行，但用户无须了解，也不用担心应用运行的具体位置。只需要一台电脑或者一个智能终端，就可以通过网络服务来实现我们需要的一切，甚至包括超级计算这样的任务。

3. 高可靠性

“云”使用了数据多副本容错、计算节点同构可互换等措施来保障服务的高可靠性，使用云计算比使用本地计算机更可靠。

4. 通用性

云计算不针对特定的应用，在“云”的支撑下可以构造出千变万化的应用，同一个“云”可以同时支撑不同的应用运行。

5. 高可扩展性

“云”的规模可以是动态化的、差异化的，可以实时调整动态伸缩，满足应用和用户规模增长的需要。

6. 按需服务

“云”是一个庞大的资源池，用户可按需购买。实际上可以理解为云可以像话费、自来水、煤气、电那样按用户实际需求计费。

7. 极其廉价

由于“云”的特殊容错措施，可以采用极其廉价的节点来构成云，“云”可自动化集中式管理，从而使得大量企业无须自己承担日益高昂的数据中心管理成本。“云”的通用性使资源的利用率较之传统系统大幅提升，因此用户可以充分享受“云”的低成本优势，通常只要花费几百美元、几天时间就能完成以前需要数万美元、数月时间才能完成的任务，并可赋予用户前所未有的计算能力。

（三）云计算的部署模式

构建云平台的基础设施硬件资源通常被称为云。根据构建云平台的不同模式，可将云计算的基本部署模式分为公有云、私有云、社区云以及混合云四种，每一种部署模式都可满足特定的应用需求，具体如下。

1. 公有云(Public Cloud)

服务提供商以合理的计费方法将云计算基础架构提供给公众使用。很多企业或个人在不需要购置基础架构的情况下以共享的方式使用公有云。公有云通常以较为低廉的价格为公众提供各种服务，可减少用户构建和维护云的成本。典型的公有云包括 Amazon WebServices Google AppEngine 和 Microsoft Azure.

2. 私有云(Private Cloud)

企业或其他组织的内部数据中心，其基础设施不向公众提供服务。私有云通常自己购买硬件资源搭建小型的云平台，私有云的资源只供内部授权用户使用，云平台的管理和维护可由第三方进行。有些企业和组织构建私有云是出于对数据安全性的考虑，构建私有云往往需要更多的预算成本。目前很多大型公司将所有数据、软件以及平台从 PC 和服务器移植到内部云平台，员工工作过程中的所有操作都是基于内部私有云进行的。通常所说的云计算不包括私有云。

3. 社区云(Community Cloud)

由若干组织共同构建的共享云系统。所属同一个社区的成员都可在社区云中获取相应的服务。社区云内的资源不能提供给公众使用，因此社区云可被看成更大范围的私有云。社区云也可由第三方进行构建和维护，从而为社区成员提供云服务，社区成员共同承担构建社区云的成本。

4. 混合云(Hybrid Cloud)

私有云按需购买公有云上的服务资源而形成的一种混合模式。当私有云的资源无法满足用户需求时，混合云可作为私有云向公有云的延伸。社区云作为更大范围的私有云也可向公有云申请服务形成混合云。混合云综合了以上各种云计算部署模式的优势，既可满足企业对于安全性方面的需求，又可借助公有云提供的低廉服务进一步控制构建云的成本。

基于以上四种基本的部署模式，具有互联操作标准接口和协议的云服务提供商之间可构建复杂的互联云平台架构，主要包括联盟云和跨云平台的体系结构。

联盟云是由不同的云服务提供商通过协议将不同云联合起来的模式。联盟云成员之间的剩余资源可相互交易，从而有效地利用它们的共同资源。联盟云这种模式可扩大成员的计算能力，不仅可有效缓解用户需求高峰期的资源限制，还可获得经济效益。

跨云平台的体系结构是以用户为中心，为满足用户需求在不同云平台之间相互交互的模式。跨云平台根据用户的需求可以将不同服务提供商的各种服务聚合起来，这种模式聚合多个云服务提供商的服务向其他云服务提供商或终端用户提供组合服务。随着云计算中出现越来越多的任务请求，客户端可能会提交单个服务提供商无法满足的复杂请求，跨云平台的场景越来越多地应用于服务组合领域。

(四)云计算在电子商务中的应用

为了跨越时空限制，提高商务规划，利用云技术在商务领域的应用有效地利用资源，降低成本，从而提高企业核心竞争力，最终完成商品和服务交易的贸易形式。

1. 在线办公

云计算平台可为中小企业提供在线办公的功能。企业不需要进行任何开发，只需使用供应商的服务器并为此支付使用费，不需要为相关软件支付费用，如 Office Live. Windows Live 综合办公软件等。此外，还可以实现中小企业不同部门间的协同工作。这类电子商务企业不需进行前期的服务器以及软件许可投资。

2. 在线开发

云计算平台可为中小型软件开发企业提供正版软件的租用服务。利用云计算平台，按需租用服务器可大大减少中小企业的投资，且不用考虑软件的版本更新等问题。这对中小企业有巨大的吸引力。

3. 管理服务

云计算平台可为中小企业提供 ERP、CRM 等软件服务，方便用户随时随地在有网络的情况下对企业资源、客户等进行管理。用户通过账户的形式在线租用软件，既可节省购置相应软件的巨额成本，又能增强企业应用的灵活性。

4. 在线交易

为便于中小企业开展电子商务交易，可通过云计算平台提供在线交易服务，包括 B2B、B2C 交易，以保证在线交易的安全性与可靠性，如阿里巴巴的淘宝网。

5. 信用评价

中小企业的电子商务诚信通过云计算平台的电子交易进行评价，可规范对中小企业的信用管理。

二、认识大数据技术

(一)大数据的定义

“大数据”至今没有公认的定义，2011 年全球知名咨询公司麦肯锡在《大数据：创新、竞争和生产力的下一个前沿领域》报告中给出的定义是：大数据指的是大小超出常规的数据库工具获取、存储、管理和分析能力的数据集。同时强调，并不是说一定要超过特定 TB 级的数据集才能算是大数据。

国际数据公司(IDC)用四个维度的特征来定义大数据，即数据集的规模(Volume)、数据的速度(Velocity)、数据类型的多少(Variety)和数据价值的大小(Value)。

维基百科上对大数据的定义是：“大数据指的是数据规模庞大和复杂到难以通过现有的库管理工具或者传统的数据处理应用程序进行处理的数据集合。”

以上的定义虽然不尽相同，但均突出了数据的“大”。从数据到大数据量再到最后的大数据，不仅仅体现在量上的变化，而且是数据质量的提升，大数据的技术、平台、数据分法等均与从前小数据时代不同，大数据的核心是从海量无序信息中获取有用信息。

(二)大数据的特性

1. 规模性(Volume)

规模性或称数据体量巨大。目前，大数据的规模是一个不断变化的指标，单一数据集的规模范围从几十 TB 到数 PB 不等。各方研究者虽然对大数据量的统计和预测结果并不完全相同，但一致认为数据量将急剧增长。

2. 多样性(Variety)

多样性即数据类型多样：从生成类型上分为交易数据、交互数据、传感数据；从数据来源上分为社交媒体、传感器数据、系统数据；从数据格式上分为文本、图片、音频、视频、光谱等；

从数据关系上分为结构化、半结构化、非结构化数据；从数据所有者方面分为公司数据、政府数据、社会数据等。

3. 高速性(Velocity)

数据的增长速度快，以及要求数据访问、处理、交付等速度快。数据创建、处理和分析的速度持续加快，其原因是数据创建的实时性属性，以及需要将流数据结合到业务流程和决策过程中的要求。速度影响数据时延——从数据创建或获取到数据可以访问的时间差。

目前，数据以传统系统不可能达到的速度在产生、获取、存储和分析。对于对时间敏感的流程(如实时欺诈监测或多渠道“即时”营销)，某些类型的数据必须实时分析，以对业务产生价值。

4. 价值性(Value)

大数据价值巨大。大数据能够通过规模效应将低价值密度的数据整合为高价值、作用巨大的信息资产。美国社交网站Facebook在2023年10月活跃用户达30.3亿户，通过对这些信息分析，广告商可根据结果精准投放广告。对广告商而言，30亿用户的数据价值达几千亿美元。2012年，运用大数据的世界贸易额为60亿美元。IDC数据显示，预计2024年全球大数据市场规模将达到2 984亿美元，2026年将超过3 600亿美元。

5. 易变性(Variability)

大数据具有多层结构。弗雷斯特研究公司(Forrester Research)分析师布赖恩·霍普金(Brian Hopkins)和鲍里斯·埃韦尔松(Boris Evelson)指出，大数据具有多层结构，这意味着大数据会呈现出多变的形式和类型。相较传统的业务数据，大数据存在不规则和模糊不清的特性，造成很难甚至无法使用传统的应用软件进行分析。

6. 准确性(Veracity)

准确性或称真实性，包括可信性、真伪性、来源和信誉的有效性和可审计性等子特征。一方面，对于网络环境下如此大量的数据需要采取措施确保其真实性、客观性，这是大数据技术与业务发展的迫切需求；另一方面，通过大数据分析，真实地还原和预测事物的本来面目也是大数据未来发展的趋势。

(三)大数据技术在电子商务中的应用

在大数据时代背景下，电子商务竞争可以看作大数据的竞争。由电子商务平台产生的信息往往具有真实性、确定性，而运用大数据技术能够进一步分析这些数据，从而制定出具有针对性、服务性的营销策略，促使电子商务能够取得更理想的经济效益。实践证明，科学、合理地运用数据，能够将电子商务的营业效率在原有基础上提升60%。

1. 实现精准营销

对电子商务企业而言，在开展市场营销活动的过程中对大数据技术进行合理引进，能够对市场影响所需的人力、物力和财力成本进行降低。企业员工可以根据电子市场的现状以及企业的实际需求，有针对性地构建分布式的存储系统，通过大数据技术对市场营销所涉及的海量数据进行挖掘与分析，对不同平台中客户所呈现出的浏览习惯、个人喜好与其他相关信息贴上相应的标签，形成客户画像，为企业产品和服务的精准营销工作提供科学、系统的参考依据。

2. 提升购物体验

想要成功地吸引客户的注意力，在对大数据进行应用的过程中，电子商务企业的工作人员应当将关注的重点放在对相关平台网站进行构造方面。通过调查发现，大部分电子商务企业，出于对客户交易体验舒适程度进行提升的目的，通常会将大数据技术用于对客户的消费行为与习惯进行建模，然后以此为基础应用数据挖掘技术，完成对关键字的改进，从而达到对用户所输入关键字进行拓展的要求，这样做不仅可以提升对商品信息进行检索的速度与精确程度，还可以在检索过程中完成商品的分类，将商品信息应当具有的浏览效果加以呈现。以淘宝网为例，在对淘宝网页面所涵盖的广告进行排版和布局的过程中，工作人员通常会以客户对商品的浏览数量、访问比例以及人群分类作为参考因素，对广告的布局进行调整，只有这样才能实现对广告投资回报率的有效增加。除此之外，对大数据技术进行合理应用，不仅能够对顾客所具有的个性化需求加以满足，还可以提升顾客在购物过程中的体验，从而提高顾客购物满意度。

3. 提升库存管理

对于零售行业而言，想要保证所确定指标效率的准确性，前提在于明确商品销量与库存之间的比例。应用大数据技术完成库存管理工作，可以提升工作人员对商品库存进行追踪的实时性与科学性，同时还可以通过对市场供求的变化趋势加以分析的方式，对市场的发展方向进行准确把握，从而保证所制订生产计划的合理性，最大限度地降低库存出现积压情况的概率，实现电子商务企业对资金进行周转能力的提升。

三、了解虚拟现实技术

（一）虚拟现实技术的含义

虚拟现实(Virtual Reality，VR)是计算机与用户之间一种更为理想化的人机界面形式。它主要借助计算机技术及硬件设备实现人们可以通过视、听、触等手段感受到的幻境，故又被称为幻境或灵境技术。

虚拟现实技术具有超越现实的虚拟性，是伴随着多媒体技术发展起来的计算机新技术，主要利用三维图形生成技术、多传感交互技术及高分辨率显示技术生成逼真的三维虚拟环境，用户需要借助特殊的交互设备才能进入虚拟环境中。它是一种崭新的综合性信息技术，融合了数字图像处理、计算机图形学、多媒体技术、传感器技术等多个信息技术分支，大大推进了计算机技术的发展。其主要功能是生成虚拟的图形，故又被称为图形工作站。

（二）虚拟现实技术的特点

虚拟现实技术一般具有以下特点。

1. 交互性(Interactivity)

交互性是指用户对模拟环境内物体的可操作程度和从环境中得到反馈的自然程度。虚拟现实技术所产生的是一个开放的环境，可以对使用者的输入(如手势、语言命令)做出响应。比如，用户可以用手直接抓取模拟环境中的虚拟物体，并有用手握住东西的感觉，还可以感觉到物体的重量，而视野中被抓住的物体也能立刻随着手的移动而移动。虚拟现实环境既可以通过控制与监视装置影响使用者，又可以被使用者影响，这便是 VR 的交互性。

2. 多感知性(Multi-Sensory)

虚拟现实技术除了具有一般计算机技术所具有的视觉感知能力之外，还有听觉感知、力觉感知、触觉感知、运动感知、味觉感知、嗅觉感知等能力。理想的虚拟现实技术具有一切人所具有的感知功能。由于相关技术，特别是传感技术的限制，目前虚拟现实技术所具有的感知功能仅限于视觉、听觉、力觉、触觉等几种。

3. 沉浸感(Immersion)

沉浸感又称临场感或存在感，是指用户感到作为主角存在于模拟环境中的真实程度。虚拟现实技术可以利用计算机生成一个非常逼真的足以迷惑人类感觉的虚幻世界。理想的模拟环境可以使用户真假难辨，使用户全身心地投入计算机创建的三维虚拟环境中。该环境中的一切都让用户感觉是真的，如同在现实中一样。这种感觉是如此真实，以至于让用户能全方位地沉浸在这个虚幻世界中，这就是 VR 的首要功能特点——沉浸感。

4. 构想性(Imagination)

构想性又称自主性，强调虚拟现实技术具有广阔的可想象空间，可拓宽人类的认知范围，不但可再现真实存在的环境，而且可以随意构想客观不存在的环境。一般来说，一个完整的虚拟现实系统由虚拟环境，以高性能计算机为核心的虚拟环境处理器，以头盔显示器为核心的视觉系统，以语言识别和声音合成为核心的听觉系统，以方位跟踪器、数据手套以及数据衣为主体的身体方位姿态跟踪设备，以及味觉、嗅觉、触觉与力觉反馈系统等功能单元构成。

(三)虚拟现实技术在电子商务中的应用

为了更好地吸引消费者，以三维虚拟空间和实时互动交互为特征的虚拟现实技术则能够更全面地展现商品，消费者可以更加细致地查看商品的各种特征，看、听、触、嗅商品，同时可给消费者极大的观察空间和自由。利用虚拟现实技术可以使消费者对商品产生更为真实的感受。

1. 虚物实化

虚拟商品是虚拟的，不是现实中存在的物品。利用虚拟现实技术，企业能够通过与消费者的交互，不断修改虚拟商品，以满足消费者的需求。

例如，网上试衣就是一种虚物实化技术。消费者只要输入自己的身高、肩宽、胸围、腰围等数据，就可以用一个和自己身材完全一样的虚拟模特在网上代替自己试穿新衣。模特的身材可以在网上进行交互式修改，在挑选到基本满意的时装以后，消费者不仅可以让虚拟模特一件接着一件地试穿，还可以让虚拟模特前、后、左、右转动身体，从而选到称心如意的时装。

2. 网上购物与实物虚化

虚拟购物中心没有拥挤的购物人群，没有销售员，消费者可以自由地浏览。消费者在虚拟购物中心向前行走或者转头时，所看见的景象也会随之改变。当消费者看见一件精美的商品时，甚至可以上上下下、里里外外地仔细观摩，这便是虚拟购物场景。

利用三维实时交换技术，企业和消费者可以很容易地在线交换电子商务所需要的认证和订单，从而免去来回传送各种交互信息的活动。

小结

计算机网络是利用通信设置和线路将地理位置不同、功能独立的多个计算机系统连接起来，以功能完善的网络软件，实现资源共享和信息传递的系统。一个完整的计算机系统由通信子网和资源子网两大部分组成。随着计算机网络技术的发展，因特网已成为世界上最大的计算机网络，组成了一个跨越国界范围的庞大的互联网络，从而为电子商务的发展带来了不可想象的商业价值。

复习思考题

1. 简述目前常用的几种网络传输介质的特性。
2. 简述 TCP/IP 协议的含义与功能。
3. 无线网络有什么特点？有哪些类型？
4. 什么是 EDI？简述 EDI 的工作过程。
5. EDI 系统的构成要素是什么？EDI 软件包括哪几种？
6. 列举你所知道的云计算、大数据及虚拟现实技术的应用例子或场景。

实践题

1. 查看本地网络的 DNS 服务器。
2. 通过 Ping 命令查找下列域名对应的 IP 地址。

www. sina. com. cn

www. cctv. com. cn

www. qq. com

3. 试搜索因特网信息资源，了解国内 EDI 应用的最新动态。

项目四

电子商务安全技术与法律

项目导读

通过本项目的学习，理解电子商务安全的重要性及存在的一些问题；掌握对称和非对称加密及防火墙等安全认证技术；了解 SSL、SET 等安全协议；了解国内外电子商务法律法规建设状况。

项目任务及要求

任务编号	任务名称	要　求	相关知识
任务一	认识电子商务信息安全技术	1. 了解电子商务的安全隐患； 2. 理解电子商务安全存在的问题	1. 电子商务信息安全的重要性； 2. 电子商务安全存在的问题
任务二	掌握电子商务安全技术	1. 理解加密技术； 2. 掌握认证技术； 3. 了解防火墙技术	1. 对称加密和非对称加密技术； 2. 安全认证技术； 3. 防火墙技术
任务三	了解电子商务法律	1. 认识电子商务的发展对法律法规的新要求； 2. 了解国际国内电子商务法律与法规	1. 电子商务示范法； 2. 电子合同； 3. 电子签名

案例点击 *4－1*

中国煤焦数字交易市场

中国煤焦数字交易市场(网址为 http://www.ccce.com.cn)是国家 863 计划，科技部“九五”重大攻关项目，国家“流通领域信息化”示范工程，是一个面向市场、服务全国、连接世界的大型电子商务应用典范。通过发挥山西省煤焦产销量大的绝对优势，整合卖方和政府资源，同时联合银行和运输企业建立网上集政府监管、信息服务、交易功能、物流结算为一体的综合性中国煤焦数字交易平台，创造了“煤炭＋鼠标”的电子商务模式。

煤炭作为一种半市场化的大宗重要能源产品，其订货合同比一般物品购销合同要复杂得多。一份合同除买卖双方签章认可外，还需要煤炭运销总公司、煤炭销售办公室等多级煤炭管理部门和铁路、公路等运输部门进行签章确认才能成为一份有效的、可执行的合同。这样一份合同往往需要盖五六个公章。在电子合同的签订中，每个环节都需要对合同进行数字签章，并通过判断上一个角色的数字签章是否成功来实现合同的流转，从而完成最后一个签章，生成一份有效的电子合同。其流程如图 4－1 所示。

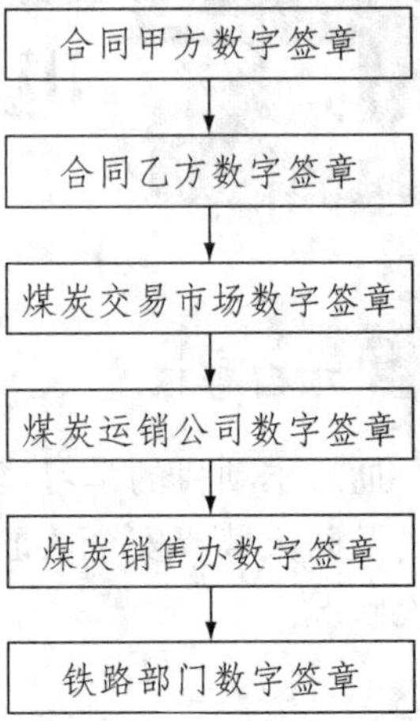

图 4－1　煤炭订货合同流程

2002 年 2 月通过应用 SXCA 数字安全证书作为身份确认和数据安全保证，中国煤焦数字交易市场成功召开了 2002 年度山西省煤炭网上订货会，会议期间 60 余家煤炭供销企业通过数字证书签订了电子煤炭供销合同。所有煤炭运销管理部门和铁路部门采用数字证书登录相应的虚拟办公区对电子合同进行审核签章，极大地减少了交易时间，降低了交易成本。

思考：

1. 中国煤焦数字交易市场采用电子商务模式有哪些好处？
2. 中国煤焦数字交易市场采用数字签名签署电子合同，有什么作用？
3. 简述数字签名的原理。

电子商务的安全性问题是由计算机安全性，尤其是计算机网络安全性发展而来的。因为电子商务就是利用计算机网络的信息交换来实现电子交易，所以凡是涉及计算机网络的安全问题无疑对电子商务都有着重要的意义。

任务一　认识电子商务信息安全技术

电子商务对安全的需求

因特网的出现是人类历史上一次重大的变革，改变了人们生活和工作的传统模式，打破了时间、地域的限制，使人类社会进入了信息时代。随着世界经济的持续发展和信息技术的不断进步，经济全球化和信息网络化已经成为整个世界经济发展进程中不可逆转的大趋势。经济全球化建立在信息网络化的基础之上，信息网络化反过来又促进了经济全球化。电子商务作为二者结合的产物，是现代经济发展的必然选择。虽然过去几年当中电子商务有过很多泡沫，但现在理性已经逐渐回归，电子商务正在展现它应有的一面，其优点是明显的：开展电子商务可以降低经营和服务的成本，拓展企业的利润空间；使业务的开展不受时间地域的限制，从而提高了工作效率；同时也加快了资金和物流的运转速度。

利用因特网和网络技术开展电子商务活动时需要解决好网络安全和信息安全问题。除了需要采用防火墙、防病毒和防攻击等网络安全措施外，还需要采取适当的信息安全技术来完成身份认证、信息加密传输，以保障信息的完整性及交易的不可否认性。

一、了解电子商务的安全隐患

因特网具有很好的开放性，其产生源于计算机资源共享的需求。近几年因特网发展速度之快是惊人的。随着它的触角的不断延伸，因特网已经越来越把世界融为一个整体了。由于其良好的开放性、信息资源的丰富性，以及与传统贸易方式和专业增值网络（VAN）相比相对低廉的费用，企业尤其是中小企业越来越青睐于因特网。

俗话说，“每一朵玫瑰都带刺”，因特网也具有两面性。正是由于它的开放性，它带来了严重的安全问题。

因特网涉及的安全问题并没有超出普通的网络安全问题，只是因为它遍及全球的特殊性使其安全问题更为突出。因特网的安全隐患主要表现在以下几个方面。

（一）开放性

如前所述，开放性和资源共享是因特网最大的特点，也是优点，但它的问题却不容忽视。当你轻易而方便地访问别人的计算机时，应该想到，如果不采取任何安全措施，别人也可以同样轻易而方便地访问你的计算机。到现在为止，因特网还没有一个主控机构。这样，保护因特网联网用户的安全就只有靠用户自身的安全意识了。

（二）传输协议

因特网采用的是TCP/IP传输协议，而这种协议本身并没有采取任何措施来保护传输内容不被窃取。

（三）操作系统

由于组成因特网主机上的操作系统存在漏洞，每一个联入因特网的主机都可能因黑客的攻击而出现安全问题。

（四）信息电子化

与传统的书面信函相比，电子化信息的固有弱点就是缺乏可信度，因为电子信息是否正确完整是很难由信息本身鉴别的。而且在因特网上传递电子信息，存在难以确认信息的发出者，以及信息是否被正确无误地传递给接收方的问题。

二、因特网上进行电子商务存在的问题

上面谈到了因特网潜在的安全隐患，因此，要想在因特网上安全地开展电子商务活动，就需要在因特网上增加一些安全措施，以弥补因特网本身安全性的欠缺，如信息加密、防火墙、数字签名、身份认证等技术。计算机网络所面临的安全性威胁主要给电子商务带来了如下安全问题。

（一）信息泄露

信息泄露在电子商务中表现为商业机密的泄露，主要包括两个方面：①交易双方进行交易的内容被第三方窃取；②交易一方提供给另一方使用的文件被第三方非法使用。

要防止敏感的商业信息不被泄露，就需要提高信息的保密性。信息加密主要就是解决这方面的问题。事实上，现存的任何一种加密方法在理论上都是可以破译的，只是时间长短的问题，尤其是硬件设备的飞速发展，给密码破译带来了越来越多的便利。幸亏多数电子商

务信息都具有极强的时限性，一旦过了有效期就失去了原有的价值，所以信息加密仍是防止商业机密在网上传送时泄露的有效方法。如果以现有的技术无法在有限的时间里把内容破译出来，那么这种加密方法就是成功的。

防火墙对于信息的保密性可起到重要作用。防火墙是经由因特网访问企业内部网的第一道防线。成功的防火墙应该可以防止非法用户的访问。

（二）篡改

篡改在电子商务中表现为商业信息的真实性和完整性的问题。电子化的交易信息在网络传输过程中，可能被他人非法修改、删除或重放（只能使用一次的信息被多次使用），这样就使信息失去了真实性和完整性。

信息的真实性和完整性问题要从两方面来考虑。一是非人为因素，如因传输介质损坏而引起的信息丢失、错误等。这个问题通常通过校验来解决，一旦校验出错误，接收方可向发送方请求重发。二是人为因素，主要是指非法用户对信息的恶意篡改。这方面的安全性也是由信息加密来保证的，因为如果无法破译信息，也就很难篡改信息了。

（三）身份识别

身份识别涉及电子商务中的两个问题：

(1) 如果不进行身份识别，第三方就有可能假冒交易一方的身份，以破坏交易、败坏被假冒一方的信誉或盗取被假冒一方的交易成果等。进行身份识别后，交易双方就可防止“相互猜疑”的情况。

(2)“不可抵赖”性，即交易双方对自己的行为应负有一定的责任，信息发送者和接受者都不能对此予以否认。进行身份识别后，如果出现抵赖的情况，就有了反驳的依据。

不可抵赖性是电子商务中一个至关重要的问题。因为商业，尤其是电子商务，在很大程度上都是建立在商业信用基础之上的，否则就无法顺利地做生意。但是商业欺诈行为也并不少见，尤其是采用电子商务后，用电子方式谈判、结账，使得犯罪分子更容易得逞。为了防止欺诈行为，就必须确认对方的身份。利用数字签名和身份认证技术可以解决这个问题——一旦身份被确认，被确认方就不能对其行为抵赖。

（四）侵犯隐私

隐私权是参与电子商务的个人非常关心的一个问题。隐私与保密性相关，但并不是同一个概念。没有保密性可能会损害到隐私，但并不是绝对的，因为个人可以选择不与他人分享自己的隐私，从而保全自己的隐私。但参与到电子商务中的个人却无法进行后一种选择，因为想在不提供个人信息的前提下参与电子商务活动几乎是不可能的事情，而这些个人信息如果被泄露，就必然会破坏到个人隐私。

个人隐私的泄露不单涉及技术问题。有时，企业会因为商业利益，在未经客户许可的情况下，彼此交换所获取的客户信息，这实际上就已经破坏了客户的隐私。例如，大量电子广告挤占了个人的电子信箱空间，就是侵犯了客户的隐私权。

侵犯隐私的问题不解决，对参与电子商务的个人用户来说，是一件很危险的事情。技术问题可以结合解决保密性的方法，但非技术问题就只能依靠道德和法律来约束了。

（五）信息破坏

信息破坏涉及两个方面的内容：① 网络传输的可靠性，网络的硬件或软件可能会出现问题而导致交易信息传递的丢失与谬误；②恶意破坏，计算机网络本身容易遭到一些恶意程序的破坏，而使电子商务信息遭到破坏，这些恶意程序就是各种各样的计算机病毒。

计算机病毒是指编制者在计算机程序中插入的破坏计算机功能或毁坏数据，影响计算机使用，并能够自我复制的一组计算机指令或者程序代码。计算机病毒在20世纪50年代就已经出现，到20世纪80年代开始为世人所知，并不断发展强大。20世纪90年代，随着因特网网络技术的发展，病毒的传播也变得更容易，一个地区出现的恶性病毒在几天甚至几个小时之间就会传播到地球的另一端。病毒的种类也是花样繁多，令人防不胜防，其影响的范围、破坏力和造成的损失也越来越大，而且所使用的技术也越来越先进。反杀毒、隐藏及加密技术等使病毒防御变得困难重重。

三、电子商务对安全的需求

（一）电子商务系统的安全

电子商务系统的安全包括系统的硬件安全、软件安全、运行安全和电子商务安全立法。

(1) 电子商务系统硬件安全。硬件安全是指保护计算机系统硬件（包括外部设备）的安全，保证其自身的可靠性和为系统提供基本安全机制。

(2)电子商务系统软件安全。软件安全是指保护软件和数据不被篡改、破坏和非法复制。系统软件安全的目标是使计算机系统逻辑上安全，主要是使系统中信息的存取、处理和传输满足系统安全策略的要求。

(3) 电子商务系统运行安全。运行安全是指保护系统能连续和正常地运行。

(4) 电子商务安全立法。电子商务安全立法是对电子商务犯罪的约束，是利用国家机器，通过安全立法，体现与犯罪斗争的国家意志。

综上所述，电子商务安全是一个复杂的系统问题。电子商务安全立法与电子商务应用的环境、人员素质、社会有关，基本上不属于技术上的系统设计问题，而硬件安全是目前硬件技术水平能够解决的问题。鉴于现代计算机系统软件的庞大和复杂性，软件安全中的信息安全成为电子商务系统安全的关键问题。

（二）电子商务信息安全要求

(1) 信息的保密性。信息的保密性是指信息在传输过程中或存储中不被他人窃取。因此，信息需要加密及在必要的节点上设置防火墙。例如，信用卡号在网上传输时，如果非持卡人从网上拦截并知道了该号码，他就可以用这个号码在网上购物，因此，必须对要保密的信息进行加密，然后放到网上进行传输。

(2)信息的完整性。信息的完整性要求从信息传输和存储两个方面体现出来。在存储时，要防止非法篡改和破坏网站上的信息。在传输过程中，接收端收到的信息与发送的信息完全一样，说明在传输过程中信息没有遭到破坏。尽管信息在传输过程中被加密，能保证第三方看不到真正的信息，但并不能保证信息不被修改。例如，如果发送的信用卡号码是9856，接收端收到的却是9s94，这说明信息的完整性遭到了破坏。

(3) 信息的不可否认性。信息的不可否认性是指信息的发送方不能否认已发送的信息，接收方不能否认已收到的信息。由于商情的千变万化，交易达成后是不能否认的，否则，必然会损害一方的利益。例如，买方向卖方订购石油，订货时市场的价格较低，收到订单时价格上涨了,如果卖方否认收到订单的时间,甚至否认收到订单,那么买方就会受到损失。

(4) 交易者身份的真实性。交易者身份的真实性是指交易双方确实是存在的,不是假冒的。网上交易的双方互不了解,要使交易成功,必须互相信任,确认对方是真实的。

任务二　掌握电子商务安全技术

一、加密技术

信息加密技术

在电子商务活动中,为了实现交易信息和数据在传输过程中的保密性和完整性,防止信息被窃取或修改,必须采用加密技术对数据进行加密。

加密技术是实现信息保密性的一个重要手段,目的是防止合法接收者之外的人获取信息系统中的机密信息。所谓信息加密技术,就是采用数学方法对原始信息(通常称为"明文")进行再组织,使得加密后在网络上公开传输的内容对于非法接收者来说成为无意义的文字(加密后的信息通常称为"密文")。而对于合法的接收者,因为其掌握正确的密钥,可以通过解密过程得到原始数据("明文")。由此可见,在加密和解密的过程中,都要涉及信息、算法和密钥这3项内容。

信息包括明文和密文。算法是加密或解密的过程采用的数学方法,包括加密算法和解密算法。密钥是在加密或解密的过程中需要的一串数字,包括加密密钥和解密密钥。下面我们通过一个例子来理解加密、解密、算法和密钥的概念。

例如,将26个字母a,b,c,…,x,y,z的自然顺序保持不变,但使它们与d,e,f,…,z,a,b,c分别对应,即相差3个字母的顺序。这条规则就是加密算法,其中的3是密钥。如果原始信息(明文)是good night,则按照这个加密算法和密钥加密后的密文是jrrg qljkw。不知道算法和密钥的人,是不能将这条密文还原成good night的。

从这个例子可以看出,算法和密钥在加密和解密过程中缺一不可。在实际的加密过程中,一般加密算法是不变的,目前存在的加密算法也是非常有限的,但是密钥是变化的。一条信息的加密传递过程如图4-2所示。

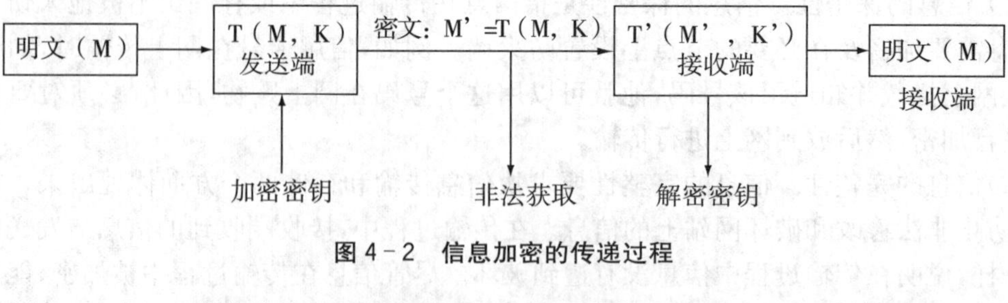

图4-2　信息加密的传递过程

在图4-2中,M代表信息,T代表算法,K代表密钥。由此可见,尽管在网上传递的信息有可能被非法接收者捕获,但仍是比较安全的。因为想在没有密钥和解密算法的前提下,恢复明文,或者读懂密文是非常困难的。具体有多困难,就要看加密算法的复杂程度以及密钥的长度了。

与之相关出现了两门学问:密码编码学和密码分析学。这两门学问合起来就称为密码学。密码编码学是为了设计出安全的密码体制，防止被破译；密码分析学则是研究如何破译密文，即在未知密钥的情况下，从密文推出明文或密钥的技术。密码学正是在这种破译和反破译的过程中发展起来的。

按加密密钥和解密密钥是否相同，可将现有的加密体制分为两种：单钥加密体制和双钥加密体制。使用单钥加密体制的加密技术称为对称密钥加密，使用双钥加密体制的加密技术称为非对称密钥加密。下面分别介绍对称密钥加密和非对称密钥加密。

（一）对称加密技术

对称加密(Symmetric Encryption)技术又称为常规密钥加密、私钥或单钥密钥加密技术，即信息的发送方和接收方使用同一个密钥对信息数据进行加密和解密的技术。

1. 对称加密技术的原理

对称密钥加密也叫专用密钥加密，即发送和接收数据的双方必须使用相同的密钥对明文进行加密和解密运算。对称密钥加密如图 4－3 所示。

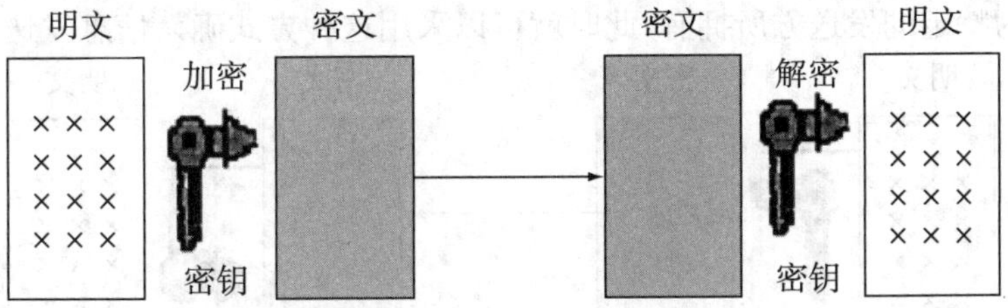

图 4－3　对称密钥加密

使用对称密钥加密可以简化加密的处理，每个交易参与方都不必彼此研究和交换专用的加密算法，而是采用相同的加密算法并只交换共享的专用密钥。如果进行交易的交易参与方能够确保专用密钥在密钥交换阶段未曾泄露，是安全的，那么交易信息的保密性和完整性就可以通过对称密钥加密算法加密信息和随信息一起发送的报文摘要来实现。

目前常用的对称加密算法有 DES、IDEA、3DES、RC4 等，其中数据加密标准(Data Encryption Standard，DES)是目前使用最广泛的对称加密算法，主要用于银行业的电子资金转账领域，被国际标准化组织(ISO)定为数据加密的标准。

2. 对称加密技术的优缺点

对称加密技术的优点在于算法简单，加密、解密速度快，效率高，适用于大量数据信息传输；由于加密和解密使用同一密钥，且应用简单，适用于专用网络中通信各方相对固定的情况，如金融通信专网、军事通信专网、外交及商业专网的加密通信。

对称加密技术的缺点主要表现在以下 3 个方面：第一，由于算法公开，加密和解密使用相同的密钥，交易双方在通信前必须交换密钥，且密钥使用一段时间后应进行更换，这就需要使用安全可靠的途径进行密钥的传递，而电话通知、邮件等方式均存在泄密的风险。第二，密钥的管理难度较大。当企业与多个贸易伙伴进行交易时，为了保证数据的安全性，对于不同的贸易伙伴必须使用不同的密钥，密钥数量非常多。假设有三方两两通信，需要 3 个密钥，当网络中有 n 个用户两两通信，则需要[$n(n-1)\div 2$]个密钥。密钥的分配、管理和保存将面临极大的困难。第三，难以对用户身份的真实性和不可抵赖性进行确认。

（二）非对称加密技术

非对称加密(Unsymmetric Encryption)技术又称为公开密钥加密，是指分别使用公开密钥(加密密钥)和私有密钥(解密密钥)完成信息的加密和解密的加密技术。在非对称加密体系中，用户掌握两个不同的密钥，其中一个是公开密钥(加密密钥)，可以通过非保护方式向他人公开，用于对机密信息进行加密；另一个是私有密钥(解密密钥)，需要保密，用于对加密信息进行解密。

1. 非对称加密技术的原理

采用非对称加密技术对数据进行加密时，需要信息的接收方拥有一对密钥，且这对密钥无法相互推导。信息的接收方首先将其中一个密钥作为公钥，告知各贸易的伙伴，而将另一个密钥作为私钥，由自己妥善保管。在进行信息传输时，发送方使用接收方的公钥对数据信息进行加密并传输，接收方收到密文后，使用自己的私钥进行解密得到原始信息，如图 4－4 所示。与此同时，如果私钥的拥有者利用私钥对数据进行加密，那么只用对应的公钥才能解密，由于私钥只能为特定的发送方所拥有，此时就可以采用这种方式确认信息发送者的身份。

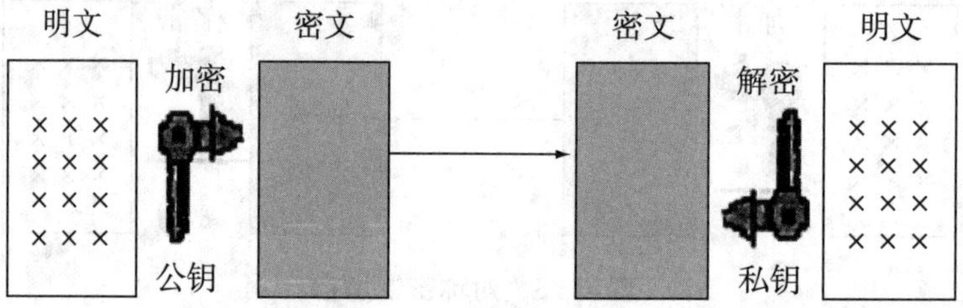

图 4－4　非对称密钥加密

目前使用最广泛的非对称加密算法是 RSA(Rivest Shamir Adleman)算法，该算法已被 ISO/TC 的数据加密技术分委员会推荐为非对称密钥数据加密标准。

在电子商务交易过程中，商家可以公开其公钥，而保留其私钥；客户可以用商家的公钥对发送的信息进行加密，安全地传送到商家，然后由商家用自己的私钥进行解密。公开密钥加密技术解决了密钥的发布和管理问题，是目前商业密码的核心。使用公开密钥技术，进行数据通信的双方可以安全地确认对方身份，提供通信双方身份的可鉴别性。

2. 非对称加密技术的优缺点

非对称加密技术较好地解决了对称加密技术中密钥数量过多、难以管理以及无法对身份进行确认等不足，也无须担心密钥在传输中泄露，密钥分配简单，管理方便，能够很好地支持对传输信息的数字签名，解决交易中身份确认及交易信息的否认与抵赖问题，保密性能比对称加密技术好。但是，非对称加密算法复杂，加密、解密花费时间长，速度慢，一般不适合对数据量较大的文件进行加密。在实践应用中，通常将 DES 算法的对称加密和 RSA 算法的非对称加密结合起来使用，在保证数据安全的基础上，提高加密和解密的速度。

二、理解电子商务认证技术

电子商务安全交易方法

加密技术主要用于进行网络信息传输的通信上的保密，不能保证网络通信双方身份的真实性，因此还需要认证技术验证电子商务活动对象是否属实且有效。常见的电子商务认证技术主要包括身份认证技术、信息摘要、数字签名和数字时间戳。

（一）身份认证技术

身份认证技术是一种用于鉴别、确认用户身份的技术，能通过认证用户的身份，判断用户是否具有对某种资源的访问和使用权限，以保证网络系统的正常运行，防止非法用户冒充并攻击系统。身份认证的过程只在两个对话者之间进行，它要求被认证对象提供身份凭证信息和与凭证有关的鉴别信息，且要事先告诉对方鉴别信息，以保证身份认证的有效性和真实性。

身份认证通常通过验证被认证对象的一个或多个参数，以确定被认证对象是否相符或有效。这要求被认证对象与要验证的参数之间存在严格的对应关系，最好是唯一对应。身份认证可通过以下 3 种基本方式或其组合方式来实现。

(1) 基于口令方式的身份认证。口令是由数字字母、特殊字符等组成的。这种方式的特点是简单、成本低、安全性低，但不能抵御口令猜测攻击。

(2)基于标记方式的身份认证。标记是一种用户所持有的某个秘密信息(硬件)，即用户必须持有合法的、记录用于系统识别的个人信息物理介质，如身份证、护照等。这种方式安全性相对较高，但认证系统较为复杂。

(3) 基于个人生物特征的身份认证。个人生物特征主要是指用户所具有的某些生物学特征，如指纹、DNA、声音、人脸特征扫描等。这种方式是电子商务中对用户身份识别的新型方案，涉及复杂的算法和技术，一般成本较高，多适用于保密要求很高的场所。

（二）信息摘要

密钥加密技术只能解决信息的保密性问题，对于信息的完整性则可以用信息摘要技术来保证。

信息摘要(Message Digest)，又称 Hash 算法，是 Ron Rivest 发明的一种单向加密算法，其加密结果是不能解密的。所谓信息摘要，是指从原文中通过 Hash 算法得到的一个有固定长度(128 位)的散列值，不同的原文所产生的信息摘要必不相同，相同原文产生的信息摘要必定相同，因此信息摘要类似于人类的“指纹”，可以通过“指纹”鉴别原文的真伪。信息摘要的使用过程如图 4－5 所示。

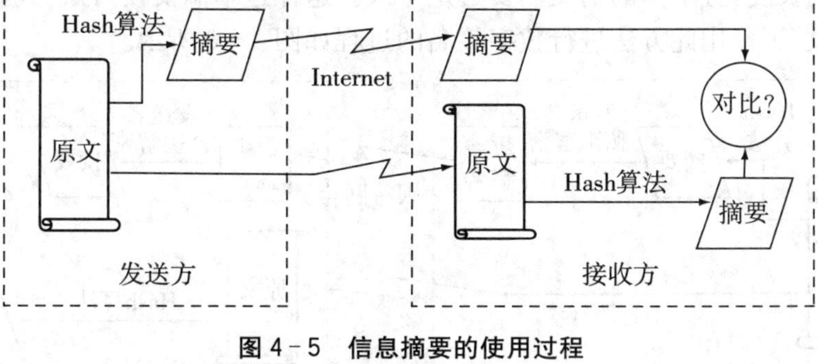

图 4－5 信息摘要的使用过程

(1) 对原文使用 Hash 算法得到信息摘要。

(2)将信息摘要与原文一起发送。

(3) 接收方对接收到的原文应用 Hash 算法产生一个摘要。

(4) 用接收方产生的摘要与发送方发来的摘要进行对比,如果两者相同则表明原文在传输过程中没有被修改,否则就说明原文被修改过。

(三)数字签名

1. 数字签名的概念

数字签名(Digital Signature)是公开密钥加密技术的一种应用,是指用发送方的私有密钥加密报文摘要,然后将其与原始的信息附加在一起,合称为数字签名。数字签名是通过某种密码运算生成一系列符号及代码组成电子密码进行签名,来代替书写签名或印章。这种电子式的签名还可以进行技术验证,其验证的准确度是一般手工签名和图章的验证无法比拟的。数字签名是目前电子商务、电子证券中应用最普遍、技术最成熟、操作性最强的一种电子签名方法。它采用了规范化的程序和科学化的方法,用于鉴定签名人的身份以及对一项电子数据内容的认可。它还能验证出文件的原文在传输过程中有无变动,确保传输电子文件的完整性、真实性和不可抵挡性。

2. 数字签名的实现过程

实现数字签名有很多方法,目前数字签名采用较多的公钥加密技术,如基于 RSA Date Security 公司的 PKCS、DSA、x. 509、PGP。1994 年美国标准与技术协会公布了数字签名标准而使公钥加密技术广泛应用。公钥加密系统采用的是非对称加密算法。目前的数字签名是建立在公共密钥体制基础上,它是公用密钥加密技术的另一类应用。

现在应用广泛的数字签名方法主要有 3 种,即 RSA 签名、DSS 签名和 Hash 签名。这 3 种算法可单独使用,也可结合在一起使用。数字签名是通过密码算法对数据进行加密、解密变换实现的,用 DES 算法、RSA 算法都可实现数字签名。但 3 种技术或多或少都有缺陷,或者没有成熟的标准。下面以 Hash 签名为例介绍签名的主要过程。Hash 签名是最主要的数字签名方法,也称为数字摘要法或数字指纹法。它与 RSA 数字签名是单独的签名不同,该数字签名方法是将数字签名与要发送的信息紧密联系在一起,比合同和签名分开传递,更增加了可信度和安全性。

数字摘要加密的方法也称安全 Hash 编码法或 MD5,由 Ron Rivest 设计。该编码法采用单向 Hash 函数将需加密的明文"摘要"成一串 128 位的密文。这一串密文也称为数字指纹,它有固定的长度,且不同的明文摘要必定一致。这样这串摘要便可成为验证明文是否是"真身"的"指纹"了。用此方法进行数字签名的过程如图 4-6 所示。

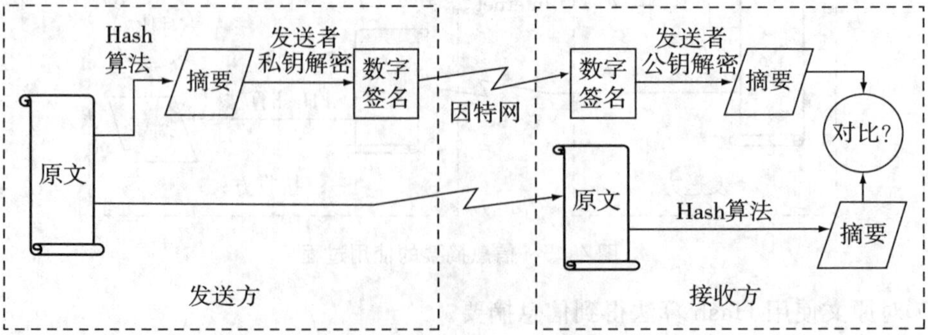

图 4-6 数字签名的过程

(1) 发送者用自己的私钥对信息摘要加密。

(2)发送者将加密后的信息摘要与原文一起发送。

(3) 接收者用发送者的公钥对收到的加密摘要进行解密。

(4) 接收者对收到的原文用 Hash 算法得到接收方的信息摘要。

(5) 将解密后的摘要与接收方的摘要进行对比,如果相同则说明信息完整且发送者身份是真实的,否则说明信息被修改或不是该发送者发送。

由于发送者的私钥是自己严密管理的,他人无法仿冒,同时发送者也不能否认用自己的私钥加密发送的信息,所以数字签名解决了信息的完整性和不可否认性问题。

这里要区分数字签名加密和密钥加密的不同,密钥加密是发送者用接收者的公钥加密,接收者用自己的私钥解密,是多对一的关系,表明任何一个拥有公司公钥的人都可以向该公司发送密文,但只有该公司才能解密,其他人不能解密;而数字签名是发送者用自己的私钥对摘要进行加密,接收者用发送者的公钥对数字签名解密,是一对多的关系,表明公司的任何一个贸易伙伴都可以验证数字签名的真伪性。

(四)数字时间戳

在电子交易中,时间和签名同等重要。数字时间戳(Digital Time-Stamp,DTS)是用于证明信息发送时间的,由专门机构提供的电子商务安全服务项目。数字时间戳的获得过程如图 4－7 所示。

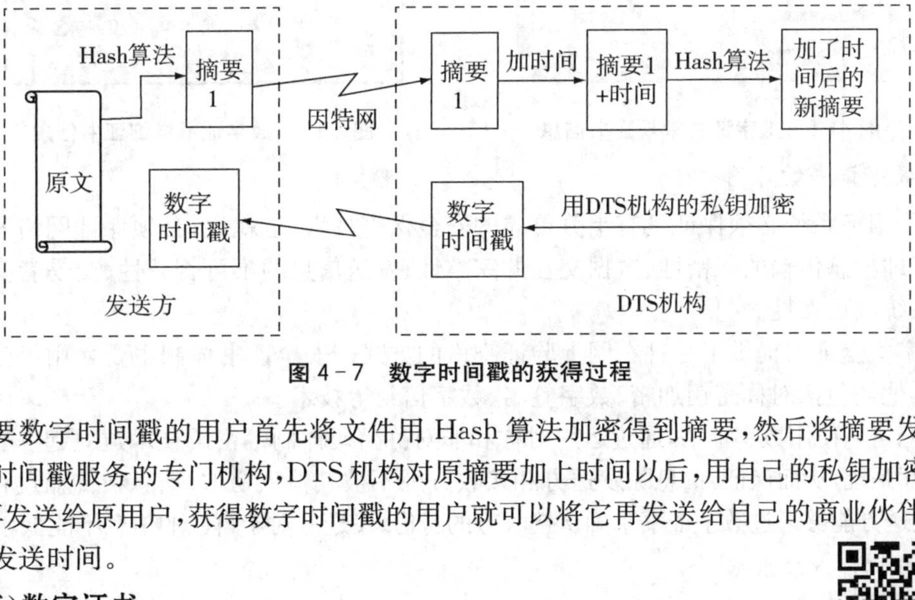

图 4－7 数字时间戳的获得过程

需要数字时间戳的用户首先将文件用 Hash 算法加密得到摘要,然后将摘要发送到提供数字时间戳服务的专门机构,DTS 机构对原摘要加上时间以后,用自己的私钥加密(数字签名)再发送给原用户,获得数字时间戳的用户就可以将它再发送给自己的商业伙伴以证明信息的发送时间。

(五)数字证书

数字证书和认证中心

1. 数字证书的定义

数字证书(Digital Certificate)是网络通信中标识通信各方身份信息的一系列数据,其作用类似于现实生活中的身份证。数字证书由一个权威、公正的第三方机构,即 CA 认证中心签发,如图 4－8 所示。人们在交易中可以用数字证书来识别对方的身份。以数字证书为核心的加密技术可以对网络上传输的信息进行加密、解密、数字签名和签名验证,确保网上传递信息的机密性、完整性,以及交易者身份的真实性和签名信息的不可否认性，从而保障电子商务交易的安全性。

最简单的证书包含一个公开密钥、名称以及正式授权中心的数字签名。一般情况下证书中还包括密钥的有效时间、发证机关（正式授权中心）的名称、该证书的序列号等信息，证书的格式遵循 CCITT X. 509 国际标准。一个标准的 X. 509 数字证书包含以下一些内容：证书的版本信息；证书的序列号，每个证书都有一个唯一的证书序列号；证书所使用的签名算法；证书的发行机构名称；证书的有效期，现在通用的证书一般采用 UTC 时间格式，它的计时范围为 1950～2049；证书所有人的名称；证书所有人的公开密钥；证书发行者对证书的数字签名等，如图 4－9 所示。

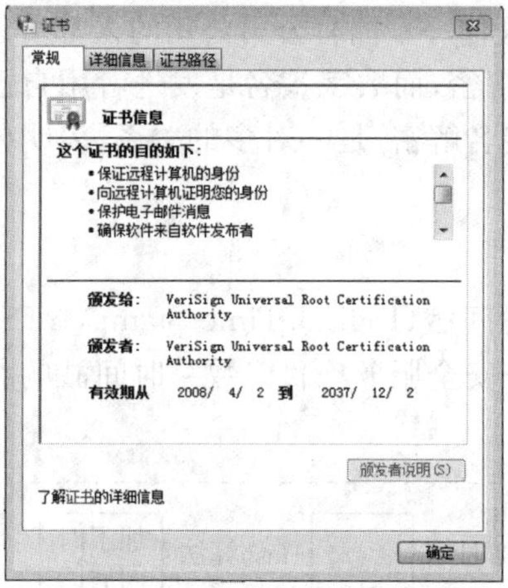

图 4－8　数字证书常规证书信息

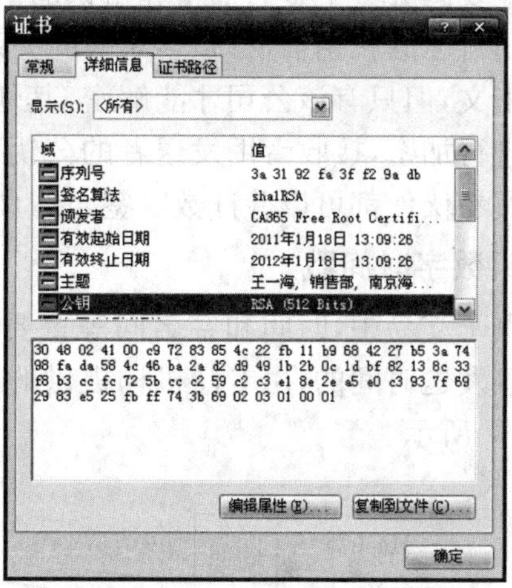

图 4－9　数字证书详细证书信息

2. 数字证书的作用

电子商务系统必须保证具有十分可靠的安全保密技术，也就说，必须保证网络安全的五大要素，即信息传输的保密性、数据交互的完整性、发送信息的不可否认性、交易者身份的真实性、系统的可靠性。

数字安全证书提供了一种在网上验证身份的方式。安全证书体制主要采用了公开密钥体制，其他还包括对称密钥加密、数字签名、数字信封等技术。

我们可以使用数字证书，通过运用对称和非对称密码体制等密码技术建立起一套严密的身份认证系统，从而保证：信息除发送方和接收方外不被其他人窃取；信息在传输过程中不被篡改；发送方能够通过数字证书来确认接收方的身份；发送方对于自己的信息不能抵赖。

3. 数字证书的类型

目前，数字证书有个人数字证书、企业数字证书和服务器数字证书 3 种类型。

(1) 个人数字证书是用来表明和验证个人在网络上的身份证书，通常安装在个人用户的浏览器内，用以帮助个人在网上进行安全交易操作，可以用于网上支付、网上证券、网上保险、网上理财、网上缴费、网上购物、网上办公等。

(2)企业数字证书是用来表明和验证企业用户在网络上的身份的证书，用以确保企业网上交易和作业的安全性和可靠性，可应用于网上证券、网上办公、网上缴税、网上采购、网上资金转账、企业网上银行等。

(3) 服务器数字证书主要用于网站交易服务器或其他需要安全鉴别的服务器,需要和网站的IP地址、域名捆绑,以保证网站的真实性和不被他人仿造。服务器数字证书的目的是保证客户机和服务器之间进行交易信息传递中双方身份的真实性、安全性和可信度等,可存放于服务器硬盘或加密硬件设备上。

4. 数字认证的原理

数字证书采用公约体制,即利用一对互相匹配的密钥进行加密、解密。每个客户自己设定一把特定的仅为本人所知的私有密钥(私钥),用它进行解密和签名;同时设定一把公共密钥(公钥)并由本人公开,为一组客户所共享,用于加密和验证签名,当发送一份保密文件时,发送方使用接收方的公钥对数据加密,而接收方则使用自己的私钥解密,这样信息就可以安全无误地到达目的地了。通过数字的手段保证加密过程是一个不可逆过程,即只有用私有密钥才能解密。

5. 数字证书的颁发

数字证书是由认证中心颁发的。根证书是认证中心与客户建立信任关系的基础。在客户使用数字证书之前必须首先下载和安装。

认证中心是一家能向客户签发数字证书以确认客户身份的管理机构。为了防止数字凭证的伪造,认证中心的公共密钥必须是可靠的,认证中心必须公布其公共密钥或由更高级别的认证中心提供一个电子凭证来证明其公共密钥的有效性,后一种方法导致了多级别认证中心的出现。

数字证书颁发过程如下:客户产生了自己的密钥对,并将公共密钥及部分个人身份信息传送给一家认证中心。认证中心在核实身份后,将执行一些必要的步骤,以确信请求确实由客户发送而来,然后认证中心将发给客户一个数字证书,该证书内附了客户和他的密钥等信息,同时还附有对认证中心公共密钥加以确认的数字证书。当客户想证明其公开密钥的合法性时,就可以提供这一数字证书。

(六)认证中心

1. 认证中心的定义

在网上建立一个第三方公正的认证中心机构,负责颁发数字证书和检验网上商家身份真实的工作,就是所谓的网上认证中心。

认证中心(Certification Authority,CA),是基于因特网平台建立的一个公正的、有权威性的、独立的(第三方的)、广受信赖的组织机构,负责数字证书的发行、管理及认证服务,以保证网上业务安全可靠地进行。

一个完整安全的电子商务活动,必须要有认证中心的参与。因此,为了促进电子商务的发展,在社会上必须建立具有绝对权威性的认证中心,这就要求电子商务参与的各方,如客户、商家、银行、政府机构等实体上网注册并加入已有的认证中心,只有这样,认证中心才能确保所有电子商务过程与各方的安全性,从而开展安全的电子商务活动。

2. 认证中心的技术基础

认证中心的角色是重要的,但并不是任何一个组织想建立就能建立起来的,除了第三方要求并保持公正、具备良好信誉之外,关键是认证中心的建立与运作需要强大的技术支持,因为涉及许多先进的密码技术。例如，认证中心提供的公开密钥与数字摘要机制等必须是先进的，密钥的位数要达到一定长度，以保证认证中心及其发行的证书的安全可靠，并在服务质量、认证速度及管理机制上达到很高的水平，而且是跨时空的。

认证中心的技术基础是 PKI 体系。PKI(Public Key Infrastructure)体系，中文翻译为公开密钥体系或公开密钥基础，是一种遵循既定标准的密钥管理平台，能够为所有网络应用服务提供加密和数字签名等密码服务及所必需的密钥和证书管理体系。简单地说，PKI 就是利用公共密钥理论和技术建立的提供网络安全服务的基础设施。PKI 技术是信息安全技术的核心，也是电子商务交易与网络支付的关键和基础技术。

PKI 的基础技术应该包括加密、数字签名、数字摘要、数字信封、双重数字签名等。一个完整的 PKI 系统的基本构成包括具有权威的认证中心、数字证书库、密钥备份及恢复系统、证书作废系统、应用接口等。

认证中心认证数字证书采用的是一种树型验证结构。在两方通信时，通过出示由某个认证中心签发的证书来证明自己的身份，如果对签发证书的认证中心本身不信任，则可验证认证中心的真实身份，以此类推，一直到公认的权威认证中心处，就可确信证书的有效性。SET 安全交易协议中商务各方的数字证书正是通过这种信任层次来逐级验证的。每一个证书均与数字化签发证书的实体的签名证书关联。沿着信任树一直到一个公认的信任组织，就可确认该证书是有效的。例如，C 的证书是由名称为 B 的认证中心签发的，而 B 的证书又是由名称为 A 的认证中心签发的，那么 A 是权威机构，通常称为 Root 认证中心。验证到了 Root 认证中心处，就可确信 C 的证书是合法的。

3. 认证中心的主要功能

认证中心在整个公共密钥加密体制及安全的网络支付过程中的地位是至关重要的，其主要职责可表述为：①生成密钥对及认证中心证书；②验证申请人身份；③颁发数字证书；④证书以及持有者身份在线认证查询；⑤证书管理及更新；⑥吊销证书；⑦制定相关政策；⑧有能力保护证书服务器的安全。

数字证书的发放过程实际上由两大部分组成：一部分是证书的申请、制作、发放，另一部分是用户身份认证。这两部分工作实际上是由认证中心中两个不同的部门来完成的。这样，就将认证中心分成证书服务中心和审核受理处两部分，由证书服务中心来完成接收证书请求及发证的工作，而由审核受理处来完成身份认定工作，二者之间一般通过专线连接。

4. 国内外主要认证中心机构

目前世界上最著名的认证中心是美国的 VeriSign 公司，早已在美国纳斯达克上市。截至目前，已发展到为超过 2 700 万个 Web 站点提供认证服务，个人客户就更多了。世界五百强的绝大多数企业的网上业务，特别是网络支付业务都已经应用了 VeriSign 的认证服务。除了普遍的有限网络服务外，目前 VeriSign 还为无线网络上的付账业务等提供安全严格的认证服务。形象地说，目前的 VeriSign，作为世界级的认证中心，就好像因特网世界里的“世界工商行政总局”。

中国近年来电子商务发展很快，商业银行的网络银行服务也蓬勃发展起来，信用卡网络支付、网络银行网上转账等业务已被越来越多的客户接受与应用，越来越多的认证中心也在我国建立起来，并正在为我国电子商务与金融电子信息化的发展保驾护航。我国各地政府部门也已经行动起来，建立了各地的认证中心，为促进我国电子商务与网络支付业务的发展提供了良好的第三方支持。例如，北京数字证书认证中心 BJCA 就是经北京市政府批准成立的数字证书认证机构，致力于为北京乃至全国的电子商务和电子政务发展提供可靠的安全保障。BJCA成立于 2001 年 2 月 6 日，作为权威、公正的第三方信任机构，该认证中心遵循国际标准，采用国内自主知识产权的高强度密码技术和其他相关安全技术，为用户提供数字证书申请、审核、生成、颁发、存储、查询、废止等服务，并通过以数字证书为核心的信息安全解决方案为电子商务交易、网络金融业务和电子政务提供安全保障。

（七）电子商务安全协议

电子商务安全协议是以密码学为基础的消息交换协议，用于保障计算机网络系统信息的安全传递与处理。目前，电子商务安全协议已经被广泛应用在商务系统、军事系统、政务系统、金融系统以及社会生活领域。常见的电子商务安全协议有安全套接层（Secure sockets Layer，SSL）协议、安全电子交易（Secure Electronic Transaction，SET）协议。

SSL 是基于 Web 应用的安全协议，目的是通过在收发双方间建立安全通道提高应用程序间交换数据的安全性，从而实现浏览器和 Web 服务器间的安全通信。SSL 提供了一种在应用程序协议（如 HTTP、Telnet、NNTP 和 FTP 等）和 TCP/IP 之间进行数据安全性分层的机制，为 TCP/IP 连接提供数据加密、服务器认证、消息完整性以及可选的客户机认证等服务。

SET 是由威士（VISA）和万事达卡（MasterCard）两大信用卡公司发起，与计算机供应商共同开发的安全交易规范，能够实现电子商务交易过程中的加密、认证和密钥管理等，保障互联网上信用卡交易的安全。SET 为整套安全电子交易的过程制定了规范，可以保障电子交易的机密性和完整性，是目前国际公认的信用卡网上交易标准。

三、了解防火墙技术

防火墙技术及其分类

（一）基本概念

防火墙原是汽车上的一个装置，用来隔离引擎和乘客，在引擎爆炸时可以保护乘客的安全。在计算机界，防火墙是指一种逻辑装置，用来保护内部的网络不受来自外界的侵害。

防火墙主要用于实现网络路由的安全性。网络路由的安全性包括两个方面：①限制外部网对内部网的访问，从而保护内部网特定资源免受非法侵犯；②限制内部网对外部网的访问，主要针对一些不健康信息及敏感信息的访问。

所谓防火墙，就是在内部网与外部网之间的界面上构建一个保护层，并强制所有的连接都必须经过此保护层，并在此进行检查和连接，只有被授权的通信才能通过此保护层，从而保护内部网资源免遭非法入侵。防火墙技术已成为实现网络安全策略的有效的工具之一，并被广泛应用到因特网上。

（二）防火墙的优点

1. 保护易受攻击的服务

防火墙能过滤那些不安全的服务（如 NFS），只有预先被允许的服务才能通过防火墙，这样就降低了受到非法攻击的风险性，极大地提高了网络的安全性。

2. 控制对特殊站点的访问

防火墙能控制对特殊站点的访问，如有些主机能被外部网络访问，而有些则要被保护起来，防止不必要的访问。通常会有这样一种情况，在内部网中只有 Mail 服务器、FTP 服务器和 WWW 服务器能被外部网访问，而其他访问则被主机禁止。

3. 集中化的安全管理

对于一个企业而言，使用防火墙比不使用防火墙可能更加经济一些。这是因为如果使用了防火墙，就可以将所有修改过的软件和附加的安全软件都放在防火墙上集中管理；而不使用防火墙，就必须将所有软件分散到各个主机上。

4. 对网络访问进行记录和统计

如果所有对因特网的访问都经过防火墙，那么防火墙就能记录下这些访问，并能提供网络使用情况的统计数据。当发生可疑动作时，防火墙就能够报警，并提供网络是否受到监测和攻击的详细信息。

（三）防火墙的安全控制模型

为网络建立防火墙，首先需决定防火墙将采取何种安全控制模型。通常有两种模型可供选择：①没有被列为允许访问的服务都是被禁止的；②没有被列为禁止访问的服务都是被允许的。

如果防火墙采取第一种安全控制模型，那么需要确定所有可以被提供的服务及它们的安全特性，然后开放这些服务，并将所有其他未被列入的服务排除在外，禁止访问；如果防火墙采取第二种模型，则正好相反，需要确定哪些被认为是不安全的服务，禁止其访问，而其他服务则被认为是安全的，允许访问。从安全性角度考虑，第一种模型更可取一些；因为一般很难找出网络所有的漏洞，从而也就很难排除所有的非法服务；从灵活性和使用方便性的角度考虑，第二种模型则更合适。

（四）防火墙的分类

到目前为止，虽然已经出现了多种类型的防火墙，但大体上可以划分为两类：一类基于包过滤（Packet Filter），另一类基于代理服务（Proxy Service）。二者的区别在于：基于包过滤的防火墙通常直接转发报文，对用户完全透明，速度较快；而另一类防火墙是通过代理服务器建立连接的，有更强的身份验证和日志功能。

1. 包过滤型防火墙

包过滤型防火墙是最简单的防火墙，通常只包括对源和目的 IP 地址及端口的检查。其工作原理如图 4－10 所示。

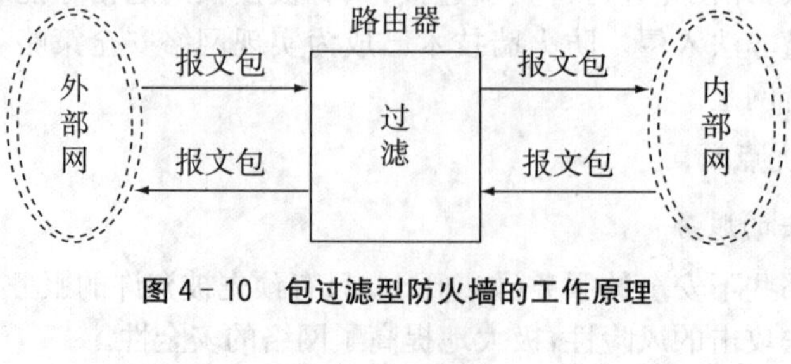

图 4－10　包过滤型防火墙的工作原理

对用户来说，这些检查是透明的，包过滤防火墙比其他模式的防火墙有更高的网络性能和更好的应用程序透明性。但是，这种简单性带来了一个严重的问题：过滤器不能在用户层次上进行安全过滤，即在同一台机器上，过滤器分辨不出是哪个用户的报文。包过滤器通常是放在路由器上，大多数路由器都默认提供了包过滤功能。现在已出现了智能包过滤器，与简单包过滤器相比，具有解释数据流的能力，但是同样不能对用户进行区分。

2. 代理服务型防火墙

代理服务型防火墙使用一个客户程序与特定的中间节点(防火墙)连接，然后中间节点与服务器进行实际连接。其工作原理如图 4－11 所示。

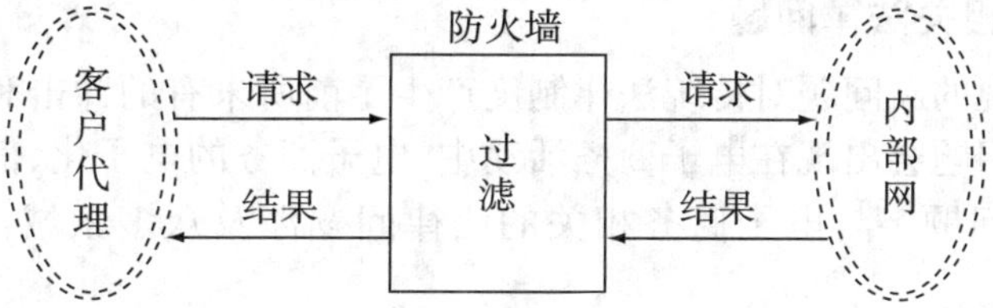

图 4－11 代理服务型防火墙的工作原理

使用代理服务型防火墙，内部网络与外部网络之间不存在直接连接，所以即使防火墙出了问题，外部网络也无法与内部网络连接，通常称内外网络之间的中间节点为双端主机。代理服务器提供了详细的日志和审计功能，极大地提高了网络的安全性，也为改进现有软件的安全性能提供了可能。代理服务运行在双端主机上，但它是基于特定应用的。这样就必须配置每个应用(如 Telnet、FTP)，而且只要应用程序一升级，原来的代理服务就不再适用了。因此，从这个意义上说，代理服务型防火墙比包过滤防火墙有更多的局限性。另外，这种防火墙常常会使网络性能明显下降。据报道，相当多的防火墙不能处理高负载的网络通信，如果防火墙的网络性能差，就很容易受到攻击。

3. 复合型防火墙

这种防火墙是把前两类防火墙结合起来形成的新产品，以发挥各自的优势，克服各自的缺点来满足更高安全性的要求。

任务三 了解电子商务法律

一、认识电子商务的发展对法律法规的新要求

电子商务法是调整电子商务关系的法律，自 1997 年 7 月美国政府正式发布"全球电子商务政策框架"以来，在全球范围内掀起了电子商务的热潮。电子商务日益成为 21 世纪经济活动的核心，成为未来推动经济增长的关键动力。然而，电子商务是以不受国界限制的互联网为运行平台的，要想这一快捷的贸易方式更好地为社会服务，需要制定必要的政策法规。电子商务法是随着计算机通信技术在商务领域的广泛综合应用而兴起的一个法律领域。作为一种商务规范体系，它是电子商务活动实践的产物。

（一）电子商务法的概念

电子商务法是指调整电子商务活动中所产生的社会关系的法律规范的总称。电子商务法的概念与电子商务的概念相对应，有广义和狭义之分。广义的电子商务法包括所有调整以数据交换方式进行的商务活动的法律规范。其内容极其丰富，可以分为调整电子商务交易形式和电子商务交易内容两大类。前者如联合国发布的《电子商务示范法》，后者如联合国国际贸易法委员会发布的《电子资金传输法》、美国发布的《统一计算机交易法》。狭义的电子商务法是调整以数据电文为交易手段引起的商务关系的法律规范体系，它包括以电子商务命名的法律法规和其他现有法律中有关电子商务的法律规范。

（二）电子商务相关法律问题

电子商务中出现的新问题对传统法律制度产生了前所未有的冲击和挑战。不仅传统商务活动涉及的法律问题会出现在电子商务活动中，电子商务的电子化、信息化和网络化也会引起许多新的法律问题。与电子商务相关的法律问题涉及众多领域，主要包括以下几个方面：

(1) 与电子商务主体身份及行业准入有关的，包括电子签名、电子认证等法律。

(2)与电子商务交易流程有关的，包括电子合同、电子支付等法律。

(3) 与电子商务权益有关的，包括消费者、网络隐私、知识产权等法律。

(4) 与电子商务安全有关的，包括电子商务安全、网络犯罪等法律。

(5) 与电子商务广告有关的，包括电子商务中的广告法律制度等。

(6) 与电子商务税收有关的，包括电子商务税种、征税方式等法律。

(7)与电子商务纠纷有关的，包括电子证据、解决方式、司法管辖权等法律。

（三）电子商务法的特点

1. 国际性

电子商务已发展成为一种世界性的经济活动，它的法律框架自然不应只局限在一国范围之内，而应得到国际社会的认可和遵守。电子商务法最重要的特征是适应全世界的要求，自然而然地，国际性就成为电子商务法的特征之一。

2. 技术性

电子商务是现代高科技的产物，需要通过互联网来操作，规范这种行为的电子商务法必然要适应这种特点。所以，有关电子商务的法律规范也必须以技术性为主要特点。在电子商务中，许多法律规范都是直接或间接地由技术规范演变而成的。例如，一些国家将运用公开密钥体系生成的数字签名规定为安全的电子签名。

3. 安全性

计算机及网络技术的发展使各行各业对信息系统具有极强的依赖性，与此同时，计算机“黑客”和计算机病毒的侵入或攻击对整个电子商务系统形成了极大威胁。因此，电子商务法须以解决电子商务的安全性为责任，通过规定电子商务安全性问题，有效地打击和预防各种计算机犯罪，切实保证电子商务系统的安全运行。

二、了解国际电子商务法律与法规

纵观全球，电子商务立法发展速度之快、范围之广，是其他领域的立法行动所不能比拟的。国际电子商务立法的特点表现为普遍性与快速性、兼容性与统一性、中立性与开放性。仅仅几年时间，就有几十个国家和国际组织相继制定或正在起草电子商务法，不约而同地考虑了相互协调的问题，在立法上以中立、开放的态度对待任何技术手段与信息媒介，其目的是促进电子商务应用的广泛发展。

(一)《电子商务示范法》

联合国贸法会一直十分关注计算机商业应用所引发的法律问题。1996 年，联合国大会通过了贸法会用五年时间起草的《电子商务示范法》。该法是世界范围内第一个电子商务统一法规，其目的是向各国提供一套国际公认的法律规则，以供各国法律部门在制定本国电子商务法律规范时参考，促进使用现代通信和信息存储手段，诸如电子数据互换、电子邮件和传真。其基础是建立“书写”“签名”和“原件”等纸面化概念的等同功能。随后联合国贸法会又制定了《统一电子签名规则》，提交联合国大会正式讨论通过。

《电子商务示范法》分为两部分，共 17 条。第一部分为电子商务总则，共三章，即一般条款、对数据电文的适用法律要求、数据电文的传递。涉及电子商务中数据电文、电子数据交换(EDI)的定义，数据电文的法律承认，电子合同、电子签字的效力，电子证据的原件、可接受性和证据力，数据电文的确认收讫、发出和收到数据电文的时间和地点等问题。第二部分为电子商务的特定领域，主要涉及货物运输中的运输合同、运输单据、电子提单的效力和证据效力等问题。

《电子商务示范法》对电子商务的一些基本法律问题做出的规定，有助于填补国际上在电子商务领域的法律空白。虽然它既不是国际条约，又不是国际惯例，仅仅是电子商务的示范法律文本，但有助于各国完善、健全有关传递和存储信息的现行法规和惯例，并给全球化的电子商务创造出了统一的、良好的法律环境。

(二)其他国际组织的电子商务立法

1. WTO 对电子商务的关注

自 1996 年 6 月联合国大会通过了《电子商务示范法》之后，世界贸易组织(WTO)通过了电子商务领域的三大突破性协议。1986 年开始的关贸总协定乌拉圭回合谈判最终制定了《服务贸易总协定》。《服务贸易总协定》的谈判产生了一个“电信业附录”。这一附录的制定开始了全球范围内电信市场的开放。WTO 建立后，立即开展了信息技术谈判，并先后达成了三大协议:《全球基础电信协议》《信息技术协议(ITA)》《开放全球金融服务市场协议》。这三大协议为电子商务和信息技术稳步、有序的发展确立了新的法律基础。

2. 经济合作与发展组织

1997 年 11 月，经济合作与发展组织(OECD)发起召开了以“为全球电子商务清扫障碍”为主题的国际会议，发表了题为“克服全球电子商务障碍”的文件，并通过了《加密政策指南》。该指南就加密技术的使用，规定了指导各成员国制定其立法与政策的原则。OECD 制定了《保护隐私和跨国个人资料指南》，OECD 的消费者政策委员会制定了在电子商务活动中保护消费者权益的国际法则。OECD 发布了专门文件《资讯系统安全准则(信息系统安全指导原则)》，对网上信息的内容进行控制。1998 年 10 月，在 OECD 渥太华电子商务部长级会议上公布了三个重要文件:《OECD 全球商务行动计划》《有关国际组织和地区组织的报告:电子商务活动和计划》和《工商界全球商务行动计划》。

3. 世界知识产权组织

1996 年 12 月 20 日,世界知识产权组织(WIPO)通过了《WTO 版权条约》和《WIPO 表演与录音制品条约(WPPT)》,统称为"因特网条约"。WIPO 提出了《互联网名称和地址管理及其知识产权问题》,建立了全球性的有效解决域名纠纷的机制、域名注册规范程序和域名排名程序,处理好了域名与驰名商标保护的关系问题。

4. 国际商会

1987 年 9 月,国际商会执行委员会通过了《电传交换贸易数据统一行动规则》。其目的是为电子商务的用户提供一套国际公认的行为准则,为电子商务用户及通信系统的经营者拟定具体的通信协议并提供良好的基础。

三、国内电子商务法律与法规

从 20 世纪 90 年代末我国引入国际互联网至今,电子商务在我国发展迅速,被越来越多的大众所使用。全国人民代表大会在立法方面的动作推动了电子商务的发展。

(一)《中华人民共和国合同法》的修改

1999 年,我国颁布了新的《中华人民共和国合同法》,在合同形式上大胆吸收了数据电文形式,并将其视为文本合同,可以说是世界上第一部纳入电子合同形式的合同法。这为电子合同的推广应用以及为今后的电子商务立法奠定了基础。

(二)《中华人民共和国海关法》的修改

2000 年,新修改的《中华人民共和国海关法》确立了电子数据报关单的法律地位,承认其具有与纸质报关单相同的法律效力。

(三)《中华人民共和国电子签名法》的实施

2002 年 5 月,国家信息化领导小组决定起草电子签名条例并转交国务院法制办负责,2004 年 3 月 24 日,国务院常务委员会讨论并原则上通过了《中华人民共和国电子签名法(草案)》。该草案于 2004 年 8 月 28 日正式通过并自 2005 年 4 月 1 日起开始实施。该法赋予电子签名与手写签名同样的法律效力,消除了电子商务发展的法律障碍,成为我国电子商务法治化发展的里程碑。

(四)《中华人民共和国网络安全法》的实施

2016 年 11 月,全国人民代表大会通过《中华人民共和国网络安全法》,明确了与网络产品及服务经营者相关的责任、义务,为我国网络信息安全保驾护航。

(五)《中华人民共和国电子商务法》的实施

2013 年 12 月,全国人民代表大会财经委牵头启动《中华人民共和国电子商务法(草案)》的起草工作,开门立法,民主立法,受到了社会各界的广泛关注和热切期待。《中华人民共和国电子商务法》已于 2018 年 8 月 31 日在中华人民共和国第十三届全国人民代表大会常务委员会第五次会议上通过,2019 年 1 月 1 日起施行,与其他多部调整电子商务行为的立法融合,共同构建我国电子商务立法规范。借助更加完善的电子商务立法体系,我国将更好地保证电子商务主体在交易过程中的安全,并且对电子商务延展出的相关违法犯罪活动进行严厉打击。

小结

本项目主要介绍了开展电子商务可能存在的安全隐患以及电子商务交易本身对安全的需求，并详细介绍了满足这些需求所采用的各种技术和方法，如信息加密/解密、防火墙技术，数字安全认证技术，电子商务安全交易的协议，以及相关法律法规。

复习思考题

1. 电子商务活动中存在哪些安全威胁？电子商务的安全性需求可归纳为哪几个方面？
2. 简述防火墙的安全策略。
3. 比较对称加密和非对称加密的异同点。
4. 数字签名有什么作用？简述数字签名的形成过程。
5. 什么是数字证书？数字证书包括哪些内容？数字证书有什么作用？
6. 上网申请一份个人数字证书（或试用证书）。
7. 目前常用的电子商务安全交易协议有哪些？
8. 列举安全电子交易常用的安全技术。
9. 简述公开密钥密码体制的原理。
10. 什么是认证中心？认证中心有什么作用？
11. 数字证书有哪些类型？
12. 电子商务法律有哪些特点？

实践题

1. 请上网浏览 B2C 网站(如京东、当当、麦网、卓越等)，描述 B2C 网站的基本交易流程(将浏览的网站交易过程拷图到 PPT)，分析购物过程中存在哪些安全问题，为保障整个交易过程的安全性，可采取哪些安全手段(可以用图示方法列出电子商务安全体系结构)，通过 B2C 网站的分析说明电子商务安全的中心内容是什么。

2. 电子商务活动是在互联网上完成的，所以网络安全问题尤为重要。请找一个具体的网络安全案例，分析案例中为保障网络安全所采用的相关软硬件技术及解决方案，并通过案例分析提出自己的观点。

3. 请找两个感染计算机病毒的案例，通过案例分析计算机病毒的分类及防治策略，下载一个杀毒软件安装在计算机上并进行设置(过程拷图)。

4. 请在网上找一个防火墙案例(将网络结构图拷图)，通过案例分析论述各种防火墙的工作原理(包过滤、网关服务器、代理服务器)，常用的防火墙设计方案，防火墙基本配置原则。请下载天网防火墙并安装、设置(过程拷图)。

5. 网上银行使用最广泛的协议是哪种协议，请举出采用这种协议的银行实例，并将使用银行网银过程拷图到 PPT。说明 SET 协议与 SSL 协议的区别，画图表示基于 SET 协议进行购物的交易流程，说明交易流程的主要环节。

6. 请在网上找一个数字证书中心，以实例完成数字证书的申请过程，并保存申请的数字证书(过程，请拷图)。

7. 请查阅相关资料，从安全协议的角度分析 SSL、VPN 的安全性。

项目五 网络营销

项目导读

通过本项目的学习，理解网络营销的定义及功能和特点；认识网络营销对传统营销的影响；理解网络营销的市场调研方法；认识网络广告和站点的推广方法；认识网络营销广告、价格和渠道策略；了解搜索引擎的定义与分类；认识搜索引擎营销的方法；了解移动商务及其营销方法；认识电子商务与客户关系管理之间的关系及具体应用。

项目任务及要求

任务编号	任务名称	要　求	相关知识
任务一	认识网络营销基础	1. 理解网络营销的含义； 2. 掌握网络营销的特点与职能； 3. 认识网络营销与传统营销的区别； 4. 了解网络营销人员具备的能力	1. 网络营销的定义； 2. 网络营销与传统营销的区别
任务二	认识网络营销市场调研	1. 理解网络市场调研的概念、内容与优势； 2. 了解网络市场调研方法	1. 网络市场调研优势； 2. 网络市场调研方法
任务三	认识网络营销工具及方法	1. 了解搜索引擎营销； 2. 认识网络广告营销； 3. 认识电子邮件营销； 4. 认识病毒营销； 5. 了解博客营销； 6. 了解微信营销； 7. 认识微博营销； 8. 了解 App 营销； 9. 了解网络视频营销与视频直播营销； 10. 了解 LBS 精准营销	1. 各种网络营销工具概念； 2. 各种网络营销工具的应用场合
任务四	认识网络营销策略	1. 认识网络营销产品策略； 2. 认识网络营销价格策略； 3. 认识网络营销渠道策略； 4. 认识网络营销促销策略	1. 广告策略； 2. 价格策略； 3. 渠道策略； 4. 促销策略
任务五	案例分析	认识几种典型的网络营销案例	1. 联邦快递的网络营销； 2. 通用汽车的网络营销

案例点击 5－1

星巴克的网络营销

一直以来，星巴克给人的印象是"庄重""商务"。但随着一些"年轻"咖啡品牌的兴起，星巴克也感到了竞争压力，在网络营销方面也开始了一些年轻化、社交化尝试。

微信是星巴克十分重视的营销渠道。星巴克在筹备"冰摇沁爽"系列饮品时，通过微信开展了"自然醒"活动。"自然醒"活动的规则是：星巴克微信粉丝向星巴克微信公众号发送一个表情符号(如兴奋、沮丧或忧伤)，就能立刻获得星巴克按表情符号特别编制的音乐曲目，与星巴克展开一番内容丰富的对话。在实施过程中，星巴克从全国门店开始，先让光顾星巴克的消费者成为其微信公众号的粉丝，然后利用各种活动让粉丝将微信公众号推荐给自己的朋友。趣味性高、互动性强等优势让星巴克微信公众号的粉丝数量短时间内暴增。

微博也是星巴克的一个重要营销阵地。通过微博，星巴克可以发布产品信息(尤其是新饮品信息)，为品牌服务，也可以与消费者互动，建立紧密的关系。星巴克的官方微博经常发布新饮品及周边产品信息。例如，与 DIESEL 联名的限量牛仔裤："大胆融合咖啡文化与牛仔精神，匠心手作＋精选材质，款款唯一＃装得下不同＃，用肆意碰撞，秀出你的独特态度！"该微博传达了品牌理念，使消费者对星巴克的了解不再停留于咖啡本身，而是深入星巴克的咖啡文化层面，进一步提升了品牌影响力。同时，星巴克还利用微博与消费者积极展开互动，如转发抽奖活动。这些活动不仅调动了消费者的参与热情，增强了消费者黏性，还借助消费者的力量扩大了营销信息的传播范围。

2019 年 9 月 16 日，星巴克与淘宝某主播达成合作，首次参与了淘宝直播。在直播中，主播一边介绍手中的星巴克杯子，一边与星巴克定制款天猫精灵互动，为观众演示语音点咖啡的操作。由于该主播直播间的高人气，以及星巴克的优惠价格，3 000 件星巴克联名产品瞬间售罄。除了星巴克联名产品，直播间当天还售出了 9 万多张星冰乐双杯券、38 万多张拿铁电子饮品券、3 万多张橙柚派对双杯券。经估算，这些饮品券可以兑换近 16 万杯饮品，相当于一家较大规模的茶饮店 5 个月的销量。有业内人士分析说，星巴克此次直播营销的真正意图并不是销售产品，而是借该主播的影响力提升品牌的关注度、话题量，并加强线上线下消费者的联动。

从星巴克的网络营销可以看出，当前的网络营销手段十分多元化，企业经常会综合利用不同的营销方式开展网络营销，这也可以说明网络营销对企业的重要性。

思考：

1. 在微信营销中，星巴克是怎么与粉丝互动的，有什么作用？
2. 微博营销中的转发抽奖活动有什么作用？
3. 直播营销对星巴克有什么作用？

任务一　认识网络营销基础

一、理解网络营销的概念

网络营销的定义

网络营销是以互联网为基础实现的信息构建与发布、信息传递与交互、用户沟通与服务等一系列营销活动。在 20 世纪 90 年代中期诞生的网络营销，现在已经成为企业不可或缺甚至是不可替代的营销手段，网络营销能力已经成为互联网时代每个企业以及每个个体必须掌握的基本技能。

网络跟我们的生活也不可分割。我们每个人都可能是网络营销的对象。比如通过手机查看新产品信息、观看含有广告内容的视频，通过平台订餐、看付费的视频节目以及发布一些信息。我们不一定使用网络营销这个词，但一直处在网络营销环境中。

网络营销(On-line Marketing 或 E-marketing)作为一个新生事物，在市场营销中发挥了很多传统营销不具备的作用，并且越来越受到人们的关注。关于网络营销的定义，一般认为网络营销是企业整体营销战略的一个组成部分，是为实现企业总体经营目标所进行的以互联网为基本手段营造网上经营环境的各种活动。网络营销的核心思想就是“营造网上经营环境”，核心意义在于通过互联网向用户传递有价值的信息，为用户创造价值并实现营销目标。

互联网的产生为网络营销提供了技术基础，激烈的市场又推动了网络营销的发展，经济全球化趋势为网络营销奠定了现实基础，消费观念的改变也拉动了网络营销的发展。因此，网络营销是借助互联网、计算机通信和数字交互式媒体，运用新的营销理念、新的营销模式、新的营销渠道和新的营销策略，为达到一定的营销目标所进行的经营活动。网络营销贯穿于网络经营的全过程，从信息发布、市场调查、客户关系管理，到产品开发、制定网络营销策略、进行网上采购、销售及售后服务都属于网络营销的范畴。

由于网络环境在一直变化，因此不同时期不同的互联网应用为网络营销带来了不同的体验。几乎每种常用的互联网工具和服务都有一定的网络营销作用，如常用的浏览器、搜索引擎、电子邮件、博客、QQ、微信、视频、直播等，而以每一种工具为基础，相应地都会产生一种或多种网络营销方法，比如视频又分短视频、长视频以及视频直播等多种形式和营销手段。

二、认识网络营销的职能

网络营销是企业整体营销的一部分，并不仅仅是网上销售，网络营销是手段而不是目的。网络营销有超越时空、表现形式多样、个性化、可以展示丰富的商品类型和详细的商品目录、可以和顾客做双向沟通、可以搜集市场情报、可以进行产品测试与消费者满意调查等特点。如今，无论企业还是个人，网络营销都成为不可或缺的基本素质和能力。

（一）网络营销的职能

对企业而言，将网络营销体系进一步具体化，才可以更加容易理解网络营销的实质和全貌。因此，这里用网络营销的职能来解释网络营销的基本框架。网络营销可以在以下几方面发挥作用：网络品牌建设、信息发布、销售促进、网上销售、顾客服务、顾客关系管理、网上调研、资源合作等。网络营销策略的制定往往也是以这些职能为目的，结合多种网络营销的工具和方法来实现的。

1. 网络品牌建设

网络营销的重要任务之一就是在互联网上建立并推广企业的品牌，可以直接创建品牌，知名企业的网下品牌也可以在网上得到延伸，这都得益于互联网提供的便利条件。无论企业、机构还是个人都可以用适合自己的方式展现品牌形象。移动互联网的发展为网络品牌提供了更多展示机会，其通过一系列的推广措施，达到顾客和公众对企业和个人的认知与认可。

2. 信息发布

发布信息是网络营销的主要方法之一，同时也是网络营销的基本职能。也可这样理解，无论采用哪种网络营销方式，结果都是将一定的信息传递给目标人群，包括顾客/潜在顾客、媒体、合作伙伴、竞争者等。

信息发布需要一定的信息渠道资源，这些资源包括企业网站、电子邮箱、搜索引擎、供求信息发布平台、企业 App、社交网络、企业微博等。掌握尽可能多的网络营销资源，并充分了解各种网络营销资源的特点，向潜在用户传递尽可能多的有价值的信息，是网络营销取得良好效果的基础。

3. 销售促进

营销的基本目的是为增加销售提供帮助，网络营销也不例外。大部分网络营销方法都有直接或间接促进销售的效果，但促进销售并不限于促进网上销售，事实上，网络营销在线上线下的结合方面有重要的价值。

4. 网上销售

企业已经可以以多种形式拥有网上交易场所。网上销售是企业销售渠道在网上的延伸，网上销售渠道建设如自建网站、建立在综合电子商务平台上的网上商店、社交网络销售及分销的微店、参与团购、加盟 O2O 网络成为供货商等，都能达到网上销售的目的。不同规模的企业甚至个人都有可能拥有适合自己的在线销售渠道，许多新兴的企业甚至完全依靠在线销售。

5. 顾客服务

互联网提供了更加方便的在线顾客服务手段，从形式最简单的 FAQ(常见问题解答)，即时信息服务，到邮件、微博及客户端等各种交互形式，同时顾客服务也会直接影响网络营销的效果，因此在线顾客服务成为网络营销的基本组成内容，人工服务和自助服务是主要的服务形式。

6. 顾客关系管理

良好的顾客关系是网络营销取得成效的必要条件，在目前粉丝经济环境下，顾客是社交关系网络中最重要的环节。通过与顾客的交互性、顾客参与等方式在开展顾客服务的同时，也增进了顾客关系。

网络营销的基础是连接，顾客关系是与顾客服务相伴而产生的一种结果，良好的顾客服务能带来稳固的顾客关系。顾客关系对于开发顾客的长期价值具有至关重要的作用，顾客关系是一种泛社交关系，它的范围可以扩展到所有相关的用户以及用户的社交关系网络，在价值观营销的时代，用户关系连接已经是社交电子商务最重要的手段。

7. 网上调研

通过在线调查表或者电子邮件等方式，可以完成网上市场调研。相对传统市场调研，网上调研具有高效率、低成本的特点，因此，网上调研成为网络营销的主要职能之一。网上调研不但为制定网络营销策略提供支持，而且是整个市场研究活动的辅助手段之一。合理利用网上市场调研手段对于市场营销策略的制定具有重要价值。

8. 资源合作

资源合作是独具特色的网络营销手段，为了获得更好的网上推广效果，需要与供应商、经销商、客户以及其他内容、功能互补或者相关的企业建立资源合作关系，实现资源共享以达到利益共享的目的。常见的资源合作形式包括交换链接、交换广告、内容合作、客户资源合作等。

网络营销的各个职能之间并非相互独立，而是相互联系、相互促进的，网络营销的最终效果是各项职能共同作用的结果。

企业的网络营销职能的发挥与网络营销人员个人的知识和技能密切相关，个人网销能力是在学习和实践活动中表现出来的基本素质，是对网络营销工具、方法、规律以及对网络营销资源的利用。

（二）网络营销人员应具备的能力

要想成为一名合格的网络营销人员，应该具备以下几个方面的能力。

1. 信息处理能力

信息处理能力是指对网络营销信息的搜集、分析、统计和总结。网络营销是以海量信息为基础的，一般企业处理的信息包括客户信息、行业信息、竞争对手信息、政策信息以及公司内部的信息，对这些信息的处理就成为网络营销人员的一项基本能力。

2. 网络沟通能力

网络营销的最主要任务是利用互联网的营销手段促成营销信息的有效传播，而交流本身是一种有效的信息传播方式。相比其他沟通方式，互联网上提供了更多交流的机会，合适的沟通方式在一定程度上决定了网络营销中的沟通效果，从而提高网站转化率。

3. 文字表达能力

网络沟通一般都以文字作为信息传递最重要的方式，这就要求网络营销人员具有很强的文字表达能力，要深刻理解各种网络群体的特点和接受信息的方式，了解各种群体的沟通习惯。

4. 网络技术能力

网络营销是技术导向的营销方式，对互联网技术的运用也成为网络营销人员的一项重要能力。网络营销对技术的要求是运用，营销才是技术运用的终极目标，网络营销人员是互联网技术的运用人员对各种互联网应用有着比较好的接纳和学习能力。

5. 网络推广能力

网络推广是网络营销的核心内容，因此，网络营销人员必须熟练运用各种网络推广手段和工具。

6. 思考总结能力

网络营销现在还没有形成非常完善的理论和方法体系，同时也不可能保持现有理论和方法的长期不变，因此在网络营销实际工作中，很多时候需要依靠自己对实践中发现的问题进行思考和总结。

掌握网络营销的知识和技能，对个人而言，是受益终身的资源和能力。网络营销已经成为互联网时代每个人竞争优势的重要来源。

案例点击 5－2

传统制造企业建立了网站就等于做网络营销了吗？

深圳某一肉丸机机械制造公司，从2001年开始通过互联网来宣传自己的公司。一开始只是通过一些免费的信息发布、搜索引擎的注册来宣传自己，虽然只是这样但还是有一点的效果。到下半年公司负责人决定要注册自己的域名建立自己的企业网站。对于中小企业来讲，在当时的背景下，企业想在网络上投的钱是非常少的，除了注册域名、租用网络空间所花费的钱，其他的包括网站建设、宣传推广等方面的工作都不想投入钱，这是因为在当时企业还对此存有疑虑。公司建站后的相当长时间内，由于包括公司创始人在内的公司管理层，对互通网的了解太少，不知道什么样的服务好，什么样的东西有作用，只是在一家网络公司的业务人员的精心说服下才花钱做的服务，当然根本就没有起到什么作用。结果是，至今未给这个企业带来一张订单，每年企业还必须向专业的建设网站的公司付网站建设费用好几千元。

思考：

深圳这一机械公司为何会出现这么被动的局面？如果你是那家公司的负责人，你会怎么办？

三、理解网络营销与传统营销的区别

在介绍网络营销时，我们常提到传统营销，二者的区别表现在以下几个方面。

（一）营销理念不同

我们先看传统营销的4Ps理论：Product（产品）、Price（价格）、Piace（渠道）、Promotion（促销）。网络营销的4Cs理论是指先不急于制定产品策略（Product），而是以研究消费者的需求和欲望（Consumer Wants and Needs）为中心，不是将自己制造的产品强行推销给顾客，而是销售消费者想购买的产品；暂时把定价策略（Price）放在一边，而研究消费者为满足其需求所愿付出的费用（Cost）；忘掉渠道策略（Place），着重考虑消费者购买产品的方便性（Convenience）；抛开促销策略（Promotion），着重于加强与消费者的沟通和交流（Communication）。4Ps与4Cs的整合就是产品以顾客为中心，以顾客能接受的成本定价，以方便顾客的分销渠道为主，促销转向加强与顾客的沟通。

（二）信息沟通模式和内容的转变

网络营销最主要的特征是采用了交互式双向信息传播方式；而传统营销的手段多为单向的信息传播，如电视、杂志、报纸等。网络时代，沟通更加充分而及时，客户可及时查询自己需要的信息。

（三）竞争方式的差异

网络营销通过网络虚拟空间进入企业家庭等现实空间，不再是传统的在现实空间中展开竞争。从实物到虚拟市场的转变，使更多的企业尤其是中小企业能与传统的有实力的规模企业站在同一起跑线上，充分利用互联网，比过去拥有了更多的成功机会。

四、了解网络营销的发展趋势和前景

网络营销的发展，得益于各类专业技术的不断涌现和快速发展，这些新技术和新应用在各自的领域不断创新，使得信息传输更快、交互更灵活、互联网的应用更人性化。我们一般这样划分，过去计算机时代常用的网络营销工具有网站及网站推广、搜索引擎、博客、wiki 社区、邮件以及 QQ 等，随之而产生的网络营销称为传统网络营销；随着移动互联的发展，有了视频网站、微信、公众号、小程序、微博、客户端等互联网的应用，随着这些应用而产生的营销方法称为新网络营销。

2009 年，微博的出现标志着自媒体时代的开始。2011 年，微信的横空出世更是在自媒体基础上将互联网全面推进到移动互联网时代，网络营销的方式变得多姿多彩。

我们不把微信只当成一个 App 看待，就是因为，微信一出现就带有所有的网络营销功能，如信息传递、交互、社区等，把移动互联的大部分应用都能体现在一个微信应用中，移动互联网带来的是技术与传播方式两方面的颠覆式创新。从传播角度来看，与传统互联网（计算机时代）相比，移动互联网的不同体现在以下三个方面：一是以语音、图片和影像视频为主打破了以文字内容为主的应用，二是自媒体代替了编辑主导，三是泛娱乐化和碎片化代替了深度思考。“以语音、图片和影像为主”的表现就是视频化趋势，“自媒体代替编辑主导”的表现就是社交化趋势，“泛娱乐化和碎片化”的表现就是内容轻量化趋势，加上移动互联本身的移动化趋势，这四大趋势代表了当下移动互联网传播营销的发展方向。

2014 年以前，网络营销以技术创新和流量获取为主，也就是常说的“流量为王”“流量换钱”。2014 年以后，在移动网络和新媒体的不断冲击下，网络营销的营销思维产生了颠覆性的改变，技术和流量的重要性逐步淡化，社交与价值观认同成为主要的粉丝转化方式。企业开展网络营销不再只关注如何发布产品，通过什么渠道发布产品，铺天盖地的网络广告不再那么具有轰动性，取代它们的是品牌和“粉丝”，也就是常说的“粉丝经济”，企业主要依靠品牌影响力和“粉丝”忠诚度实现盈利。

可以预见，未来网络营销将“以人为主”。网络营销的核心是人，网络技术、设备以及网页内容起到辅助性的作用，旨在关注客户价值，以客户价值为中心。企业在吸引“粉丝”关注的基础上，进一步建立客户与客户之间、客户与企业之间价值关系网络，强调客户的价值，以便更好地满足客户多元化、个性化的需求。

任务二 认识网络营销市场调研

案例点击 *5－3*

哈根达斯天猫旗舰店在线调查

哈根达斯在同类企业中，总是走在电子商务的最前沿。作为第一批开通天猫商城官方旗舰店的国际知名企业之一，它在天猫商城的运营过程中也遇到不少问题。店铺开张之初，引来了大批的流量，但是实际的转化率却不高。

通过初步的用户调查，哈根达斯发现，绝大部分访客对哈根达斯的品牌都非常喜爱，并且很多都是慕名而来，为的就是看看哈根达斯的天猫旗舰店。因此，哈根达斯天猫旗舰店每日的UV甚至超过了10 000，但实际的转化率并不理想，于是便借助天会调研宝，展开了客户行为和态度的研究(U&A)。

二维码是导致客户转化率低的主要原因。通过天会调研宝的在线调查，哈根达斯发现，页面中大量使用了二维码，而对消费者没有进行充足的解释，导致消费者迷惑，这是转化率低的罪魁祸首。

由于冰激凌并不便于通过常规渠道运送，故哈根达斯采取了二维码的形式来发货，通过微信或者邮件的形式将二维码发送至访客的手机上，访客凭借手机中的二维码到实体店中兑换冰激凌。

虽然这在一定程度上给访客带来了便利，但由于缺乏充分的沟通和说明，引起了消费者的困惑，使得店铺的转化率低下。哈根达斯设计了一个调查问卷来了解客户的想法，如图5－1所示。

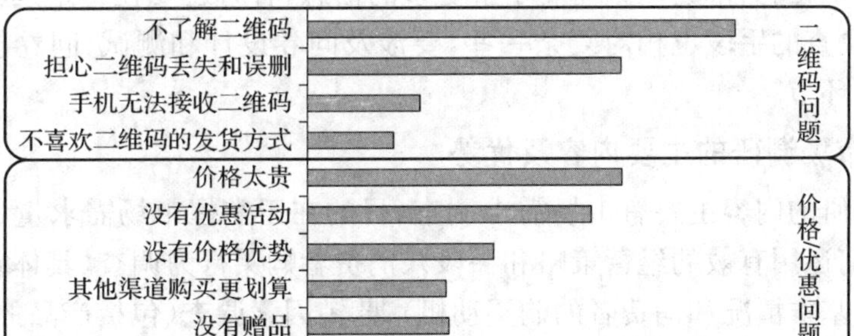

图5－1 哈根达斯天猫旗舰店转化率低下的原因调查

根据调研结果，哈根达斯公司制订了以下3个改进方案来提升客户转化率。

(1) 店铺首页增加详细的二维码说明。

(2) 开展仅限网购的促销活动。

(3) 突出二维码购物“送亲友”概念。

改进后，哈根达斯天猫旗舰店转化率提升了0.3%(店铺每天UV>10 000)

思考：

哈根达斯天猫旗舰店如何通过在线客户行为和态度研究(U&A)提升店铺转化率。

一、了解网上市场调研

调研定义、特点与方法

(一) 网上市场调研的概念

市场调研是指以科学的方法，系统地、有目的地搜集、整理、分析和研究所有与市场有关的信息，特别是有关消费者的需求、购买动机和购买行为等方面的市场信息，从而得出解决问题的建议，以作为营销决策的基础。

从市场调研的程序上来说，网上市场调研与传统的市场调研没有区别，一个完整的市场调研过程都从明确调研问题及目标开始，接着进行市场调研设计，搜集市场信息资料、整理分析资料，最后是撰写市场调研报告。但是网上市场调研所采用的信息搜集方式有所不同，因而对市场调研设计中的部分内容(如在线调查表的设计、发放和回收等)也提出了不同的要求。

我们在浏览网站时常常会看到一些小调查，如一些网站对某一问题(如大赛)的一些预测，一般有少数几个选择项目，比如“满意”“不满意”“一般”等，当选定一个答案并单击提交后，就参与了一次在线调查，这是最简单的一种网上市场调研。不过，用于企业的市场调研一般不会这么简单，因为市场调查需要了解更多的信息，有时还要在特定人群中选择合适的被调查者，因此调查的手段也相对复杂一些，要涉及问卷设计和测试、问卷投放和回收以及数据处理等多个环节。

(二) 网上市场调研的主要内容及优势

网上市场调研的内容主要有市场需求调查(目的在于掌握市场需求量、市场规模、市场占有率，以及如何运用有效的经营策略和手段)、消费者购买行为调查(具体包括消费者的家庭、地区、经济等基本情况和消费者的购买动机)、营销因素调查(包括产品的调查、价格的调查、分销渠道的调查、广告策略的调查、促销策略的调查)等。

网上市场调研虽然也存在一些问题，但其优势也是非常突出的，主要表现在以下三个方面。

1. 网上市场调研的互动性

这种互动不仅表现在消费者对现有产品的发表意见和建议，更表现在消费者对尚处于概念阶段产品的参与，这种参与将能够使企业更好地了解市场的需求，而且可以洞察市场的潜在需求。

2. 网上市场调研的及时性

网络传输速度快，一方面调研的信息传递到用户的速度加快，另一方面用户向调研者反馈的信息传递速度也加快了，这就保证了网上市场调研的及时性。

3. 网上市场调研的便捷性和经济性

无论是对调查者还是被调查者，网络调查的便捷性都是非常明显的。调研者在其站点或专业调查的网站上发布其调查问卷或通过邮件发送给被调查者即可，而且在整个调查过程中，调查者还可以对问卷进行及时修改和补充，而被调查者只要有一台计算机、一个调制解调器和一部电话就可以快速、方便地反馈其意见，当然前提条件是被调查者愿意参与。

对于反馈的数据，调查者也可以快速、便捷地进行整理和分析，因为反馈的数据可以直接形成数据库。这种方便性和快捷性大大地降低了市场调研的人力和物力耗费。

二、了解网上市场调研的方法

市场调研是针对特定营销环境进行简单调查设计、搜集资料和初步分析的活动。当确定了调研主题之后，最重要的任务就是搜集资料和处理调查数据。调研的方法主要有以下两种。

（一）网上直接市场调研

网上直接市场调研是指利用互联网技术，通过网上问卷等形式调查网络消费者行为及其意向的一种市场调研类型。按调研的思路不同可以分为网上问卷调研和网上论坛调研等方法。

（二）网上间接市场调研

网上间接市场调研主要利用互联网搜集与企业营销相关的市场、宏观环境等方面的信息。网上间接市场调研使用的渠道有搜索引擎、公告栏、相关网站、BBS及其他网络媒体。

任务三 认识网络营销工具及方法

一、了解搜索引擎营销

（一）搜索引擎营销的定义与分类

1. 搜索引擎营销的概念

搜索引擎营销（Search Engine Marketing，SEM），简单来说就是基于搜索引擎平台的网络营销，利用人们对搜索引擎的依赖和使用习惯，在人们检索信息的时候尽可能将营销信息传递给目标客户。搜索引擎营销追求最高的性价比，以最小的投入获取最大的来自搜索引擎的访问量，并产生商业价值。

搜索引擎营销的最主要工作是扩大搜索引擎在营销业务中的比重，通过对网站进行搜索优化，更多地挖掘企业的潜在客户，帮助企业实现更高的转化率。

搜索引擎（Search Engine）是指根据一定的策略、运用特定的计算机程序搜集互联网上的信息，在对信息进行组织和处理，并将处理后的信息显示给用户，是为用户提供检索服务的系统。

2. 搜索引擎营销的分类

(1) 全文索引。

全文搜索引擎是名副其实的搜索引擎，国外代表有 Google，国内则有著名的百度搜索。它们从互联网提取各个网站的信息(以网页文字为主)，建立起数据库，并能检索与用户查询条件相匹配的记录，按一定的排列顺序返回结果。

根据搜索结果来源的不同，全文搜索引擎可分为两类，一类拥有自己的检索程序(Indexer)，俗称“蜘蛛”(Spider)程序或“机器人”(Robot)程序，能自建网页数据库，搜索结果直接从自身的数据库中调用，上面提到的 Google 和百度就属于此类；另一类则是租用其他搜索引擎的数据库，并按自定的格式排列搜索结果，如 Lycos 搜索引擎。

(2)目录索引。

目录索引虽然有搜索功能，但严格意义上不能称为真正的搜索引擎，只是按目录分类的网站链接列表而已。用户完全可以按照分类目录找到所需要的信息，不依靠关键词(Keywords)进行查询。目录索引中最具代表性的莫过于大名鼎鼎的 Yahoo、新浪分类目录搜索。

(3) 元搜索引擎。

元搜索引擎(META Search Engine)接受用户查询请求后，同时在多个搜索引擎上搜索，并将结果返回给用户。

(4) 其他非主流搜索引擎形式。

a. 集合式搜索引擎。该搜索引擎类似元搜索引擎，区别在于它并非同时调用多个搜索引擎进行搜索，而是由用户从提供的若干搜索引擎中选择，如 HotBot 在 2002 年年底推出的搜索引擎。

b. 门户搜索引擎。AOL Search、MSN Search 等虽然提供搜索服务，但自身既没有分类目录也没有网页数据库，其搜索结果完全来自其他搜索引擎。

(3) 免费链接列表(Free For All Links ，FFA) 。

3. 搜索引擎营销的工作原理

(1) 抓取网页。

每个独立的搜索引擎都有自己的网页抓取程序(spider)。Spider 顺着网页中的超链接，连续地抓取网页。被抓取的网页被称之为网页快照。由于互联网中超链接的应用很普遍，理论上，从一定范围的网页出发，就能搜集到绝大多数的网页。

(2)处理网页。

搜索引擎抓到网页后，还要做大量的预处理工作，才能提供检索服务。其中，最重要的就是提取关键词，建立索引文件。其他还包括去除重复网页、分析超链接、计算网页的重要度。

(3) 提供检索服务。

用户输入关键词进行检索，搜索引擎从索引数据库中找到匹配该关键词的网页；为了用户便于判断，除了网页标题和 URL 外，还会提供一段来自网页的摘要以及其他信息。

（二）了解索引擎营销的方法

1. 搜索引擎营销的基本思想

搜索引擎营销的基本思想是让用户发现信息，并通过点击进去网站/网页进一步了解他所需要的信息。在介绍搜索引擎策略时，一般认为，搜索引擎优化设计主要目标有 2 个层次：被搜索引擎收录、在搜索结果中排名靠前。这已经是常识问题，多数网络营销人员和专业服务商对搜索引擎的目标设定也基本处于这个水平。

但从目前的实际情况来看，仅仅做到被搜索引擎收录并且在搜索结果中排名靠前还很不够，因为取得这样的效果实际上并不一定能增加用户的点击率，更不能保证将访问者转化为顾客或者潜在顾客，因此只能说是搜索引擎营销策略中两个最基本的目标。

2. 搜索引擎营销方法

搜索引擎营销主要实现方法包括竞价排名、分类目录登录、搜索引擎登录、付费搜索引擎广告、关键词广告、TMTW 来电付费广告、搜索引擎优化（搜索引擎自然排名）、地址栏搜索、网站链接策略等。

搜索引擎营销追求最高的性价比，以最小的投入获取最大的来自搜索引擎的访问量，并产生商业价值。

二、认识电子邮件营销

电子邮件是直接传递信息的网络工具。电子邮件营销（E-mail Direct Marketing，EDM）是在用户事先许可的前提下，通过电子邮件的方式向目标用户传递价值信息的一种网络营销手段。电子邮件营销有 3 个基本因素：用户许可、电子邮件传递信息、信息对用户有价值。三个因素缺少一个，都不能称为有效的电子邮件营销。电子邮件营销是利用电子邮件与受众客户进行商业交流的一种直销方式，同时也广泛地应用于网络营销领域。电子邮件营销是网络营销手法中最古老的一种，可以说电子邮件营销比绝大部分网站推广和网络营销手法都要老。例如，某网站有 50 万人的注册用户，将优惠的信息用电子邮件的方式告诉他们肯定比在网站上登广告要直接和容易得多。但这么多年来电子邮件一直没有很好地发挥作用，原因有二：一是受到垃圾邮件的干扰，二是短信、微信等新兴通信工具的兴起和大量运用对其产生了分流。

（一）电子邮件营销的特点

1. 覆盖人群的范围广

随着互联网的迅猛发展，中国的网民规模已接近 11 亿。面对如此巨大的用户群，作为现代广告宣传手段的电子邮件营销正日益受到人们的重视。只要你拥有足够多的电子邮件地址，就可以在很短的时间内向数千万目标用户发布广告信息（此外，电子邮件营销的范围可以是中国全境乃至全球）。

2. 操作简单，效率高

使用专业邮件群发邮件，单机可实现每天数百万封的发信量。操作人员不需要懂得高深的计算机知识，不需要烦琐的制作及发送过程，发送上亿封的广告邮件一般几个工作日便可完成。

3. 成本低廉

电子邮件营销是一种低成本的营销方式，所有的费用支出就是上网费，成本比传统广告形式要低得多。

4. 应用范围广

采用电子邮件营销，其广告内容不受限制，适合各行各业。因为广告的载体就是电子邮件，它具有信息量大、保存期长的特点，具有长期的宣传效果，而且收藏和传阅非常简单、方便。

5. 针对性强，反馈率高

电子邮件本身具有定向性，企业可以针对某一特定的人群发送特定的广告邮件，也可以根据需要按行业或地域等进行分类，然后针对目标客户进行广告邮件群发，使宣传一步到位，这样做可使行销目标明确，达到比较好的效果。

（二）电子邮件营销存在的问题

因为邮件营销的价格低，一些公司不注重网络礼仪，随意并大肆群发垃圾邮件，使得邮件营销的信誉越来越低。从用户角度看，邮件营销存在以下3个方面的问题：

(1) 用户对提供的邮件内容不感兴趣，而且发件人还经常匿名，正文中一般没有规范的公司名称和回邮地址，用户将其称为“垃圾邮件”。

(2) 部分商家不尊重用户权利，在用户不知情的情况下强制用户接收邮件，而且用户无法取消订阅和拒收。

(3) 主题与内容不相符。有些公司主观上可能并不想发送一些对网民来说无用的信息，只不过不知道如何进行正规营销。

避开以上这3条，垃圾邮件营销就会变为许可电子邮件营销。

（三）许可电子邮件营销

许可电子邮件营销是指在用户事先许可的前提下，通过电子邮件的方式向目标用户传递有价值信息的一种网络营销手段。这种电子邮件营销有3个基本因素：用户许可、电子邮件传递信息、信息对用户有价值。

由此可见，要进行邮件营销是需要一定的条件的。在许可电子邮件营销的实践中，企业最关心的问题是：许可电子邮件营销怎么得到用户的许可。获得用户许可的方式其实有很多，如用户为获得某些服务而注册为会员，或者用户主动订阅新闻邮件、电子刊物等。也就是说，许可营销是以向用户提供有一定价值的信息或服务为前提，让用户在主动获取这些信息的同时留下邮箱地址等通信方式。

可见，开展电子邮件营销需要解决3个基本问题：向哪些用户发送电子邮件、发送什么内容的电子邮件，以及如何发送这些邮件。许可电子邮件营销有以下5个特点：

(1) 有退订功能。

(2)有真实的联系方式，包括地址、电话、邮箱和网址。

(3) 主题与内容一致，不出现虚假信息。

(4) 内容有价值，外表美观，有明确的内容，围绕同一主题，邮件每次发送都要有不同的表现形式。

(5) 有专人定向搜集和整理邮件地址，也称邮件列表，有详细的发送记录、发送计划、用户资料管理、退信管理、用户反馈跟踪等管理工作。

（四）电子杂志是电子邮件营销常用的手段

电子杂志是定期向订阅客户发送的关于某特定主题的一系列电子邮件。电子杂志可以通过网站发行或者通过电子邮件和网站两个渠道发行，这里只讨论通过电子邮件发行的电子杂志。从许可的角度讲，电子杂志获得的许可要多于简单的电子邮件营销，因此它通常能收到更好的效果，在保持同顾客的关系方面的优势尤其明显。

一般电子商务网站的转化率在1%是正常的，也就是说，在一般情况下，99%的潜在客户来到某网站之后没买东西就离开，以后再也不会回来了。这对前期所有网站推广的成效实在是一个浪费。我们再想象另外一个场景：一个浏览者来到某网站，他想买某种商品或有个问题要解决，而该网站刚好能满足他的要求。不过毕竟是第一次来，用户虽然感兴趣，但有99%的可能并不会马上购买。如果“刚好”该网站提供电子杂志，并且注册电子杂志的用户可以得到10元优惠券，外加免费电子书，而电子书讨论的话题正是这个潜在用户想解决的问题，那么该潜在用户就有可能填上名字及邮件地址，得到优惠券及电子书。

网站运营者拿到潜在客户的电子邮件地址，也就抓住了后续沟通的机会，可以不断提醒潜在用户该网站的存在。用户通过订阅的电子书、电子杂志、电子新闻、“收到的”节日问候等会更加信任该网站。这些重复的提醒，能使潜在客户记住该网站，当他决定要买这个产品时，该网站就排在他的备选网站的最前面。

如果网站设计以及电子杂志策划得当，注册电子杂志的转化率达到20%左右也是常见的。相对于1%的销售转化率，通过电子邮件营销将极大地提高最终销售转化率。电子邮件营销还使网站营销人员能长期与订户保持联系。订阅者连续几年看同一份电子杂志是很常见的。互联网上的信息令人眼花缭乱，多不胜数，能连续几年保持与同一个订户的固定联系，在当今的互联网上是十分难能可贵的财富。以这种方式建立的强烈信任和品牌价值很少有其他网络营销方式能够达到。网站有任何新产品或有打折促销活动，都能及时传达给这批长期订户，销售转化率也比随机来到网站的用户高得多。

三、认识网络广告营销

网络广告发源于美国。1994年10月14日是网络广告史上的里程碑，美国著名的*Hotwired*杂志推出了网络版的*Hotwired*，并首次在网站上推出了网络广告，这立即吸引了AT&T等14个客户在其主页上发布广告。10月27日，当一个468×60像素的banner广告出现在页面上时，标志着网络广告的正式诞生。更值得一提的是，当时的网络广告点击率高达40%。

网络广告

网络广告就是利用网站上的广告横幅、文本链接、多媒体等形式，在互联网刊登或发布广告，并通过网络传递到互联网用户的一种高科技广告运作方式。与传统的四大传播媒体（报纸、杂志、电视、广播）广告及户外广告相比，网络广告具有得天独厚的优势，是实施现代营销媒体战略的重要部分。互联网是中小企业扩展影响力的很好的途径，对于有广泛国际业务的公司更是如此。

（一）网络广告的任务

1. 准确表达广告信息

广告设计是一门实用性很强的学科，有明确的目的性，准确传达广告信息是广告设计的首要任务。在现代商业社会中，商品和服务信息绝大多数都是通过广告传递的，平面广告通过文字、色彩、图形将信息准确地表达出来，而二维广告则通过声音、动态效果表达信息，通过以上各种方式，商品和服务才能被消费者认识和接受。由于文化水平、个人经历、受教育程度、理解能力的不同，消费者对信息的感受和反应也会不一样，因此设计广告时须仔细把握。

2. 树立企业的品牌形象

企业的形象和品牌决定了企业和产品在消费者心中的地位，这一地位通常靠企业的实力和广告战略来维护与塑造。在平面广告中，报纸广告、杂志广告由于受众广、发行量大、可信度高而具有很强的品牌塑造能力，而结合二维广告，则可以使平面广告的塑造力大大增强。"双十一"就是完全通过网络广告运作的网络节日，已经成为网络最盛大的购物节。

3. 引导消费

平面广告一般可以直接送到消费者手中，而且信息详细、具体，因此，如购物指南、房产广告、商品信息等都可以引导消费者去购买产品。二维广告的动态性，让人感觉更生动、更有冲击力，从而能更好地激发消费者消费的欲望。

4. 满足消费者的审美要求

一幅色彩绚丽、形象生动的广告作品能以其非同凡响的美感力量增强广告的感染力，使消费者沉浸在商品和服务形象给予的愉悦中，使其自觉地接受广告的引导。因此，在设计广告时要注意物质文化和生活方式的审美再创造，通过夸张、联想、象征、比喻、诙谐、幽默等手法对画面进行美化处理，使之符合人们的审美需求，以激发消费者的审美情趣，从而有效地引导其在物质文化和生活方式上的消费观念。

（二）网络广告的计费方式

1. 按展示计费

CPM(Cost Per Mille/Cost Per Thousand Impressions)：每千次印象费用。广告每显示千次(印象)的费用。CPM 是最常用的网络广告定价模式之一。

CPTM(Cost Per Targeted Thousand Impressions)：经过定位的用户的千次印象费用(如根据人口统计信息定位)。

CPTM 与 CPM 的区别在于，CPM 是所有用户的印象数，而 CPTM 只是经过定位的用户的印象数。

2. 按行动计费

(1) CPC(Cost-per-click)：根据广告被点击的次数收费，如关键词广告一般采用这种定价模式。

(2)PPC(Pay-per-click)：根据点击广告或者电子邮件信息的用户数量来付费的一种网络广告定价模式。

(3) CPA(Cost-per-action):每次行动的费用,即根据每个访问者对网络广告所采取的行动收费的定价模式。对于用户行动有特别的定义,包括形成一次交易、获得一个注册用户或者对网络广告的一次点击等。

(4) CPL(Cost for Per Lead):按注册成功支付佣金。

(5) PPL(Pay-per-lead):根据每次通过网络广告产生的引导付费的定价模式。例如,广告客户为访问者点击广告完成了在线表单而向广告服务商付费。这种模式常用于网络会员制营销模式中为联盟网站制定的佣金模式。

3. 按销售计费

(1) CPO 广告(Cost-per-order),也称为 Cost-per-transaction:根据每个订单/每次交易来收费的方式。

(2)PPS 广告(Pay-per-sale):根据网络广告所产生的直接销售数量而付费的一种定价模式。

(三) 网络广告的分类

1. 横幅广告

横幅广告又称旗帜广告(Banner),是以 GIF、JPG、Flash 等格式建立的图像文件,它在网页中大多用来表现广告内容,一般位于网页的最上方或中部的横幅广告,用户注意程度比较高。同时还可使用 Java 等语言使其产生交互性,用 shockwave 等插件工具增强表现力,这些都是经典的网络广告形式。横幅广告是目前网络广告中最常见的一种形式,通常是一个大小为 468×60 像素的图片,通过广告语和其他内容表现广告主题。

2. 竖幅广告

竖幅广告位于网页的两侧,广告面积较大、较狭窄,能够展示较多的广告内容。

3. 文本链接广告

文本链接广告是以一排文字作为一个广告,点击链接可以进入相应的广告页面。这是一种对浏览者干扰最少,但却比较有效果的网络广告形式。

4. 按钮广告

按钮广告一般位于页面两侧,根据页面设置有不同的规格,动态展示客户要求的各种广告效果。

5. 浮动广告

浮动广告是一种在页面中随机或按照特定路径飞行的广告形式。

6. 插播式广告(弹出式广告)

插播式广告是指访客在请求登录网页时强制插入的一个广告页面或弹出的广告窗口,它们有点类似电视广告,都是打断正常节目的播放,强迫观看。插播式广告有各种尺寸,有全屏的也有小窗口的,而且互动的程度也不同,从静态的到全部动态的都有。

7. 富媒体广告

富媒体广告一般指使用浏览器插件或其他脚本语言、Java 语言等编写的具有复杂视觉效果和交互功能的网络广告。这些效果的使用是否有效,一方面取决于站点的服务器端设置，另一方面取决于访问者浏览器是否能查看。一般来说，富媒体广告能表现更多、更精彩的广告内容。

8. 其他新型广告

其他新型广告主要有关键字广告、视频广告、路演广告、巨幅连播广告、翻页广告、祝贺广告、论坛广告等。

（四）网络广告的实施步骤

成功的网络广告，是在企业网络营销的整体战略指导下的一个重要组成部分。目前，网络广告的价格已经不是人们过去认为的价格洼地，其高昂的价格也不是所有的中小企业所能承受的，因此要根据企业网站建设的整体规划，要求网络广告的效果测定的内容必须与广告主所追求的目的相关。举例来说，倘若广告的目的在于推广新产品或改进原有产品，那么广告评估的内容应针对广告受众对品牌的印象；若广告的目的在于在已有市场上扩大销售，那么应将评估的内容重点放在受众的购买行为上。

实施网络广告可以参考以下几个步骤：

(1) 确立网络广告目标。

(2)确定网络广告预算。

(3) 广告信息决策。

(4) 网络广告媒体资源选择。

(5) 网络效果监测和评价。

同传统的广告媒体相比，网络广告的易统计和可评估性、广告受众数量的可统计性都给商家进行广告策略的调整带来便利。根据有效原则，评估工作必须达到测定广告效果的目的，要以具体的、科学的数据结果而非虚假的数据来评估广告的效果。因此，那些掺入了很多水分的高点击率等统计数字用于网络广告的效果评估中是没有任何意义的，这就要求采用多种评估方法，多方面地综合考察，使对网络广告效果进行评估得出的结论更加有效。

四、认识病毒营销

病毒营销(Viral Marketing)，又称病毒式营销、病毒性营销、基因行销或核爆式行销，是通过用户的口碑宣传，信息像病毒一样传播和扩散，利用快速复制的方式传向数以千计、数以百万计的受众。也就是说，通过提供有价值的产品或服务，“让大家告诉大家”，通过别人为你宣传，实现“营销杠杆”的作用。病毒式营销已经成为网络营销最独特的手段，被越来越多的商家和网站成功利用。

病毒式营销利用的是用户口碑传播的原理。在互联网上，这种“口碑传播”更方便，可以像病毒一样迅速蔓延，因此病毒式营销成为一种高效的信息传播方式。由于这种传播是在用户之间自发进行的，因此它是几乎不需要费用的网络营销手段。和传统行销相比，受众自愿接受的特点使得病毒式营销的成本更少，收益更多。

（一）病毒营销的运用规则

1. 确定有影响力的个人群体

确定有影响力的个人群体，如论坛版主和博客主人及圈主，与他们取得联系并提供额外的服务。版主、编辑、博主等是网络化所特有的一类网络内行。这些传播人掌握着一些网络热点内容发布和展示的资源，他们有的甚至是网络社会消费观念的风向标。营销经理们应该创建一个工作计划，和适合自己宣传的站点编辑以及论坛版主定时联系，因为这群人天天接触网民，了解网民的习惯和爱好，他们甚至能预测一个文字链接内容如何修改就将增加多少关注，因此咨询专业的编辑能帮助营销人员把握整个营销活动中的各个细节。不要小看这些细节，它很可能让整个活动效果提升20%以上。版主对于网络社区，就像是社区里的热点人物，他们不仅仅是社区管理员，他们的观点更被一帮人所关注，他们扮演的是相对拥有人格魅力的角色。因此充分与这类有影响力的人沟通并获得他们的支持，将会使活动传播更快、更有效。这也是很多互联网企业喜欢召开版主讨论会的原因。

2. 设计具有较高传播性的内容

要设计具有较强传播性的传播体、有较高谈论价值的信息内容或是幽默的可传播性强的内容。针对某个行业或某个职业的人群，如果能设计出与其职业相关的幽默内容且在同行中广泛传播，那么该广告的投放就会相当精准。这里最关键的是广告内容是否符合以下两个条件：第一，是否体现了产品的特征，即别人是否看得明白；第二，是否有传播欲望，即传播对象是否为准人群和潜在人群。

3. 关注传播细节

关注传播细节是将创意传播给某些人以产生意见带头人或社会团体中有影响力的人，如某些兴趣团体的领头人。这些人有时候在网络上各个兴趣团体中都已经拥有自己的圈子，很容易找到。但让这些人参与进来是需要技巧的，如果仅仅是金钱的引诱，不一定能达到很好的效果。只有他们愿意主动分享，才是被传播者也愿意分享的。企业只有在互联网传播过程中综合考虑这些因素，充分把握网络环境和网络人群的力量，才能真正发挥网络营销的威力。

（二）病毒营销的成功要素

一个有效的病毒营销战略可以归纳为以下6项基本要素。一个病毒营销战略不一定要包含所有要素，但是包含的要素越多，营销效果可能越好。

(1) 提供无须努力地向他人传递信息的方式。

(2)提供有价值的产品或服务。

(3) 利用现有的通信网络。

(4) 利用别人的资源。

(5) 利用公众的积极性和行为。

(6) 信息传递范围很容易从小向很大规模扩散。

五、了解博客营销

（一）博客与博客营销

要了解什么是博客营销，首先要知道什么是博客。博客最初的名称是 weblog，由 web 和 log 两个单词组成，按字面意思解释就是"网络日记"，后来喜欢新名词的人把这个词的发音故意改了一下，读成 we blog。由此，blog 这个词便被创造了出来。

博客这种网络日记的内容通常是公开的，博主可以发表自己的网络日记，也可以阅读别人的网络日记，因此，博客可以理解为一种个人思想、观点、知识等在互联网上的共享。由此可见，博客具有知识性、自主性、共享性等基本特征。博客营销是一种基于包括思想、体验等表现形式的个人知识资源的网络信息传递形式。博客营销是利用博客这种网络应用形式开展网络营销的工具。公司、企业或者个人利用博客这种网络交互性平台，发布并更新企业、公司或个人的相关概况及信息，密切关注并及时回复平台上客户对于企业或个人的相关疑问以及咨询，并通过较强的博客平台帮助企业或公司零成本获得搜索引擎的收录和关注，以达到宣传目的。

与博客营销相关的概念还有企业博客、职业博客、营销博客等，这些也都是从博客具体应用的角度来描述的，主要区别于那些出于个人兴趣甚至以个人隐私为内容的个人博客。其实无论是企业博客还是营销博客，一般来说写博客都是个人行为(当然也不排除有某个公司集体写作同一博客主题的可能)，只不过在写作内容和出发点方面有所区别：企业博客或者营销博客具有明确的企业营销目的，博客文章中或多或少会带有企业营销的色彩。

真正的博客营销应靠原创的、专业化的内容吸引读者，培养一批忠实的读者，在读者群中建设信任度、权威度，形成个人品牌，进而影响读者的思维和购买决策。

新浪博客是目前仍在运营的博客，由于微博的冲击，很多博客平台已经停止提供服务，但博客的双向沟通带来的影响一直都在，其运营的技巧和方法对微博营销也适用。

（二）博客营销的技巧

博客的作用与商业价值是建立在一个博客运作成功的基础之上的。试想，如果你的博客粉丝寥寥，关注者非常少，怎么可能达到效果？以下是企业能够正确、快速地进行博客营销的操作技巧与禁忌。

1. 塑造个性化

如果一个浏览者觉得你的博客和其他博客差不多，或是别的博客可以替代你的博客，就说明你的博客是不成功的。这和品牌与商品的定位一样，从功能层面就要做到差异化，在感性层面也要塑造个性。这样的博客具有很高的黏性，可以持续积累粉丝与关注，因为此时的你有了不可替代性与独特的魅力。

2. 强化互动性

博客的魅力在于互动，拥有一群不说话的“粉丝”是很危险的，因为他们慢慢会变成不看你内容的“粉丝”，直至离开。因此，互动性是使博客持续发展的关键。首先应该注意的问题就是，企业宣传信息不能超过博客信息的10%，最佳比例是3%～5%。更多的信息应该融入“粉丝”感兴趣的内容之中。

3. 提高专业化水平

企业博客定位专一很重要，但是专业更重要。同市场竞争一样，只有专业才可能超越对手，持续吸引关注，专业是一个企业博客重要的竞争力指标。博客不是企业的装饰品，如果不能做到专业，只流于平庸，倒不如不去建设企业博客，因为作为一个“零距离”接触的交流平台，负面的信息与不良的用户体验很容易迅速传播开，并给企业带来不利的影响。

4. 注重方法与技巧

很多人认为，博客就是短信，就是随笔，甚至就是“唠嗑”。对个人博客来说也许的确如此，但是对一个企业博客来说，就不能如此，因为企业开设博客不是为了消遣娱乐，而是以创造价值为己任，担当这样使命的企业博客在经营上自然也更困难与复杂。

（三）企业博客的运作

网络时代提倡全员营销，而博客是最合适的场所。

互联网上有了博客以后，尤其当博客不再是个人日志，而是可以成为一种营销工具以后，它已经具备广告等其他营销方式所不具备的互动功能。很多企业已经意识到博客的妙用，并积极尝试使用博客为自己的企业目标服务。

专业的企业博客一般由以下四类人作为博客写手。

（1）企业家。企业家写博客，许多文章直接表现为写产品文化，是一种在高层次上推介产品的办法。这类博客能够呈现出公司元老的最初见解，他们是真实的人，具有普通人可以亲近的一面，而且都是比较成功的人。如果这类博客经营得当，就能够成功营造出和谐与信赖感，传达公司的重要信息，对产业话题做出回应，让大家了解公司的状况。

（2）企业员工。很多企业的博客是由不同职业的员工或几个员工来当博客写手的，在博客写手中是比较有代表性的。这样的博客写手一般对公司的某一些方面比较专业，如软件开发人员、律师、会计师、营销专家等，因此当他们传播消息时，大家都会仔细倾听。这类博客不仅会传播知识，还会告诉大家消息的真正含义。比如，微软在测试新的搜索引擎以前，MSN 搜索小组的博客写手便使用博客发布产品信息，坦承哪些地方还需要再改进，并告诉大家产品的开发方向，让大家对产品产生信赖感与期待感。

（3）企业聘用的写手。目前有专门使用博客做营销的网络营销公司或称公关公司，由博客写手帮助企业打造企业博客。

（4）消费者。如果能让消费者主动为企业宣传，那将是最难能可贵的事情了，当然企业也在后面推波助澜。例如，世界 500 强之一的美国宝洁公司，它的博客在全世界有 2 000 万个注册客户。宝洁公司投放了大量的优惠券，鼓励老客户在宝洁的博客里为新产品叫好，而奖券让他们在世界各地购买宝洁产品的时候得到折扣和实惠。

把博客当成营销的工具，就是为了让大家在公开的场合呈现真实的自我，从而达到营销的目的。

任务四　认识网络营销策略

网络营销策略

现代市场营销的主旨是用户导向，然而迄今为止，大多数企业的市场营销都是单向的，即依赖各种各样的媒体广告来促进顾客接受，再以各种各样的调查研究方式来了解顾客的需求。两种过程在大多数场合下是分离的。而互联网则提供了企业与顾客双向交流的通道，使企业得以发展规模化的、交互式的市场营销方式。这种交互式的市场营销方式一方面让企业更直接、更迅速地了解顾客的需求，另一方面使企业有更多的空间，为用户提供更具价值的售前服务和售后服务。互联网的商业应用改变了传统的买卖关系，带来了企业市场销售方式的变革，对市场营销提出了新的要求。

市场营销策略组合是指企业为满足实施市场营销战略的需要，综合运用各种可控制的营销策略和手段，组合成一个系统化的整体策略，以实现企业市场营销战略目标，从而使企业获得最佳效益。影响市场营销活动的因素可分为两大类：一类是企业不可控制的环境因素；另一类是企业可控制的营销因素。企业可控制的营销因素有很多，美国学者尤金·麦卡锡把它概括为四大因素，即产品（Product）、价格（Price）、分销渠道（Place）、促销（Promotion），简称为4P。与传统营销一样，网络营销的策略也从以上4个方面展开设计。

一、认识网络营销产品策略

案例点击 *5－4*

微软的产品策略

微软公司成立于1975年，经过20多年的发展，在全球50多个国家和地区设有分公司，共有员工44 000多人，市值已超过美国三大汽车公司的总和，其董事长兼首席软件设计师比尔·盖茨已连续4年荣登世界首富的宝座，并造就了3 000多个百万富翁。微软的成功，在很大程度上取决于其产品策略，通过微软在中国市场的产品策略可略见一斑。

面对激烈的竞争市场，微软应用了快速的产品更新策略，每年投入约50亿美元用于基础研究和产品开发，平均两三年就推出新的产品。新产品弥补了旧产品的不足，并满足了用户新的要求。微软综合采用了各种产品组合策略，在中国的产品类型主要有商用软件、操作系统平台、开发工具、因特网技术、硬件产品系列和家用游戏产品系列等。不但其产品涉及面广，而且其同一类型的产品考虑了不同人群的需要。微软公司开发出的视窗操作系统系列软件产品，包括基本的软件操作系统Windows，也包括在其下运行的Word、Excel软件。通过一系列的与这种占市场优势地位的信息高科技产品相配套的其他相关产品系列，微软公司强化了其市场地位，获得了较高利润，增加了资本积累。

思考：

根据案例分析微软公司的产品策略。

互联网具有很好的互动性和引导性，一方面，消费者通过互联网在企业的引导下可对商品或服务进行选择或提出具体要求；另一方面，企业可以及时了解消费者需求以及对其商品的看法和要求。

在企业的产品策略中，首先要解决好商品的定位问题；其次，利用网络提供的商品，以提供信息为主要服务内容，以人性化的营销方式，针对个别需求提供一对一的营销服务。

(1) 利用BBS、电子邮件或基于网站主页的会话提供在线售后服务或与消费者进行双向沟通。

(2)提供消费者之间、消费者与企业之间在互联网上的讨论区。

(3) 提供网上自助服务系统，消费者依据需求可自行查看有关商品的服务信息。

(4) 通过网络进行意见调查，借以了解消费者对商品的意见。

(5) 互联网时代下的品牌策略更要树立域名品牌。

二、认识网络营销价格策略

案例点击 5－5

戴尔价格策略

1983 年，年仅 18 岁的戴尔在得克萨斯大学奥斯汀分校念书的时候，就显现出了他的商业天分。1984 年 5 月，戴尔退学组建了自己的公司。1985 年，戴尔公司的营业额已经达到 600 万美元。1999 年，戴尔成为美国销量第一的 PC 生产商。

在戴尔公司的成长过程中，直销一直是其在竞争中立于不败之地的法宝。戴尔公司在经过初期的徘徊后，就将销售方式确定为直销，通过直销降低销售成本，进而以低于市场平均价格的低价策略打开市场。1996 年，戴尔开通了自己的网站，并开始利用网络进行销售，网站每周的销售额很快就达到 100 万美元。通过网络，戴尔不仅省去了销售队伍，甚至连售前电话销售时的大量话务员也省去了，进一步降低了销售成本。同时，戴尔通过网络，还进一步加强了企业与客户及企业与零件供应商的联系，使得戴尔完全实现定制化生产和零库存，从而极大地降低了生产成本。在现阶段 PC 价格大幅降低的情况下，戴尔依然可以以低价策略获得较为稳定的利润。

思考：

分析戴尔低价策略与直销方式的关联性。

价格对于消费者的购买决策而言是一个非常重要的因素，消费者希望通过广泛的挑选和比较，购买到质量最好、服务最优、价格最低的商品。网络的开放性和主动性为消费者理性的价格选择提供了可能，因而消费者对价格的敏感性大大增强。商品应以消费者能接受的价格来定价，进而组织生产和销售。企业以消费者为中心定价，但也必须测定市场中消费者的需求以及对价格认同的标准。

网络营销中，价格策略一般有以下七种。

（一）消费者主导定价策略

消费者主导定价是指消费者为满足自身的需求，利用充足的市场信息来选择购买或者定制自己满意的商品或服务，同时以最小代价（商品价格、购买费用等）获得这些商品或服务。

（二）低价位定价策略

互联网是从科学研究应用发展而来的，因此互联网使用者的主导观念是网上的信息商品是免费的、开放的、自由的。

网上商品的定价较传统定价要低，且成本费用也会降低，从而使企业有更大的降价空间来满足消费者的需求。如果网上商品的定价过高或者降价空间有限，在现阶段最好不要在个体消费者市场上销售。

（三）免费价格策略

在网络营销中，免费不仅仅是一种促销策略，还是一种非常有效的商品和服务定价策略。免费形式有四种：第一种是商品和服务完全免费，第二种是对商品和服务实行限制免费，第三种是对商品和服务实行部分免费，第四种是对商品和服务实行捆绑式免费。

（四）拍卖定价策略

拍卖定价策略是一种较为新颖的定价策略，物品起始价格非常低，甚至为零，但是经过消费者的一番争夺后，其价格便会无限制地上涨，甚至其竞拍价格会高于商品一般价格。一些数量稀少且难以确定价格的商品可采用拍卖定价策略。拍卖定价策略的前提是稀少、市场需求大。

（五）捆绑定价策略

捆绑定价策略是现代最为普遍的一种定价策略。捆绑定价策略多运用于配套的商品或服务，也可运用于类似的商品销售。需注意的是，捆绑定价策略需要令消费者满意，不可令消费者产生负面印象。

（六）品牌定价策略

在现代商品销售中，定价时除了考虑商品的成本和质量外，还需要考虑商品的品牌。现代消费者消费时也具有品牌针对性，当消费者认准了一个品牌后，未来的消费都会倾向于该品牌。品牌的知名度是建立在不断推广、维护上的，所以在进行网络营销时需要考虑商品的品牌性。例如，著名的世界品牌的定价便需要定得高些，这样才能显示其品牌价值。

（七）尾数定价策略

尾数定价又称奇数定价、零头定价，是利用消费者在数字认识上的某种心理确定尾数价格，使消费者产生商品价格较低、售价接近成本等信任感。

三、了解网络营销渠道策略

案例点击 *5－6*

非洲居民为何买不到中国蚊香

非洲国家普遍蚊子肆虐，居民深受蚊子危害，蚊香等产品在非洲国家非常受欢迎。但在1990年以前的非洲却很少看到中国品牌的蚊香。原因是，1990年以前中国蚊香在非洲很少有供货，当地小商店买不到，商场也买不到，所以非洲居民根本不知道中国的蚊香。而中国蚊香占领当地市场最有效的手段就是占领销售点，控制渠道。对于大众消费品来说，最重要的不是产品和对手有多少差异，而在于产品是否能方便地被消费者购买。

案例点击 5－7

可口可乐终端"剿杀百事"

"只要渴了就能看到，只要渴了就能买到"，这是百事可乐的营销策略，但如果你现在去21世纪便利店购买百事可乐的话，肯定会失望而归。因为从2004年4月1日起，上海美亚企业集团下属的600家21世纪便利店开始停售所有百事可乐，只售可口可乐的产品。

这是可口可乐与美亚悄悄签署的营销战略联盟协议，合约期为一年，而此前百事可乐也曾与美亚有过类似的接触。

随着竞争的日益激烈，这种生产商和经销商联手垄断渠道的模式将被广泛应用。

通过网络，消费者在网上就可获知相关商品的信息，通过对商品价格、性能等指标的比较可以足不出户地挑选自己需要的商品。在选定商品之后，数字化商品可以经由网络直接传至消费者的计算机，实物商品一般由公司派专人送货上门。

网络营销渠道有两种：网络直销和网络间接销售。网络直销是指生产商通过网络销售渠道直接销售商品。目前网络直销通常的做法有两种：一种是企业在互联网上自建网站销售，另一种是企业委托信息服务商在网络上销售商品。

与网络直销相对应的是网络间接销售，是指企业通过一些网络商品交易中介机构来实现商品的网上销售。目前，这些中介机构主要有两种类型：第一种是电子零售（E-tailer），第二种是电子拍卖（E-auction）。

不管是网络直销还是网络间接销售，均涉及信息沟通、资金转移和事物转移等。一个完善的网上销售渠道应由三大系统组成：订货系统、结算系统和配送系统。

（一）订货系统

订货系统为消费者提供商品信息，同时方便厂家获取消费者的需求信息，以达到供需平衡。

（二）结算系统

消费者在购买商品后，应该有多种方式进行付款，因此厂家（企业）应提供多种结算方式。目前，主要的结算方式有三类：电子货币类、电子信用卡类和电子支票类。

（三）配送系统

一般来说，商品分为有形商品和无形商品。对于无形商品，如服务、软件、音乐等产品，可以直接在网上完成配送。对于有形商品，配送要涉及运输和仓储问题。

四、了解网络营销促销策略

互联网上的营销是交互式的，互联网为企业与用户提供了一个全新的沟通渠道，消费者可以参与到企业的营销活动中，因此互联网能加强企业与消费者的沟通和联系，使企业更能了解消费者的需求，从而更容易引起消费者的认同。

（一）网络营销站点推广

网络营销站点推广就是利用网络营销策略扩大站点的知名度，吸引消费者访问网站，从而起到宣传和推广企业及其商品的效果。

（二）网络公共关系

网络公共关系是指将互联网作为媒体和沟通渠道。

（三）网络广告

网络广告是指在互联网上发布、传播的广告，主要有横幅广告、电子邮件广告、电子杂志广告、公告栏广告、新闻组广告等。

任务五　案例分析

一、整体大于部分之和——联邦快递公司

联邦快递公司简称 FedEx 或 FDX，是一家全球快运业的巨头。联邦快递公司的网站于 1995 年开通，开创了快递产业中的“基地源泉”，史无前例地将智能化系统引入该行业中。联邦快递公司主推“服务、技术、与顾客协同拓展市场”的经营理念，成为在当今快速、竞争、全球一体化市场上，唯一能向顾客提供其需要的“综合性物资调运解决方案”的企业。

（一）联邦快递的全球运送服务

1. 网站定位

联邦快递公司网站注重与客户保持亲和力，将网站定位在宣传“整体大于部分之和”的营销理念，力求与客户协同合作共谋最佳效益的目标上。

2. 全球运送服务的理念

在联邦快递，所有顾客都可以借助其网址 http://www.fedex.com 同步追踪货物状况，还可以免费下载实用软件，进入联邦快递协助建立的亚太经济合作组织关税资料库。

3. 网站商业竞争力分析

联邦快递公司能在短期内迅速崛起，其中一个原因是其旺盛的竞争力。近两年来，联邦快递公司的竞争力就体现在其在因特网上构建的智能化运输管理系统，其核心威力是在对企业用户和对个体用户的吸引力上。

（二）联邦快递智能系统的运用

对于企业用户，联邦快递公司的智能系统能与用户企业网进行无缝链接，或者通过 Web 页面直接介入用户的物资运输中去。

（三）联邦快递的“整体大于部分之和”

在现实中，一般企业往往不具备智能物资排运系统，实际上也没有建立的必要。联邦快递公司知道它的系统对这些企业有独特的吸引力，就主动推出“整体大于部分之和”的协作化、智能化货运解决方案，深受各类企业的欢迎。

二、使用网络技术与顾客“对话”，为顾客创造完美的购车体验

通用汽车公司是世界上最大的汽车公司，是由威廉·杜兰特于1908年9月在别克汽车公司的基础上发展起来的，成立于美国的汽车城底特律。通用汽车公司在美国本土共有6个轿车分部，分别为别克部、奥兹莫比部、卡迪拉克部、雪佛莱部、旁蒂克部及GMC部，另外在世界各地还有不少分公司，以其上万亿美元的资产、60余万名员工及遍及世界的销售网点而居《财富》全球500强之首。

（一）网络广告成就互动营销

近年来，通用汽车与美国时尚设计协会合作，在网站上推出五款均由顶级时尚设计师设计的豪华概念车型，向消费者提供了一次难忘的宽带浏览经历。

网络广告使通用汽车在市场营销方面取得了巨大回报，远胜于广播电视的30秒广告。通用汽车又在雅虎网站建立了广告机构，短短两个月内，通用汽车成功地吸引了5 000名汽车买主，如图5-2所示。

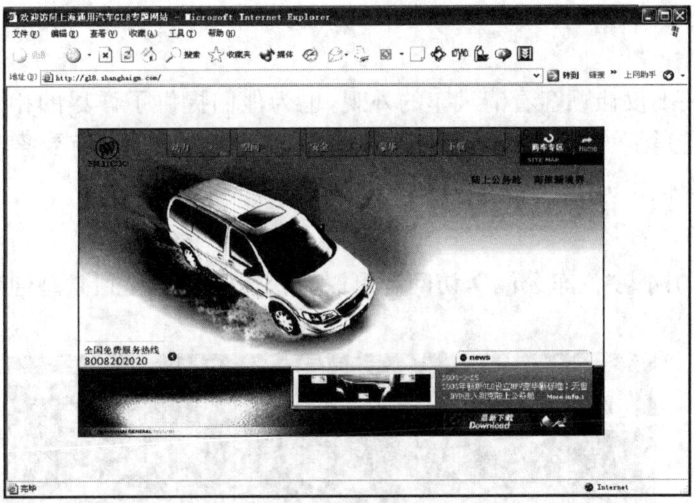

图5-2 通用汽车网络广告

（二）形式多样化的网上栏目

上海通用网站在充分发挥网络广告特点的同时，还在其网站上采取了多样化形式——网站上除了醒目的动态广告外，还建立了“网上车展”“汽车公园”等栏目，实现了与上网者进行互动的目的。

1. 网上车展

顾客可以从网上参观汽车展，包括新闻中心、虚拟展厅、在线服务等内容，如图5-3所示。

虽然网上车展不如真实展馆内的车展来得真切，但它所具有的独特优点还是吸引了众多观众前来参观。

（1）网上车展可以避免展馆中经常发生的拥挤现象，在某种程度上，每个观众都拥有一个自己的展馆。

图 5-3 虚拟展厅

(2)网上车展可以让顾客从多个角度来观察汽车，不会出现像在展馆中出现的“见首不见尾”现象。

(3) 网上车展不仅让顾客看清汽车的外观，也为他们提供了详尽的相关资料，使顾客能了解到汽车的性能等各个要素；而在展馆中要完全了解一辆车的所有要素几乎是不可能的。

(4) 网上车展不用门票，不受时间和空间的限制。

2. 网上“汽车公园”

在通用汽车的网上“汽车公园”，访问者可以轻松休闲地享受到微型迪斯尼乐园的乐趣，如图 5-4 所示。

图 5-4 网上“汽车公园”

3. 生产过程搬上互联网

作为世界上最大的汽车生产商，通用汽车公司早在 2011 年 10 月就推出了让消费者通过互联网观看所购汽车的生产过程的服务，是全球采取此项服务的第一家汽车生产商。

通用公司在线部门总裁 Mark Hogan 说:"该项目将覆盖一些工厂,使向用户交付预订汽车的时间从目前的60～70天降为10天以内;并且在未来三四年内将在全国范围内推出该项活动。"

4. 以关系营销为本

著名营销学家罗伯特·韦兰及保罗·科尔指出,"如今强调促进企业的成长必然要把焦点放在顾客身上。因为利润的增长需要把重点放在恰当的客户关系上""企业的价值最终等于其客户关系的总和"。

通用汽车网络营销的方针很明确,即在其品牌优势的基础上,致力于建立、强化与公众的联系,利用国际互联网的辐射力开展关系营销。

通用汽车网站的设计,始终体现了这一营销主体,即完全站在顾客的角度进行设计。

通用汽车网站在设计中刻意揣摩顾客的购车心理,帮助顾客在面对形形色色的汽车时避免陷入选车迷津,处于无从决断的境地。在"选车"栏目中,依照顾客的购车流程来细化它的每一个页面,设计了一系列简单的问答。

(1) "我想买辆车,但不知道购车流程,那该怎么办?"通用汽车网站为顾客提供了初次购车者应了解的购车流程,使顾客了解到正确购车应该按照怎样的步骤操作。

(2) "那么多车,我该选哪种呢?"通用汽车近年建立了一个顾客网上购车系统——GM Buypower,该系统为顾客提供了4条网上购车途径:第一,输入自己的日常收入和花费,系统会自动显示在此支付范围内的所有汽车,可由顾客自己浏览;第二,输入期望的车价范围、首付款额和预备贷款的年数,"购车计算器"会自动给出顾客如购车后需每月还款的数额,由顾客自己斟酌是否可以承受这样的价格;第三,直接在网上提交问题,如心目中的理想汽车应具备哪些条件等,GM Buypower Manager 会在24小时内做出答复,还能替顾客向指定经销商询问价格和预订试车;第四,选择理想的车型。顾客只要在系统中输入自己喜爱的车型和所在地的邮政编码,便能得到符合条件的汽车信息。顾客可以自己选择这部车的颜色(如红、蓝、灰、银等),也可以自由选择可选装备(如收音机、前排预热座位、DVD等),还可将此车与其他型号的汽车进行各个方面的比较。最后,顾客可将汽车的重要资料在线打印下来。

(3) "我只想买辆二手车,该上哪儿去找呀?"在通用汽车的 Buypower 系统中,顾客只要做几步选择(如期望车价、车型、所在地等)后,瞬间就能看到通用汽车数据库中符合顾客查询条件的所有二手车信息。顾客通过进一步单击,就可以了解到关于这些二手车的车况、颜色、装备等各种相关信息。在看中某部车后,顾客就可以预约试车了。这个过程真的很简单,而且顾客所获得的信息显然比传统方式下要透明得多。如果顾客想知道权威的二手车购买参考,可以单击 Kelley 蓝宝书,只要选择年份、车型,就可知道在经销商处购买这款二手车需要了解哪些信息。这使顾客由信息不对称的劣势状态转变为"知己知彼"。

(4) "选完了车,该上哪儿去买呀?"通用汽车网站为顾客提供了经销商分布信息,只要在全国地图上选择某个区域,便会显示该区域内的所有经销商名录、地址和联系方式。顾客也可以输入车型和邮编找到该地区各主要经销商提供的报价,包括售价、保险金、预付款等信息,供顾客选择最优策略。

(5) "经销商选定了,可是没有亲身试过怎么放心呢?"通用汽车网站上新增的一条服务叫"24 小时试驾",顾客可以在网上查看能试驾的汽车型号与经销商,然后轻轻松松地把一辆新车开走,当然,顾客需要事先提供驾照、证件和原有汽车作为抵押。通用汽车的一条广告词叫作:"把通用汽车的一辆车开走吧,白天你开它一整天,晚上它来陪你入睡。"

(6)"车买好了,可是以后如果要维修可怎么办呀?"通用汽车为顾客提供了一条规范的维修流程,从顾客接待、诊断、入维修车间,经过严格的质量检验,到交车准备、结账交车、跟踪服务,通用汽车规定了严格的服务标准和流程,使顾客感到"买得放心、用得放心、修得放心"。

同时通用汽车还以清晰、形象的方式向购车者展示网上购车的流程,为顾客节省了很多寻找信息的时间和精力,使一个汽车的"门外汉"迅速跃升为拥有理想汽车的"爱车族",这种体验恐怕是在各大经销商店来回奔走、来回比较所望尘莫及的。可以说,通用汽车让顾客享受了一回"一条龙"体验,如图 5-5 所示。

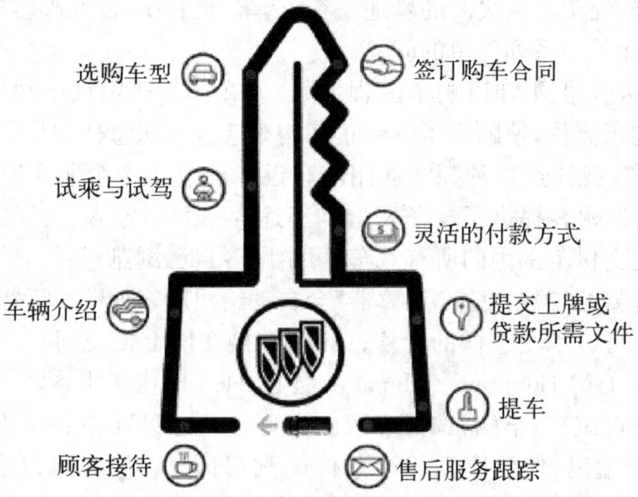

图 5-5　标准的销售服务流程

根据迈克尔·波特著名的竞争优势理论,"别具一格"是获取竞争优势的主要手段之一。因而通用汽车除了自身品牌优势外,站点的生动、亲切、便捷是吸引购车者和潜在客户的关键。

小结

网络营销是企业整体营销战略的一个组成部分,是为实现企业总体经营目标所进行的,以互联网为基本手段营造网上经营环境的各种活动总称。网络营销作为企业经营管理手段,是企业电子商务活动中最基本和最重要的网上商业活动。

网络营销并非是独立的,而是企业整体营销策略中的组成部分,网络营销与传统营销相结合形成一个相辅相成、互相促进的营销体系。

在网络营销链中,网络市场调查是成功开展网络营销的前提和基础。基于互联网而系统地进行营销信息的搜集、整理、分析和研究的过程称为网络市场调查。网络市场调查方法可以分为网络市场直接调查法和网络市场间接调查法。

网络营销的常用方法主要有搜索引擎营销、博客营销、网络广告营销、病毒营销等。企业在实施网络营销时要综合运用多种方法。

复习思考题

1. 简述网络营销的概念。

2. 简述网络营销的特点。

3. 网络广告有哪些类型？请结合具体企业的实际情况谈谈如何进行网络广告的投放。

4. 网络营销人员应具备哪些能力？

5. 网上市场调研的优点有哪些？

6. 简述电子邮件营销的特点和存在的问题。

7. 网络广告有哪几种基本计费方式？

8. 请选择两种以上你比较感兴趣的常用网络营销工具，谈谈这些工具对你的学习和生活产生了哪些影响。

实践题

1. 进入百度搜索网站，搜索“什么是网络营销”词条，查看与网络营销有关的信息，说说你对它的理解。

2. 请登录海尔网上商城，浏览体验，并谈一下网络营销与网络销售有哪些区别和联系。

3. 谈到网络营销，就离不开开展网络营销的平台——各企业的网站。各企业通过自己的网站可以介绍企业的产品，同时可以做好企业品牌的宣传。登录达芙妮网站，对其网站进行分析，体会它是怎样进行网络营销与宣传的。请从网站结构的角度进行分析。

4. 请登录亚马逊网站，分析其网络营销形式，并从中选择 3 种网络营销活动或类型进行阐述，分析其营销点在哪里。

5. 假如你是计算机软件销售商，打算通过网络营销方式来增强企业的整体营销推广，在制定网络营销策略时应具体考虑哪些因素？

6. 请根据最新互联网情况统计报告信息分析网络消费者个人信息状况和用户上网行为的变化趋势。

7. 根据新浪网中看到的不同形式的广告，如动画式、跳出窗式、横幅式等，看看哪一种广告最吸引你。

8. 试想你要创建一个网站，那么需要做哪些工作。

9. 进入华夏易建网(http://www.hxezw.com)，了解申请域名的程序和价格。

10. 假如你是一家手机生产商，进入 http://www.baidu.com，输入“手机制造商”词条，检索竞争者 TCL、SAMSUNG 手机的网站。尝试搜集竞争者的相关信息，从产品介绍、服务活动、网站特征、服务策略等方面进行分析并做整理。

项目六

电子支付基础

项目导读

通过本项目的学习，认识电子支付的基本概念及信用卡、电子支票、电子现金等支付方式；重点了解第三方支付的体系结构及运作机制；掌握支付宝等第三方支付的业务流程及处理过程。

项目任务及要求

任务编号	任务名称	要　求	相关知识
任务一	认识电子支付及支付系统	1. 了解电子支付的特点、类型，理解电子支付定义； 2. 了解电子支付系统的组成	1. 电子支付； 2. 电子支付系统
任务二	了解常用的电子支付工具	1. 理解电子支票、电子现金、银行卡的特点与支付流程； 2. 了解虚拟货币、电子钱包	1. 银行卡、电子支票、电子现金的定义与应用； 2. 虚拟货币的类型与特征； 3. 了解电子钱包的类型与应用
任务三	认识第三方网上支付服务	1. 了解第三方支付的特点及其支付流程； 2. 了解第三方支付的盈利模式	1. 第三方支付的定义； 2. 第三方支付的盈利模式
任务四	认识常用的几种第三方网上支付系统	掌握两种主要的第三方支付	1. 支付宝支付的交易流程； 2. 财付通的支付方式
任务五	认识移动支付	1. 认识移动支付的定义与特点； 2. 了解移动支付的类别； 3. 了解移动支付的商业模式	1. 移动支付的定义； 2. 移动支付方式
任务六	了解网上银行	1. 掌握网上银行的定义与特点； 2. 了解网上银行的分类及其主要功能	网络银行与传统银行的异同
任务七	案例分析——招商银行"一网通"	了解招商银行"一网通"网上支付流程	网上银行支付结算流程

案例点击 6－1

武汉建设无现金城市一个月的改变

2017 年 7 月，蚂蚁金服在蚂蚁开放日的武汉分会场上分享了“武汉无现金城市建设一个月的改变”。无现金的生活方式在武汉人的交通出行、商业服务、民生服务、政务服务等领域正在普及。

“用支付宝搞定衣食住行”在武汉人眼里变得越来越平常。以公交为例，武汉全市60%以上的公交车都支持“扫码乘车”，安装了支付宝新一代刷卡机的公交车达到5 000辆。武汉电子公交卡会员在一个月内增长了 70 万人，成为首个突破百万用户的城市，扫码乘车的支付笔数增长了 10 倍。蚂蚁金服的相关数据显示，武汉支付宝用户达到近 900 万人，使用率在全国城市中排名第二。无现金城市的建设进一步推动了移动支付在武汉的普及。

此外，武汉用支付宝线上购买地铁票的人数也在不断增加，单程票取票量一个月内增加了 38%。同时，选择开车出行的用户也可以使用移动支付。目前，武汉有 200 家停车场接入支付宝，近 20 家可应用“无感支付”技术，未来有望成为升级版的“无现金停车场”。

在商业服务领域，“收钱码”线上申请的企业增长迅速。在汉正街、汉口北、和平大世界和余家头等集中市场，把“收钱码”作为收款工具的企业数量平均增长了两倍，“口碑码”商户新增了 5 000 户，包括“吉庆街”“万松园街”两条口碑特色街和“东湖”口碑特色商旅文景区。

目前，全国无现金城市在中国已经十分普遍，无现金城市不仅可以给企业带来便利，其背后还蕴藏着无尽的创新机会。

思考：

无现金城市背后会给我们哪些创新机会和商机。

要实现完全的电子商务，就必须实现支付过程的电子化。资金支付是电子商务中非常重要的一部分，目前电子商务的网上资金支付采用了多种工具。电子支付是一种业务过程，而不是一种技术。但是，在进行电子支付活动的过程中，会涉及很多技术问题，如信用卡、电子支票、电子现金等。同时，因特网及相关技术的发展也给传统金融服务业带来了很多机遇，网络银行、网上理财、网上保险、网上证券交易等新的网络金融服务方式应运而生。本项目将首先介绍电子支付的概念、常用的网上支付工具，以及电子支付过程中所涉及的各种技术，并系统介绍第三方支付等新型网络金融服务的特点及业务流程。

任务一　认识电子支付与支付系统

一、了解支付与支付系统

（一）支付的定义

支付(Payment)，是指为清偿商品交换和劳务活动以及金融资产交易所引起的债权债务关系，由银行所提供的金融服务业务。它来源于银行客户之间的经济交往活动，但由于银行“信用”中介的作用，演化为银行与客户和银行客户的开户银行之间的资金收付关系。而银行之间的资金收付交易，又必须经过银行的银行，即政府授权的中央银行进行资金清算，才能最终完成支付的全过程。因此，支付全过程将在两个层次完成，下层是商业银行与客户之间的资金支付往来与结算，上层是中央银行与商业银行之间的资金支付与清算，如图6-1所示。两个层次支付活动的全过程将经济交往活动各方与商业银行、中央银行维系在一起，构成复杂的系统整体，被称为支付系统(Payment System)。在国民经济大系统之中，支付系统发挥着重要的宏观经济“枢纽”作用。

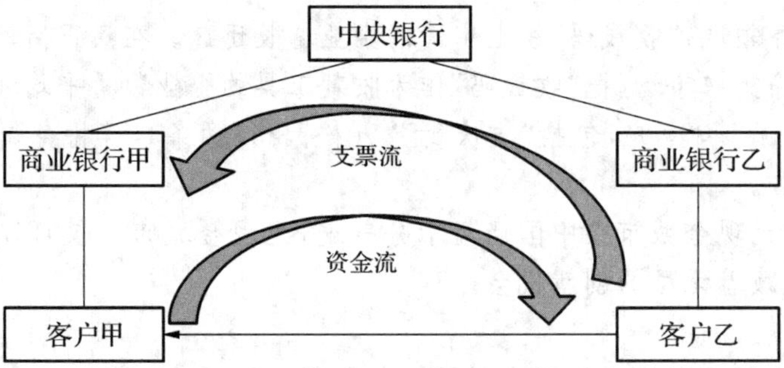

图6-1　商品交易时的支付过程

（二）支付系统的参与者

我国支付系统的参与者包括直接参与者和间接参与者。

我国支付系统的直接参与者是国有商业银行和中国人民银行。所有直接参与的银行分支机构，既是支付交易的最初发起银行，也是支付交易的最终接收银行。参与的商业银行以其不同层次的管辖银行在其相应层次的央行开设清算账户，央行的上层支付资金清算系统在整个支付系统中占据核心地位，其清算、结算处理中心集中管理各商业银行的清算账户，进行支付资金的最终清算。

我国支付系统的间接参与者是商业银行的广大客户以及通过商业银行代理并参与我国支付系统资金清算处理的其他各种金融机构。

（三）参与者对支付系统的要求

在支付系统中，不同的参与者对系统的要求各不相同。

(1) 个人消费者。由于每天都要进行大量的消费支付，金额不大，但支付频繁，要求方便、有效、使用方式灵活。

(2)零售商业部门。使用方便、灵活，所接受的支付工具具有信用担保。

(3) 工商企业部门。往往支付金额大，支付时间紧迫，而且应该最大限度地降低流动资金的占用额和占用时间。

(4) 金融部门。支付笔数少、金额大，时效性要求高，必须防止风险和不必要的流动资金占用。

(5) 外贸部门。由于贸易的国际化发展迅速，金融业的国际化趋势也越来越明显，要求支付能以最良好的方式进入国际支付系统。

(6) 政府/公共事业部门。既是经济活动的买方，又是经济活动的卖方，支付需求与工商企业部门类似，且政府部门还有一系列的财政、税务收支和债务管理收支等支付任务，对支付系统的要求更具多样性。

二、认识电子支付

电子支付的定义

(一) 电子支付的定义

电子支付是以金融电子化网络为基础，以商用电子化工具和各类交易卡为媒介，以计算机技术和通信技术为手段，将货币以电子数据（二进制数据)形式存储在银行的计算机系统中，并通过计算机网络系统以电子信息传递形式实现流通和支付。

电子支付是电子商务活动中最核心和最关键的环节，是交易双方实现各自交易目的的重要一步，也是电子商务得以进行的基础条件。没有它，电子商务只能是一种电子商情、电子合同或者初始意义上的电子商务，离开了电子商务的电子支付就会变成单纯的金融支付手段。因此，将电子交易和电子支付相结合，才能形成完整的电子商务过程。

(二) 电子支付的特点

与传统的支付方式相比，电子支付具有以下特征：

(1) 电子支付是以计算机技术和网络技术为支撑，进行存储、支付和流通。

(2)电子支付集储蓄、信贷和非现金结算等多种功能为一体。

(3) 电子支付可以广泛应用于生产、交换、分配和消费领域。

(4) 电子支付使用简便、安全、迅速和可靠。

(5) 电子支付通常要经过银行的专用网络。

(三) 电子支付的类型

电子支付方式的出现要早于互联网，并且已经建立了3种不同类型的支付系统，即预支付(Pre-paid)系统、即时支付(Instant-paid)系统和后支付(Post-paid)系统。在预支付或后支付交易中，对银行的访问是在实际购买程序执行之前或之后才做的。

所谓“预支付”就是指先付款，然后才能购买到产品或服务。预支付系统基本上是通过将电子货币保存到硬盘或一张智能卡上的方式来工作的。这些包含该电子货币的文件叫作虚拟钱包(Virtual Wallet)。预支付是银行和在线商店首选的解决方案，由于它们要求客户预先支付，因此不再需要为这些钱支付利息，而且可以在购买产品的瞬间将钱传送给在线商店以防止受骗。预支付的工作方式像在真实商店里一样，顾客进入商店并用现金购买商品，然后才得到所需商品。即时支付采用逐笔实时方式处理支付业务,全额清算资金。应用支付系统的目的,就是给各银行和参与支付的企业单位以及金融市场提供快速、高效、安全、可靠的支付清算服务,防范支付风险。

后支付允许用户购买一件商品之后再付款。信用卡就是一种最普遍的后支付系统。在电子支付方式下,最重要的是保证任何人都不能仿造用户的电子货币或盗走用户的信用卡信息。如果采用电子货币来显示在线支付,为了模仿现有支付方案的特性,还必须满足某些互联网支付系统必须具有的灵活性,而且这些系统应当可以支持不同情况下的不同支付模型(如信用卡现金、支票)。此外,支付的时限也必须得到所涉及的当事人一致同意。

电子支付的一个主要条件就是必须允许将电子货币从一个系统转移到另一个系统。支付系统应接受不同的支付形式和电子货币,而且除此以外,还应能与其他电子货币和实际货币的提供者签订协议,这样就可以形成将这些资金转移到系统中的机制。

按照支付金额的多少,国际上还将支付的等级进行了如下划分:

(1) 微支付。价值少于 4 美元的业务。这种支付方案是建立在电子现金的基础之上的,一般认为这些系统的业务费几乎为零。

(2)消费者级支付。价值在 5～500 美元的业务。典型的消费者级支付是以信用卡方式进行的。

(3) 商业级支付。价值大于 500 美元的业务。直接借记或电子账单是最合适的解决方案。

(四) 电子支付系统的组成

1. 电子支付系统的层次

一个国家的电子支付系统一般由支付服务系统、支付清算系统和支付信息管理系统 3 个层次组成。

(1) 支付服务系统。

支付服务系统主要指完成银行与客户之间的支付与结算的系统,也就是联机采用分布式数据库的综合业务处理系统。它一般在银行的柜台上完成,是银行为客户提供金融服务的窗口,其特点是账户多、业务量大、涉及客户与银行双方的权益,是支付系统的基础,也是金融信息系统的数据源点。根据我国金融电子化二十多年的实践结果,支付服务系统在我国具体包括公司业务系统、储蓄业务系统和新型电子化服务 3 类系统。

(2)支付清算系统。

支付清算系统是一种跨行业务与资金清算系统。支付清算系统是国民经济资金运动的大动脉,社会经济活动大多要通过清算系统才能最终完成。该系统一般由政府授权的中央银行组织建设、运营和管理,各家商业银行和金融机构共同参加。这类系统几乎涉及一个地区或国家的所有银行或金融机构,系统庞大而复杂。

(3) 支付信息管理系统。

支付信息管理系统也就是通常所说的广义的金融管理信息系统,是金融综合业务处理系统,对各子系统所产生的基础数据进行采集、加工、分析和处理,为管理者提供及时、准确、全面的信息及信息分析工具的核心系统。它的建设和完善对提高金融业的经营管理水平具有重要作用,是防范和化解金融风险的必由之路,也是金融现代化的重要标志。

通过上述3种支付系统，可以完成金融支付体系的所有支付活动。在金融实际业务中，支付服务系统主要完成客户与商业银行之间的资金支付与结算活动；支付清算系统主要完成中央银行与商业银行之间的资金支付与清算活动；而支付信息管理系统体现的是金融系统的增值服务与监管方面的内容，它是建立在支付服务系统与支付清算服务系统基础之上的。

2. 客户和银行之间的电子支付系统

银行要完成支付与结算活动，必须以客户为中心，提供完善的电子自助服务，通常包括ATM、家庭银行等银行卡授权支付系统，自动清算所（ACH）等支票支付结算系统，POS等商业支付系统，企业银行系统以及网上支付系统，等等。

(1) ATM系统。在自动取款机或自动柜员机上，利用银行卡执行存取款和转账等金融交易的自助银行系统。

(2)家庭银行（HB）系统。消费者在家中通过电话、计算机、电视机屏幕等设施和相应的软件系统所进行的现金管理、资金划拨及支付账单等服务的系统。通常，它使用银行卡账户进行支付。

(3) 自动清算所（ACH）。用于金融机构的支付，特别是高价值、周期性的小额支付，如工资、抵押、汽车贷款、社会保险等的支付。

(4) POS系统。持卡人在银行特约商户消费后，通过位于商业网点的POS终端和专用网或公共数据通信网，与银行主机相连完成电子转账工作的系统。整个过程包含商品交易、资金支付、转账和清算等内容。

(5) 企业银行系统（CB）。它是服务对象包括大中型公司或政府机构在内的具有法人身份的电子银行系统。它与电子汇兑系统相结合，为企业提供诸如资金管理、财务管理、商务管理、投资功能业务等金融交易和信息增值服务。

(6) 网上支付系统。由互联网与电子银行专用网等构成的开放式支付系统。网上支付是电子商务发展的核心。

3. 金融机构之间的电子支付清算系统

这是电子支付体系的高层，也是银行完成客户服务活动的基础。它完成往来银行与金融机构之间、中央银行与商业银行之间的支付与清算活动。该层支付体系主要由自动清算所、电子汇兑系统以及外汇交易结算系统等构成。

任务二 认识常用的电子支付工具

案例点击 *6－2*

工行网上银行支付

李先生特别喜欢在网络上购物，用过多种支付方式后，现在他只对工行牡丹贷记卡这种支付方式情有独钟。

这不,上周他参加完同学聚会,又向那些为网上支付烦恼的同学推荐了他认可的工行牡丹贷记卡——“网上购物最好办张工行的牡丹贷记卡,用牡丹贷记卡网上支付,既省心又方便,最重要的是还可以先消费后还款,而且不收手续费。”

“用工行网上银行就像把银行搬回了家,让咱们真正体验到了身边银行的超值服务。”李先生说。

同学们一听,都非常感兴趣。但有好多人都说怕用网上银行支付——不安全,容易被盗。“这个不用担心,工行还有一个安全卫士——U盾,就像U盘一样,携带方便,保证资金安全。同时,工行针对信用卡、贷记卡免费提供工行信使服务,实时监控卡上资金余额。”

“另外,在工商银行网上商城购物除享受一定折扣之外还可以分期付款。”李先生说,“不仅如此,通过工行网上银行还可以缴纳水、电、燃气、通信费,而且转账汇款手续费还可打折。”

“现在还可以通过工行门户网站或登录个人网上银行完成信用卡申办业务。可通过在线选择申请卡片,实现一步到位,领卡启用方便快捷,通过网络享受工行提供的7×24小时不间断服务。”(见图6-2)

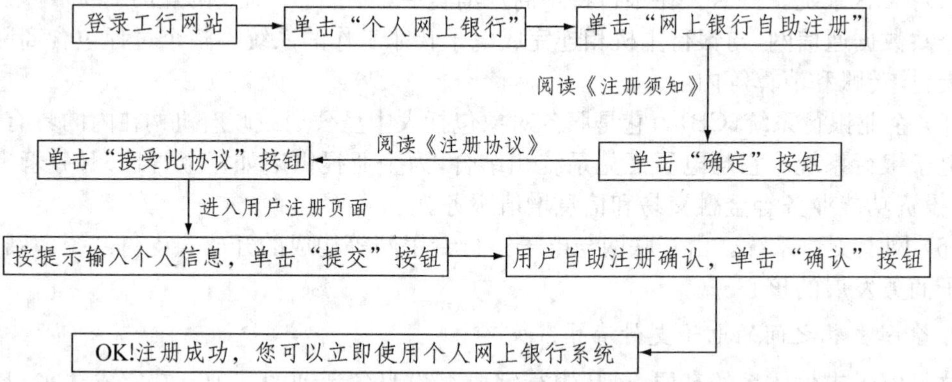

图6-2 工商银行网上银行开通流程

思考:

除了网上信用卡支付外,你还了解哪些网上支付方式?

电子货币是计算机介入货币流通领域后产生的,是现代商品经济高度发展从而要求资金快速流通的产物。电子货币是利用银行的电子存款系统和各种电子清算系统记录和转移资金的,它使纸币和金属货币在整个货币供应量中所占的比例越来越小。电子货币的优点是明显的,它的使用和流通更方便,而且成本低,尤其是大笔的资金流动。目前,电子货币已和人们的生活密切相关,银行的存款、贷款、汇款等柜台服务大都借助于计算机系统实现,代发工资、代收费、储蓄通存通兑、银行卡、电子支票、电子现金等多种银行业务就是电子货币的各种表现形式。

电子货币特点与分类

电子货币的出现彻底改变了银行传统的手工记账、手工算账、邮寄凭证等操作方式。同时，电子货币的广泛使用也给普通消费者在购物、饮食、旅游和娱乐等方面的付款带来了更多便利。总之，电子货币是货币史上的一次重大变革。

电子货币最大的问题就是安全问题。电子货币与纸币一样都是没有价值的，而且多数情况下连纸币所具有的实物形式也没有，一切都是凭着计算机里的记录。那么，一旦银行计算机系统由于本身故障或遭人恶意破坏而造成数据错误，后果将是很严重的。而且，电子货币在传输过程中，也有被篡改的危险。

电子货币作为现代金融业务与现代科学技术相结合的产物，具有如下特征：

(1) 传统货币以实物的形式存在，而且形式比较单一。电子货币则不同，它是一种电子符号，存在形式随处理的媒体不同而不断变化。例如，在磁盘上存储时是磁信号，在网络中传播时是电磁波或光波，在 CPU 处理器中是电脉冲等。

(2)电子货币的流通以相关的设备正常运行为前提，新的技术和设备也引发了电子货币新的业务形式的出现。

(3) 电子货币的安全性不是依靠普通的防伪技术，而是通过用户密码、软硬件加解密系统，以及路由器等网络设备的安全保护功能来实现的。

电子货币的形式是多种多样的，主要有银行卡、电子支票和电子现金。

一、认识银行卡支付

银行卡(Bank Card)是指经批准由商业银行(含邮政金融机构)向社会发行的具有消费信用、转账结算、存取现金等全部或部分功能的信用支付工具。银行卡的大小一般为 85.60 mm×53.98 mm，也有比普通卡小 43%的迷你卡和形状不规则的异形卡。

银行卡支付是电子商务中使用频率一直比较高的支付方式，在 B2C、C2C 和小额的 B2B 电子商务活动中，银行卡的使用很广泛。银行卡是由银行发行的金融交易卡，如信用卡、借记卡和复合卡等。

(一)银行卡的应用领域

银行卡的广泛使用不仅推动了电子资金转账(Electronic Funds Transfer，EFT)系统和电子银行的建立和发展，也推动了社会信息化和经济全球化的进程。银行卡主要应用于以下领域：

(1) 使用银行卡，人们不用携带大量现金就能购物，直接通过 EFT 或 POS 系统即可进行资金的转移。

(2)银行卡持卡人可以通过 ATM 系统进行存取款、转账和查询等操作，也可使用信用卡预支现金。

(3) 不同对象可以与银行的主机系统联机，如企事业单位可以与银行的主机系统联机，联机后即可使用单位内部的终端系统与银行进行电子商务交易活动。个人可以通过个人计算机与银行的主机系统联机，以实现查询、转账和投资理财等电子商务活动。

(4) 在互联网中进行各种电子商务活动可以通过银行卡账户来实现资金的消费或转移。

(二)银行卡的分类

随着电子支付的发展，银行卡的种类逐渐丰富起来，但不同银行卡的结算方式、使用权限和使用范围等都有所不同。通常按照银行卡的结算方式进行分类,可将银行卡分为贷记卡、借记卡和复合卡3种。

(1) 贷记卡是最早出现的一种银行卡,也叫信用卡。它是银行等金融机构发放给持卡人为其提供自我借款权的一种银行信用方式。由银行或专门的信用卡公司签发,持卡人凭卡可以在银行规定的信用额度内消费或支取现金。根据持卡人的资信等级,设有不同的信用额度,一般资信等级越高信用额度越高。要求持卡人在规定的期限内结清余额,否则将支付多余的利息。

(2)借记卡是在信用卡的基础上推出的,它要求持卡人必须在发卡行有存款。借记卡主要用于消费和 ATM 存取,是目前使用最多的一种银行卡。

(3) 复合卡是一种兼具贷记卡和借记卡功能的银行卡,它要求持卡人必须事先在发卡行缴存一定金额的备用金,当备用金不足时,可以透支复合卡内一定信用额度的资金。

(三)银行卡网上支付

银行卡是目前使用最为广泛的电子货币,比较适合 B2C 以及小额的 B2B 电子商务。目前大多数消费者持卡在 POS 终端上刷卡消费多数仍在使用银行专用网络进行,使用具有互联网上支付功能的银行卡还是在近几年才发展起来的。银行卡网上支付是用户通过 PC 与 Web 服务器进行通信的,用户发出的支付指令在送到支付网关前是在开放的互联网上传送的。虽然银行卡这种电子货币如今面临电子现金的强有力竞争,但银行卡的应用较为成熟,在个人网上支付领域的地位尚无可替代。

目前银行卡网上支付可以通过以下几种方式:

(1) 账号直接传输方式,即客户在网上购物后把信用卡号码信息加密后直接传输给商家。这种方式只适用于信用卡,而不适用于借记卡,因为用借记卡付款必须向发卡银行提供密码,而借记卡的密码又必须严格保密。此外,商家必须具有良好的信誉才能使客户放心地使用信用卡支付。这种方式在美国应用得非常普遍。

(2)专用协议方式,即在客户、商家和银行卡的发卡机构之间采用专用的加密协议,对信用卡账号进行加密处理。发卡机构向客户和商家免费提供客户端软件。这种软件会自动地通过商家把电子订购表格发送给客户,让客户填写姓名和信用卡号码;再通过这种软件加密发送给商家。由于采用这种具有加密功能的软件及特殊的服务器,商家无法从客户的支付数据中得到信用卡账号的任何信息,保证了支付信息的安全性。

(3) 专用账号方式,即商家在银行的协助下核实客户的持卡人合法身份,并为客户建立与银行卡对应的虚拟账户,每个虚拟账户都有独立的账号和密码。当客户使用虚拟账户在互联网上付款时,账号和密码加密后传输到商家系统,避免在网上直接使用银行卡的卡号和密码,保证了银行卡账户的安全。这种方式提供了较高的安全性,但是由于虚拟账户须由商家建立,建立过程比较复杂,并且同一张银行卡在不同的商家有不同的账号和密码,使得客户使用起来很不方便。

(4) 银行账户分离方式。银行推出的采用个人银行卡账户和网上支付账户(子账户)分离的做法,用户可以通过将有限的资金转入网上支付子账户,在线购物操作时仅使用网上支付账户操作,从而大大地减小了银行卡账户遭受损失的风险。例如,中国工商银行推出的 e 卡就是一种可用于境内外网站消费支付的虚拟借记卡,分人民币 e 卡或国际 e 卡。“工银 e 支付”,方便注册用户通过网上银行、手机银行进行小额网上购物、自助缴费、转账汇款等业务，提高了支付的便利性。

(5) 快捷支付。快捷支付是由支付宝率先在国内推出的一种全新支付理念，具有方便、快速的特点，是未来消费的发展趋势，其特点体现在“快”。快捷支付指用户购买商品时，不需开通网银，只需提供银行卡卡号、户名、手机号码等信息，银行验证手机号码正确后，支付宝发送手机动态口令到用户手机号上，用户输入正确的手机动态口令，即可完成支付。如果用户选择保存卡信息，则用户下次支付时，只需输入支付宝支付密码或者支付密码及手机动态口令即可完成支付。

(6) SET 协议方式。SET 协议是适用于银行卡的互联网支付协议，其技术标准非常复杂，对信用卡持卡人、商家和银行三方的要求都很高。SET 提供商家和收单银行的认证，确保了交易数据的安全性、完整性和交易的不可抵赖性。

另外，网上银行方式、第三方支付方式都是非常重要的银行卡在线支付方式。

二、认识电子支票

电子支票(Electronic Check)是一种借鉴纸质支票转移支付的优点，利用数字传递将资金从一个账户转移到另一个账户的电子支付形式。它通过排除纸质支票，最大限度地利用了当前银行系统的自动化潜力。例如，通过银行自动柜员机网络系统进行一定范围的普通费用的支付，通过跨省市的电子汇兑和清算，实现全国范围内的资金传输，以及大额资金在世界银行之间的传输。利用电子支票进行支付，消费者可以通过计算机网络将电子支票发向商家的电子信箱，同时把电子付款通知单发送到银行，银行随即把款项转入商家的银行账户。这一支付过程在几秒钟之内就可以完成，处理费用较低，而且银行也能为参与电子商务的商店提供标准化的资金信息，因此电子支票是一种最有效率的支付手段。

电子支票有以下几个优点：

(1) 电子支票可为新型的在线服务提供便利。它支持新的结算流；可以自动证实交易各方的数字签名；增强每个交易环节上的安全性；与基于 EDI 的电子订货系统集成来实现结算业务的自动化。

(2)电子支票的运作方式与传统支票相同，简化了顾客的学习过程。电子支票保留了纸制支票的基本特征和灵活性，又加强了纸制支票的功能，因而易于理解，能得到迅速采用。

(3) 电子支票非常适合小额结算；电子支票的加密技术使其比基于非对称的系统更容易处理。收款人和收款人银行、付款人银行能够用公钥证书证明支票的真实性。

(4) 电子支票可为企业市场提供服务。企业运用电子支票在网上进行结算，可比现在采用的其他方法降低成本；由于支票内容可附在贸易伙伴的汇款信息上，电子支票还可以方便地与 EDI 应用集成起来。

(5) 电子支票要求建立准备金，而准备金是商务活动的一项重要要求。第三方账户服务器可以向买方或卖方收取交易费来赚钱，它也能够起到银行的作用，提供存款账户并从中赚钱。

(6) 电子支票要求把公共网络同金融结算网络连接起来，这就充分发挥了现有的金融结算基础设施和公共网络作用。

电子支票交易的过程如图 6－3 所示，由以下几个步骤组成：第一步，消费者和商家达成购销协议并选择使用电子支票方式来进行支付；第二步，消费者通过网络向商家发出电子支票，同时向银行发出付款通知书；第三步，商家通过验证中心对消费者提供的电子支票进行验证，验证无误后将电子支票送交银行索付；第四步，银行在商家索付时通过验证中心对消费者提供的电子支票进行验证，验证无误后即向商家兑付或转账。

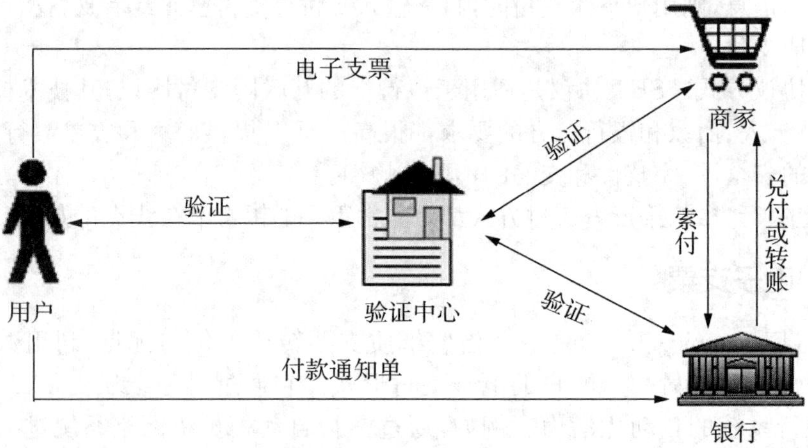

图 6－3　电子支票交易过程

目前，电子支票的支付一般是通过专用网络、设备、软件及一套完整的用户识别、标准报文、数据验证等规范化协议完成数据传输的，确保了安全性。电子支票发展的主要方向是逐步过渡到在公共互联网上进行传输。

三、认识电子现金

（一）电子现金的概念

电子现金(E-Cash)，又称为数字现金、数字货币，是纸币现金的电子化。电子现金同时拥有现金和电子化两者的优点，是一种以数据形式流通的货币，以数字化形式存在的货币。

电子现金在使用时，通过因特网进入实时支付系统，把现金数值转换成一系列的加密序列数，用这些序列数来表示现实中各种金额的币值。用户在开展电子现金业务的银行开设账户并在账户内存钱后，就可以在接受电子现金的商店购物了。当用户进入网上银行，使用一个口令和个人识别码来验证身份，直接从其账户中下载成包的小额电子“硬币”，此时电子现金开始发生作用。然后，这些电子现金被存放在用户硬盘中，直到用户从网上商店进行购买活动时为止。在电子现金系统中，货币仅仅是一连串的数据位，银行可以发行这样的货币，或者在验证密码后直接从用户的账户上划拨出与货币价值相等的等值数字，可称之为代币。就像纸币代替贵金属货币一样。为了保证交易安全，计算机还为每个硬币建立随时选择的序号，并把这个号码隐藏在一个加密的信封中，以免别人知道谁提取和使用了这些电子现金。这种购买方式实际上可以让买主无迹可查，保证了个人的隐私权。

（二）电子现金的种类

目前已开发的各种电子现金主要有智能(IC)卡形式和数字文件形式两类。

1. 智能卡类电子现金

智能卡类电子现金支付是一种需要新硬件支持并以其为核心的电子现金支付系统。它将货币金额数值存储在智能卡中，当从卡内支出货币或向卡内存入货币时，改写智能卡内的余额。支付过程是：启动浏览器；通过读卡器登录到开户银行，将卡上信息告知银行；用户从智能卡内下载电子现金到商家的账户上，或从银行账号下载现金存入卡中。除了与银行账户之间的资金转移外，IC卡的其余的转移操作均可独立完成，不用与银行发生任何联系，从而保证了其分散匿名性和离线操作性。推动智能卡发展的主要领域是银行金融界、电信业、交通运输业以及医疗保健和身份认证系统。其中，金融业的增长将尤为迅速，电子支付将智能卡的发展推到一个新的高度。智能卡形式的电子现金可应用于多种用途，并且非常容易携带，具有信息存储、安全密码锁等功能，可以配合SET或SSL使用，安全可靠。SET非常好地解决了智能卡与电子商务的结合，用智能卡内存放的证书进行持卡人身份认证，客户在网上购物时可进行数字签名。

2. 数字文件类电子现金

这是一种需要软件支持的电子现金支付方式。它用一系列的加密序列数的计算机磁盘数据文件来代表现实中各种金额的纸币或辅币进行网上支付，具有多用途、使用灵活、匿名和快速简便等特点。基于安全使用的考虑，客户、商家和电子现金发行机构之间交换金融申请都有不同类型的协议，每个协议由服务器上的电子现金支付系统和客户端的电子钱包软件执行。

因为数字文件类电子现金容易被复制重复使用，所以要保证电子现金的稀缺性和防伪性，电子现金的发行机构就必须采用安全技术措施使得任何其他个人或组织都无法制造(或复制)这种数字信息文件。数字文件类电子现金的真伪识别和重复使用识别需要银行的在线参与，因此就削弱了它的离线处理特性。

上述两种形式的电子现金各有利弊。就使用的便利性而言，智能卡类电子现金利用一张薄薄的塑料卡为载体，携带十分方便，但必须使用专用设备进行读写，在网络环境中的使用过程相对复杂一些。数字文件类电子现金保存在计算机磁盘等存储介质中，携带不便，但在网络流通和传递中又非常方便，而且计算机比专用读卡器普及率高得多。就安全水平而言，智能卡类电子现金比数字文件类电子现金有更高的防窜改特征，但智能卡内嵌微处理器计算能力较弱，难以进行高强度的加密处理，达不到高度的逻辑安全性。在实践中，许多数字文件类电子现金系统在向IC卡方向发展，而智能卡类现金系统也在向网络化方向发展。

（三）电子现金支付过程

电子现金支付过程可以归纳成4步。第一步，用户在电子现金银行开设电子现金账号，用现金服务器账号中预先存入的现金来购买电子现金证书，也就是购买电子现金代币。这些电子现金就有了价值，并被分成若干包“硬币”，可以在商业领域流通了。第二步，使用计算机电子现金终端软件从电子现金银行中取出一定数量的电子现金，存放在计算机的硬盘上，一般一次不取太多，以防止丢失。第三步，用户与同意接收电子现金的商家协商，签订订货合同，使用电子现金支付所购商品的费用。第四步，接收电子现金的商家与电子现金发放银行之间进行清算，银行将用户购买商品的钱支付给商家，一笔交易至此完成。其过程如图6－4所示。

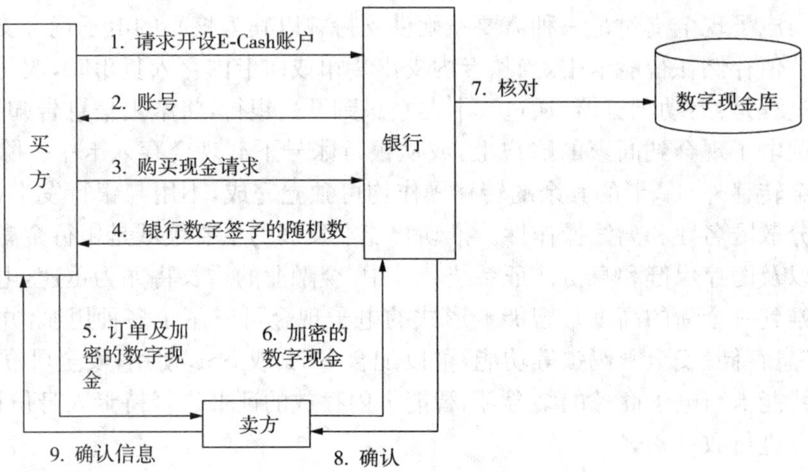

图6－4　电子现金支付过程

（四）电子现金的特点

（1）银行与商家具有授权关系，事先签有协议，并且用户、商家和电子现金银行都使用电子现金的软件。

（2）电子现金银行负责用户与商家之间资金的转移。

（3）身份验证工作是由电子现金系统自身来完成的。电子现金银行在发放电子货币时使用了数字签名。商家在每次交易中，将电子货币传送给电子现金银行，由电子现金银行验证用户支付的电子货币是否有效。

（4）具有现金特点，可以存、取、转让，适用于小数额的交易，具有匿名性。

电子现金在电子商务的交易过程中仍然存在很多不足，主要有以下几点：

（1）成本较高。电子现金对软件和硬件的技术要求都较高，如需要一个大型数据库存放用户完成的交易和电子现金序号以防止重复消费。

（2）存在货币之间的兑换问题。各国发行各国自己的货币，在跨国交易中就会出现兑换的问题，需要使用特殊的兑换软件。

（3）风险较大，如果某个用户的硬盘损坏，电子现金丢失，钱就无法恢复，这个风险是许多消费者所不愿意承担的。

（4）有可能出现电子伪钞。

四、了解虚拟货币

（一）虚拟货币的含义

虚拟货币是指由一定的发行主体以公用信息网为基础，以计算机技术和通信技术为手段，以数字化的形式存储在网络或有关电子设备中，并通过网络系统（包括智能卡）以数据传输方式实现流通和支付功能的网上等价物。网络虚拟货币是非真实的货币。国际上常见的虚拟货币有比特币、莱特币。国内知名的虚拟货币有百度公司的百度币，腾讯公司的Q币、Q点，盛大公司的点券，新浪推出的U币、米票(用于iGame游戏)以及其他游戏币。

欧洲央行对虚拟货币的定义为：一种不受监管的数字货币，通常由其开发者发行和控制，为特定虚拟社区的成员所接受和使用。

苏宁在《虚拟货币的理论分析》中提出，虚拟货币的界定可分为广义虚拟货币和狭义虚拟货币。广义的虚拟货币是指产生于虚拟世界，可以在虚拟世界中流通，并作为虚拟世界中商品交易的一般等价物的货币；狭义的虚拟货币是指由虚拟世界的中央银行或特定机构发行，在虚拟世界流通的法定货币。

（二）虚拟货币的类型

1. 根据现行虚拟货币的发展情况分类

(1) 次级货币。它是指没有正式货币地位，但可以参与正常经济生活的虚拟货币。一般通过电子挖掘获得，可与真实货币进行双向兑换。

(2)商品货币。它是指通过购买获得的虚拟货币，可以在发行方平台内部使用，这种货币只可用真实货币购买，却很难反向兑回。

(3) 道具货币。它是指没有实际货币意义的道具、积分或产品，用以增加用户黏性，道具货币通过购买或用户在平台内的使用行为获得，几乎无法兑回。

2. 按照与实体货币的兑换关系分类

(1) 虚拟货币与实体货币相互隔绝，不存在兑换关系。这一类型的虚拟货币主要在虚拟社区或者游戏中使用。游戏玩家无法购买或销售这类虚拟货币，只能通过游戏过关或者系统奖励才能获得这些游戏币。例如，各种单机游戏中的“货币”，玩家通过过关或者击杀怪物获得，用于提升自身装备或者参与某些游戏内容。这种虚拟货币的使用范围局限在封闭环境当中，脱离这个环境就不能称为“货币”。

(2)虚拟货币可以与实体货币进行单向兑换，即人们可以用实体货币兑换虚拟货币，从而在虚拟货币使用环境中购买自己需要的产品或服务，但虚拟货币不能换回实体货币。例如，游戏平台的所谓“白金币”，需要用实体货币购买，玩家在游戏平台使用白金货币可以购买游戏道具，获得游戏中的优势或特殊效果，没有消费完的白金币不可以换回实体货币。这种类型的虚拟货币本质上是对某种商品或服务的预付款，可以视为对未来需要的产品或服务的购买。

(3) 虚拟货币可以与实体货币进行双向兑换，也就是说，这类虚拟货币既可以用实体货币购买，也可以转化为实体货币。例如，曾经很流行的网络游戏《魔兽世界》，其中的游戏货币“魔兽金币”就可以在玩家之间流通，需要金币的玩家可以向卖家支付实体货币，从而在游戏中获得金币转账。对卖家来说，就是卖出金币获得实体货币。

（三）虚拟货币的特征

1. 价值性

用户消费运营商提供的产品与服务而获得效用价值，虚拟货币通过提供消费者交换来满足消费者的这种效用而具有价值，虚拟货币的数量衡量一般商品的价值量。虚拟货币的发行本质也是信用发行，是持有者对发行者的债权。在一定范围内，这种债权具有的价值就是索取权。

2. 虚拟环境依赖性

虚拟货币的存在以发行商提供的虚拟经济环境及发行商自身持续经营为前提，否则虚拟货币没有任何意义。

3. 近似货币性

货币价值形式作为商品交换过程中的最高价值形式可以被认为是真正意义上的货币。虚拟货币由于其流通范围的有限性，尚不能充当所有商品的一般等价物；但是其在一定范围内具备货币的价值尺度、流通手段等职能。因此可以认为，虚拟货币近似货币价值形式，是货币的一种初级形态，具有近似货币性。

4. 需调控性

虚拟货币的发行与流通虽仅限于有限范围，但会通过货币乘数效应放大货币供应量，影响宏观经济调控的难度和准确度。虚拟货币发行者须将其发行量与流通量等指标上报给央行，并随时服从央行的统一管理。

5. 需规制性

实体货币由央行发行并由央行通过货币政策进行宏观调控，而虚拟货币，由金融体系之外的非金融主体发行，其发行目的是获取商机与竞争优势，是一种市场行为，必然会导致发行者之间的竞争。这种竞争会产生不正当竞争行为，或通过寻租获取竞争优势，这就决定了需要根据法律法规对虚拟货币的市场行为进行规范管理。

6. 虚拟性

虚拟货币作为一种近似货币，若只存在于虚拟世界中并可购买其中的虚拟财产，则表现为虚拟存在；若与主权货币挂钩，可在现实世界存在并购买实体资产，则表现为主权货币的虚拟物。虚拟货币实际上是一串存在于计算机系统中的一段数据文件，仅由发行者对其系统解释后才具有虚拟货币的意义，由此可见，虚拟货币的存在形式具有虚拟性。

7. 应用有限性

一般而言，虚拟货币可以购买发行者提供的产品与服务，也可与发行范围以外的发行者联盟，按一定比率兑换从而可以购买联盟者的产品。对联盟以外的产品，虚拟货币就不具有任何价值。同理，当虚拟货币仅被授权在不同销售周期购买不同产品时，虚拟货币的使用就具有时间与范围的有限应用，而不像主权货币可以完全自由交换。

8. 可分性

虚拟货币不具有实物形态，是数字化的存储信息。它不同于传统纸质货币需要考虑主币与辅币的发行量及各种币值比例的平衡关系，可以无限拆分。

9. 与实体经济的关联性

尽管虚拟货币存在于虚拟世界之中，但新技术革命的进程已将虚拟世界与现实紧密相连，虚拟世界已经成为人们精神生活的重要组成部分，对现实经济的发展有促进作用。例如，大量娱乐活动应用项目为人们提供了丰富的精神财富。但是，在虚拟世界中发生的洗钱、赌博、网络盗窃等会对现实经济带来反作用。

（四）几种流行的虚拟货币

1. 比特币

比特币(Bitcoin)是新型虚拟货币中最火爆、最受追捧的典型代表。比特币通过区块链进行工作，其特色就是全球通用。比特币基于开源代码产生，不受中央节点控制。比特币通过复杂的计算来获取，其获取过程叫作“挖矿”。任何人都可以通过名为“挖矿”的电脑运算行为获得比特币，任何通过处理器(CPU)、图形处理器(GPU卡)进行运算获取比特币的行为都称为“挖矿”，而挖矿的人就叫作“矿工”。

2. 莱特币

莱特币(Litecoin)技术原理同比特币一样，是比特币模仿者中最为成功的一种。与比特币相比，莱特币的交易时间更快，货币总量更大。开发者的初始定位是：如果比特币是黄金，那莱特币就是白银。

3. 比特币现金

比特币现金(Bitcoin Cash)号称新版的比特币。因为比特币现金100%复制了比特币的区块链信息，因此拥有比特币的人就相当于完全拥有了比特币现金。由于完全复制的性质与比特币本身具有的加密性质冲突，因此很多主流交易平台明确规定不支持比特币现金交易。比特币现金是比特币的衍生版，号称交易速度更快。

4. 瑞波币

瑞波币(Ripp1e)是由著名风投机构安德森霍洛维茨基金注资、OpenCoin公司推出的新型虚拟货币。瑞波币是目前全球第四大虚拟货币，其特色是可以快速在全球任何一处转移成为数十种不同的虚拟货币，同时很多专业金融公司认为瑞波币交易更安全，手续费更低。和比特币相比，其优势在于交易迅速、操作简单，但其发行数量不固定，发行机制并不完全去中心化。

5. 以太坊(Athereum)

2013—2014年，程序员维塔利克(Vitalik Buterin)受到了比特币的启发，提出了“以太坊”的概念。维塔利克在2013年写下了《以太坊白皮书》，其中提到了以太坊创立的初衷：去中心化，更开放，使用安全。和比特币一样，以太币同样以区块链为基础，但其中最具特色的一点是以太币采用开源智能合约(Smart Contract)，而以太币是基于以太坊技术衍生出的加密货币，目前已经成为仅次于比特币的全球价值第二高的加密货币。

6. 点点币

点点币是比特币的另一模仿者。开发者的初衷是在比特币的基础上实现一些创新项目，比如不设定固定的货币供应上限、计算能耗更低及用中彩票的方式进行奖励等。

五、认识电子钱包

（一）电子钱包的产生与发展

英国国民西敏寺(National Westminster)银行开发的电子钱包Mondex是世界上最早

的电子钱包系统，于 1995 年 7 月首先在有“英国的硅谷”之称的斯温顿(Swindon)市试用。起初，市场反响并不热烈，不过它很快就在斯温顿打开了局面，广泛应用于超级市场、酒吧、珠宝店、宠物商店、餐饮店、食品店、停车场、电话亭和公共交通工具上。由于电子钱包使用起来十分简单，只要把 Mondex 卡插入终端，三五秒钟之后，收据便从设备输出，一笔交易即告结束，读取器将从 Mondex 卡中的余额中扣除本次交易的花销。此外，Mondex 卡还具有现金货币所具有的诸多属性，如作为商品尺度的属性、储蓄的属性和支付交换的属性。通过专用终端还可将一张卡上的钱转移到另一张卡上，而且，卡内存有的钱一旦用光、遗失或被窃，Mondex 卡内的金钱价值不能重新发行，也就是说持卡人必须负起管理上的责任。有的卡如被别人捡到照样能用，有的卡写有持卡人的姓名和密码锁功能，只有持卡人才能使用，比现金安全一些。当 Mondex 卡损坏时，持卡人向发行机关申报卡内所余金额，由发行机关确认后重新制作新卡发还。

Mondex 卡终端支付只是电子钱包的早期应用，从形式上看，它与智能卡十分相似。今天，电子商务中的电子钱包则已完全摆脱了实物形态，成为真正的虚拟钱包了。

（二）电子钱包的含义和类型

电子钱包(Electronic Wallet)是消费者在电子商务活动中使用的一种支付结算工具，是在小额购物或购买小商品时常用的新式钱包。所谓电子钱包，是指装入电子现金、电子零钱、安全零钱、数字信用卡、在线货币、数字货币和数字现金等电子货币，集多种功能于一体的电子货币支付方式。电子钱包有两种类型：一是纯粹的软件，主要用于网上消费、账户管理，这类软件通常与银行账户或银行卡账户连接在一起；二是小额支付的智能储值卡，持卡人预先在卡中存入一定的金额，交易时直接从储值账户中扣除交易金额。

（三）电子钱包的功能

电子钱包的功能和实际钱包一样，可存放信用卡、电子现金、所有者的身份证书、所有者地址以及电子商务网站的收款台上所需的其他信息。电子钱包具有如下功能：

(1) 电子安全证书的管理，包括电子安全证书的申请、存储、删除等。

(2)安全电子交易(SET)，进行 SET 交易时辨认用户的身份并发送交易信息。

(3) 交易记录的保存(SET)，保存每一笔交易记录以备日后查询、持卡人在网上购物，卡户信息(如账号和到期日期)及支付指令可以通过电子钱包软件进行加密传送和有效性验证。

（四）电子钱包的使用

使用电子钱包的顾客通常要在有关银行开立账户。在使用电子钱包时，将电子钱包通过有关的电子钱包应用软件安装到电子商务服务器上，利用电子钱包服务系统就可以把自己的各种电子货币或电子金融卡上的数据输入进去。在收付款时，如顾客需用电子信用卡(Visa 卡或 Master 卡)等收款时，顾客只要单击一下相应项目(或相应图标)即可完成。

任务三　认识第三方网上支付服务

案例点击 6－2

网上支付钓鱼

小C是资深网民了，平时没事就喜欢宅在家里网购。这天，小C又在淘宝上看中了一件衣服，而且打5折，于是便熟练地通过阿里旺旺与卖家小Y取得了联系，并将小Y加为QQ好友。小C随后通过点击卖家从QQ发来的支付链接完成了整个支付过程。就这样过了几天，小C一直没有收到货，而小Y却一直处于离线状态，失去了联系。正巧这天小C去楼下ATM取钱，发现账户上少了好几千元，跑到中国银行一查，才知道自己是上了钓鱼支付的当。

应对策略：

(1) 网上购物要谨慎，小心不法分子的低价商品陷阱。

(2)网购时注意核对订单号、订单商品及金额等信息，发现不符，应立即停止支付。

(3) 切勿使用商家提供的链接进行支付，谨防钓鱼诈骗。

一、认识第三方网上支付模式

第三方支付

除了网上银行、电子信用卡等支付方式以外，还有一种方式也可以相对降低网络支付的风险，那就是正在迅猛发展起来的利用第三方机构的支付模式。第三方支付是指具备一定实力和信誉保障的独立机构，采用与各大银行签约的方式，提供与银行支付结算系统接口的交易支持平台的网络支付模式。在通过第三方支付平台的交易中，买方选购商品后，使用第三方平台提供的账户进行货款支付，由第三方通知卖家货款到达、发货；买方检验物品后，就可以通知付款给卖家，第三方再将款项转至卖家账户。

在实际操作过程中，这个第三方机构可以是发行信用卡的银行本身。以银联电子支付、快钱、汇付天下为首的金融型支付企业，侧重行业需求和开拓行业应用。在进行网络支付时，信用卡号及密码的披露只在持卡人和银行之间转移，降低了通过商家转移而导致的风险。

同样，第三方支付也通过第三方在持卡人或客户和银行之间进行。以支付宝、财付通为首的互联网型支付企业，它们以在线支付为主，捆绑大型电子商务网站，迅速做大做强。持卡人首先和第三方以替代银行账号的某种电子数据的形式(如邮件)传递账户信息，避免了持卡人将银行信息直接透露给商家，而且可以不必登录不同的网上银行界面，取而代之的是每次登录时，都能看到相对熟悉和简单的第三方机构的界面。第三方机构与各个主要银行之间又签订有关协议，使得第三方机构与银行可以进行某种形式的数据交换和相关信息确认。这样，第三方机构就能实现在持卡人或消费者与各个银行，以及最终的收款人或商家之间建立一个支付流程。

二、认识第三方网上支付模式的特点与流程

第三方网上支付平台是基于与各家银行密切合作前提下，为商户提供整合型网上支付服务的，具有以下显著特点：

(1) 第三方支付平台提供一系列的应用接口程序，将多种银行卡支付方式整合到一个界面上，负责交易结算中与银行的对接，使网上购物更加快捷、便利。消费者和商家不需要在不同的银行开设不同的账户，降低了消费者网上购物的成本和商家的运营成本；同时，还节省了银行的网关开发费用，并为银行带来了一定的潜在利润。

(2)第三方支付平台支付手续费标准统一，且结算周期可根据商户需求设定，操作简单，服务更加人性化。例如，网银在线提供的按天结算货款服务，实现了资金在支付平台的“零停留”，确保了商户资金的流畅运转。有了第三方支付平台，商家和客户之间的交涉由第三方来完成，使网上交易变得更加简单。

(3) 第三方支付平台本身依附于大型的门户网站，且以与其合作的银行的信用作为信用依托，使第三方支付平台能够较好地突破网上交易中的信用问题，一旦发生交易纠纷，会对商家和消费者采取双向保护政策，在交易双方之间进行公平、公正的协调处理，确保双方合法利益得到最大限度的维护，有利于推动电子商务的快速发展。

在第三方支付交易流程中，商家看不到客户的信用卡信息，避免了信用卡信息在网络上多次公开传输而导致信用卡信息被窃。以 B2C 交易为例，具体步骤如下：

(1) 客户在电子商务网站上选购商品，最后决定购买，买卖双方在网上达成交易意向。

(2) 客户选择利用第三方作为交易中介，用信用卡将货款划到第三方账户。

(3) 第三方支付平台将客户已经付款的消息通知商家，并要求商家在规定时间内发货。

(4) 商家收到通知后按照订单发货。

(5) 客户收到货物并验证后通知第三方。

(6) 第三方将其账户上的货款划入商家账户中，交易完成。

三、了解第三方支付平台的盈利模式

第三方支付平台开展的业务类型不同，其盈利模式也不同，具体可以归纳为如图 6－5 所示的两种盈利模式。

(一)有形收益

第三方支付平台可靠收取技术服务费、接入费、交易佣金获利。同时，买家付款与买家确认收货的时间差会让闲散的资金沉淀，商户的资金在第三方平台上也会产生沉淀，第三方支付平台可利用沉淀资金获取利息，将其作为收益。第三方支付平台还可以通过余额宝等理财产品赚取收益。

(二)无形收益

消费者通过第三方支付平台完成支付，交易信息掌握在第三方支付平台手中。大数据的积累可以形成完善的资信体系。企业、商户可以从这些大数据中挖掘、分析消费者行为，实现精准营销。

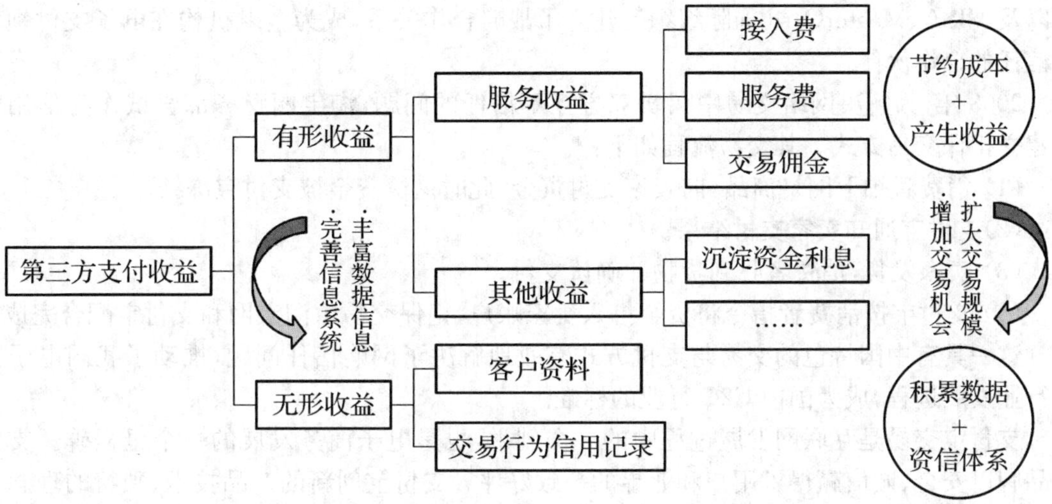

图 6-5　第三方支付平台的主要盈利模式

任务四　认识常用的几种第三方网上支付系统

案例点击 *6-3*

如何应用支付宝

小刘最近在网上看到支付宝可以缴纳水电费，还能进行信用卡还款，想起自己还有一个很久不用的支付宝账号，就决定变废为宝，咨询一下支付宝客服。在网上搜索之后，网上出现了大量的 0898 开头的“客服电话”，拨通电话后，客服以需要先了解一下小刘的账户有没有开通相关权限为由，让他提供支付宝账户的名称、登录密码和支付密码，而这些电话实际上都是钓鱼电话，等小刘真的登录账户后，发现里面的余款已经一分不剩。

思考：

根据案例，简述在使用第三方支付平台时应注意什么。

一、了解支付宝

支付宝（见图 6-6）是国内领先的第三方支付平台，致力于提供“简单、安全、快速”的支付解决方案。支付宝（中国）网络技术有限公司从 2004 年建立起，始终将“信任”作为产品和服务的核心，旗下有“支付宝”与“支付宝钱包”两个独立品牌。从 2014 年第二季度开始，其成为全球最大的移动支付厂商。支付宝与国内外 180 多家银

支付宝™ Alipay.com

图 6-6　“支付宝”标志

行以及 VISA、MasterCard 国际组织等建立了战略合作关系，成为金融机构在电子支付领域最信任的合作伙伴。

2003 年，为解决网络交易中买卖双方互不信任的问题，淘宝网财务部尝试作为信用中介建立担保交易方式。其交易流程如下：

(1) 消费者拍下网络商品，向卖家支付资金，此时这笔资金被支付宝冻结。

(2)支付宝通知卖家支付结果。

(3) 卖家发货，消费者收到货物并确认支付。

(4) 支付宝按消费者指令将资金打入卖家账户，担保交易由淘宝网和支付宝配合完成。

这一具有中国特色的交易与支付方式有效地解决了网购信任问题，推动了我国电子商务行业发展进程，成为国内 C2C 行业的标准。

支付宝交易是互联网发展过程中的一个创举，也是电子商务发展的一个里程碑。支付宝品牌以安全、诚信赢得了用户和业界的一致好评。支付宝创新的产品技术、独特的理念及庞大的用户群吸引了越来越多的互联网商家主动选择支付宝作为其在线支付体系。

支付宝的交易流程如图 6－7 所示。

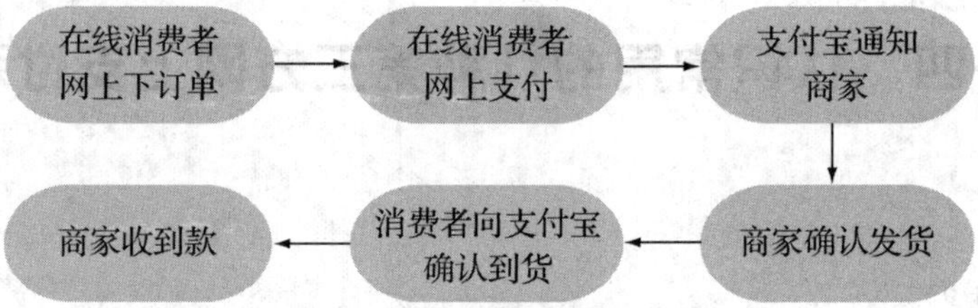

图 6－7　使用支付宝的交易流程

二、了解财付通

财付通(见图 6－8)是腾讯公司于 2005 年 9 月正式推出的专业在线支付平台，致力于为互联网用户和企业提供安全便捷、专业的在线支付服务。财付通作为综合支付平台，业务覆盖 B2B、B2C 和 C2C 各领域，提供网上支付及清算服务。它为个人用户提供在线充值、提现、支付、交易管理等功能；为企业用户提供安全、可靠的支付清算服务和极富特色的 QQ 营销资源支持。

图 6－8　“财付通”标志

2010 年，财付通在原有的业务体系之外大力拓展信用卡还款、大额支付和公共事业缴费等领域，采取了差异化和多元化的发展模式，并注重对物流、直销和电信等行业提供支付服务解决方案，有效地保持了其行业地位。

随着用户社交行为的变化和对多样化功能的需求增加，QQ 面临来自其他社交平台的竞争，其用户数量也有一定程度的下降，但 QQ 仍然保持着一定的用户基础，尤其是在年长用户中仍然有一定的市场份额。根据腾讯 2023 年第三季度财报的数据显示，QQ 的月活跃账户数达 5.58 亿，在一线、二线城市，中小城市及广大农村地区有着大量的用户。腾讯围绕“互联网＋”的方式，对海量用户管理能力、大数据能力和社交关系链能力进行有效开发和资源共享，实现各行业共发展。财付通的支付方式包括以下几种：

(1) 即时到账付款。这种方式是指在交易双方互相信任的基础上,自愿付款给对方,一旦付款,款项马上到达对方财付通账户。

(2)财付通余额支付。这是指使用财付通账户的余额进行支付。消费者在财付通账户充值后,在网上购物时即可使用财付通余额支付功能。

(3) 手机支付。这是指财付通账号开通手机支付服务后,用手机上网,在财付通指定的WAP网站下订单,财付通账号绑定的手机会收到一个验证码,在绑定的手机上输入验证码进行支付。

(4) B2B在线支付。这是银行专门为电子商务活动中的卖方和买方(针对企业)提供的安全、快捷、方便的在线支付,简单理解就是企业对企业的支付,买方将货款支付给财付通,由财付通暂时保管,待交易成功完成后,由财付通公司负责将款项打给卖家。

(5) 企业付款。该功能用于财付通账户之间的大额交易付款,付款方只需要安装数字证书,即可向已经开通企业收款权限的财付通账户进行大额付款,不受财付通个人转账额度限制。企业付款的特点是:支持大额付款;资金即时到账;无须手续费。

三、第三方支付系统应用实例分析(以支付宝为例)

以下是以淘宝网交易平台(见图6-9)为例进行分析。

图6-9　支付宝平台

(一)登录支付宝网站

(1) 进入支付宝网站,单击"注册"按钮。

(2)输入注册信息,按照页面中的要求如实填写,否则会导致支付宝账户无法正常使用。注意:支付宝账户分为个人和公司两种类型,根据自己的需要慎重选择账户类型。公司类型的支付宝账户一定要有公司银行账户与之匹配。

(3) 正确填写注册信息后,单击"确认注册"按钮,支付宝会自动发送一封激活邮件到你注册时填写的邮箱中。

(4) 登录邮箱,单击邮件中的激活链接,激活你注册的支付宝账户。

(5) 激活成功,支付宝注册成功,即可体验网上安全交易的乐趣。

(二)登录淘宝网站

(1) 进入淘宝网主页后,单击右上角的"免费注册",页面显示新会员注册页面,根据提示填写基本信息,包括会员名、密码、邮箱等信息,其中带"＊"的为必填项。

(2)淘宝激活以后,系统会自动生成一个支付宝账户,单击"登录支付宝"按钮,激活你注册的支付宝账户。

(3) 或者登录淘宝的注册邮箱,单击邮件中的激活链接,激活你注册的支付宝账户。

(4) 单击激活链接,进入支付宝网站页面,输入于注册淘宝账户时设置的登录密码,单击"登录"按钮。

(5) 输入注册信息,按照页面中的要求如实填写,否则会导致你的支付宝账户无法正常使用。

(6) 单击"保存并立即启用支付宝账户"按钮,即激活成功。

(三)购物步骤

(1) 注册并实名认证。

(2)支付宝充值。

(3) 拍下"宝贝"。

(4) 收取"宝贝"。

(5) 确认收取"宝贝",确认付款。

任务五　认识移动支付

一、掌握移动支付的概念

移动支付,也称为手机支付,是指交易双方为了某种货物或者服务,以移动终端设备为载体,通过移动通信网络实现的商业交易。移动支付使用的移动终端可以是手机、PDA、移动 PC 等。移动支付作为一种崭新的支付方式,具有方便、快捷、安全、低廉等优点,将会有非常大的商业前景,将会引领移动电子商务和无线金融的发展。移动支付是移动电子商务发展的一种趋势,必将成为移动电子商务的一个新亮点。

二、了解移动支付的种类

从业务种类看,所有支付都被分为 4 个部分:小商品交易;服务付费;缴费等银行服务,如水费、电费、煤气费等;电子内容(产品)支付等。

(1) 小商品交易业务给用户最直接的体验是通过手机购买饮料等实质性的产品。该类业务的发展需要依赖摆放在公众场所的饮料机的设置密度,公众对类似小商品购买的方便度等因素。从我国的国情看,众多的超市、小商品销售点已经基本满足了用户对类似小商品的购买需求,因此这类在日本和韩国受到普遍欢迎的业务似乎在中国难以找到适合发育的土壤。对此,中国的移动支付从业者有着比较清醒的认识。

(2)服务付费是指用户通过手机来支付服务业务费用。欧洲的移动支付以此为主要的业务类型,目前最流行的就是支付停车费和洗车费等。但是,欧洲的停车缴费手续相对来说要比中国复杂,其无人值守使得消费者需要储备零钱,或者需要到附近的报摊购买停车卡等,通过手机支付停车费能够消除这种不便性。但是对于中国来说,服务行业的连锁管理性比较差,高科技含量也低,很难想象这些以传统收费方式为主的小额服务行业能够全面接受和欢迎类似的业务。但是不排除在特殊的场所,如大型商场、机场等地下停车场可能会成为类似业务的接受者。

(3) 以缴费业务为代表的移动银行服务是目前我国银行系统参与的移动支付主要业务类型。北京移动等推出的“手机钱包”其实就是该业务非常典型的应用,用户可以通过手机来操作自己的银行账号,从而完成移动银行的功能,也使得我们的货币电子化,增加货币持有的安全性。这几年来,用户已经备受前往银行支付各种费用不便的困扰,而缴费的不定期性和迫切性也使得很多用户产生了随时支付费用的需求。同时,通过手机与银行卡捆绑,可能能够激活目前沉睡中的数量巨大的银行信用卡。很显然,在这个领域银行占据了主导地位,也是主要的利益受益方。对于移动运营商来说,搭建移动支付平台为银行提供了一个新的渠道,移动公司希望在增加业务量的同时,能够从传送在这个平台上的商品交易中抽取佣金,这样还规避了很多金融政策和其他风险。反观国外,此项业务并不十分成功,对于国外用户而言,信用卡已经是一种电子货币,与手机捆绑并没有带来实质性的便利,而且通过手机进行银行查账的业务安全性和隐秘性也较差。在中国,信用卡制度还处于用户开发阶段,而这一点可能反倒为移动支付的发展提供了机会。但是用户在观念转变的过程中是直接接受信用卡,还是接受手机作为电子货币的代表,仍是个未知数。

(4) 电子内容(产品)支付目前已经成为移动支付的主要业务。在各门户网站为用户提供铃声下载等内容的同时,他们通过中国移动代为收费,其本身已经是一种移动支付业务。对于这类业务和付费方式,用户接受起来非常自然,甚至可以说是没有其他更好的支付方式。由此可以预计,类似电子内容的众多服务和商品的支付会成为移动支付的主要收入来源。

三、认识移动支付商业模式

我国目前移动支付商业模式主要有以下 3 类:以移动运营商为运营主体的移动支付业务、以银行为运营主体的移动支付业务和以独立的第三方为运营主体的移动支付业务。

(一)以移动运营商为运营主体的移动支付业务

当移动运营商作为移动支付平台的运营主体时,移动运营商以用户的手机话费账户或专门的小额账户作为移动支付的账户,用户发生的移动支付交易费用全部从话费账户或小额账户中扣减。

目前,中国移动与新浪、搜狐等网站联合推出的短信服务以及与中国少年儿童基金会等福利机构联合推出的募捐服务都是由移动公司从用户的话费当中扣除用户定制短信以及捐款等费用的方式来实现的。

(二)以银行为运营主体的移动支付业务

银行通过专线接入移动运营商的系统,用户通过银行卡账户进行移动支付,或者将银行账户与手机账户绑定。银行为用户提供交易平台和付款途径，移动运营商只为银行和用户提供信息通道，而不参与支付过程。

当前我国大部分提供手机银行业务的银行(如招商银行、广发银行、工行等)都是自己运营移动支付平台。

(三)以独立的第三方为运营主体的移动支付业务

移动支付交易平台运营商是独立于银行和移动运营商的第三方经济实体，具有独立的经营权。平台运营商作为桥梁和纽带，连接用户、银行及服务提供商(SP)，并负责用户银行账户与服务提供商银行账户之间的资金划拨和结算。

目前，我国主要有支付宝、微信支付、百度钱包、PayPal、拉卡拉、财付通、易宝支付、快钱、网银在线、汇付天下、乐富等众多独立的平台运营商运营的支付平台。

四、了解移动支付方式

(一)短信支付

手机短信支付是手机支付的最早应用，将用户手机 SIM 卡与用户本人的银行卡账号建立对应的关系，用户通过发送短信的方式在系统短信指令的引导下完成交易支付请求，操作简单，可以随时随地进行交易。手机短信支付服务强调了移动缴费和消费。

(二)扫码支付

扫码支付是一种基于账户体系搭建的新一代无线支付方案。在该支付方案下，商家可以把账号、商品价格等交易信息汇编成一个二维码，并印刷在报纸、杂志、广告、图书等载体上发布。用户通过手机客户端扫描二维码，便可实现与商家支付宝账户的支付结算。最后，商家根据支付交易信息中的用户收货联系资料进行商品配送，完成交易。

(三)指纹支付

指纹支付即指纹消费，是采用目前已成熟的指纹系统进行消费认证，即顾客使用指纹注册成为指纹消费折扣联盟平台会员，通过指纹识别即可完成消费支付。

(四)声波支付

声波支付是利用声波的传输，完成两个设备的近场识别。其具体过程是，在第三方支付产品的手机客户端中内置有“声波支付”功能，用户打开此功能后，用手机麦克风对准收款方的麦克风，手机会播放一段“咻咻咻”的声音，完成支付。

(五)面部扫描支付

面部扫描支付是利用人脸识别系统，通过扫描人脸识别使用者的身份来完成支付的。

任务六　了解网上银行

网上银行

随着电子商务的快速发展，1995 年 10 月，全球第一家网上银行 SFNB (Security First Network Bank，安全第一网上银行)在美国诞生，它的出现对传统金融业产生了巨大的冲击，由此开启了网上银行的快速发展。目前，网上银行已经彻底融入人们的日常生活，使人们足不出户就能安全、便捷地完成各项金融业务。

一、理解网上银行的概念

网上银行又称网络银行、虚拟银行或在线银行，是指金融机构利用网络技术在互联网上开设的银行。网上银行实质上是传统银行业务在网络中的延伸，它采用互联网数字通信技术，以互联网作为基础的交易平台和服务渠道，为用户提供开户、销户、查询、对账、转账、信贷、网上证券和投资理财等全方位的服务。

网上银行也可以理解为传统银行柜台的网络化，它不用像传统银行柜台那样设置众多的分支机构，只要建立一个统一的网上银行网站，用户就能通过互联网在任何地点、任何时刻获得银行提供的个性化的全方位服务。网上银行的快速发展和推广应用极大地降低了银行的经营成本，提高了资金的周转速度。网上银行支付是目前主流的电子支付方式。

二、了解网上银行的特点

与传统银行柜台相比，网上银行具有以下几个特点：

(1) 个性化。网上银行是银行根据自身市场定位和用户需求，为用户量身打造的具有自身特色的银行，以增加银行在各大商业银行中的竞争力，提高银行效益。

(2)智能化。第一，网上银行借助互联网和数字技术，用户无须银行工作人员的帮助就能在短时间内完成各项金融业务，如资金转账、账户查询等。第二，网上银行还提供了和用户的交互沟通渠道，用户可以在访问网上银行时根据需要提出具体的服务要求，网上银行将给出对应的解决方案，这一过程完全通过互联网来实现，充分实现了银行业务的智能化。

(3) 多样化。网上银行在传统柜台业务的基础上进行延伸和创新，不断设计出新的业务品种和新的业务方式，以满足用户多元化的需求；同时，网上银行不断扩充银行的业务范围，增加银行的竞争力。

(4) 简单化。网上银行的使用十分简单，只要在互联网环境下根据网上银行网页的提示即可选择自己需要的各项业务。网上银行的操作界面一般都十分简单、清晰，方便用户查看和操作，任何具有互联网基础知识的用户都能够很快掌握网上银行的操作方法。

随着互联网的快速普及，网上银行的使用范围更加广泛，越来越多的银行业务被整合到网上银行中，以便为用户提供更加快捷、高效和可靠的全方位服务，同时也促进了银行在服务质量、用户满意度等方面的提高，增强了银行的核心竞争力，最终使银行向业务综合化、国际化和高科技化的方向发展。

三、掌握网上银行的分类

按照不同的标准，可以将网上银行分为不同的类型。

(一)按服务对象进行分类

按照服务对象进行分类，可以将网上银行分为个人网上银行和企业网上银行。

个人网上银行主要用于为个人提供网上银行服务，如账户查询、投资理财和在线支付等，使个人用户足不出户就能安全、便捷地完成各项金融服务的操作。个人使用网上银行需要持卡人持本人身份证、银行卡到开卡银行申请开通个人网上银行，获得电子证书并成功安装后才可通过互联网进行访问。

企业网上银行主要用于为企业、政府部门等企事业单位服务。企事业单位通过企业网上银行可以了解自己的财务运作情况,进行内部资金调配、账户管理、收付款、贷款和投资理财等金融服务。

(二)按经营组织形式分类

按照经营组织形式分类,可以将网上银行分为分支型网上银行和纯网上银行两类。

1. 分支型网上银行

分支型网上银行是指现有的传统银行利用互联网作为新的服务手段,建立银行站点、提供在线服务而设立的网上银行。这种类型的网上银行可以看作传统银行的一个特殊分支机构或营业点,又称为网上分行、网上柜台或网上分理处等。

分支型网上银行不仅可以独立开展金融业务,主要包括财务查询、转账和在线支付等,还能为其他非网上机构提供辅助服务。并且,随着互联网技术和电子商务的快速发展,网上银行和电子支付工具已经逐渐被人们所熟知并熟练使用,分支型网上银行的业务也随之更加丰富,目前除了不能进行现金的存取外,其他的业务基本都能实现,如网上开户、网上贷款、电子支付或资产、证券交易等。分支型网上银行已经成为一种十分常见的网上银行。

2. 纯网上银行

纯网上银行又称虚拟银行,是指仅以互联网为依托提供服务的网络银行。它本身就是一家银行,除了后台处理中心外,一般只有一个具体的办公场所,没有具体的分支机构、营业柜台和营业人员,所有的业务都通过网络来完成。全球第一家网上银行 SFNB(安全第一网上银行)就是完全依赖互联网发展起来的纯网上银行,用户进入该网站后即可选择所需服务的业务。腾讯的微众银行是中国第一家正式获准开业的网上银行,主要为用户提供消费金融、财富管理和平台金融三大服务。

四、了解网上银行的功能

网上银行的功能随着互联网技术的发展与用户需求的变化而不断发展与创新,不同银行的网上银行其服务功能有所不同,但综合来看,一般都具有下面几项功能。

(一)信息类服务

网上银行是传统银行的网络化,其表现形式一般为网站、手机 App 等平台。为了让用户了解网上银行的相关业务和服务,网上银行一般会在网站上提供基本的信息,主要包括银行的历史背景、企业文化、经营范围、网点分布、业务品质、经营状况,以及最新的国内外金融新闻和企业资讯。这些信息不仅能够让用户更加了解银行的相关业务和操作方法,还能很好地对银行起到宣传推广的作用,进一步树立银行的形象,加深银行在用户心中的印象。

(二)决策咨询类服务

网上银行与传统银行一样可以为用户提供决策咨询类服务。一般情况下,网上银行会以电子邮件或电子公告的形式提供银行业务的疑难咨询及投诉服务。这些都是建立在网上银行的市场动态分析反馈系统基础上的,通过该系统,网上银行可进行信息的收集、整理、归纳和分析活动,从而及时提供问题的解决方案。同时,它对市场动向进行关注和分析,以便为银行决策层提供新的经营方式和业务品种的决策依据,进一步为用户提供更加完善和周到的服务。

（三）账务管理类服务

网上银行能够提供完善的账务管理服务，包括用户的账户状态、账户余额、交易明细等的查询服务；账户自主管理，如新账户追加、账户密码修改和账户删除等；账户挂失与申请等服务。通过网上银行，用户可以清楚地了解这些业务的办理方法并免除了去柜台办理的麻烦，通过在线填写信息、提交资料的方式简化了办理手续。

（四）转账汇款类服务

转账汇款是用户使用最频繁的网上银行的功能。通过网上银行，用户可以实现多种账户之间的转账汇款，收款人既可以是个人用户，也可以是企业用户，或者其他商业银行的个人用户等。同时，网上银行可记录用户的转账记录，可保存收款人的信息，通过收款人名册可以直接选择收款人信息，避免了信息重复输入造成的失误。

（五）网上支付类服务

网上支付功能是随着电子商务的发展应运而生的，是一种向用户提供的互联网上的资金实时结算功能。用户在进行电子商务活动时，需要使用网上支付功能来进行资金的转移，保证交易的完整与正常。除此之外，用户还能通过网上银行进行网上缴费服务，如为本人或他人缴纳水费、电费、煤气费、手机话费等各种日常生活费用，或预先制定缴费的交易时间和交易频率，由系统定时按设置的交易规则自动发起缴费交易。

（六）金融创新类服务

网上银行的功能并非一成不变的，它随着互联网、科学技术的发展而逐渐向更全面和互动性更强的方向发展，以便为用户提供更加智能化、个性化的服务，如金融产品的网上销售、企业集团客户内部资金的调度与划拨、信贷资产证券化、互联网金融、小微金融和众筹金融等。

互联网金融是指传统金融机构与互联网企业利用互联网技术和信息通信技术实现资金融通、支付、投资和信息中介服务的新型金融业务模式。小微金融主要是指专门向小型和微型企业及中低收入阶层提供小额度的可持续的金融产品和服务的活动。众筹金融则是通过在互联网上发布筹资项目来吸引资金支持，它需要筹资项目有足够的吸引力。需要注意的是，众筹不等于捐款，如果项目失败，众筹的资金需要退还给支持者；如果项目成功，支持者则会获得相应的回报。

任务七　案例分析

一、央行数字人民币

2014 年，中国人民银行成立专门团队，开始对数字货币发行框架、关键技术、发行流通环境及相关国际经验等问题进行专项研究，至今已有 6 年。2020 年 8 月，商务部印发《全面深化服务贸易创新发展试点总体方案》，在“全面深化服务贸易创新发展试点任务、具体举措及责任分工”部分提出：在京津冀、长三角、粤港澳大湾区及中西部具备条件的地区开展数字人民币试点。人民银行制定政策保障措施，先由深圳、成都、苏州、雄安新区等地及未来冬奥场景相关部门协助推进，后续视情形扩大到其他地区。

从场景使用来看，央行的数字人民币使用方法和纸币差别不大。但是，相比纸币，优点是并不依托银行账户和支付账户，只要手机中安装了数字货币钱包，就可以使用。数字人民币采用了最新的双离线技术，即使没有手机信号，只要把装有货币钱包的手机在一起碰一碰，就可以方便地完成转账或者支付业务。

央行数字货币和我们常用的支付宝和微信支付等电子支付有什么本质区别呢？数字货币会给我们的生活带来什么样的变化呢？

从价值维度来说是信用货币。一方面，央行数字货币是人民币发展到数字经济时代的新形态，顺应了数字经济潮流。另一方面，央行数字货币仍是中央银行对公众发行的债务，以国家信用为价值支撑，具有无限法偿性。与实物法币如纸钞或硬币相比，央行数字法币变的是技术形态，不变的是价值内涵。支付宝和微信支付等电子支付工具在结算时，大多用的是商业银行存款货币。从理论上讲，商业银行都可能会破产。当然，电子支付机构备付金集中存管以后，情况有所变化。此外，当前一些电子支付机构和平台会设置支付壁垒，比如只支持微信或者支付宝，但对央行数字货币来说，只要是能使用电子支付的地方，就必须接受央行数字货币。总体来说，微信和支付宝等在法律地位、安全性上，没有达到与纸钞、央行数字货币同样的水平。

从技术维度来说是它采用了严格的加密技术。公众最关心的是货币安全性、隐私性和便利性。加密技术是法定数字货币实现安全性、隐私性和便利性的关键要素。

从安全性来说，央行数字货币将最大限度地保障交易的安全性，运用加密技术保证交易过程中端到端的安全，防止被窃取、篡改、冒充，具有无限法偿性。与之相比，互联网支付是基于银行账户的电子支付，难以避免挪用客户备付金、泄露客户信息、虚假交易等问题。从隐私性来说，央行数字货币可以像纸币和硬币一样易于流通，交易信息和个人隐私不会泄露给其他第三方，只对中央银行披露，实现"匿名可控"。传统的银行卡和互联网支付等，都基于账户紧耦合模式，无法完全满足公众对易用和匿名支付服务的需求。央行数字货币保持了现钞的属性和主要特征，在为用户提供不同于传统电子支付的点对点支付体验的同时，通过隐私保护技术确保用户数据安全，避免敏感信息泄露。

从便利性角度说，央行数字货币只需下载数字钱包就可使用，不需要申请银行账户，在小额场景不需要网络就能支付，支持"双离线支付"，也就是说收支双方都离线时，也能进行支付。只要手机有电，哪怕整个网络都断了也可以实现支付。在极端情况下，比如地震中通信都断了，央行数字货币也能支付。此外，由加密技术等多种技术保障，央行数字货币的流通和防伪成本大为降低，减少了过去纸钞和硬币的发行、印制、回笼和贮藏等环节成本。

从实现维度来说是算法货币。央行数字货币的出现，使我们可以运用大数据和人工智能算法对货币的发行、流通、贮藏等进行深度分析，了解货币运营规律，为货币政策宏观审慎监管等干预需求提供数据支持。从这个角度来说，央行数字货币未来的发行将受算法影响。从另一个维度来看，在数字货币的实现上采用了多种加密算法来保障安全可信，所以央行数字货币是当之无愧的算法货币。

从应用场景来说，央行数字货币有望成为智能货币。货币形式的数字化将有利于增加货币的可追踪性和可编程性，也有望让货币政策执行变得更加智能。货币的可编程性有非常大的想象空间，我们可以畅想未来的公益捐款，捐出的钱可以指定学校，这些钱在中间过程中不可能被挪用。一旦挪用了，其他机构是不会接收的。因此，央行数字货币还可广泛用于精准扶贫和财政拨款。

中国人民银行副行长范一飞介绍：当前央行数字货币是对 M0 的替代，即承担了价值尺度、流通手段、支付手段和价值贮藏等职能，央行数字货币也不应承担除货币应有的 4 个职能之外的其他社会与行政职能。虽然数字货币的可编程性有很大的想象空间，但在现实应用前还需漫长的探索积累。

招商银行成立于 1987 年 4 月 8 日，是我国第一家完全由企业法人持股的股份制商业银行，总行设在深圳。1999 年 9 月，招商银行在国内首家全面启动网上银行——一网通。

招商银行一网通网上支付是招商银行提供的网上即时付款服务。一网通的主站网址是 http://www.cmbchina.com。一网通网上支付按使用者不同，可分为持卡人区和商户区。

二、招商银行"一网通"网上支付

（一）一网通网上支付"持卡人区"

通过一网通网上支付，消费者可以在网上任意选购众多与招商银行签约的特约商户所提供的商品，足不出户，即可进行网上消费。一网通网上支付"持卡人区"如图 6-10 所示。

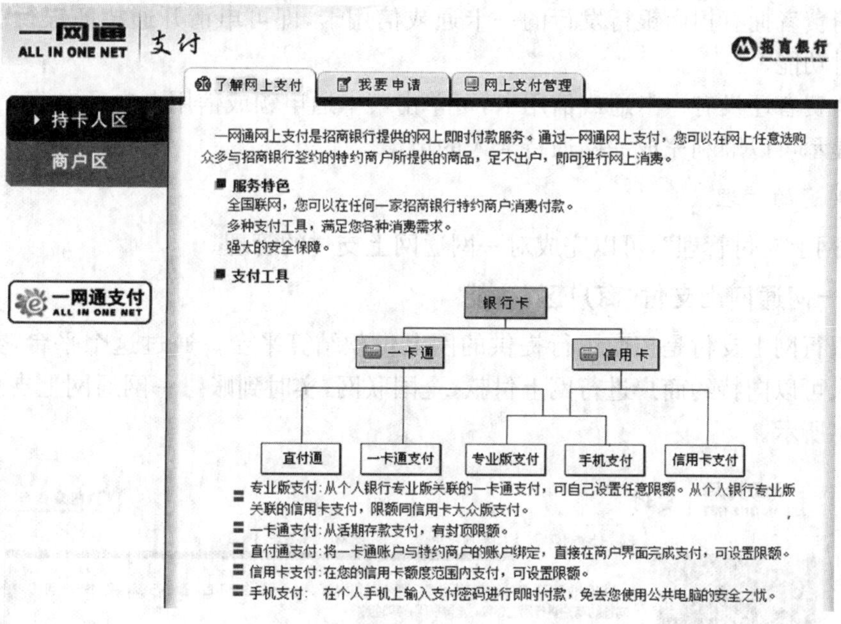

图 6-10 一网通网上支付"持卡人区"

1. 服务特色

（1）全国联网，消费者可以在任何一家招商银行特约商户消费付款。

（2）多种支付工具，满足消费者各种消费需求。

（3）强大的安全保障。

2. 支付工具

招商银行一网通网上支付的支付工具有 5 种（见图 6-10）。消费者可以任意选择网上支付的支付工具。

(1) 专业版支付。从个人银行专业版关联的一卡通支付,可自己设置任意限额。从个人银行专业版关联的信用卡支付,限额同信用卡大众版支付。

(2)一卡通支付。从活期存款支付,有封顶限额。

(3) 直付通支付。将一卡通账户与特约商户的账户绑定,直接在商户界面完成支付,可设置限额。

(4) 信用卡支付。在消费者的信用卡额度范围内支付,可设置限额。

(5) 手机支付。在个人手机上输入支付密码即时付款,免去使用公共电脑的安全之忧。

3. 服务渠道

(1) 申请渠道。一卡通网上支付申请:网上个人银行大众版、网上个人银行专业版、电话银行 95555、网点柜台(注:直付通业务需通过网上个人银行大众版申请)。信用卡网上支付申请:网上个人银行大众版、网上个人银行专业版。

(2)管理渠道。个人银行大众版、个人银行专业版。

4. 一网通的申请

单击“我要申请”,可以看到如下提示:

如果消费者拥有招商银行发行的一卡通或信用卡,即可申请开通招商银行一网通提供的网上支付功能。

如果消费者还没有一卡通或信用卡,可单击一卡通申领或信用卡申领申请。

按照提示可以顺利完成一网通持卡人的申请。

5. 一网通的管理

单击“网上支付管理”,可以完成对一网通网上支付的管理。

(二) 一网通网上支付“商户区”功能

招商银行网上支付是招商银行提供的网上付款结算平台。通过这个平台,数千万招商银行持卡人可以向特约商户进行网上付款,全国联网,实时到账。一网通网上支付“商户区”如图 6-11 所示。

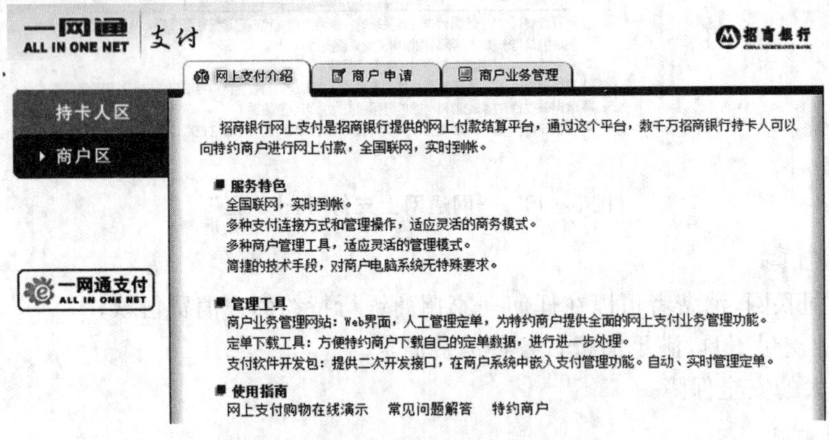

图 6-11 一网通网上支付“商户区”

1. 服务特色

(1) 全国联网,实时到账。

(2)多种支付连接方式和管理操作,适应灵活的商务模式。

(3) 多种商户管理工具,适应灵活的管理模式。

(4) 简捷的技术手段,对商户电脑系统无特殊要求。

2. 管理工具

(1) 商户业务管理网站。Web 界面,人工管理订单,为特约商户提供全面的网上支付业务管理功能。

(2)订单下载工具。方便特约商户下载自己的订单数据,进行进一步处理。

(3) 支付软件开发包。提供二次开发接口,在商户系统中嵌入支付管理功能。自动、实时管理订单。

3. 申请流程

单击图 6-11 中的"商户申请",可以看到以下申请流程:

(1) 商户与当地招商银行的分行个人银行部联系,申请成为招商银行的网上特约商户,经过招商银行的调查和评估,请商户在"招商银行网上特约商户开户审批表"中"商户情况"栏中填写相关资料。

(2)商户与招商银行商定结账方式。结账方式分为手工结账、立即结账和直连结账 3 种。手工结账是指客户支付后招商银行冻结该客户资金,商户通过浏览器对交易订单进行确认或撤销操作;立即结账是指客户完成网上支付的同时,招商银行自动对该笔交易进行确认结账,商户无须通过浏览器做结账操作;直连结账是指客户支付后招商银行冻结该客户资金,商户无须手工结账,通过商户计算机系统自动与银行结账。

(3) 商户与招商银行商定回佣标准和初装开通费。回佣标准和初装开通费根据招商银行有关规定确定。

(4) 商户与招商银行办理签订合约手续。对自有网站商户或代理商家销售商品与招商银行结算的网络服务商,与招商银行签署招商银行网上特约商户协议书;对通过网络服务商网站销售商品但直接与招商银行结算的商户,网络服务商、网上商户与招商银行签署招商银行网上支付合作协议书。

(5) 商户在招商银行开立结算账户。结算账户设立浮动备付金,备付金比例按照商户资信情况确定。

(6) 根据招商银行提供的技术接口,商户联通与招商银行的支付网络。

(7)商户完成在线交易测试。商户在自己的网站上进行在线交易测试,使用"一卡通"在网站上进行支付,交易测试成功后通知招商银行。

4. 商户业务管理

单击图 6-11 中的"商户业务管理"标签,然后单击"登录商户业务管理网站"按钮,完成对一网通商户业务的管理。

一网通网上支付商户服务系统,提供强大的商户管理功能。商户可以进行网上支付结账、查询订单、退款等操作。

小结

无论是对于卖方还是买方而言，商务活动成功的关键就是资金能否随交易的结束而结束，并顺利地交割完成。传统商务活动经历了几千年的发展已经形成了一套行之有效的规则和评价体系，而在电子商务环境下，由于交易活动与支付清算的分离，从而产生了一系列的问题，包括安全、信用、技术操作、金融机构与服务平台的关系等。本项目主要介绍了电子商务的电子支付的基本概念及相关问题。

电子支付是通过电子数字形式而不是传统的、物理的货币现金形式，在因特网或其他专用的网络上进行金融交易。与之相关的两个重要内容是电子支付的具体工具和第三方支付平台。

电子货币被广泛应用于各种场合，泛指各种支付方式，可分为基于卡和基于软件两类，具体包括电子支票、电子现金、智能卡、信用卡及小额支付系统等。电子货币作为现金支付的工具正在越来越多地替代纸币和硬币。

第三方支付平台是为买卖双方和金融机构（包括网络银行）提供服务的独立机构。随着互联网应用特别是移动环境的成熟，电子支付会越来越普及和深入，其中网络银行体系的完善和第三方支付平台服务功能的增强将起到关键的作用。

复习思考题

1. 简述电子支付的定义和特征。
2. 简述电子支票的优点。
3. 简述电子现金的优点和电子现金带来的问题。
4. 什么是第三方支付？第三方支付的特点是什么？

实践题

1. 将你使用的银行卡开通网上支付功能，把开通步骤记录下来。
2. 登录当当网，选择购买一本书，用银行卡进行购物支付，将购物支付步骤记录下来。
3. 登录支付宝网站，申请一个支付宝账户，并进行实名认证，记录整个步骤。
4. 登录淘宝网，购买一件商品，并用支付宝完成整个支付过程。

项目七

电子商务下的物流与供应链管理

项目导读

通过本项目的学习，认识物流和电子商务物流；理解电子商务的物流需求和服务内容；了解电子商务的物流模式和选择方法；认识配送与配送中心的概念；了解电子商务配送的影响因素和类型；理解第三方物流；了解第四方物流；理解供应链与供应链管理的定义；认识电子商务下供应链模式及供应链管理策略。

项目任务及要求

任务编号	任务名称	要　求	相关知识
任务一	认识电子商务的物流需求	1. 了解物流的概念和功能； 2. 认识电子商务的物流需求	1. 物流的定义和功能； 2. 电子商务物流的需求分析
任务二	理解电子商务物流	1. 认识电子商务物流； 2. 了解电子商务物流的特点； 3. 掌握电子商务物流的服务内容	1. 电子商务物流的定义； 2. 电子商务物流的特点； 3. 电子商务物流的服务内容
任务三	认识电子商务下的物流模式	1. 了解电子商务的物流模式； 2. 理解第三方物流； 3. 了解第四方物流； 4. 了解电子物流； 5. 了解绿色物流	1. 电子商务的物流模式； 2. 第三方物流的定义； 3. 第四方物流的定义； 4. 电子物流的定义； 5. 绿色物流的定义
任务四	认识配送与配送中心	1. 认识配送与配送中心； 2. 理解新型配送中心的特征； 3. 了解电子商务配送的影响因素； 4. 掌握电子商务配送中心的类型； 5. 认识物流配送技术	1. 配送与配送中心的定义； 2. 新型配送中心的特征； 3. 电子商务配送的影响因素和类型； 4. 物流配送技术的介绍
任务五	认识电子商务下的供应链管理	1. 理解供应链与供应链管理的定义； 2. 认识电子商务下的供应链模式； 3. 了解电子商务下的供应链管理与传统的供应链管理； 4. 了解电子商务中的供应链管理策略	1. 供应链与供应链管理的定义； 2. 电子商务下的供应链模式； 3. 电子商务下供应链与传统供应链管理的对比分析； 4. 电子商务中的供应链管理策略
任务六	案例分析	了解电子商务下的物流与供应链管理案例	1. 戴尔供应链； 2. 海尔物流信息系统； 3. 惠普的服务

任务一　认识电子商务的物流需求

案例点击 7－1

无处不在的物流

你从商场的柜台购买了一部手机，能想到它要经过多少道工序才能变成你看到的样子吗？它从走上流水线那一刻起，到你拿到手中为止，中间究竟被多少辆卡车转到多少个配送中心，历经多少个批发商及多少人的手才被送到商场的柜台？更重要的是，需要怎样做才能够更经济地将手机送到零售店？

家中的纯净水用完了，电话预约后，送水站按时送来；身处异地的大学生，在父母生日之时，可以通过网上鲜花商店送去一束鲜花；工厂里，半成品工件由上道工序传到下道工序、由一个车间传到另一个车间，搬运小车在车间里来回穿梭；仓库里，装卸队在忙着把货物从汽车上卸下来堆放到仓库的货垛上；商店里，店员把从仓库里提出来的货物上到货架上，售货员向顾客销售货物，并按顾客的要求包装好，交到顾客手中。

思考：

上述案例说明了什么问题？

一、物流的概念与功能

（一）物流的定义

现代物流的作用

物流（Physical Distribution，PD）一词最早出现在美国，汉语的意思是货物配送。20 世纪 30 年代，美国销售营销协会最早对物流进行了定义。20 世纪 50 年代末，日本派团考察美国的物流技术，物流的概念被介绍到日本。目前使用的物流一词，是日语物的流通的简称。20 世纪 80 年代初，我国从日本直接引入物流概念。我国国家标准《物流术语》对物流的定义是：物品从供应地向接受地的实体流动过程；根据实际需要，将运输、储存、装卸、搬运、包装、流通加工、配送、信息处理等基本功能实施有机结合。

（二）物流的功能

物流的功能是物流系统具有的基本能力，这些基本能力有效结合就能合理地实现物流的总目标。其功能是通过信息、运输、仓储等的协调，以及材料搬运、包装、流通加工、配送等活动来实现的。

1. 运输

运输是负责为客户选择满足需求的运输方式，具体组织网络内部的运输作业，在规定的时间内将客户的商品运抵目的地，实现所期望的低成本、高质量的运输要求。

2. 储存

储存包括堆存、保管、保养、维护等活动。

3. 包装

包装包括产品的出厂包装、生产过程中在制品和半成品的包装，以及在物流过程中换装、分装和再包装等活动。

4. 装卸

装卸包括对运输、储存、包装、流通加工等物流活动进行衔接的活动，以及在储存等活动中为进行检验、维护和保养所进行的装卸活动。

5. 流通加工

流通加工是在物流过程中进行的辅助加工活动，既存在于社会流通过程中，也存在于企业内部的流通过程中，用来弥补生产过程中加工的不足。

6. 配送

配送使物流进入最终阶段，集经营、服务，库存、分拣和装卸、搬运于一身，最终完成社会物流，实现资源配置。

7. 信息

信息包括进行与上述各项活动有关的各项活动的计划、预测，以及对物流动态信息及与各项活动有关的费用、生产、市场信息的搜集、加工、整理和提炼等活动。

二、电子商务的物流需求

（一）物流是电子商务的重要组成部分

电子商务是集信息流、商流、资金流、物流于一身的贸易交易过程。任何一笔交易都包含着商流、物流、信息流、资金流这“四流”的实现。在电子商务环境下，商流、信息流、资金流都可以通过网络来实现，而商品要送到消费者手中，还需要通过商品实体的转移来实现。目前除数字化产品可以通过网络直接传输外，其余的商品都无法通过网络解决“物流”的问题。物流作为整个交易的最后一个过程，过慢的物流速度、过高的物流成本，使在网上瞬间完成的电子商务所节约的那一点时间变得毫无意义。而物流的特殊性决定解决物流问题无法像解决商流问题一样依靠互联网。缺少了现代化的物流系统，电子商务过程就不完整。

（二）物流现代化是电子商务的基础

电子商务通过快捷、高效的信息处理手段可以比较容易地解决信息流（信息交换）、商流（所有权转移）和资金流（支付）的问题。但是，只有将商品及时地配送到用户手中，才标志着电子商务过程的结束。因此，物流系统的效率是电子商务成功与否的关键，而物流效率的高低很大一部分取决于物流的现代化水平。物流现代化中最重要的部分是物流信息化，物流信息化是电子商务物流的基本要求。

（三）物流是实现电子商务的重要环节和基本保证

1. 物流保障生产

无论在传统商务下，还是在电子商务下，生产的顺利进行都需要各类物流活动的支持。

从原材料的采购到产品生产完成的全过程，都要求有相应的物流活动，否则，生产就难以进行。由此可见，整个生产过程实际上就是一系列的物流活动。

2. 物流服务于商流

在商流活动中，在签订购销合同时，商品所有权就由供方转移到需方，而商品实体并没有移动，只有商品和服务真正转移到消费者手中，商务活动才算完成。在电子商务下，消费者在网上购物，完成了商品所有权的转移过程，但相应的物流运动并没有同时发生，只有通过物流将商品和服务真正转移到消费者手中，本次电子商务活动才算完成。因此，没有现代化的物流，任何商流活动都是一纸空文。

（四）物流是实施电子商务的关键

人们不选择电子商务的理由很多，但从根本上讲，就是物流与信息流、商流、资金流严重脱节的问题。如果消费者在网上轻松就购买了一件自己喜欢的东西，而所购买的东西却迟迟不能送到手中，其结果可想而知。

总之，物流是完成商务活动的最终环节，是电子商务发展的瓶颈和最薄弱的一环。低效的物流阻碍电子商务的发展，高效的物流则能促进电子商务的发展。

任务二　理解电子商务物流

一、认识电子商务物流

电子商务与现代物流关系

电子商务物流实际上就是在电子商务环境下的现代物流。具体来说，它是指基于电子化、网络化后的信息流、商流、资金流下的物资或服务的配送活动，包括数字化商品（或服务）的网络传送和实体商品（或服务）的物理传送。电子商务物流使得电子商务中物流的流动速度加快、准确率提高，从而有效减少库存、缩短生产周期，最终使物流的流动速度加快，与电子商务中的其他“三流”相匹配。

从根本上来说，物流电子化应是电子商务概念的组成部分，是电子商务概念模型的基本要素。

二、了解电子商务物流的特点

电子商务时代的来临，给全球物流带来了新的发展。与传统物流相比，电子商务物流具备一系列新的特点：信息化、网络化、自动化、智能化、柔性化。

（一）信息化

在电子商务时代，物流信息化是电子商务的必然要求。物流信息化表现为物流信息的商品化，物流信息搜集的数据库化和代码化，物流信息处理的电子化和计算机化，物流信息传递的标准化和实时化，物流信息存储的数字化等。因此，条码、数据库、电子订货系统（EOS）、电子数据交换、快速反应及有效客户反应、企业资源计划等技术与观念在物流中将会得到普遍应用。信息化是物流的基础，没有物流的信息化，任何先进的技术设备都不可能应用于物流领域。

（二）网络化

物流信息化的高层次应用首先表现为网络化。这里的网络化有两层含义：一是物流配送系统的计算机通信网络。例如，物流配送中心与供应商或制造商的联系要通过计算机网络，另外，其与下游顾客之间的联系也要通过计算机网络。二是组织的网络化。例如，我国台湾地区的计算机业在20世纪90年代创造出了“全球运筹式产销模式”，这种模式的基本点是按照客户订单组织生产，生产采取分散形式，即将全世界的计算机资源都利用起来，采取外包的形式将一台计算机的所有零部件、元器件、芯片外包给世界各地的制造商去生产，然后通过全球的物流网络将这些零部件、元器件和芯片发往同一个物流配送中心进行组装，由该物流配送中心将组装的计算机迅速发给客户。这一过程需要高效的物流网络支持。

（三）自动化

物流自动化的基础是信息化，自动化的核心是机电一体化。通过物流自动化技术设备的应用，可以提高劳动生产率，加大物流作业量，提高物流作业速度，减少物流作业差错，等等。物流自动化的设施非常多，如条码、射频自动识别系统、自动分拣系统、自动存取系统、自动导向车、货物自动跟踪系统等。

（四）智能化

智能化是物流自动化、信息化的一种高层次应用，物流作业过程中大量的运筹和决策，如库存水平的确定、运输（搬运）路线的选择、自动导向车的运行轨迹和作业控制、自动分拣机的运行、物流配送中心经营管理的决策支持等问题，都可以借助专家系统、人工智能和机器人等相关技术加以解决。物流的智能化已经成为电子商务下物流发展的一个新趋势。

（五）柔性化

柔性化的物流是适应生产、流通与消费的需求而发展起来的一种新型物流模式。它要求物流配送中心根据消费需求“多品种、小批量、多批次、短周期”的特点，灵活组织和实施物流作业。

三、掌握电子商务物流的服务内容

概括起来，电子商务的物流服务内容可以分为以下两个方面。

（一）传统物流服务

不论是电子商务，还是传统商务，物流都是实现销售过程的最终环节，并无本质的区别，因此，电子商务物流仍然具备传统物流的基本功能。但由于采用不同的形式，二者也有一些差别。例如，在储存方面，电子商务物流中心需要配备高效率的分拣、传送、储存、拣选设备，利用电子商务的信息网络，尽可能地通过完善的信息沟通，将实物库存暂时用信息代替，即将信息作为虚拟库存。在物流信息处理方面，现代物流系统运用计算机将各个物流环节、各种物流作业的信息进行实时采集、分析、传递，并向货主提供各种作业明细信息及咨询信息。

（二）增值性物流服务

除了传统的物流服务外，电子商务还需要增值性的物流服务。增值性的物流服务包括以下内容。

1. 增加便利性的服务

一切能够简化手续、简化操作的服务都是便利性服务。例如，在提供电子商务的物流服务时，推行一条龙门到门服务，提供免培训、免维护、省力化设计或安装、代办业务、24小时营业、自动订货、传递信息和转账、物流全过程追踪等对电子商务有价值的便利性服务。

2. 加快反应速度的服务

快速反应已经成为物流发展的动力之一。传统做法是将加快反应速度变成单纯对快速运输的一种要求，而现代物流可以通过两条途径使过程变快——一是提高运输基础设施和设备的效率；二是优化电子商务系统的配送中心、物流中心网络，设计适合电子商务的流通渠道，以此来减少物流环节、简化物流过程，提高物流系统的快速反应性能。

3. 降低成本的服务

电子商务发展的前期，物流成本可能会居高不下，高成本致使一些企业无法承受而退出电子商务领域。因此，电子商务企业一开始就应该寻找能够降低物流成本的物流方案，以提高物流的效率和效益，使企业盈利。

4. 延伸服务

延伸服务向上可以延伸到市场调查与预测、采购及订单处理，向下可以延伸到配送、物流咨询、物流方案的选择与规划、库存控制决策建议、货款回收与结算、教育与培训、物流系统设计与规划方案的制订等。

任务三　认识电子商务下的物流模式

为电子商务服务的物流体系，其建立模式可以有多种。对于既开展传统商务又运作电子商务的企业，可以利用其已有的物流资源，满足电子商务的物流需求。也就是说，将传统商务的物流体系经过改造后同时提供为电子商务服务的物流服务功能。例如，北京的西单商场，它既从事传统的零售又从事B2C电子商务，因而两种商务方式可以共用其已有的物流体系。对于没有传统商务背景的电子商务运营商——网络公司，其物流问题的解决有两种方式：一种是自行组建物流公司，这种模式风险较大，因为电子商务的信息业务和物流业务是截然不同的两种业务，而投入一个不熟悉的行业，其风险可想而知；另一种就是将物流业务外包给专业的物流公司，一般来说，企业将自己的非核心业务外包，这符合供应链管理理论，也符合企业的利益需要，从而就出现了第三方物流和第四方物流。

第三方物流

一、理解第三方物流

案例点击 7-2

冠生园的选择

冠生园集团是在上海市拥有300多家网点并经营市外运输的大型生产企业，物流管理是其十分重要的一项工作。通过与第三方物流——上海虹鑫物流合作，冠生园集团克服了自己搞运输配送带来的弊端，加快了产品流通速度，增强了企业的效益，使冠生园集团的产品更多、更快地进入千家万户。

上海虹鑫物流与冠生园集团签约后，通过集约化配送，极大地提高了效率。每天一早，它们在计算机中输入与冠生园集团相关的配送数据，制定出货最佳搭配装车作业图，安排准时、合理的车流路线，绝不让车辆走回头路。货物不管多少，哪怕是两三箱也送。此外，按照签约要求，遇到货物损坏，按规定赔偿。

据统计，冠生园集团自2002年8月起委托第三方物流以来，产品的流通速度加快，原来铁路运输发往北京的货途中需七天，现在虹鑫物流运输只需两三天，而且实行的是门对门的配送服务。由于第三方物流配送及时周到、保质保量，使商品的流通速度加快，集团的销售额有了较大增长。此外，更重要的是能使企业的领导从非生产性的后道工序——包装、运输中解脱出来，集中精力抓好生产，更好地开发新品、提高质量、改进包装。

思考：

第三方物流有什么作用，企业如何选择第三方物流供应商？

根据《物流术语》，第三方物流是指由供方与需方以外的物流企业提供物流服务的业务模式；是指由与货物有关的发货人和收货人之外的专业企业，即第三方物流企业来承担企业物流活动的一种物流形态。1988年，美国物流管理委员会的一项顾客服务调查中，首次提到"第三方服务提供者"，纳入顾客服务职能中。在美国的有关专业著作中，将第三方物流提供者定义为：通过合同的方式确定回报，承担货主企业全部或一部分物流活动的企业。其所提供的服务形态可以分为与运营相关的服务、与管理相关的服务，以及二者兼而有之的服务3种类型。

第三方物流也称合同物流，是第三方物流提供者在特定的时间段内按照特定的价格向使用者提供的个性化的系列物流服务。这种物流服务是建立在现代电子信息技术基础上的，因而可以认为第三方物流是以合同为导向的物流服务，是个性化的物流服务。

第三方物流的出现使得物流活动改变了其从属性地位，并使其从工商企业脱离出来，走上了专业化、社会化道路，物流活动的经济性问题实现了透明化。第三方物流的产生和发展是现代物流业产生和发展的阶段性标志。

第三方物流的实现方式有3种：其一是货主企业自己从事物流系统设计、库存管理和物流信息管理等管理性工作，而将货物运输、保管等具体的物流作业活动委托给外部的物流企业；其二是由物流企业将其开发设计的物流系统提供给货主企业并承担物流作业活动；其三是由物流企业站在货主企业的角度,代替其从事物流系统的设计,并对系统运营承担责任。

采用第三方物流,电子商务企业可以专心从事其网络业务的经营,将资源集中配置,发展新的客户,扩大其业务范围,从而增加经营效益;电子商务企业可以提高其顾客服务水平,因为第三方物流企业作为专门从事物流工作的行家里手,具有丰富的专业知识和经验,这有利于提高电子商务企业的物流服务水平。第三方物流企业可以站在比单一电子商务企业更高的位置,在更大的范围内考虑物流的合理化问题,这有利于物流资源的合理利用和配置,有利于促进物流合理化。第三方物流企业通过其掌握的物流系统开发设计能力和物流信息技术能力,成为建立企业间物流系统网络的组织者,完成个别企业特别是中小企业无法完成的工作,这显然会提高物流效率。

第三方物流在中国兴起的主要原因有两个。其一,生产经营活动社会化程度的加剧。当今社会,企业的生产经营活动变得越来越复杂,要实现物流活动的合理化,必须建立企业间、跨行业的物流网络,将原材料生产企业、制成品生产企业、批发零售企业等上下游相关企业的物流活动有机结合起来。第三方物流企业具备强大的物流规划设计能力,能够实现供应链运作最优化。其二,市场竞争的加剧。面对日趋激烈的竞争,企业为降低总成本,将主要精力放在核心业务上,于是将运输、仓储等环节交给更专业的物流企业进行操作。

第三方物流是电子商务长期发展的必要条件,电子商务的发展同时也推动了第三方物流的发展。从发展方向来看,第三方物流必须与电子商务紧密结合,发展综合物流代理业务,实现其内部资源与社会资源配置的最优化,为客户提供定制化服务,实现第三方物流形式的多样化。

二、了解第四方物流

案例点击 *7-3*

第四方物流在国内的实践

第四方物流前景诱人,门槛非常高。要想进入第四方物流领域,企业必须在某一个或几个方面具备很强的核心能力,并且有能力通过战略合作伙伴关系很容易地进入其他领域。国内已经有这方面的实践案例。2005 年 11 月 1 日,威尚集团旗下的安得物流公司宣告其定位为物流高端的第四方物流公司——广州安得供应链技术有限公司正式成立,这是国内具有实际业务与运作实力的第三方物流公司孵化的第一家第四方物流公司。紧接着,2005 年 11 月 28 日,安得物流公司与广州著名家电销售商——东泽电器签署战略合作协议,双方在第三方物流的基础上共同打造"第四方物流",为东泽电器提供从供应商到经销商、从经销商到单一客户的一整套涉及货物运输、仓储、货物跟踪等流程的解决方案,从而开始了第四方物流公司正式的业务运作。在此之前,安得物流公司因为有美的集团在资金和货源方面给予的保证,得以在我国众多第三方物流公司中脱颖而出。依靠安得物流公司是广州安得供应链技术有限公司成为我国第一家第四方物流公司的有利条件。

安得物流公司现在的年营业额已经超过3亿元，超过一半的收入来源于美的集团以外的30多个客户。安得供应链技术有限公司前期可以利用安得物流公司现有的客户资源。它尽管是独立核算的，但可以免费或以较低的价格为安得物流公司的客户提供第四方物流服务，积累经验，一旦有几个成功的案例，便很可能领先于其他对手。安得物流公司也可以凭借安得供应链技术有限公司为客户提供的免费或低价的第四方物流服务吸引更多的客户，增强自己作为第三方物流供应商的竞争力。

另据《大众日报》2005年12月12日报道，海尔集团物流有限公司与寰宇空港物流签订了北京首都机场的物流合作项目协议，标志着海尔物流已进入第四方物流领域。创造现代经营神话的海尔集团从1984年12月到现在经历了3个战略阶段：第一阶段是品牌战略；第二阶段是多元化战略；第三阶段是国际化战略。在第三阶段，其战略创新的核心是从海尔的国际化到国际化的海尔，建立全球供应链网络。海尔集团认为，21世纪的竞争将不再是单个企业之间的竞争，而是供应链与供应链之间的竞争。企业所在的供应链总成本低，对市场响应速度快，就能赢得市场。一只手抓住客户的需求，一只手抓住可以满足客户需求的全球供应链，这就是海尔物流创造的核心竞争力。正是基于这一经营理念，海尔才会顺理成章地走在现代物流发展的最前沿——进入第四方物流领域。

思考：

1. 海尔是如何通过第四方物流在市场上取得竞争优势的？
2. 在本案例的基础上结合中国实际，分析第四方物流的发展前景。
3. 结合本案例说明第三、第四方物流对企业经营的重要意义。

关于第四方物流的定义，一种是“第四方物流是指集成商们利用分包商来控制与管理客户公司的点到点式的供应链运作”；另一种是“第四方物流是一个供应链集成商，它调集和组织管理自己的，以及具有互补性的服务提供商的资源、能力和技术，以提供一个综合的供应链解决方案”，这一定义似乎更为贴切而被广泛采用。不管如何称呼，第四方物流企业可以通过整个供应链的影响力，提供综合的供应链解决方案，为其客户带来更大的价值。

第四方物流成功的关键在于为客户提供最佳的增值服务，即迅速、高效、低成本和人性化等。第四方物流提供了一个综合性的供应链解决方法，以有效地适应需方多样化和复杂的需求，集中所有资源为客户完美地解决问题。第四方物流开展的主要服务有供应链再造、业务流程再造等。实施第四方物流，开展多功能、多流程的供应链业务，其范围远远超出传统外包运输管理和仓储运作的物流服务。企业可以把整条供应链全权交给第四方物流运作，第四方物流可为供应链功能或流程的全部提供完整的服务。

第四方物流通过影响整个供应链来获得价值，为整条供应链的客户带来利益。由于第四方物流关注的是整条供应链，而非仓储或运输单方面的效益，而且其运营成本较低，资产的利用率却很高，随着其服务质量的提高、实用性的增加和物流成本的降低，将为整个供应链带来巨大的利润。

第四方物流成功地影响着大批服务者(第三方物流商、网络工程商、电子商务公司、运输企业等)和供应链中的伙伴。它作为客户间的连接点，通过合作或联盟提供多样化服务。

三、了解电子物流

电子物流就是利用电子化的手段，尤其是利用因特网技术来完成物流全过程的协调、控制和管理，实现从网络前端到最终客户端的所有中间过程服务，最显著的特点是各种软件技术与物流服务的结合应用。

电子物流能够实现系统之间、企业之间，以及资金流、物流、信息流之间的无缝链接，而且这种链接同时具备预见功能，可以在上下游企业间提供一种透明的可见性功能，帮助企业最大限度地控制和管理库存。同时，由于全面应用了客户关系管理、商业智能、计算机电话集成、地理信息系统、全球定位系统、因特网、无线互联技术等先进的信息技术手段，以及配送优化调度、动态监控、智能交通、仓储优化配置等物流管理技术和物流模式，电子物流提供了一套先进的、集成化的物流管理系统，从而为企业建立敏捷的供应链系统提供了强大的技术支持。

电子物流业务使得客户可以运用外部服务力量来实现内部经营目标的增长，即客户能够得到量身定做的个性化服务，而整个过程则由第三方电子物流服务提供商来进行管理。

电子物流的主要特点是前端服务与后端服务的集成。目前许多经销商都面临如何将前端的顾客订单管理、客户管理与后端的库存管理、仓储管理、运输管理相结合的问题。为了实现后台服务及与其平行的服务功能，电子物流的前端服务是至关重要的。前端服务包括咨询服务（确认客户需求）、网站设计/管理、客户集成方案实施等；后端服务则包括 6 类主要的业务：订单管理、仓储与分拨、运输与交付、退货管理、客户管理、数据管理与分析，如图 7－1所示。

顾客在网上的购买行为与传统的购买行为有所不同，所以也就决定了电子物流服务形式、手段的特殊性。新兴的电子物流服务就是由具备实力的服务商提供最大限度地满足顾客需求的外包服务，如实告知顾客是否有存货、何时能够收到货物等信息。传统物流服务与电子物流服务的区别如表 7－1 所示。

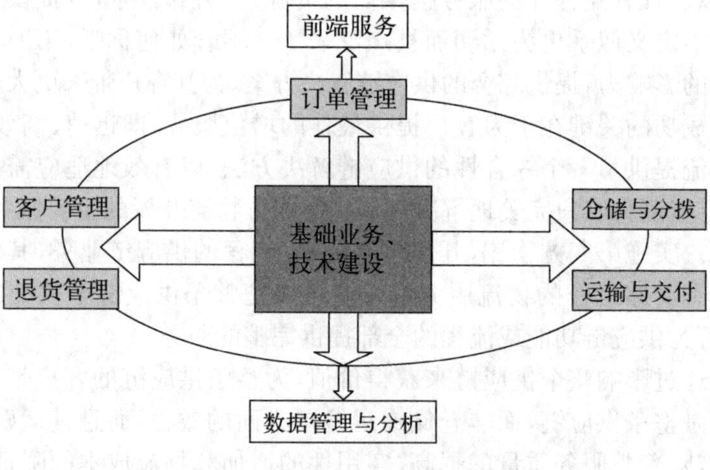

图 7－1　电子物流的服务结构

表 7-1　传统物流服务与电子物流服务的比较

特　点	服务类型	
	传统物流	电子物流
业务推动力	物质财富	IT 技术
服务范围	单项物流服务（运输、仓储、包装、装卸、配送等）	综合性物流服务，同时提供更为广泛的业务范围，如网上的前端服务等
通信手段	传真、电话等	大量使用因特网、EDI 技术
仓储	集中分布	分散分布、分拨中心更接近顾客
包装	批量包装	个别包装、小包装
运输频率	低	高
支付速度	慢	快
IT 技术应用	少	多
订单	少	多

四、了解绿色物流

案例点击 7-4

日本的绿色物流发展

日本自 1956 年从美国全面引进现代物流管理理念后，大力进行本国物流现代化建设，将物流运输业改革作为国民经济中最为重要的核心课题予以研究和发展。把物流行业作为本国经济发展生命线的日本，从一开始就重视物流绿色化。除了在传统的防止交通事故、压制道路沿线噪声和振动等方面加大政府部门的监管和控制作用外，还特别出台了一些实施绿色物流的具体目标值，如货物的托盘使用率、货物在停留场所的滞留时间等，从而减轻物流对环境造成的负荷。1989 年，日本提出了 10 年内 3 项绿色物流推进目标，即含氮化合物排出标准降低 3～6 成，颗粒物排出降低 6 成以上，汽油中的硫成分降低 10%；1992 年，日本政府公布了汽车二氧化氯限制法，规定企业允许使用的 5 种货车车型，同时在大都市特定区域内强制推行排污标准较低的货车允许行使的规章制度；1993 年，除了部分货车外，要求企业必须承担更新旧车辆、使用新式符合环境标准的货车的义务。另外，为解决地球的温室效应、大气污染等各种社会问题，日本政府与物流业界在控制污染排放方面，积极实施在干线运输上推动模式转换（由汽运转向对环境负荷较小的铁路和海上运输）和干线共同运行系统的建构，在都市内的运送方面推动共同配送系统的建构及节省能源行驶等。在 2001 年出台的《新综合物流实施大纲》中，其重点之一就是要减少大气污染排放，加强地球环境保护，对可利用的资源进行再生利用，实现资源、生态和社会经济良性循环，建立适应环保要求的新型物流体系。

> **思考：**
> 日本绿色物流的发展对我国物流发展的启示是什么？

（一）绿色物流的概念

绿色物流是以经济学一般原理为基础，建立在可持续发展理论、生态经济学理论、生态伦理学理论、外部成本内部化理论和物流绩效评估的基础上的物流科学发展观。同时，绿色物流也是一种能抑制物流活动对环境的污染，减少资源消耗，利用先进的物流技术规划和实施运输、仓储、装卸、搬运、流通加工、包装、配送等作业流程的物流活动。绿色物流的内涵包括以下5个方面。

1. 集约资源

这是绿色物流的本质内容，也是物流业发展的主要指导思想之一。通过整合现有资源，优化资源配置，企业可以提高资源利用率，减少资源浪费。

2. 绿色运输

运输过程中的燃油消耗和尾气排放，是物流活动造成环境污染的主要原因之一。因此，要想打造绿色物流，首先要对运输线路进行合理规划与布局，通过缩短运输路线、提高车辆装载率等措施，实现节能减排的目标。另外，还要注重对运输车辆的养护，使用清洁燃料，减少能耗及尾气排放。

3. 绿色仓储

绿色仓储一方面要求仓库选址要合理，有利于节约运输成本；另一方面要求仓储布局要科学，使仓库得以充分利用，实现仓储面积利用的最大化，减少仓储成本。

4. 绿色包装

包装是物流活动的一个重要环节，绿色包装可以提高包装材料的回收利用率，有效控制资源消耗，避免环境污染。

5. 废弃物物流

废弃物物流是指在经济活动中失去原有价值的物品，根据实际需要对其进行搜集、分类、加工、包装、搬运、储存等，然后分送到专门处理场所后形成的物品流动活动。

（二）绿色物流发展的起因

1. 人类环境保护意识的觉醒

随着世界经济的不断发展，人类的生存环境也在不断恶化，具体表现是能源危机、资源枯竭、臭氧层空洞扩大、环境遭受污染和生态系统失衡等。以环境污染为例，全球20多个特大城市的空气污染超过世界卫生组织规定的标准。20世纪60年代以来，人类环境保护意识开始觉醒，开始关心和重视环境问题，认识到地球只有一个，不能破坏人类的家园。于是，绿色消费运动在世界各国兴起。消费者不仅关心自身的安全和健康，还关心地球环境的改善，拒绝接受不利于环境保护的产品、服务及相应的消费方式，促进了绿色物流的发展。与此同时，绿色和平运动在世界范围内展开，环保勇士以不屈不挠的奋斗精神，给各种各样危害环境的行为以沉重打击，对激励人们的环保热情、推动绿色物流的发展起到了极其重要的作用。

2. 各国政府和国际组织的倡导

绿色物流的发展与政府行为密切相关。凡是绿色物流发展较快的国家，都得益于政府的积极倡导。各国政府在推动绿色物流发展方面所起的作用主要表现在3个方面：一是追加投入以促进环保事业的发展；二是组织力量监督环保工作的开展；三是制定专门政策和法规来引导企业的环保行为。

环保事业是关系到人类生存与发展的伟大事业，国际组织为此做出了极大的努力并取得了显著成效。1992年，第27届联大决议通过，把每年的6月5日作为世界环境日，并规定每年的世界环境日都要有专门的主题活动，以推动世界环境保护工作的开展。联合国环境署、世贸组织环境委员会等国际组织开展了许多环保方面的国际会议，签订了许多环保方面的国际公约与协定，也在一定程度上为绿色物流的发展铺平了道路。

3. 经济全球化潮流的推动

随着经济全球化的发展，一些传统的关税和非关税壁垒逐渐淡化，环境壁垒逐渐兴起。为此，ISO 14000成为众多企业进入国际市场的通行证。ISO 14000的两个基本思想是预防污染和持续改进，它要求建立环境管理体系，使其经营活动、产品和服务的每一个环节对环境的影响最小化。ISO 14000不仅适用于第一、第二产业，也适用于第三产业中的物流业。物流企业要想在国际市场上占有一席之地，发展绿色物流是其理性选择。尤其是中国加入WTO后，将逐渐取消大部分外国股权限制，外国物流业将进入中国市场，势必给国内物流业带来巨大冲击，这也意味着未来我国的物流业会有一场激烈的竞争。

4. 现代物流业可持续发展的需要

绿色物流是现代物流可持续发展的必然产物。物流业作为现代新兴产业，有赖于社会化大生产的专业分工和经济的高速发展。物流要发展，一定要与绿色生产、绿色营销、绿色消费等绿色经济活动紧密衔接。人类的经济活动不能因物流而过分地消耗资源、破坏环境，以至于造成重复污染。此外，绿色物流还是企业最大限度地降低经营成本的必由之路。一般认为，产品从投产到销出，制造加工时间仅占10%，而几乎90%的时间为仓储、运输、装卸、分装、流通加工和信息处理等物流过程所占。因此，物流专业化无疑为降低成本奠定了基础。

任务四　认识配送与配送中心

案例点击 *7－5*

7－Eleven的物流配送中心

1927年创立于美国得州达拉斯的7－Eleven，初名为南方公司，主要业务是零售冰品、牛奶、鸡蛋等。到了1964年，推出了当时便利服务的创举，将营业时间延长为早上

7点至晚上11点，自此，“7—Eleven”传奇性的名字诞生了。1972年5月，日本7—Eleven的第一家门店在东京开业。1999年4月28日美国南方公司正式改名为7—Eleven，在全球20多个国家和地区拥有21万家左右的连锁店。到2003年1月底，仅在中国台湾地区就有2 690家7—Eleven门店，美国有5 756家，泰国有1 521家，日本有8 478家。

一间普通的7—Eleven连锁店一般只有100～200 m^2，却要提供23 000多种食品，不同的食品有可能来自不同的供应商，运送和保存的要求也各不相同，每一种食品又不能短缺或过剩，而且要根据顾客的不同需要随时调整货物的品种，给连锁店的物流配送提出了很高的要求。一家便利店的成功运营，在很大程度上取决于配送系统的成功。7—Eleven在经历了由特定的批发商配送后，建立了自己的物流配送中心。

7—Eleven建立物流配送中心后，分别在不同的区域统一集货、统一配送。配送中心有一个计算机网络配送系统，分别与供应商和7—Eleven店铺相连。

为了保证不断货，配送中心一般会根据以往的经验保留4天左右的库存，同时，物流配送中心的计算机系统每天都会定期收到各个店铺发来的库存报告和要货报告，配送中心把这些报告集中分析，最后形成向不同供应商发出的订单，由计算机网络传给供应商，而供应商则会在预定时间之内向中心派送货物。7—Eleven配送中心在收到所有货物后，对各个店铺所需要的货物分别打包，等待发送。第二天清早，派送车就会从配送中心鱼贯而出，择路向自己区域内的店铺送货。整个配送过程就这样每天循环往复，为7—Eleven连锁店的顺利运行服务。

与批发商配送比较，配送中心的优点在于7—Eleven从批发商手上夺回了配送的主动权，能随时掌握在途商品、库存货物等数据，对财务信息和供应商信息也能清楚掌握，对于一个零售企业来说，这些数据都是至关重要的。有了自己的配送中心，7—Eleven就能与供应商讨价还价。7—Eleven和供应商之间定期会有一次定价谈判，以确定未来一定时间内大部分商品的价格，其中包括供应商的运费及其他费用。价格一旦确定下来，7—Eleven就省下了每次和供应商讨价还价这一环节并能平稳运行一段时间。

思考：

1. 结合案例谈谈物流配送中心的运作过程。
2. 配送中心给7—Eleven带来了什么好处？

与电子商务密切相关的是配送，配送是物流活动的缩影，同时又较一般的物流活动有其自身的特点。与配送活动紧密相关的是配送中心，电子商务配送中心有不同的类型。

一、认识配送与配送中心

根据《物流术语》国家标准，配送是指在经济合理区域范围内，根据用户要求对物品进行拣选、加工、包装、分割、组配等作业，并按时送达指定地点的物流活动。一般来讲，配送的货物是多品种的，这些货物大批量进入物流据点（仓库或配送中心），经过必要的储存、保管，按照顾客订货的要求进行分拣、配货后，将配好的多品种、较小批量的货物在规定的时间内送交顾客。配送与运输是有明显区别的，配送不是单纯地进行货物运输或输送，配送过程中涉及储存、保管、包装、加工、分拣、配货等环节，当然也包含运输或输送环节，但绝不仅仅是包含运输或输送环节。在很多情况下，如网上书店的市内图书配送，运输或输送则不是主要的环节，配送中所花时间和成本比重最大的可能是拣货和配货。配送中的送货仅指从物流据点到需求顾客之间的货物输送，它在货物的整个输送过程中处于“终端运输”的地位。在整个货物运输中，货物从工厂到配送中心的运输费用一般占总运输费用的较大部分，而配送中的货物输送所占的比重很小。配送的运输距离较短，货物品种较多，货物批量较小，时间性强，而且配送的目的地较为分散，所以一般用汽车来开展。运输中的运输工具则具有多样性，更多情况下会采用火车、轮船等。配送是“配”和“送”的结合，根据顾客订单中载明的订货要求，按照商品品种、规格、等级、型号、数量等在物流据点中进行拣选、组配，这个过程可以称为“配”；配好的货物，在进行包装的基础上，按照顾客指定的送货时间和地点，将货物送达，这个过程可以称为“送”。在实际运作中，“配”和“送”是紧密结合的。例如，配货时要根据送货目的地和送货时间的要求，将多个客户的货物组配在一起，方便送货。

配送中心是指从事配送业务的物流场所或组织，应基本符合这些要求：主要为特定的用户服务；配送功能健全；完善的信息网络；辐射范围小；多品种、小批量；以配送为主，储存为辅。配送中心是配送活动完成的场所，也是配送活动的承担者。配送中心可以有效地减少流通环节，降低客户库存的同时提高供货的保证程度。通过配送中心将众多小批量的物流需求进行集中，形成规模，有利于节约物流费用。电子商务特别是B2C电子商务，其物流需求一般规模较小，而且十分分散，这就需要配送中心将这些分散的、小批量的物流需求进行汇总，从而以可接受的物流成本提供电子商务物流服务。配送中心的功能通常包括进货、储存、拣选、流通加工、分拣、配装、送货和信息处理等。

二、理解新型配送中心的特征

根据国内外配送业的发展情况，在电子商务时代，信息化、现代化、社会化的新型配送中心具有以下特征。

（一）配送反应速度快

新型配送服务提供者对上游、下游的配送需求的反应速度越来越快，前置时间越来越短，配送时间越来越短，配送速度越来越快，商品周转次数越来越多。作业的规范化和程序化是配送反应速度加快的保障。

（二）配送功能集成化和服务系列化

新型配送着重于将物流与供应链的其他环节进行集成，包括物流渠道与商流渠道的集成、物流渠道之间的集成、物流功能的集成、物流环节与制造环节的集成等。新型配送强调配送服务功能的恰当定位与完善化、系统化，除了传统的储存、运输、包装、流通加工等服务外，还在外延上扩展至市场调查与预测、采购及订单处理，向下延伸至配送咨询、配送方案的选择与规划、库存控制策略建议、货款回收与结算、教育培训等增值服务，在内涵上提高了以上服务对决策的支持作用。

（三）配送目标系统化

新型配送从系统角度统筹规划一个公司整体的各种配送活动，处理好配送活动与商流活动及公司目标之间、配送活动与配送活动之间的关系，不求单个活动的最优化，只求整体活动的最优化。

三、了解电子商务配送的影响因素

推行电子商务的关键之一是制定和执行一套合理的物流方案。电子商务物流方案较多体现为配送方案的选择，体现为配送中心的运作方式。在设计电子商务物流方案时以下因素应该重点考虑。

（一）消费者的地区分布

因特网的物理分布范围正在迅速扩展，因特网所及的地区不一定都是电子商务的销售区域，至少在电子商务发展的初级阶段是不可能的。一般商务活动的有形销售网点资源按销售区域来配置，每一个销售点负责一个特定区域的市场。例如，把全国划分为 7 个销售大区，每个大区内有若干销售网点，再设立一个配送中心，负责向该大区内的销售网点送货，销售点向配送中心订货和补货，配送中心则在规定的时限内将订货送达。电子商务也有可能按照这种方式来操作，但问题在于，电子商务的客户可能在地理分布上是十分分散的，要求送货的地点不集中，物流网络并没有像因特网那么广的覆盖范围，无法经济合理地组织送货。因此，提供电子商务服务的公司也需要像有形店铺销售一样，要对销售区域进行定位，对消费人群集中的地区提供物流承诺，否则是不经济的。还有一种处理办法，就是对不同的销售区域采取不同的物流服务政策。例如，在大城市，因为电子商务的普及，订货可能比较集中，适于按不低于有形店铺销售的送货标准组织送货，但对偏远地区的订单则要进行集货，送货期限肯定要比大城市长得多，那些地区的电子商务消费者享受的服务就要差一些。从电子商务的经济性考虑，宜先从上网用户比较集中的大城市起步，这样建立基于一个城市的物流配送体系也比较好操作。如果电子商务的消费者是十分分散的，那么在配送问题上，或者分区域设立多个配送中心，或者与有良好配送网络的物流公司合作，只有这样才能保证物流对电子商务的支持。

（二）销售的品种

不是所有的商品都适合采用电子商务这种形式，至少在电子商务发展的初期是这样的。不同商品的消费特点和流通特点不同，尤其表现在物流环节上。音乐、歌曲、电影、游戏、图片、图书、计算机软件、电子邮件、新闻、评论、教学节目、医疗咨询、汇款等可以通过信息传递完成服务实现的过程，这些商品最适合采用电子商务销售。因为商品信息查询、订货、支付等商流、信息流、资金流可以在网上进行，而且无须物流支持。例如，消费者可以在网上选择流行音乐，单击音乐名称即可完成订货和付款，收听音乐的过程就是服务实现的过程，所以无论是亚马逊（http://www.amazon.com）还是珠穆朗玛（http://www.8848.com），都是从销售这些商品开始的。当然，如果消费者除了需要满足视听需求外，还要拥有这些商品的载体本身，如发烧友要珍藏歌星的盒带，满足多次重放功能等，这时物流过程还是需要单独完成的，即将盒带、光盘或其他载体本身送到消费者手中。

从理论上讲，没有什么商品是特别不适合于采用电子商务销售方式的，但从流通本身的规律来看，需要有商品定位。现在的商品品种有40万～50万种，一个大型百货商店充其量经营10万种商品，没有一个公司能够经营所有的商品，因此总是要确定最适合自己销售的商品。电子商务也一样，为了将某一商品的销售批量累积得更大，就需要筛选商品品种。同时，电子商务也要有一定的销售渠道配合，不同的商品进货和销售渠道可能不同。品种越多、进货渠道及销售渠道越复杂，组织物流的难度就越大，成本也就越高，因此，为了在物流环节不增加过多的费用，需要将品种限制在一定的范围之内。一般而言，商品如果有明确的包装、质量、数量、价格、储存、保管、运输、验收、安装及使用标准，对储存、运输、装卸等作业无特殊要求，就适合采用电子商务的销售方式。如果电子商务所需的物流支持要求很高，则难以操作实施。

（三）配送细节

同有形市场一样，电子商务这种无店铺销售方式的物流方案中，配送环节是完成物流过程并产生成本的重要环节，需要精心设计配送细节。一个好的配送方案应该考虑这些内容：库存的可供性（Stock Availability）、反应速度（Responsiveness）、首次报修修复率（First Call Fix Rate）、送货频率（Frequency of Delivery）、送货的可靠性（Delivery Reliability）、配送文档的质量（Documentation Quality），同时还要设计配套的投诉程序（Claim Procedure），提供技术支持（Technical Support）和订货状况信息（Order Status Information）等。配送是国内电子商务发展的瓶颈，目前已有了一些解决方案。例如，时空网（http://www.shikong.com）于1999年10月3日宣布，将在北京中视红叶电子科技有限公司原遍布全国的27个分公司或办事处及约2 500个销售网点的基础上，建立覆盖全国地级以上城市的专业电子商务配送网络，该网络将接受国内外企业的网络销售业务。这类公司成功的关键不在于是否能有这样大的配送网络，而在于能否在完成配送服务的同时，保证配送系统高效、低成本运作，这是一项专业性很强的工作，必须聘请专业人员对系统的配送细节进行精心设计。

（四）服务提供者

网络服务提供商（Internet Service Provider，ISP）、网络内容提供商（Internet Content Provider，ICP）、传统零售商店、传统批发企业、制造企业等均有条件开展电子商务业务，但不同的电子商务服务提供商具有不同的组织商流、物流、信息流、资金流的能力。从物流的角度看，传统的零售商、批发商的物流能力要优于纯粹的网络服务提供商和网络内容提供商，也优于一般的制造商，但从商流、信息流和资金流的角度来看，可能正好相反。因此，设计物流方案时，要根据电子商务服务提供商的不同，扬长避短，发挥各自的优势，实现供应链集成，共同完成向消费者提供电子商务服务的工作。

（五）物流成本与库存控制

电子商务的物流成本可能比有店铺销售方式的物流成本高，因为电子商务的物流更加具有“多品种、小批量、多批次、短周期”的特点，由于很难单独考虑物流的经济规模，因此物流成本较高。例如，消费者自己到一个商店去购买一台电视机，商店提供免费送货。假设一次送货费用为50元，这时商店一般会将其他消费者购买的商品配装在同一台货车中，一次完成送货。如果是5台电视机同时送货，即使是免费送货，每台电视机的送货费用也只有10元。但当采用电子商务时，公司很难这样如愿地将消费者的订货在一个比较短的时间内集中起来并配装在一台货车中，这样就会造成送货次数的增加和送货批量的降低，直接导致物流成本提高。电子商务服务商必须扩大在特定的销售区域内消费者群体的基数，如果达不到一定的物流规模，物流成本肯定会居高不下。因此，电子商务更应该注意控制物流成本的问题。如果要严格控制物流成本，配送的服务水平宜定得较低一些。

库存控制历来就是销售管理中最难的课题，电子商务经营很难预测某种商品的销售量，因而在库存控制问题上就更难了。回避库存问题的最佳办法就是仿效戴尔公司，采用直销方式。不过，并非任何经营者都能成功地采取直销的方式来规避库存风险。

世界上的制造和销售企业普遍采用的库存控制技术是根据对历史数据、实时数据的分析，依照相关模型预测未来的需求。有的企业进行长期预测，有的只进行短期预测或侧重于对时点数据进行分析，有的则不进行预测或不相信预测结果，对应的库存策略会有很大的区别，库存对销售的保障程度及库存成本也会各不相同。电子商务经营者可以仿效传统企业的库存控制方法。不过，由于电子商务的分散性，电子商务经营者将会遇到比店铺销售更加复杂的库存控制问题。要保证高的供货保证程度，势必要提高库存的规模；而要严格控制库存风险，则可能在一定程度上降低供货保证程度。这是在考虑电子商务配送时必须加以权衡并做出决策的问题。

此外，在设计电子商务的物流方案时，还应规划好运输工具、运输方式及运输方案等。

四、掌握电子商务配送中心的类型

案例点击 7－6

梅林正广和的配送

某日下午，上海新闸路1184弄的一户人家拨通85818电话，报出自己在正广和购物网络的用户编号，要求订购两桶纯净水、一袋免淘米，并说明第二天上午家里留人，支付水票。几秒钟之内，这份订单被接线员输入正广和的计算机系统，系统根据用户编号从数据库中调出用户住址，再根据地址和选货时间自动把这份订单配置到第二配送站次日上午的送货单中。

当天晚上九时，在正广和销售网络第二配送站，经理准时打开计算机，接收从总部传过来的送货单。这份送货单的用户全部在第二配送站的辖区之内，送货时间是次日上午，用户地址、电话、编号、所需货物、数量、应收款等已经被清楚地列出来，几乎与此同时，一份相同的送货单也传到公司配送中心和运输中心。

第二天清早，运输中心派出车辆从配送中心仓库提出已配好的货物，发往第二配送站。第二配送站墙上贴着一张辖区详细到门牌号的地图，签收完货物后，经理根据这张地图和自己的经验安排好送货路线，把上午的送货单分派给7个送货工人。整个上午，这些揣着送货单的工人蹬着有“梅林正广和”和“85818”字样的三轮车，在辖区的弄堂里出出进进，完成送货到家的“最后一公里”。

中午 12:30,所有送货员送货和收款的情况被汇总成表,由第二配送站的计算机传送至总部。个别没有送到的,汇总表中的“原因”一栏会被注明“01”“02”,分别代表“地址错误”“家中无人”等。当天收回的水票和现金也交至总部结算。根据这些信息,总部再决定是否有必要给配送站及时补货。

有 4 名职能管理人员、7 名送货工人、1 辆小货车和 7 辆“黄鱼车”,房屋月租金 7 000 元的第二配送站,每天大概要送出大桶纯净水 300 多桶、袋装米 30 多包,还有饮料、冷饮、鲜花、罐头等几十种物品。在正广和遍布上海的 100 多个配送站里,第二配送站的规模属于中等。据说,每个配送站的年利润都在 15 万~20 万元。

3 个配送中心、100 个配送站、200 辆小货车、1 000 辆“黄鱼车”、1 000 多名配送人员,构成了正广和在上海的整个配送网络,这个号称上海市“无盲点”的网络组织严密而有序。

思考:

1. 正广和的配送属于哪种类型?
2. 通过正广和的案例,你对物流配送有什么样的认识?

从电子商务企业所使用的配送中心的不同运作方式来看,配送中心有 3 种,即电子商务企业自建的配送中心、社会化的配送中心和综合性配送中心。

(一)电子商务企业自建的配送中心

一些大型零售连锁经营公司都拥有自己的配送中心。例如,沃尔玛公司是全美商业排位第一的大型零售连锁经营公司,拥有 25 个大型配送中心,2.3 万辆集装箱卡车,其芝加哥配送中心建筑面积就有 100 000 m^2,可同时接纳 168 辆集装箱卡车进行装卸作业。在日本,规模较大的零售商,如大荣、西友、伊藤洋华堂等,都有自己的配送中心。与零售连锁经营公司类似,电子商务经营者也可以自建配送中心。

企业自建配送中心适用于已达到一定规模的企业。从传统零售业来看,配送中心与店铺面积有一个相适应的比例关系。根据经验,一个便利连锁公司,在拥有 20 个店,总面积达到 4 000 m^2 时,就可以考虑建立配送中心;一个超市连锁公司,在拥有 10 个店、总面积达到 5 000 m^2时,就有建立配送中心的必要。考虑到配送收入与配送成本因素,配送中心应具有相应的配送经济规模。一般来讲,判断标准应是:分店规模扩大使配送中心正常运转取得的数量折扣和加速资金周转取得的效益,足以抵偿配送中心建设和配送设施所花费的成本。当前处在电子商务发展初期,电子商务经营者一般很难达到需要的规模,其产生的效益不足以抵销自建配送中心的成本支出。因此,自建配送中心对电子商务企业来讲,一般不太可取。

(二)社会化的配送中心

一些大型超市投资建造的配送中心,一般可以比较顺利地完成商品配送任务,而一些中小型超市则更多地依靠社会化的配送中心来完成其配送业务。随着科技的进步,生产的分工越来越细,已经出现了许多专门承担配送任务的公司,一些连锁企业不再自建配送中心,转而依托社会化的配送中心,这一点很值得电子商务企业借鉴。电子商务企业可以利用为传统商务活动服务的社会化配送中心来开展配送业务。电子商务企业的物流需求是多品种、小批量的，如果各自进行配送，势必降低物流成本。社会化的配送中心可以把传统零售的配送业务和多家电子商务企业的配送业务集中起来，形成一定的规模，大幅度提高配送效率，实现集约化，从而节省物流成本。

（三）综合性配送中心

许多大型连锁企业的配送中心都开始或多或少地承担其他公司的配送任务。例如，日本的西友公司在自建配送系统的基础上，还同时为社会上其他企业配送商品。传统商业中的配送中心尚且如此，电子商务企业也可以借用这一模式。不同于社会化的配送中心，大型企业的配送中心一般以为本企业服务为主要目的，同时也为其他企业提供服务，这也是电子商务企业开展其配送的一种方式。这种综合性配送中心的业务一般不如社会化配送中心那样广泛，但如果电子商务企业的业务与该大企业的主营业务比较类似（如都是从事食品销售），那么其服务设施和服务能力足够对电子商务提供支持服务，而且其费用通常比社会化配送中心更低。

五、认识物流配送技术

物流配送的现代化就是将现代物流的高科技广泛应用于配送，使配送的技术水平、管理水平与现代物流相适应。目前，流通领域已将物流的高科技技术（如自动分拣机、自动化立体仓库、信息处理及通信自动化等）应用于物流配送。配送的现代物流技术主要有以下几个方面。

（一）电子订货系统

电子订货系统是指企业间利用通信网络和终端设备以在线连接方式进行订货作业和订货信息交换的系统。电子订货系统按应用范围可分为企业内部（如连锁企业总部与各分店之间）的电子订货系统，零售商与批发商之间的电子订货系统，零售商、批发商、制造商之间的电子订货系统。现在，电子订货系统随着技术的不断发展日益普及。

（二）自动分拣系统

配送中心的作业流程包括“入库—保管—拣货—分拣—暂存—出库”，其中分拣作业是一项非常繁重的工作，尤其是面对零售业多品种、少批量的订货，配送中心的劳动量大大增加，如果没有新技术的支持将会导致作业效率下降。

随着科学技术的进步，特别是感测技术（激光扫描）、条码及计算机控制技术等的导入使用，自动分拣机已被广泛用于配送中心。自动分拣机的分拣效率极高，通常每小时可分拣商品 6 000～12 000 箱。自动分拣机种类很多，但主要组成部分相似，基本上由输入装置、货架信号设定装置、进货装置、分拣装置、分拣道口、计算机控制器组成。我国邮政系统的自动分拣设备、机场的货物分拣系统等都是自动分拣系统的实际应用。

（三）自动化立体仓库

自动化立体仓库是用高层货架储存货物，用巷道堆垛起重机存取货物，并通过周围的装卸搬运设备，自动进行出入库存取作业的仓库。自动化立体仓库主要由货架、巷道堆垛起重机、周边出入库配套机械设施和仓储管理控制系统等几部分组成。自动化立体仓库的出现是物流技术的一个划时代的革新。它不仅彻底改变了仓储行业劳动力密集、效率低下的落后面貌，而且大大拓展了仓库功能，使之从单纯的保管型向综合的流通型方向发展。

目前，立体仓库自动控制方式有集中式控制、分离式控制和分布式控制3种。分布式控制是目前国际发展的主要方向。大型立体仓库通常采用三级计算机分布式控制系统。三级控制系统是由管理级、中间控制级和直接控制级组成的。

（四）先进的物流信息技术

1. 条码技术

条码，又称条形码，是一种用光电扫描阅读设备识读并实现数据输入计算机的特殊代码，是由一组排列规则的条、空和相应的字符组成的标记，用以表示一定的信息。

条码技术是一门集编码、印刷、识别、数据采集和处理于一身的技术，其核心内容是利用光电扫描设备识读条码符号，从而实现机器的自动识别，并快速准确地将信息输入计算机进行数据处理，达到自动化管理的目的。条码技术主要应用在零售业、加工制造业和仓储配送业，物流业中也大量应用条码技术，如自动分拣、仓储保管、货物跟踪查询等。

2. 电子数据交换技术

电子数据交换是指按照统一规定的一套通用标准格式，将商业贸易信息通过网络传输，在贸易伙伴的电子计算机系统之间进行数据交换和自动处理。在物流配送中，货主、配送中心及其他相关的单位之间，通过电子数据交换系统进行物流配送数据交换，并以此为基础实施物流配送作业活动。

3. 射频识别技术

射频识别（HF）技术的基本原理是电磁理论。射频系统的优点是不局限于视线，识别距离比光学系统远，射频识别标签具有可读写能力，可携带大量数据，难以伪造和有智能的特点等。射频识别技术作为一种新兴的自动识别技术，在各行各业中的应用已经普及开来。在物流领域中，射频识别技术适用于物料跟踪、运载工具和货物识别等要求非接触数据采集和交换的场合。

4. 自动跟踪技术

全球卫星定位系统（GPS）是20世纪70年代美国军方在“子午仪卫星导航定位”技术上发展起来的具有全球性、全能性（陆地、海洋、航空与航天）、全天候优势的导航定位、定时、测速系统。它是利用分布在空中的卫星对地面目标状况的精确测定来定位、导航的系统。20世纪90年代后，全球卫星定位系统在物流领域得到越来越广泛的应用，主要用于汽车定位、跟踪调度、铁路运输管理。

5. 地理信息系统

地理信息系统（GIS）采用地理模型分析方法，适时提供多种空间的和动态的地理信息。它的基本功能是将表格型数据转换为地理图形显示，然后对显示结果浏览、操作和分析，显示对象包括人口、销售情况、运输线路及其他内容。

物流配送企业可利用物流条码、全球卫星定位系统和电子数据交换等技术及时获取有关货物运输状况的信息，如货物品种、数量、货物在途情况、发货地和到达地、货主、送货责任车辆和人员等，实现货物及时跟踪，从而提高物流运输服务。

任务五　认识电子商务下的供应链管理

案例点击 7－7

戴尔公司的供应链管理

戴尔公司的核心能力在于管理好整个供应链，让新产品在最短的时间内交到客户手上。戴尔公司的供应链管理可以归纳为这样几点：①减少供货商并将供货商集中。从 200 多家供货商中，将订单以就近供货原则交给其中 50 家，接到订单后，再通知供货商送零件，从进料到组装完成直至出货只要 4 个小时。②强化供应链上的信息流通速度和透明度。戴尔公司的供货商等于转接了戴尔公司的库存压力，因此必须清楚戴尔公司将来的出货计划，以免出现库存过多自己赔本或库存不够被戴尔公司撤换的情况。③在研发上，戴尔公司也选择降低研发和设计比重，放大伙伴价值的做法。例如，戴尔公司把笔记本的研发和设计交给我国台湾地区的合作伙伴，自己则专心争取订单。此外，在发动价格战时，供应商也需要扮演极具效率的后勤支持角色。借助供应链的实力，戴尔公司实现了从顾客下单到出货存货周转天数为 4 天，每人每小时的生产效率提升 160%，订单处理效率提高 50%，以及订单错误率降低 50%的竞争力。

思考：

1. 供应链有效取决于哪两点？
2. 采用什么原则可以减少供应链成本？

一、理解供应链与供应链管理的定义

任何企业都不可能在所有业务上成为世界上最杰出的企业，只有优势互补，才能增强企业竞争能力。因此，一些先进的连锁企业放弃了传统的管理模式，在全国甚至全球范围内与供应商建立最佳合作伙伴关系，与它们形成一种长期的战略联盟，在运行形式上，构成一条从供应商到最终用户的物流和信息流的供应链条。为了加强联盟的管理，使链条中的各个企业都有收益，必须对供应链研究，并由此形成供应链管理。对供应链这一复杂系统，要想取得良好的绩效，必须找到有效的协调管理方法，供应链管理思想就是在这种环境下提出的。

供应链管理（SCM）是一种集成的管理思想和方法，执行供应链中从供应商到最终顾客的物流的计划和控制等职能。以前商业企业把供应链管理的重点放在管理库存上，作为平衡有限的物流能力和适应顾客需求变化的缓冲手段，它通过各种协调手段，寻求把商品迅速、可靠地送到顾客手中所需要的运输费用与库存管理费用之间的平衡点，从而确定最佳的库存投资额。因此，其主要的工作任务是管理库存和运输。现在，为了适应新型的连锁经营方式，连锁企业供应链管理则把供应链上的各个企业作为一个不可分割的整体，使供应链上各企业分担的采购、生产、分销和销售的职能成为一个协调发展的有机体。

由于供应链管理是一种整体观念，所以企业的供应链管理不仅涉及企业内部管理，还涉及链上其他企业（主要是供应商）的管理。供应链管理主要包括 4 个领域：供应（Supply）、生产计划（Schedule Plan）、物流（Logistics）和需求（Demand）。

企业供应链管理是以同步化、集成化为指导，以各种技术为支持，围绕供应、生产、物流、需求来实施的。供应链管理的目标在于提高服务水平和降低总的交易成本，并且寻求两个目标之间的平衡。

企业供应链管理还可以细分为作业领域和决策领域。作业领域主要包括采购、库存控制、仓库管理等，而决策领域包括客户服务、选址、网络设计等内容。因此，企业的供应链管理不仅仅是实物在供应链中流动的作业管理，除了企业间的运输问题和库存管理外，企业的供应链管理还应包括以下主要内容：

(1) 战略性供应商和顾客合作伙伴关系管理。

(2)供应链中商品的需求和预测计划。

(3) 供应链的设计，具体包括供应链节点企业的选择、资源设备的评价、选址和定位等。

(4) 企业内部与企业之间供应与需求管理。

(5) 帮助供应商基于供应链管理的产品设计与制造管理、生产集成化计划、跟踪和控制。

(6) 基于供应链的顾客服务和物流作业（运输、库存、包装等）管理。

(7)基于互联网的供应链交互信息管理等。

企业供应链管理注重总的物流成本（从原材料到最终产成品的费用）与顾客服务水平之间的关系，为此要把供应链各个职能部门有机地结合在一起，从而最大限度地发挥出供应链整体的力量，达到企业及链中其他企业群体获利的目的。

二、认识电子商务下的供应链模式

以客户价值为导向的商业模式的基本思想是：提倡企业与供应链中的贸易伙伴通过积极合作与经营而赢得利润，这要比想方设法降低成本有用得多。它要求供应链上的企业必须首先了解客户需要什么样的产品，提供什么样的服务。商业的成功取决于在尽可能降低满足客户需求成本的同时，对变化的客户需求的反应能力。

由此，有效客户反应的实施战略应运而生。为了满足客户的需求，提高客户价值，企业必须加强信息集成。信息集成意味着企业能够使客户订单、库存报告、销售数据报告及其他关联信息从一个企业（部门）开放地、自动地流向另一个企业（部门），也就是说企业与企业之间、部门与部门之间必须实现信息共享。在这种新的商业模式中，市场竞争不再被单纯地看作企业与企业之间的竞争，而是供应链与供应链之间的竞争。因此，提高管理不同供应链的能力就显得非常重要了。

传统的供应链模式叫作“推销”模式，即根据商品的库存情况，有计划地将商品推销给客户。而现今流行的供应链模式是“需求动力”模式，顾名思义，该供应链模式源于客户需求，客户是该供应链中一切业务的原动力。

需求动力的概念既简单又复杂。例如，在超市的收款台前，扫描器采集到客户所购商品的确切信息，这种行为将最终引发产品从分销仓库中发出。数据在分销仓库进一步集中后又传给制造商，这样，制造商就可以为下一次交货补充分销仓库提前做准备。为此，制造商将调整交货计划和采购计划，同时更新生产计划，以使原材料供应商相应地改变他们的交货计划。需求动力模式的要求有如下几点：

(1) 增加产品的可替换形式。

(2)缩短订货间隔期。

(3) 改进质量，降低单元成本。

(4) 提高运作优势。

(5) 设立执行评估系统。

供应链的动力因素对商业战略正在施加巨大压力。公司不应只在质量或价格上获得竞争优势，而应依靠适物、适量、适时的发货能力占领市场。然而，很少有公司懂得怎样管理需求动力供应链，其原因很简单，因为有效的供应链管理要求公司做到如下几点：① 快速、准确地搜集客户需求。② 尽可能地以最低成本满足客户需求。③ 从原材料采购到制造、组装产品的所有决策在整个供应链中应是开放的。④ 将成品分销到客户手中并收取必要款项。

要真正地满足以上 4 个要求，对于企业来说，难度很大。供应链就好比一支足球队，每个企业就好比队中的球员，如果球员拒绝合作，随意地踢球或传球，或者每个球员前面都有一个教练在叫喊着指导队员该如何踢球——这将是怎样的一支球队呀！

为了防止这种混乱局面的出现，供应链的管理者必须做好以下 3 件事：

(1) 向供应链的所有参与方提供统一的行动计划。

(2)实现参与方之间的合作。

(3) 与参与方合作。

三、了解电子商务下的供应链管理与传统的供应链管理

面对全球竞争的加剧、客户要求的多样化及原材料获得的不可预测性，企业被迫采取一系列新的生产方法并实施不同的制造战略。同时，制造商也意识到要提高整个供应链的管理，即要从快速交货及缩短从产品订购到支付款项的周转时间方面来提高企业竞争能力。物流管理是供应链管理中不可忽视的部分。

(一)传统供应链管理中物流管理存在的问题

传统的物流管理有如下三大缺陷。

1. 库存太大

传统供应链上的库存缓冲，使得制造商和零售商都有某些产品的库存，而这正是造成供应链上其他环节缺货的原因。在供应链上，如果各个公司的仓储和存货点不一致，库存问题就会扩大。由于供应链的每个参与方都有库存，再加上库存管理的失误和供应链上各环节的相互影响，当货物达到供应链的最后环节时，库存水平与实际的货物需求几乎毫无关系。

2. 反应太慢

传统的市场或配销渠道的松散是固有的。由于供应链在订货过程中脱节，其可能从未满足过热销产品的销售需求。

3. 处理需求单一

传统的物流管理处理产品的方式单一。例如，公司关于挥发性产品和非挥发性产品的库存水平相似，并通过同一种物流网络对它们进行分发。

过去，仓库主要用于储存和处理货物，货物周转和循环很慢。例如，一辆卡车给配销中心运来一车货物，配销中心收货并进行实物储存。过了一段时间，当产品被记录进公司的库存系统后，如果有订购，它就会被装到出库的卡车上运出。整个过程可能需要几天甚至几个星期的时间，而其他货物则放在仓库中。

电子商务时代，在物流管理较好的公司，当产品在运送途中时，配销中心就已经接到电子通知，并知道卡车将于某个时间点到达。这使公司可对该卡车上的货物进行征订。当卡车到达时，员工可将产品卸下来并通过扫描输入系统，此时库存记录会马上变更。计算机根据征订结果，通知员工将某种产品取下来并与库中或某被选产品匹配打包，然后装入出库的卡车上运交客户。这样，货物可不在仓库停留，进出库几乎是同时的。

（二）供应链管理中的物流管理

在供应链管理的背景下，物流管理是原料管理和实物配销的一套规范，涉及原料和产品从供应商通过公司的配销系统到达零售商和客户的整个过程的移动和储存。物流管理处理货物的物理移动，其范围起始于原料的供应，终止于被消耗。物流管理的目的是在给客户提供最佳服务的同时使成本达到最小。

物流管理的基本功能可分为库存管理、订购过程管理、配销管理和仓库管理，如图 7－2 所示。

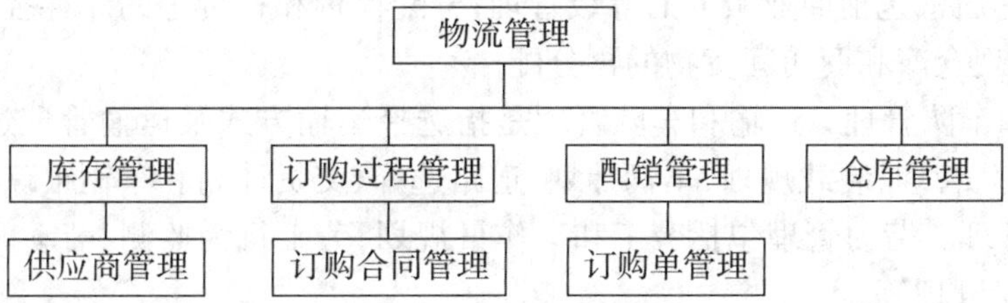

图 7－2　物流管理的元素

1. 库存管理

库存管理的目标是缩短“订购—运输—支付”的周期。当多数交易伙伴都用电子形式连接起来时，过去用传真和邮寄形式传递的信息，现在可以马上发送和跟踪单证，确保单证的接收，以提高审计能力。有效的库存管理方案可以降低库存水平，加速库存周转，消除缺货事件的发生。

2. 订购过程管理

订购过程是指给供应商发出订购单的过程。它可细分为如下三大行为。

（1）供应商管理。通过供应商管理，企业可利用配销单据等对整个补充网络做计划，并向供应商自动发出订购单。这样可以简化常规交易，减少纸张处理，为每日的征购活动提供一个电子通信框架。运用在线产品目录和供应商名单，采购部门可建立需求和订购单证。其效益可以从订购单处理上的开支和员工的减少、订购单数目的增加，以及交易循环时间的缩短来体现。

（2）订购合同管理。合同管理是买方和供货方建立长期关系的关键。一旦决定到一个特定的供货方处订购产品，一个合同就建立了。例如，一个食品零售商可以特定的价格与豌豆供应商签订一个合同，也可随时取消合同。

在服装行业，合同可能仅是一个购买协议，仅包括零售商最后同意买的数量和价格。供货商可给出要提供货物的颜色、尺寸及数量，便于零售商根据实际的销售趋势做出最佳判断，直至某销售旺季开始之后，零售商才能够根据店里的实际情况做出最后决定，要求发运其订购的货物。

(3) 订购单管理。订购单管理是指检查订购数量，将订购单发送给供应商并对已接收的货物进行支付。在过去的5～10年中，电子数据交换方式的订购日益普遍，这使得供应商可以快速地收到订购单并尽早交货，从而缩短了从订货到交货的时间。

3. 配销管理

如果货物被接收，就必须将它们放在仓库里。一旦产品进入零售商的直接负责区内，配销管理便意味着对成品货物的运输、储存等。换句话说，一旦货物进入了他们的控制区(配销中心、仓库等)，配销管理指的便是规划、协调和控制货物的物理流。以下是配销管理的几个过程：

(1) 配销需求计划。根据配销管理过程，后勤系统为仓库、劳力、运输提供相关计划。配销需求计划(DRP)给出配销系统需要服务区域内的数量、类型和配销中心位置的评估。

(2)实物库存管理。实物库存管理(PIM)是测量库存水平和产品在仓库的周转率，它决定库存水平。它通常包括商业服务的等级管理；分配存货和补货等的库存控制；对货物进行统计和控制；实现仓库和商店间货物的再分配。

(3) 运输和车队管理。运输和车队管理是指选择运输方式及运输管理过程。它通常包括车队规划、车队管理、装载规划、车辆计划、道路选择、交货计划和车辆跟踪与监测。

(4) 劳力管理。劳力管理包括劳工和工作量规划、劳工行为监测、劳动时间和出勤记录及人事和工资册管理等。

4. 仓库管理

仓库管理是指货物位置管理、产品放置和提取、收货和发货过程及对这些过程的检测。仓库管理的基本目标是使操作费用和商店希望提供服务的水平相平衡。相关的费用分为劳力费用、空间费用和设备费用。服务水平由收货、储存、提取和发送货物水平来决定。这通常通过对比被提取的和希望提取的货物的数量来衡量。提取过程是指商店根据订购单对产品进行选择和分类。

仓库管理也叫收货和仓储管理。收货通常叫送货，即接收货物并入库，对照送货提供的订购单对货物进行计数和检查。多数零售商在收货时有某种质量控制系统，质检员将接收到的货物的样品与组织内的质量标准进行对照，检测货物质量。

以往，仓库管理的操作劳动强度很大。然而，条码技术、手持扫描仪和电子数据交换技术的引进改变了传统的工作方式、提高了工作效率，从而实现了对物流管理的电子化，达到了电子商务中对贸易过程实时跟踪的基本要求。

四、了解电子商务下的供应链管理策略

传统的供应链管理以生产为中心，力图提高生产效率、降低单件成本来获得利润，在销售方面则采用促销方式试图将自己的产品推销给顾客，并通过库存来保证产品不断地向顾客供应。而电子商务下的供应链管理的理念是以顾客为中心，通过顾客的实际需求和对顾

客未来需求的预测来拉动产品和服务。基于这种思想，产生了多种现代化的供应链管理策略，如快速反应策略、有效客户反应策略、电子订货系统、企业资源计划等。

（一）快速反应策略

快速反应（Quick Response，QR）策略是美国零售商、服装制造商及纺织品供应商开发的整体业务概念，其目的是减少原材料到销售点的时间和整个供应链上的库存，最大限度地提高供应链的运作效率。QR 策略的着重点是对消费者需求做出快速反应。实施 QR 策略可分为以下 3 个阶段：

第一阶段是对所有的商品单元条码化，即对商品消费单元用 EAN/UPC 条码标识，对商品储运单元用 ITF－14 条码标识，而对贸易单元则用 UCC/EAN－128 条码标识，利用电子数据交换技术传输订购单报文和发票报文。

第二阶段是在第一阶段的基础上增加与内部业务处理有关的策略，如自动补库与商品即时出售等，并采用电子数据交换技术传输更多的报文，如发货通知报文、收货通知报文等。

第三阶段是与贸易伙伴密切合作，采用更高级的 QR 策略，以对客户的需求做出快速反应。一般来说，企业内部业务的优化相对来说较为容易，但在贸易伙伴间进行合作时，往往会遇到诸多障碍。在实施第三阶段时，每个企业必须把自己当成集成供应链系统的一个组成部分，以保证整个供应链的整体效益。例如，Varity Fair 与 Federated Stores 是北美地区的先导零售商，在与他们的贸易伙伴采用联合补库系统后，他们的采购人员和财务经理就可以省出更多的时间来进行选货、订货和评估新产品。

（二）有效客户反应策略

有效客户反应（Efficient Consumer Response，ECR）策略是在食品杂货分销系统中，分销商和供应商为消除系统中不必要的成本和费用，给客户带来更大效益而进行密切合作的一种供应链管理策略。

ECR 策略的最终目标是建立一个具有高效反应能力和以客户需求为基础的系统，使零售商及供应商以业务伙伴方式合作，提高整个食品杂货供应链的效率，而不是单个环节的效率，从而大大降低整个系统的成本、库存和物资储备，同时为客户提供更好的服务。

要实施 ECR 策略这一战略思想，首先，应联合整个供应链所涉及的供应商、分销商及零售商，改善供应链中的业务流程，使其最合理有效。其次，以较低的成本，使这些业务流程自动化，以进一步降低供应链的成本。具体地说，实施 ECR 策略需要将条码技术、扫描技术、POS 系统和电子数据交换技术集成起来，在供应链（由生产线直至付款柜台）之间建立一个无纸系统，确保产品能不间断地由供应商流向最终客户，同时，信息流能够在开放的供应链中循环流动。这样才能满足客户对产品和信息的需求，即给客户提供最优质的产品和适时准确的信息。

ECR 策略是一种运用于工商业的策略，供应商和零售商通过共同合作（如建立供应商、分销商、零售商联盟）改善其在货物补充过程中的全球性效率，而不是以单方面不协调的行动来提高生产力，这样能节省由生产到最后销售的贸易周期的成本。

通过 ECR（如计算机辅助订货技术），零售商无须接发订购单即可实现订货。供应商则可利用 ECR 的连续补充技术，随时满足客户的补货需求，使零售商的存货保持在最优水平，从而提供高水平的客户服务，并进一步加强与客户的关系，同时，供应商也可从商店的销售点数据中获得新的市场信息，改变销售策略；对于分销商来说，ECR可使其快速分拣、运输包装，加快订购货物的流动速度，进而使消费者享用更新鲜的物品，增加购物的便利和选择，并加强消费者对特定物品的偏好。

（三）电子订货系统

电子订货系统(Electronic Ordering System，EOS)是指将批发、零售商场所发生的订货数据输入计算机，即刻通过计算机通信网络将资料传送至总公司、批发商、商品供货商或制造商处。因此，EOS能处理从新商品资料的说明直到会计结算等所有商品交易过程中的作业，可以说EOS涵盖了整个商流。在寸土寸金的情况下，零售业已没有许多空间用于存放货物，在要求供货商及时补足售出商品的数量且不能有缺货的前提下，更要采用EOS。EDI或EOS因包含了许多先进的管理手段，因此在国际上应用得非常广泛，并且越来越受到商业界的青睐。

EOS并非单个的零售店与单个的批发商组成的系统，而是许多零售店和许多批发商组成的大系统的整体运作方式。EOS基本上是在零售店的终端利用条码阅读器获取准备采购的商品条码，并在终端机上输入订货信息，利用电话线通过调制解调器传到批发商的计算机中；批发商开出提货传票，并根据传票同时开出拣货单，实施拣发，然后依据送货传票进行商品发货；送货传票上的资料便成为零售商的应付账款资料及批发商的应收账款资料，并对接到应收账款的系统中去；零售商对送到的货物进行检验后，便可以陈列与销售了。

（四）企业资源计划

企业资源计划(Enterprise Resource Planning，ERP)系统的核心管理思想就是实现对整个供应链的有效管理，主要体现在以下3个方面。

1. 体现对整个供应链资源进行管理的思想

在电子商务时代仅靠企业自身的资源不可能有效地参与市场的竞争，还必须把经营过程中的有关各方（如供应商、制造工厂、分销网络、客户等）纳入一个紧密的供应链中，才能有效地安排企业的产、供、销活动，满足企业利用全社会一切资源快速高效进行生产经营的需求，以进一步提高效率和在市场上获得竞争的优势。换句话说，现代企业竞争不是单一企业与单一企业的竞争，而是一个企业供应链与另一个企业供应链之间的竞争。ERP系统实现了对整个企业供应链的管理，适应了企业在电子商务时代市场竞争的需要。

2. 体现精益生产、同步工程和敏捷制造的思想

ERP系统支持对混合型生产方式的管理，其管理思想表现在两个方面。一是“精益生产”(Lean Production，LP)思想。它是由美国麻省理工学院提出的一种企业经营战略体系，即企业按照大批量生产方式组织生产时，把客户、销售代理商、供应商、协作单位纳入生产体系，企业同其销售代理、客户和供应商的关系，已不再是简单的业务往来关系，而是利益共享的合作伙伴关系，这种合作伙伴关系组成了企业的一个供应链，这是“精益生产”的核心思想。二是“敏捷制造”(Agile Manufacturing，AM)思想。当市场发生变化，企业遇有特定的市场和产品需求时，企业的基本合作伙伴不一定能满足新产品开发生产的要求，这时，企业就会组织一个由特定的供应商和销售渠道组成的短期或一次性供应链，形成“虚拟工厂”，把供应和协作单位看成企业的一个组成部分，运用“同步工程”(Simultaneous Engineering，SE)组织生产，用最短的时间将新产品打入市场，时刻保持产品的高质量、多样化和灵活性，这就是“敏捷制造”的核心思想。

3. 体现事先计划与事中控制的思想

ERP系统中的计划体系主要包括主生产计划、物料需求计划、能力计划、采购计划、销售执行计划、利润计划、财务预算和人力资源计划等，且这些计划功能与价值控制功能已完全集成到了整个供应链系统当中。

ERP系统通过定义与事物处理相关的会计核算科目与核算方式，以便在事物处理发生时自动生成会计核算分录，保证了资金流与物流的同步处理和数据的一致性，从而实现了根据财务资金现状可以追溯资金的来龙去脉，并可以进一步追溯所发生的相关业务活动，改变了资金信息滞后于物料信息的状况，便于实现事中控制和实时做出决策。

此外，计划、事务处理、控制与决策功能都在整个供应链的业务处理过程中实现，要求在每个业务流程处理过程中最大限度地发挥每个人的工作潜力与责任心，流程与流程之间则强调人与人之间的合作精神，以便在组织中充分发挥个人的主观能动性与潜能，实现企业管理从"金字塔式"组织结构向"扁平式"结构的转变，提高企业对市场动态变化的响应速度。

任务六　案例分析

供应链管理作为新型的管理技术，能够有效地拆除企业的围墙，将分散的企业信息联系在一起，建立一种跨企业的合作，通过因特网与电子商务技术把过去分离的业务过程集成起来，实现从生产领域到流通领域一步到位的全业务过程，从而实现企业间的优势互补和全社会的资源整合。在供应链中，企业不仅要协调企业内计划、采购、制造、销售的各个环节，还要与包括供应商、承销商等在内的上下游企业紧密配合。

一、戴尔公司供应链——为直线模式铺路

2001年，对于许多IT企业来说不是一个好年头，似乎唯有戴尔公司一枝独秀，在风吹雨打中岿然不动。据美国权威的IDC公司报告，戴尔公司2001年第一季度的计算机销售额已经在全球独占鳌头，市场占有率达到了13.1%，很有"沉舟侧畔千帆过"的味道，难怪戴尔公司CEO迈克尔·戴尔(Michael Dell)看似木讷的脸上会有难以掩饰的笑容。

那么，戴尔公司为什么能够一枝独秀呢？答案是戴尔公司实行的是"直线订购模式"(Build-to-Order Model)。在迈克尔·戴尔亲撰的*Direct from Dell*一书中，戴尔本人把公司的成功归功于直线模式(The Direct Model)，而在背后支撑这种模式的，则是公司先进的基于现代信息技术的供应链管理。

独特的直线模式从1984年戴尔创立戴尔计算机公司开始就一直采用，这种模式如今已经成了美国计算机业的一个典范。戴尔公司不是以技术见长的公司，然而它用这种模式，硬是把公司从原来的一个小作坊式的企业发展成为如今全球领先的计算机公司。需要指出的是，直线模式并不等于直销，直线模式的真正核心在于直销背后的包括采购、生产、配送等环节在内的快速反应。直销可以被模仿，但直线模式却是很难被模仿的，这也是戴尔公司能在竞争激烈的计算机市场中保持领先的奥妙所在。

戴尔公司利用一切先进的通信方法和自己的顾客保持联系，了解每一个顾客的独特需求，细分产品以满足不同顾客的不同要求。互联网是戴尔公司用来直接面对顾客的好工具，

顾客可以在网上直接指定自己需要的计算机类型和零件，还可以指定送货方式及付款方式，通过互联网，戴尔公司可以全面地了解和把握市场需求，这种了解和把握会贯穿公司的每一个业务部门，从研发、生产到销售都需要遵循顾客的喜好，这样才能做到和顾客的需求同步。许多公司的生产过程都是优先于销售，在接到订单前早已经生产好了产品，等着顾客来购买，这样很容易造成产品的库存积压，而戴尔公司的方式则是先了解顾客的需求，然后生产。实现这种方式需要有一套很好的供应链管理系统，一旦解决了供应链系统，直线模式就能发挥最大的威力，使顾客得到最大的满意度，同时也可以大大降低产品的积压。戴尔公司的存货期只有 6 天，而中国最优秀的计算机生产企业的存货期也要 30 天，这个对比可以很好地说明直线模式的优势所在。在计算机技术日新月异、计算机产品价格直线下跌的时代，库存管理几乎成了计算机制造企业的财务生命线，产品库存给企业造成的压力也越来越大。戴尔的直线模式是根据客户的具体需求，而不是根据市场预测制订生产计划，这种现做现卖的方式使戴尔在库存上占有很大的优势，这是戴尔保持良好的财务状况的主要原因之一。

直线模式是一个听起来非常诱人的管理模式，似乎也非常容易理解，但是要实现这个模式却是非常难的。怎样正确地处理每一个客户的信息需求？怎样把了解到的客户信息迅速传到生产部门？怎样迅速采购到顾客指定的零件？怎样减少材料库存，同时又不降低生产速度？这些都是一条流畅的供应链需要解决的问题。

在戴尔公司直线模式的背后，是其出色的供应链管理，它能在收到顾客个性化需求的订单后，立即向不同的供应商采购材料，迅速转入生产，再交给快递公司分发送货。在整个过程中，戴尔公司能保证公司的实际材料库存量始终保持在最低水平，从而使产品的价格更具有竞争力。

戴尔公司的供应链管理有两个难点：一是客户服务；二是物料配送。怎样解决这两个难题，是整条供应链管理的关键。

（一）客户服务

要面对面地处理好所有客户的要求，对一个公司有很大的难度。戴尔公司充分利用了互联网的特点，通过互联网，能和大部分的客户建立联系，并且能和每一个客户都维持一对一的详尽对话，尽可能多地搜集到客户信息和客户要求；客户也能通过互联网发送各自的订单，提出自己的服务要求。在戴尔公司的内部，有一个专门处理客户信息的系统，它能对不同的客户信息进行分类，对客户的订单进行处理并且自动传递到采购和生产部门。网上订单处理既加快了速度，又加强了数据处理的准确性，为公司下一步的采购和生产做好了铺垫。

在客户服务这一点上，还要提到的是售后服务和技术支持。在这一点上，戴尔公司采取的是外包的方式，并且用一系列的制度来保证服务品质，控制外包厂商的技术水平。外包可以有效地节约公司成本，对公司的业务重点做出细分。

（二）物料配送

物流成本每年大概要花费公司运营成本的 74%，2000 年戴尔公司花在物料上的资金是 210 亿美元，这笔费用只要下降 0.1%，就能带来很大的收益。为了削减物流成本，戴尔公司在物流管理上下了很大功夫。

戴尔公司和供应商建立了非常严密的网络关系，每一个供应商都和戴尔公司通过网络相连。通过电子网络，戴尔公司和上游配件制造商组成了一个虚拟企业，在这个虚拟企业中，供应商变成了戴尔公司的一个零件提供部门，互相之间联系紧密。当戴尔公司接到客户从网上发出的购买计算机的电子订单以后，公司的配置中心会把整张订单分解成一张张的零件采购订单，通过网络发给配件供应商，各个供应商在收到订单以后马上组织生产，在指定的期限内发货给戴尔公司，收到零件以后，戴尔公司只需在生产车间进行组装，就可以把成品包装发送了。

有时，戴尔公司也会面对原料不足的情况，这时它马上就会和供应商取得联系，确认对方是否可能增加下一次发货的数量，如果问题涉及硬盘之类的通用零件，公司会与后备供应商商量。如果穷尽所有的供应渠道仍然无法解决问题，公司采购部门就与销售和营销人员磋商，协助把需求转向其他方面。所有这一切过程，都会在几个小时内完成。

思考：试分析戴尔公司的直线供应链模式系统，以及该系统最大的优势。

二、海尔物流信息系统的建设

ERP 是当前的热点话题之一。在大力推进制造业信息化的今天，ERP 在我国的热度已高过以往任何时候。但是，热闹之余人们也发现，ERP 在企业的应用成效并不十分乐观，于是，ERP 就成了一块烫手的山芋。

怎样才能使 ERP 在企业成功实施？人们总结出了很多有益的经验。例如，ERP 是“一把手工程”“实施 ERP 要选择好供应商”“培训、培训、再培训”“供应商、顾问师的服务”“基础数据的完善”，等等。但是，在众多的经验和措施中，很少有见到把企业物流管理作为成功实施 ERP 的关键要素。

为了与国际接轨，建立起高效、迅速的现代物流系统，海尔自 2000 年开始就着手 ERP 系统和 BBP 系统(原材料网上采购系统)的实施，对企业进行流程改造。经过近几年的实施，海尔的现代物流管理系统不仅很好地提高了物流效率，而且将海尔的电子商务平台扩展到了包含客户和供应商在内的整个供应链管理，极大地推动了海尔电子商务的发展。在对海尔物流体系进行较为仔细的考察之后，除了可从中学到不少在物流管理方面的成功经验，还可看到许多对成功实施 ERP 有借鉴价值的地方，其中使人感触最深的就是海尔物流系统在保证成功应用 ERP 中的巨大作用。

(一)需求分析

海尔集团认为，现代企业运作的驱动力只有一个——订单。没有订单，现代企业就不可能运作。围绕订单而进行的采购、设计、制造、销售等一系列工作，最重要的一个流程就是物流。离开物流的支持，企业的采购与制造、销售等行为就会带有一定的盲目性和不可预知性。

建立高效、迅速的现代物流系统，才能建立企业最核心的竞争力。海尔需要这样的一套信息系统，使其能够在物流方面一只手抓住用户的需求，另一只手抓住可以满足用户需求的全球供应链。海尔实施信息化管理的目的主要有以下两个方面：

(1) 现代物流区别于传统物流的主要特征是速度，而海尔物流信息化建设需要以订单信息流为中心，使供应链上的信息同步传递，能够实现以速度取胜。

(2)海尔物流需要以信息技术为基础，能够向客户提供竞争对手所不能给予的增值服务，使海尔顺利地从企业物流向物流企业转变。

(二)解决方案

海尔的物流管理信息系统由两部分组成，分别为采用 ERP 和 BBP 系统，系统构成如下。

1. ERP 系统

海尔物流的 ERP 系统共包括五大模块:MM(物料管理)、PP(制造与计划)、SD(销售与订单管理)、FI(财务管理)和 CO(成本管理)。

ERP 实施后,打破了原有的"信息孤岛",使信息同步而集成,提高信息的实时性与准确性,加快了对供应链的响应速度。例如,原来订单由客户下达传递到供应商需要 10 天以上的时间,而且准确率低。实施 ERP 后订单不但一天内完成"客户—商流—工厂计划—仓库—采购—供应商"的过程,而且准确率极高。

另外,对于每笔收货,扫描系统能够自动检验采购订单,防止暗箱收货,而财务在收货的同时自动生成入库凭证,使财务人员从繁重的记账工作中解放出来,发挥出真正的财务管理与财务监督职能,而且效率与准确性大大提高。

2. BBP 系统

BBP 系统主要是建立了与供应商之间基于因特网的业务和信息协同平台。该平台的主要功能如下:

(1) 通过平台的业务协同功能,既可以通过因特网进行招投标,又可以通过因特网将所有与供应商相关的物流管理业务信息(如采购计划、采购订单、库存信息、供应商供货清单、配额,以及采购价格和计划交货时间等)发布给供应商,使供应商可以足不出户就能全面了解与自己相关的物流管理信息(根据采购计划备货、根据采购订单送货等)。

(2)对于非业务信息的协同,使用构架于 BBP 采购平台上的信息中心为海尔与供应商之间进行沟通交互和反馈提供集成环境。信息中心把浏览器和互联网作为中介整合了海尔过去通过纸张、传真、电话和电子邮件等手段才能完成的信息交互方式,实现了非业务数据的集中存储和网上发布。

(三)应用物流系统后带来的收益

1. "一流三网"的成功

实施和完善后的海尔物流管理系统,可以用"一流三网"来概括,这充分体现了现代物流的特征。"一流"是指以订单信息流为中心;"三网"分别是全球供应链资源网络、全球用户资源网络和计算机信息网络。

整个系统围绕订单信息流这一中心,将海尔遍布全球的分支机构整合之后的物流平台使供应商和客户、企业内部信息网络这"三网"同时开始执行,同步运动,为订单信息流的增值提供支持。

2. 管理水平的提升

海尔物流所有信息化的建设均是基于流程的优化、提高对客户的响应速度来进行的,所以应用面涉及海尔物流内部与外部很多部门,有时打破旧的管理办法、推行新流程的阻力非常巨大。海尔物流的信息化建设一直是部门"一把手"亲自抓的工作,亲自抓、亲自在现场发现问题、亲自推动,保证了信息化实施的效果。例如,在 ERP 上线初期,BOM 与数据不准确是困扰系统正常运转的瓶颈,它牵扯企业的基础管理工作与长期工作习惯的改变,物流推进本部部长发现问题后,亲自推动,制定有效的管理模式,不但提高了系统的执行率,而且规范并提升了企业的基础管理(BOM 的准确率、现场管理),有力地促进了海尔管理水平的提高。

3. 有效降低成本

ERP系统和BBP系统通过业务流程的再造，建立现代物流，以及利用协同化电子商务解决方案，成功地将海尔的电子商务平台扩展到客户和供货商在内的整个供应链管理，有效地提高了采购效率，大大降低了供应链的成本。

该系统是为订单采购设计的，其结果使采购成本降低，库存资金周转从30天降低到12天，呆滞物资降低73.8%，库存面积减少50%，节约资金7亿元，同比减少67%；整合了2 336家供货商，优化为840家，提高了国际化大集团组成的供货商的比例，达到71.3%。

4. 加强了整个供应链系统的竞争力

供应链系统分成3个大的网络——供应网络、制造网络、分销网络。供应网络是指供应链上游环节各个供应商企业结成的网络，为核心企业提供各种生产产品（提供服务）所需之物料，也可以称为流入物流；制造网络在这里狭义上指制造商生产环节结成的网络，而不是整个制造网络；分销网络则是指产成品从制造商分拨到各个地区配送中心，以及从地区配送中心再到最终用户的网络，也可以称为流出物流。相应地，可以认为与3个网络匹配存在有3种物流形态——供应物流、生产物流、分销物流。

一个企业的供应链系统是否具有竞争力，不仅要看这个企业自身的管理水平，而且要看它和整个供应链上合作伙伴运作的协调水平。具体到物流管理而言，就是对供应链上的3个主要物流过程的运作要有很高的管理水平，才能使供应链系统真正具有竞争力。

系统所开发的ERP和BBP（基于协同电子商务解决方案）具有典型的企业标准化的特征，开发的系统覆盖了集团原材料的集中采购、库存和立体仓库的管理、19个事业部的生产计划、事业部原料配送、成品下线的原料消耗倒冲及物流本部零部件采购公司的财务等业务，建立了海尔集团的内部标准供应链。

目前，海尔已实现了即时采购、即时配送和即时分拨物流的同步流程，100%的采购订单由网上下达，提高了劳动效率，以信息代替库存商品。

海尔的物流系统不仅实现了“零库存”“零距离”和“零营运资本”，而且整合了内部，协同了供货商，提高了企业效益和生产力，方便了使用者。

分销行业结构如图7-3所示。

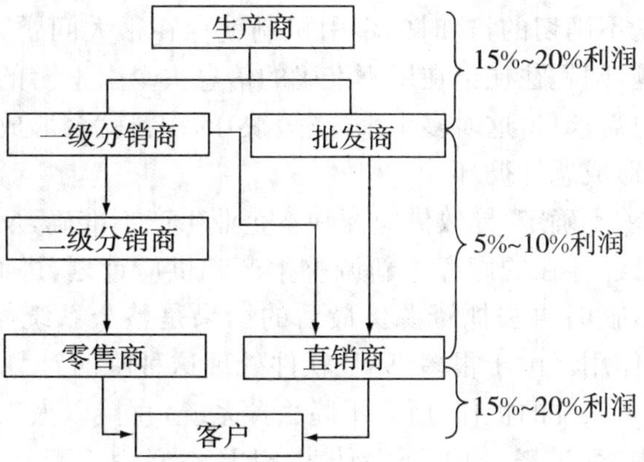

图7-3 分销行业结构

(四)海尔 ERP 成功实施的经验

1. 供应链整合的海尔物流为 ERP 成功运行打下了基础

海尔物流体系的建立，虽然大部分的工作是在海尔内部完成的，但它们并没有仅把眼光盯在单一企业流程上，因为它们认识到，影响产品竞争力的因素来自整个供应链而不是某一个企业。

能否实现按单生产的价值，关键在于能否对客户需求做出迅速的反应，而且这种反应并不仅指海尔一家企业，而是牵涉整个供应链能否对客户需求做出迅速的反应。在影响供应链系统的快速反应能力中，物流又是最关键的一个要素。因此，海尔的物流系统贯穿了整个供应链上的各个环节。通过实施按单生产、JIT(Just In Time)采购、JIT 送料和 JIT 配送等一系列措施，消除了物流死角和不稳定因素，为供应链中上游的制造商和原材料供应商提供稳定而可靠的需求订单，最大限度地减少了信息扭曲。这正是供应商、制造商和零售商采用供应链的最大利益所在。海尔人认识到了这一价值，并将其挖掘出来，形成了现实的利润。因此，海尔物流的整合不仅涉及集团内部各个部门、各个公司，而且涉及上游的供应商、下游的分销和零售商，使 ERP 系统的运行具备了良好的物理条件。

2. 紧扣 JIT 采购和 JIT 送料等关键环节

从海尔物流的经验看，由于抓住了 JIT 采购和 JIT 送料等关键环节，海尔不仅成功地实现了物流整合的预定目标，同时也解决了许多企业在实施 ERP 时所面临的难题——生产管理。由于 ERP 是“计划主导型”的管理模式，因而很多企业的 ERP 系统可以比较容易地解决生产计划、采购计划、分销计划等计划的制订问题，而对如何确保计划的落实则显得准备不足。于是出现了这样的现象——计划制订出来了，但是由于没有建立起强有力的生产管理，特别是生产过程中的物流管理机制，生产计划中所要求的各种物料不能准时采购和配送到位，从而拖延了产品按计划生产。拖延了的计划又影响到下一个生产周期的安排，如此使生产过程陷入了恶性循环的混乱状态。由于 ERP 制订出来的计划不能得到落实，失去了指挥企业资源最优利用的作用，因而使人感到 ERP 没有用。

3. 按单生产的好处

ERP 也强调“需求牵引”理念，但问题是这里的“需求”从何而来，它能否准确牵引上游的供应链。如果需求是不确切的，这时的牵引机制就存在很大问题。“需求牵引”这一先进管理模式本身没有问题，问题往往出在用不准确的信息去牵引上游的各级供应商，到了临近生产时才知道实际物料需求量，这时多出来(或短缺)的物料就会形成多余的库存(或缺货)，由此引发一系列问题，形成恶性循环。

不仅如此，由于需求不确定，导致供应商和本企业生产不准确，反过来会冲击原有计划，计划人员不得不根据已经存在的库存重新调整生产和供应计划，进而打乱已经安排好的计划，破坏物料供应平衡，临时再去抓资源。最后的结果是整个系统始终处于不断变更的状态，一切计划都失去了作用。由于很多 ERP 软件处理这种临时计划变更很麻烦，有些管理人员又不是很熟悉 ERP 软件的操作，所以干脆丢掉系统，直接以人工调度，不知不觉又回到了传统的管理模式上去，反过来，他们还会认为 ERP 不好用。于是，投资上千万元的 ERP 系统就被闲置起来了。

海尔的实践说明，由于整个供应链系统采用的是按单生产方式，同时又将供应物流和生产物流做好了(JIT 采购和 JIT 送料)，从而消除了生产的盲目性，使需求信息准确性提高，信息扭曲程度减少，因而生产计划可以得到落实。生产计划执行的准确性提高了，减少了反复调整的现象，反过来又保证了对供应物料需求的准确性，使整个系统进入一个良性循环状态。海尔物流系统供应链结构如图 7－4 所示。

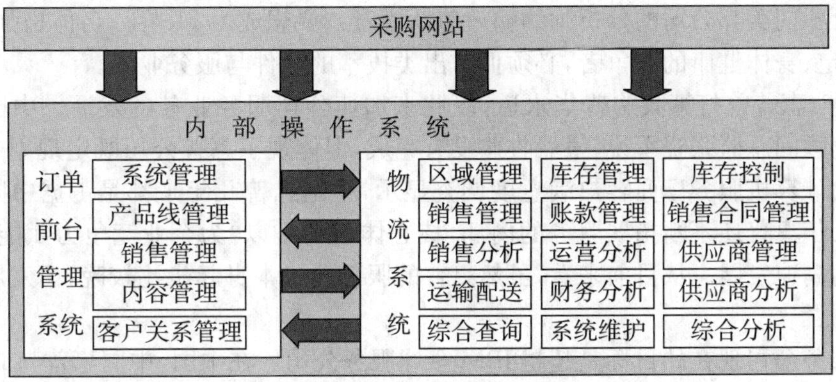

图 7－4　海尔物流系统供应链结构

4. 转变对 ERP 应用的认识

过去，人们常把 ERP 的实施看作一种项目型的管理活动。例如，一个企业要上 ERP 系统，就成立一个项目小组，指望一次投资长期见效，系统安装成功就算项目完成了。实际上，ERP 是企业日常工作的一个组成部分，在经过初期建设之后(就是人们常常理解的项目实施)，更多的事情是在日常生产和经营活动中保证 ERP 的顺利运转。否则，即使初期 ERP 软件成功运行，项目能够通过验收了，如果后期没有强有力的使用保障体系，昂贵的 ERP 系统仍然会被扔在一边无人问津。

海尔之所以能使 ERP系统发挥作用，就在于它们能够在日常生产和经营中不断学习和掌握应用 ERP 的知识和经验，就像企业要不断开发新产品进行市场开拓一样，在组织上有一整套保证体系(如物流推进本部、商流推进本部等)。通过不断地、持续地在 ERP 应用上投入大量的人力和物力，才能使 ERP系统起到应有的作用。如果只是停留在 ERP 系统在计算机上调通了、能正常运行了就认为 ERP 项目完成了的认识水平上，想让 ERP 系统真正发挥作用是不可能的。

思考：

1. ERP 是什么？以你的理解，ERP 对现代企业管理的作用主要体现在哪些方面？
2. 海尔 ERP 系统包括哪几个部分？分析这几个部分是如何高效协调运作的。
3. 本案例特别提到了供应链，供应链是什么？分析 ERP 和供应链之间的关系。

三、惠普是如何做服务的

服务部门不再是副业，已经有了战略意义上的优先权。可以说，服务部是中国惠普公司的增长发动机。

从沃尔玛开始成为美国《财富》500 强排行榜的榜首，到 IBM(国际商用机器公司)变为 IBS(国际商用服务公司)，这意味着服务行业的胜利。

在全球经济疲软的大环境下，当许多 IT 公司的硬件部门在价格战和国际贸易中挣扎，软件部门拼命从主机以外的市场获取市场份额的时候，正是服务部门带动了 IT 公司的增长。中国惠普公司也是这样，其服务部门已经成为公司业务最重要的部分。

（一）“我们该如何为你服务？”

美国所罗门美邦公司的分析师约翰·琼斯说过：“要想成为 IT 界一名体格强健、耐力持久、发展稳定、身体健康的竞争者，必须拥有出类拔萃的软件与服务业务。”

2000 年，惠普曾打算收购普华永道，以此来加速公司服务业务的发展。中国惠普咨询事业部行业顾问总监张晓军说，虽然收购没有完成，但体现了惠普公司既定规划中的服务战略。国内的计算机服务厂商客户满意度调查显示，中国惠普几年来都是占据中国市场的第一位。近几年惠普还不断拓展服务的内涵，核心体现就是以“为企业竞争力赋能”为已任的惠普咨询的高速发展。从目前来看，虽然惠普的服务业务本身起步比较晚，但发展速度相对较快。

惠普服务公司现在的目标是超越 IBM 全球服务公司。在中国，中国惠普与 IBM 全球服务公司在营业额方面已经非常接近。

据张晓军介绍，中国惠普从事服务业务的人员已经占到总人数的一半以上，近两年，惠普服务部门的业务仍然以两位数在增长。

任何企业在发展过程中，都会需要惠普的服务。惠普的服务由五大部分组成：为企业提供 IT 及业务的管理；为企业的系统和设备提供安全、稳定的支持服务，惠普有供应链、CRM 等多种解决方案；帮助企业扩展服务，惠普有 2 000 多套商业关系管理方案可以帮助企业解决扩展的问题；提供开放环境及多平台的支持，惠普能提供企业全球的移动办公解决方案等；提供下一代的技术服务，不仅立足现在，还兼顾未来，如惠普已经帮助一些银行提供 SAN 解决方案等。

具体而言，惠普咨询可以帮助企业改造自己的业务，在新经济中茁壮成长并取得胜利。通过惠普的知识、专业经验及在各方面的创新，惠普将能够指导客户获得更多的业务收入、提高效率和增加利润。通过惠普提供的服务，企业可以在缩短创收时间、加速生产力方面以更有效的因特网解决方案，以更快和更节约成本的方式获取全球的资源、坚实稳定的基础结构等。

在惠普整个咨询服务中，帮助客户通过战略性的业务创新实施，降低运营成本，提升竞争力是一项重要的效果指标。以金融行业为例，张晓军根据自己的顾问经历，认为整个金融行业在我国加入 WTO 后面临更激烈的挑战，竞争形式之一是网上金融服务。惠普咨询帮助很多金融客户实施网上交易，这样金融部门不用再在全国范围内设立网点，不用再增加人员就可以实现全国范围内的全天候 24 小时服务。如果仔细算下来，这种咨询实施服务为金融部门节省的成本及带来的战略效应是相当惊人的。

（二）与众不同的服务

张晓军特别提到，惠普的服务与其他公司的服务相比有所深入，就是大家普遍认为的服务经济，惠普称为体验经济。体验本身可能比服务所包含的内容更加广泛。体验经济实际上就是体现出服务本身的内涵，即全力为客户服务，成为客户的合作伙伴，在这个过程中就是一种体验，是一种全方位的体验。

随着企业对创造财富方式的再认识和所谓“体验经济”的提出，企业的业态开始从产品制造向“生产—服务混合体”发展。面向客户的大规模定制将成为人类社会制造业发展的主要趋势，大规模定制系统需要 3 个关键能力，即客户差异化需求的采集、生产流程的柔性及物流的支持。

惠普咨询正是在审视了企业客户发展脉络后，提出了基于“扩展制造”的“价值协同网”(VCN)思想。扩展制造指的是制造者与他们的供应和需求协作伙伴及所有相关的企业所共同形成的新联盟，为差异化客户需求提供价值增加的服务。而价值协同网指的是这些公司构成的动态虚拟网络，彼此互相协同，共担风险，所有企业竭尽所能以客户为核心创造总体价值最大化。

VCN 既是企业的经营策略和应用系统的架构远景，也是信息化的实施过程，又是惠普在制造业领域提供咨询服务的总体方法论。作为全世界较大的高科技制造企业之一，惠普全面实践了 VCN。例如，在供应链优化方面，惠普的自动连续补货体系、定制延迟、协同生产计划等实际应用久负盛名；在供应商集成方面，惠普建立了称为 KeyChain 的电子采购系统；在产品生命周期管理方面，建立了协同产品商务(CPC)系统，实现了主要产品的研发协同和制造工艺协同。以惠普打印机为例，惠普将北美、欧洲和亚洲的数十个研发中心、设计公司、合约生产商及业务大区集中起来，产品应市周期缩短了一半，工艺变更成本节约了一半，过去从美国产生一份新产品的物料清单到墨西哥投产需要 3 天时间，现在通过系统对接可以即时完成。

从发展维度上看，VCN 的构造由 3 个阶段组成。

企业集成：本阶段企业信息化的主要驱动力是降低内部成本，目标是建立企业内部应用和集成环境，从而降低经营成本，提高产品质量，加快产品应市速度。

业务伙伴集成：本阶段企业信息化的主要驱动力是获得超过平均水平的利润，目标是与“第一梯队”业务伙伴的运作协同。

企业价值协同网：企业在本阶段的驱动力在于取得一加一大于二的所谓协同(Synergy)优势。惠普以客户为中心的创新服务方法意味着惠普将以主人翁的态度与客户共同对最终的结果负责，就如同惠普是客户的一部分。对于惠普所从事的每一项工作，惠普都将为客户体现出惠普的传统和价值。

有一个曾被惠普服务过的金融客户表示，惠普的项目实施很成功，下次有机会还希望继续合作，并且还要和上次的实施顾问合作，因为他们之间已经建立了比较好的信任关系。惠普的项目顾问十分了解客户的情况，能够知道问题出在哪里，能够提供针对性的解决方案，并能帮助客户一起实施。

(三)惠普咨询方法论

惠普的咨询方法论是基于 4 个领域的，这 4 个领域受惠普咨询核心项目管理原则 FocusPM 的支撑，每个领域都有严格的方法和活动来支持全部项目的必然成功。这 4 个领域是探索与创新、设计与计划、建设与实施、运作与支持。

(四)IT 服务与管理服务会不会融合

张晓军认为，IT 公司的咨询服务最早叫作专业服务，那时更多的是基于自己产品的服务。随着 IT 技术越来越先进，客户需求也越来越复杂，而只有提供这些产品的公司最熟悉自己的产品,因而就产生了相应的专门服务机构。IT咨询服务从专业服务开始,逐步演变为满足客户的切实的业务战略需要,如何整合IT解决方案予以支持,如何发挥信息系统的作用,使之有效地推动和支持企业的发展。

当然,从长远看,这两种咨询服务的业务界线会有重合,但是张晓军不认为会有哪家公司的咨询服务业务能满足所有的客户需求。IT咨询和管理咨询还会各有各的侧重点,会有融合,并会共同发展。IT咨询必须有真正的业务驱动,必须有管理思路,不然不能保证IT咨询能够成功,这是一种业务驱动的IT咨询;管理咨询没有IT技术做支持,也不能帮助客户实施战略,因此应当是一种IT支撑的管理咨询。

有人说,今后IT咨询会取代管理咨询,这种说法是片面的。当然,双方的界线不会像以前那样清楚,会有一部分重合。例如,IT咨询会做一些管理咨询,就是传统管理咨询所做的事情。对于管理咨询来讲,它也会覆盖一些传统的IT咨询所做的事情。

思考:

1. 惠普的服务体现了怎样的供应链管理思想?
2. 如何理解"服务即营销,服务即供应"的说法?

小结

物流配送和订单管理是电子商务,特别是B2B电子商务模式管理中的难点所在。电子商务的兴起所带来的变革力量波及社会的方方面面,物流业也不可避免地受到影响,而物流体系的完善将会进一步推动电子商务的发展。在电子商务环境下,订单处理的速度在很大程度上影响客户的满意度,也影响后续作业的进度情况,从而使订单处理成为电子商务企业运营中相当重要的一环。订单处理的效率已经成为吸引网上客户回头的主要因素,高效实施订单履行流程是提升企业竞争力的有效手段。

电子商务物流就是在电子商务环境下,依靠计算机技术、互联网技术和信息技术等所进行的物流活动。电子商务物流的目标是通过现代科学技术的运用,实现物流的高效化和低成本化,促进物流产业及电子商务和国民经济的发展。电子商务物流的本质是实现物流的信息化和现代化。电子商务物流具有的特点有信息化、自动化、网络化、智能化、柔性化和集成化。

目前,电子商务物流发展方兴未艾,各种物流企业层出不穷,物流模式也各不相同,大致有这样几种主要的物流管理模式:电子商务企业自营物流模式、物流企业联盟模式、第三方物流模式、第四方物流和新型物流模式。随着各种信息技术在物流中的应用,新型的物流配送中心随之发展起来,通过条码技术、射频技术、全球定位技术及地理信息系统等现代化物流技术,实现了物流的智能化和柔性化。

电子商务时代的来临给传统的物流业带来了机遇和挑战,为了适应这种时代环境,现代物流必将不断变革,发展成能实现多种功能、提供一流服务、系统信息化、发展全球化的产业。

复习思考题

1. 物流管理的目标有哪些?
2. 电子商务下的物流有哪些特点?
3. 简述电子商务和物流的关系。
4. 简述电子商务与供应链之间的关系。
5. 简述电子商务供应链管理的好处。

实践题

1. 结合所学知识,谈谈电子商务环境下的供应链管理应该如何进行创新。

2. 结合以上案例或是自己熟悉的企业案例,谈谈企业如何从传统的供应链管理向电子商务供应链管理进行过渡。(提示:电子商务供应链管理与传统供应链管理的比较分析)

项目八

了解新兴电子商务

项目导读

随着通信技术特别是移动互联网技术的发展，电子商务发展日新月异，随之出现了各种新电子商务交易模式。本项目将着重介绍近年来出现并被广泛应用的跨境、移动、社群、新零售等电子商务模式的概念、发展现状与趋势、交易方法及运营模式等。

项目任务及要求

任务编号	任务名称	要　求	相关知识
任务一	认识跨境电子商务	1. 理解跨境电商的定义、分类、模式； 2. 认识常用的跨境电子商务平台； 3. 了解常见的跨境物流方式	1. 跨境电商的概念与模式； 2. 跨境电商交易流程； 3. 跨境电子商务的合同订立
任务二	认识移动电子商务	1. 掌握移动电商的概念； 2. 认识移动电子商务的模式； 3. 了解移动营销	1. 移动电商； 2. 移动营销； 3. 移动电商发展趋势
任务三	认识社群电商与共享经济	1. 认识社群电商； 2. 认识网红经济； 3. 了解共享经济模式	1. 社群电商及其运营； 2. 网红经济发展推动因素和发展前景； 3. 共享经济的概念及作用
任务四	认识新零售	1. 理解新零售的概念； 2. 了解新零售产生的背景、发展趋势； 3. 了解新零售的特点； 4. 理解新零售的运营模式	1. 新零售的概念及特点； 2. 新零售的运营模式
任务五	案例分析	了解几种新兴电子商务模式	1. 速卖通的发展历程、产品与服务、创新及特色； 2. 星巴克咖啡的“社交媒体＋O2O”的运营思路及创新； 3. 共享单车发展历程及现状，关键技术、盈利模式及监管要求； 4. 抖音的发展历史、产品与服务及其特色与创新

任务一　认识跨境电子商务

案例点击 *8－1*

SHEIN是一家跨境B2C快时尚电商平台，目前已成长为中国出海独立站标杆。公司以婚纱业务起家，2012年创立独立网站SHEINSIDE.COM，2015年SHEINSIDE更名为SHEIN。经过多年发展，公司销售品类从女装逐步扩张至童装、男装、美妆、饰品、家居等，业务覆盖全球超200个国家和地区。2021年以来SHEIN已成为中国出海独立站标杆，连续多年入选BrandZ™中国全球化品牌。2022年，SHEIN销售额增长了46%，GMV（即电商平台或在线购物网站上的交易总额）接近300亿美元，首次超过ZARA单品牌全年销售额，实现利润7亿美元，SHEIN预计在2025年营收翻一番，达到585亿美元，其GMV也将在2025年达到806亿美元。这个体量，将超过其两大竞争对手，H&M和ZARA的年销售额总和。

公司依托极致性价比、高频上新节奏和流行趋势实时洞察，不断增强消费者黏性。

（1）产品定价具有较强竞争优势。根据中信证券数据，SHEIN各产品线最低售价保持在2～3美元，为同行业中价格下限最低；价格上限则处于行业中游水平。

（2）上新速度快、品类多样，能更好满足消费者多样化、实时性需求。根据"SHEIN招商"微信公众号数据，SHEIN每日在售可供选择商品60万件，每日上新产品6 000件。

（3）利用大数据追踪系统和Google Trends Finder2抓取最新流行趋势，快速抢占消费者心智。Marketplace Pulse数据显示，2022年5月3日，SHEIN首次登上iPhone App Store美国地区所有类别App下载排行榜榜首，超过了TikTok、Instagram和Twitter，并远远领先于亚马逊。

思考：

什么是跨境电商？它和传统的国际贸易又有什么区别呢？

一、理解跨境电商的定义

习近平时间—外国朋友"淘金"中国跨境电商

跨境电商是分属不同关境的交易主体，通过电子商务平台达成交易，进行支付结算，并通过跨境物流送达商品的一种国际商业活动。跨境电商的定义可以从广义和狭义上来理解。

从狭义上看，跨境电商实际上基本等同于跨境零售。跨境零售指的是分属于不同关境的交易主体，借助计算机网络达成交易，进行支付结算，并采用快件、小包等行邮的方式通过跨境物流将商品送达消费者手中的交易过程。跨境电商在国际上流行的说法叫Cross-border E-Commerce，其实指的都是跨境零售。通常，跨境电商从海关来说等同于在网上进行的小包买卖，基本上针对消费者。从严格意义上说，随着跨境电商的发展，跨境零售消费者中也会含有一部分碎片化小额买卖的B类商家用户。但现实中这类小B商家和C类个人消费者很难区分，也很难界定小B商家和C类个人消费者之间的严格界限。从总体来看，这部分针对小B的销售也归属于跨境零售部分。

从广义上看，跨境电商基本等同于外贸电子商务，是指分属不同关境的交易主体，通过电子商务的手段将传统进出口贸易中的展示、洽谈和成交环节电子化，并通过跨境物流送达商品，完成交易的一种国际商业活动。在国际贸易环节中只要涉及电子商务应用，都可以纳入这个统计范畴内。

广义的跨境电商，主要指跨境电商中的商品交易部分（不含跨境电商服务部分），不仅包含跨境电商交易中的跨境零售，还包括跨境电商 B2B 部分；不仅包括跨境电商 B2B 中通过跨境交易平台实现线上成交的部分，还包括跨境电商 B2B 中通过互联网渠道线上进行交易撮合，线下实现成交的部分。

跨境电商同传统外贸流通环节的比较如图 8－1 所示。

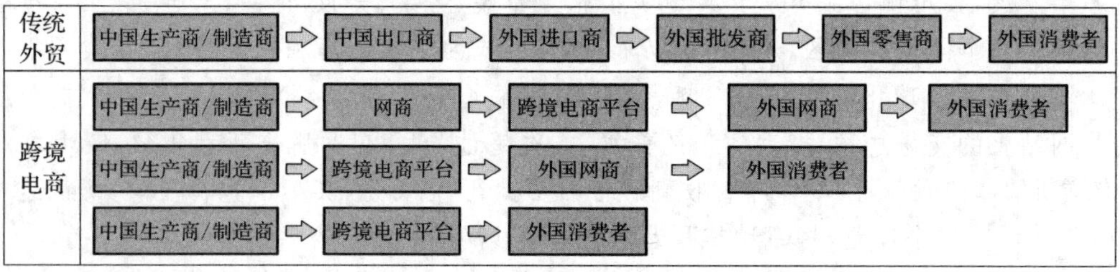

图 8－1　跨境电商同传统外贸流通环节的比较

二、了解跨境电子商务的分类及典型模式

据商务部 2023 年 6 月 30 日披露，我国共设立有 165 个跨境电商综试区，覆盖全国 31 个省区市，跨境电商货物进出口规模占外贸比重由 5 年前的不足 1%上升到目前的 5%左右，我国跨境电商主体已超 10 万家，建设独立站超 20 万个，综试区内跨境电商产业园约 690 个，建成 1 500 多个跨境电商海外仓，这些数字还在持续增长，我国跨境电商行业发展蓬勃。跨境电商企业根据不同的维度有多种分类，如图 8－2 所示。

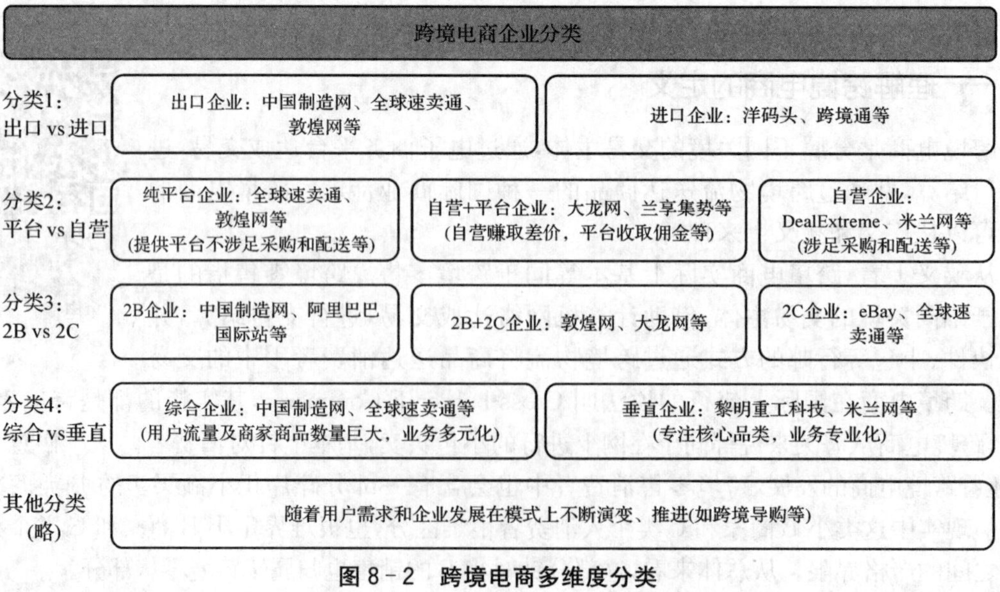

图 8－2　跨境电商多维度分类

（一）按市场流动方向，可分为进口跨境电商和出口跨境电商

进口跨境电商起源于早期的海外个人代购和海淘，目前已形成以天猫国际为代表的“海外直供”、网易考拉和小红书为代表的“海外优选”、洋码头为代表的“全球买手”、京东全球购为代表的“线上线下融合”等具有代表性的四大创新模式。

出口跨境电商主要有两种模式：一般出口模式（9610 出口）和保税出口模式（1210 出口）。前者又称“集货模式”，采用“清单核放、汇总申报”的方式，电商出口商品以邮件、快件方式分批运送，海关凭清单核放出境，定期把已核放清单数据汇总形成出口报关单，电商企业或平台凭此办理结汇、退税手续。后者又称“备货模式”，商家将商品批量备货至海关监管下的保税仓库，消费者下单后，电商企业根据订单为每件商品办理海关通关手续，在保税仓库完成贴面单和打包操作，经海关查验放行后，由电商企业委托物流公司配送至消费者手中。

（二）按经营主体，可分为第三方平台、自营平台和代运营服务商

第三方平台通过线上搭建商城并整合物流、支付等服务资源，吸引卖家入驻，平台以收取佣金和增值服务费为主要盈利手段。代表性企业有全球速卖通、敦煌网、环球资源网、阿里巴巴国际站等。自营平台代表性企业有兰亭集势、米兰网、大龙网、网易考拉、京东全球购、聚美优品、小红书等。代运营服务商，服务提供商不参与任何交易过程，只为从事跨境电商的中小企业提供不同的服务模块，如市场研究模块、营销商务平台建设模块、海外营销解决方案模块等。代表性企业有四海商舟（BizArk）、锐意企创（Enterprising & Creative）等。

（三）按服务类型，可分为信息服务平台和在线交易平台

信息服务平台主要为境内外会员商户提供网络营销平台，传递供应商或采购商等商家的商品或服务信息，促成双方完成交易。代表性企业有阿里巴巴国际站、环球资源网、中国制造网等。

在线交易平台不仅提供企业、商品、服务等多方面信息展示，还可以通过平台线上完成搜索、咨询、对比、下单、支付、物流、评价等全购物链环节。在线交易平台模式正逐渐成为跨境电商中的主流模式。代表性企业有敦煌网、全球速卖通、大龙网等。

（四）按交易类型，可分为 B2B、B2C 和 C2C

B2B 的代表性企业有敦煌网、中国制造网、阿里巴巴国际站、环球资源网等；B2C 的代表性企业有全球速卖通、亚马逊、兰亭集势、米兰网、大龙网等；C2C 的代表性企业有速卖通、eBay 等。

（五）按物品品类项目，可分为垂直型和综合型

垂直型跨境电商主要针对特定的领域、特定的需求，提供全部信息与服务；综合型跨境电商与垂直型跨境电商正相反，展示的商品种类很多、很杂，涉及很多行业。

三、认识跨境电子商务的发展趋势

（一）产品品类和销售市场更加多元化

随着跨境电商的发展，跨境电商交易呈现新的特征：交易产品向多品类延伸，交易对象向多区域拓展。

从销售产品品类看，跨境电商企业销售的产品品类从服装服饰、3C 电子、计算机及配件、家居园艺、珠宝、汽车配件、食品药品等便捷运输产品向家居、汽车等大型产品扩展。不

断扩展销售品类成为跨境电商企业业务扩张的重要手段。品类的不断拓展,不但使得中国产品同全球消费者的日常生活联系得更加紧密,而且有助于跨境电商企业抓住最具消费力的全球跨境网购群体。

从销售目标市场看,以美国、英国、德国、澳大利亚为代表的成熟市场,由于具有跨境网购观念普及、消费习惯成熟、整体商业文明规范程度较高、物流配套设施完善等优势,在未来仍是跨境电商零售出口产业的主要目标市场,且将持续保持快速增长。与此同时,不断崛起的新兴市场正成为跨境电商零售出口产业的新动力。

俄罗斯、巴西、印度等国家的本土电子商务企业并不发达,消费需求旺盛,我国制造的产品物美价廉,在这些国家的市场上优势巨大。

大量企业也在拓展东南亚市场。例如,印尼是东南亚人口最多的国家,全球人口排名位居第四,印尼拥有庞大的消费市场,年轻的互联网用户群体以及不断提高的智能手机和互联网普及率,为其电商快速发展提供了坚实基础。2024 年年初,印尼的互联网用户规模达2.15 亿人,其中年轻群体占比近 70%,整体互联网渗透率为 79.5%。印尼电商市场规模在东南亚地区占比超过一半,是东南亚规模最大的电商市场。目前,amazon、Alibaba、Shopee、Lazada、Zalora、TikTok(TikTok Shop)等电子商务平台巨头都进入印尼市场。

在中东欧、拉丁美洲、中东和非洲等地区,电子商务的渗透率依然较低,有望在未来获得较大突破。

(二)B2C 占比提升,B2B 和 B2C 协同发展

随着物流、金融、互联网等国际贸易基础设施的改善和新技术的出现,国际贸易的形态也在不断演化。产品从工厂到消费者的通路越来越多元化,跨境电商 B2C 这种业务模式逐渐受到企业重视,近两年出现了爆发式增长。究其原因,主要是因为跨境电商 B2C 具有一些明显的优势。

(1) 利润空间大。相较于传统跨境模式,B2C 模式可以跳过传统贸易的所有中间环节,打造从工厂到产品的最短路径,从而赚取高额利润。

(2) 有利于树立品牌形象。国内不再满足做代工的工贸型企业和中国品牌,利用跨境电商试水“走出去”战略,熟悉和适应海外市场,将中国制造、中国设计的产品带向全球,开辟新的战线。

(3) 有利于更好地把握市场需求。直接面对终端消费者,有利于更好地把握市场需求,为客户提供个性化的定制服务。

(4) 市场广阔。同传统产品和市场单一的大额贸易相比,小额的 B2C 贸易更为灵活,产品销售不受地域限制,可以面向全球 200 多个国家和地区,能有效地降低单一市场竞争压力,市场空间巨大。

随着物流、互联网技术的发展及利好政策的陆续出台,阻碍跨境电商 B2C 发展的一些因素正在消减,B2C 在整体市场中的份额占比将进一步提升。但 B2B 作为全球贸易的主流,未来仍然会是中国企业开拓海外市场的最重要模式,B2B 和 B2C 将会协同发展。

跨境 B2C 的发展对中国制造出口企业来说无疑为扩展新业务提供了新的可能性。B2B 作为全球贸易的主流,在可以预见的未来仍然会是中国企业开拓海外市场的最重要模式;B2C 作为拉近同消费者距离的有效手段,对我国企业打响品牌,实现弯道超车,也将具有非常重要的地位。B2B 和 B2C 作为两种既区别又联系的业务模式,互补远远大于竞争,两者都能成为开拓海外市场的利器。

（三）移动端成为跨境电商发展的重要推动力

移动技术的进步使线上和线下商务之间的界限逐渐模糊，以互联、无缝、多屏为核心的全渠道购物方式将快速发展。

从 B2C 方面看，移动购物使消费者能够随时、随地、随心购物，极大地拉动了市场需求，增加了跨境零售出口电子商务企业的机会。

从 B2B 方面看，全球贸易小额、碎片化发展的趋势明显，移动可以让跨国交易无缝完成。卖家可随时随地做生意，白天卖家可以在仓库或工厂用手机上传产品图片，实现立时销售，晚上卖家可以回复询盘、接收订单。以移动端作媒介，买卖双方沟通变得非常便捷。

移动跨境电商的发展情况跟各国的互联网发展情况相关。对于美国之类的发达市场，互联网发展进程完备，跨境电商从 PC 到移动端的发展有很大的存量空间；在一些新兴市场，整个电子商务的发展水平可能是中国几年前的水平，如俄罗斯、东南亚和非洲，大量用户不需要进入 PC 端跨境电商市场，可直接进入移动跨境电商市场。这是未来移动跨境电商发展的巨大的增量空间。

（四）产业生态更为完善，各环节协同发展

跨境电商涵盖实物流、信息流、资金流、单证流。随着跨境电商经济的不断发展，软件公司、代运营公司、在线支付、物流公司等配套企业都开始围绕跨境电商企业进行集聚，服务内容涵盖网店装修、图片翻译描述、网站运营、营销、物流、退换货、金融服务、质检、保险等内容，整个行业生态体系越来越健全，分工更清晰，并逐渐呈现出生态化的特征。目前，我国跨境电商服务业已经初具规模，有力地推动了跨境电商行业的快速发展。

从物流方面看，为适应跨境电商的需求，兼顾成本、速度、安全，甚至包含更多售后内容的物流服务产品应运而生，大量提供一体化服务的物流整合商也开始出现。例如，以海外仓储为核心的跨境电商全程物流服务商已经出现。强化对物流和供应链的整合，在海外建立物流仓储，通常小额跨境物流配送需要 15～30 天的时间，而通过对不同卖家需求的不同货运方式组合，这一配送时间已经大大缩短。此外，海外仓储建设的逐步完善将提升卖家在国际贸易中的竞争地位。

从金融服务看，国家外汇管理局向国内 30 家第三方支付机构授予了跨境电商外汇支付业务试点牌照，使得支付结算方式更加多元化，推动了外贸电子商务发展。针对交易过程，跨境电商平台 eBay 同太平洋保险、中银保险针对平台卖家推出了跨境交易保险产品；从互联网金融方面看，一些金融机构，如中国银行、平安金科等向跨境电商企业提供无抵押的信用贷款，解决了中小企业融资难的问题。

除此之外，代运营服务、营销服务等公司也大量涌现，整个行业的产业系统更为完善，配套服务设施更为健全。跨境电商的发展不仅仅需要一个电子商务平台，它的上游还需要信息技术的引领，下游需要快递物流的支撑，只有信息流、资金流、物流三位一体地支撑到位，跨境电商才能颠覆传统商业模式，实现迅速增长。

四、了解几种常用的跨境电子商务平台

目前，我国跨境电子商务平台企业有 5 000 多家，在众多跨境电子商务平台中，速卖通、亚马逊、eBay 和敦煌网这 4 家跨境电子商务平台的市场份额占到了 80%，其他市场份额和

知名度较高的平台还有兰亭集势、环球资源和中国制造网等。其中，速卖通主营 B2B 和 B2C 业务，敦煌网、环球资源和中国制造网主营 B2B 业务，而兰亭集势主营 B2C 业务。下面对这些典型的跨境电子商务平台进行介绍。

（一）速卖通

速卖通的全称为全球速卖通（AliExpress），是阿里巴巴旗下面向全球市场打造的在线交易平台，可以简单地理解为国际版“淘宝”，主要针对国外中小企业。在速卖通平台上，商家可以将商品信息编辑为在线信息发布到海外，消费者查看并购买商品后，平台通过国际快递进行货物运输，完成交易。速卖通于 2010 年 4 月正式上线，截至 2024 年 3 月，用户数为 887.1 万人，是全球第三大英文在线购物网站。虽然在美国等成熟市场中，速卖通无论是品牌形象还是流量，都无法和亚马逊、eBay 平台相抗衡，但是在俄罗斯、巴西、以色列、西班牙、乌克兰和加拿大等新兴市场中，速卖通是非常重要和受欢迎的购物平台。

和其他竞争者相比，速卖通的优势包括较低的交易手续费、丰富的商品资源，以及使商家可以方便地将商品一键卖向全球的淘代销功能。速卖通还专门为商家提供了一站式商品翻译、上架、支付和物流等服务。另外，全球知名度和联盟站点，以及 Google 线上推广等为速卖通引入了更多优质的流量。

值得一提的是，对于没有进行过培训的跨境电子商务新商家而言，速卖通的一个优势在于其简单、易上手，后台界面是全中文，与客服的沟通也没有语言和文化上的差异。同时，商家还可以通过阿里巴巴提供的在线社区和线下的跨境电子商务培训课程，掌握后台操作的技巧并了解平台最新的政策。

（二）亚马逊

亚马逊是美国最大的一家网络电子商务公司，位于华盛顿州的西雅图，是互联网上最早开始经营电子商务的公司之一。亚马逊成立于 1995 年，一开始只经营网络书籍销售业务，目前已涉及其他许多类目的商品。

亚马逊平台非常适合中国的工厂或在供应链方面有优势的品牌商，是一个非常优质的 B2C 平台，消费者主要为发达国家的中产阶层，对价格不敏感，因此产品利润率有保证。如果商家有给外国知名品牌代工的经验，并已建立商品品质把控标准，亚马逊绝对是不可错过的销售平台，对于自有品牌和专利，商家还可以在平台上进行商标备案，防止被其他商家跟卖和侵权。不过在亚马逊开店是有一定门槛的，不但开店手续复杂，而且上手相对困难，如果商家不小心触犯了它的规则，轻则会被警告，重则直接被封店。尤其是从 2016 年下半年开始，亚马逊对中国商家的审核力度在不断加强，没有进行过跨境电子商务培训的新商家，不管是在该平台上注册还是运营，都会遇到比以往更大的阻力。

（三）eBay

eBay（易贝）是全美最大的在线商品交易平台，与亚马逊一样，eBay 在中国也有独立的网站，致力于为中国商家开辟海外网络直销渠道。目前，eBay 在全球数十个国家和地区都拥有本地站点，全球活跃消费者总数超过 1.5 亿，其核心市场是美洲和欧洲地区。eBay 最初是一个拍卖网站，其创办的初衷是让美国人把家中的闲置物品放到网络上进行买卖。这种拍卖模式很容易吸引流量，同时每一个商家都可以将商品价格设置为最低 0.01 美分的底价，再让消费者竞相加价。由于创办时间早，国际知名度高，所以 eBay 上的商家非常多，商品也是琳琅满目。

eBay 对入驻平台进行跨境电子商务交易的商家收取两笔费用：一笔是刊登费用，即商品上传展示费用；另一笔是成交费，即交易完成后，收取一定比例的佣金。在物流方面，eBay 联合第三方合作伙伴——中国邮政速递，为中国消费者提供经济、便捷的国际 e 邮宝货运服务，并逐渐向俄罗斯、巴西等新兴市场延伸。

（四）敦煌网

敦煌网成立于 2004 年，是中国首个为中小企业提供 B2B 电子商务交易的网站，致力于帮助中国中小企业通过跨境电子商务平台走向全球市场，开辟更加安全、便捷和高效的国际贸易通道。在敦煌网上进行注册、开店、发布商品都是免费的；而消费者购买时需要支付一定数量的佣金。

敦煌网的优势在于较早推出增值金融服务，根据自身交易平台的数据为商家提供无须实物抵押、无须第三方担保的网络融资服务。另外，敦煌网在行业内率先推出 App 移动端应用，不但解决了跨境沟通和时差问题，而且打通了订单交易的整个购物流程。

（五）兰亭集势

兰亭集势成立于 2007 年，在海外消费者中有一定知名度，以销售国内的婚纱、家装和 3C 产品为主。这些产品的毛利相对来说比较低，虽然业务量多，但盈利较少。其盈利主要靠制造成本的低廉与价格差。兰亭集势是跨境 B2C 电子商务平台，其基本商业模型：使用 Google 推广，使用 PayPal 支付，使用 UPS 和 DHL 发货。兰亭集势通过自有电子商务平台和 eBay、亚马逊等海外电子商务平台将中国商品卖到海外市场，主要是北美和欧洲市场。

（六）环球资源

环球资源成立于 1970 年，于 2000 年在美国纳斯达克股票市场公开上市，是外贸行业知名度比较高的 B2B 网站。环球资源致力于促进大中华地区的对外贸易，公司的核心业务是通过英文网站、电子杂志、采购资讯报告、贸易展览会（Trade Show）等形式促进亚洲各国的出口贸易。

环球资源在国内网络不甚发达的年代，以在国外做贸易杂志起家，为“中国制造”提供了更为直接、有效的推广方式，也为自己在国外积累了一定的口碑和知名度。由于长期经营贸易杂志，其自身定位等接近欧美消费者的习惯和喜好。

（七）中国制造网

中国制造网创建于 1998 年，是焦点科技股份有限公司旗下综合性第三方 B2B 电子商务服务平台。中国制造网致力于为国内中小企业构建交流渠道，帮助供应商和采购商建立联系、挖掘国内市场商业机会。中国制造网内贸站为买卖双方提供信息管理、展示、搜索、对比和询价等全流程服务，同时提供第三方认证、广告推广等高级服务，帮助供应商在互联网上展示企业形象和产品信息，帮助采购商精准、快速地找到诚信供应商。

五、了解跨境电子商务的操作流程

跨境电子商务的操作流程如图 8－3 所示。

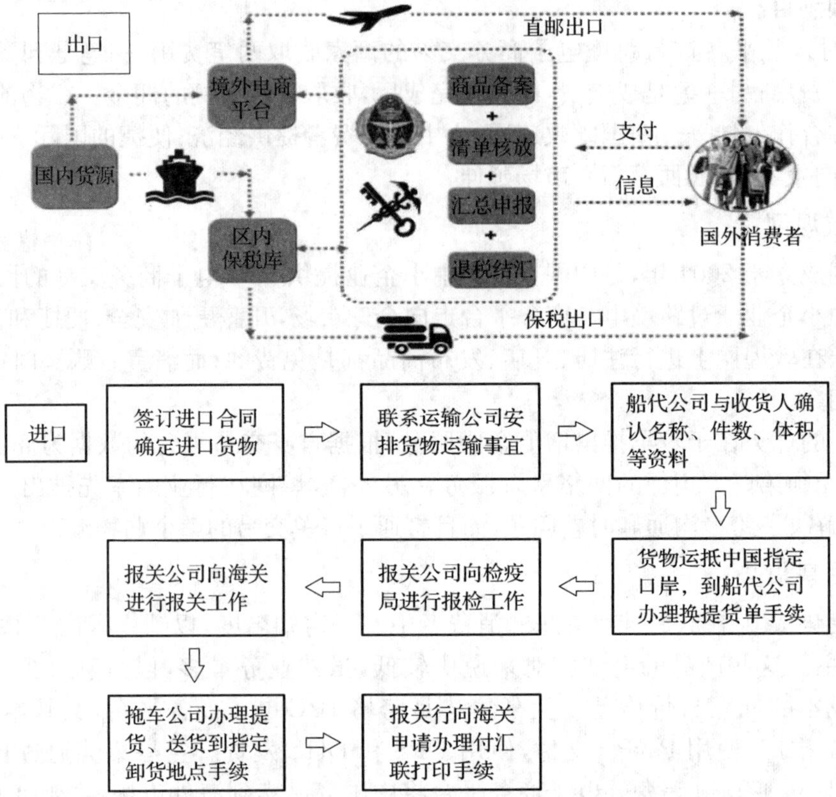

图 8－3　跨境电子商务的操作流程

跨境电子商务虽然是不同关境主体之间的买卖交易，但作为电子商务的一部分，它同样具有电子商务的属性，首先消费者通过跨境电子商务平台浏览商品，然后进行价格等信息的交谈，最后涉及物流运输和支付等环节。整个流程与国内电子商务具有相似性，只是跨境电子商务的交易将涉及更多环节，如海关、税收和跨境物流等。

跨境电子商务出口的流程为：生产商或制造商将商品在跨境电子商务企业的平台上上线展示，在商品被选购下单并完成支付后，跨境电子商务企业将商品交付给物流企业进行投递，商品在经过两次（出口国和进口国）海关通关商检后，最终被送达消费者或企业手中。也有的跨境电子商务企业直接与第三方综合服务平台合作，让第三方综合服务平台代办物流、通关商检等一系列手续，从而更便捷地完成整个跨境电子商务交易的过程。跨境电子商务进口的流程除了与出口流程的方向相反外，其他环节基本相同。

六、掌握跨境电子商务交易磋商的途径

无可避免地，跨境电子商务也会涉及商家和消费者的沟通、商谈，以便对产品质量、产品价格、运输方式和付款方式等进行确认。目前，跨境电子商务交易磋商的途径有以下 3 种。

（一）电子邮件

电子邮件是一种用电子手段提供信息交换的通信方式，是互联网中应用较广的服务。目前，在跨境电子商务中，电子邮件被广泛应用于业务联系，它的特点是不受地域和时间的

限制，通信成本低，且易于操作，可随时进行邮件收发，并能下载图片、链接和各类格式的文件（如 PDF）等。

（二）通信软件 Skype

Skype 是最受欢迎的网络电话之一，支持 PC 端和 Android 手机端，是目前跨境电子商务行业主流的即时通信软件，具备的功能包括视频聊天、多人语音会议、多人聊天、传送文件和文字聊天等。利用 Skype 可以与其他用户进行高清语音对话，也可以拨打国内、国际电话，并且实现呼叫转移、短信发送等功能。

（三）电子传真

随着通信技术的迅速发展，电子传真逐渐取代传真机成为新一代的通信工具。电子传真是基于 PSTN（Public Switched Telephone Network，公共交换电话网络）和互联网的传真存储转发，也称网络传真。它整合了电话网、智能网和互联网技术，通过互联网将文件传送到传真服务器上，由服务器转换成传真机能接收的通用图形格式后，再通过 PSTN 发送到全球各地的普通传真机上。

七、掌握跨境电子商务的合同订立

沟通商谈后，买卖双方确认交易并签订买卖合同即表明交易成立。国际贸易合同明确规定了交易双方的权利和义务，对交易双方具有相同的法律约束力，是处理贸易纠纷的依据。

在跨境电子商务中，合同须经当事人数字签名及第三方权威认证机构的认证。现阶段，跨境电子商务的合同订立分为电邮合同和传统的书面合同。

（一）电邮合同

电邮合同是指通过电子邮件传送文件实现合同订立，该方式是跨境电子商务主流的合同订立方式。跨境电子商务电邮合同的签订流程为：由买卖双方中的一方通过 Word、Excel 等软件制作合同，发送至另一方，然后另一方接收合同文件并将其打印出来签字盖章，最后将签字盖章的合同文件扫描输出为图片格式，再将图片文件回传即可。这种合同订立的方式更加规范和安全。

（二）书面合同

根据制定内容的不同，书面合同可采用以下 3 种形式：

（1）合同。合同（Contract）是当事人或当事双方之间设立、变更和终止民事关系的协议。依法签订的合同，受法律保护。合同内容全面，就跨境电子商务买卖双方的权利和义务，以及发生纠纷后当事双方需要承担的责任等方面罗列出了详细的条款。交易如果涉及贵重物品或交易额较大，最好采用合同形式。一般来说，由卖方指定的合同称为销售合同，而由买方指定的合同称为购货合同。

（2）协议。协议或协议书（Agreement）在法律上与合同具有同等效力。如果买卖双方所进行的交易内容比较复杂，项目广泛，暂时只确定了一部分交易条件，那么买卖双方可先签订一个初步协议，将商定的交易条件确定下来，其他有待商定的交易条件日后另行商谈。

（3）确认书。确认书（Confirmation）较正式合同来说更简单，是买卖双方在通过交易磋商达成交易后，寄给买卖双方加以确认的、列明达成交易条件的书面证明。经买卖双方签署的确认书，具有法律效力，对买卖双方具有同等的约束力。与合同类似，确认书包括销售确认书和购货确认书。

八、跨境物流

与国内物流运输不同的是，跨境物流需要跨越边境，将商品运输到境外国家。目前最常见的跨境物流方式主要有邮政包裹、国际快递、专线物流和境外仓储。

（一）邮政包裹

邮政具有覆盖全球的特点，是主流的一种跨境物流运输方式。目前常用的邮政运输方式包括中国邮政小包、新加坡邮政小包和一些特殊情况下使用的邮政小包。

邮政包裹对运输的管理较为严格，如果没有在指定日期内将货物投递给收件人，负责投递的运营商要按货物价格的 100% 赔付客户。需要注意的是，对于邮政包裹运输，含粉末、液体的商品不能通关，并且需要挂号才能跟踪物流信息，运送的周期一般较长，通常要 15～30 天。

（二）国际快递

国际快递主要是通过国际知名的四大快递公司，即美国联邦快递（FedEx）、联合国包裹速递服务公司（United Parcel Service，UPS）、TNT 快递和敦豪航空货运公司（DHL）来进行国际快递业务的邮寄。国际快递具有速度快、服务好、丢包率低等特点，如使用 UPS，从中国寄送到美国的包裹，最快 48 小时内可以到达。但价格较昂贵，一般只有在客户要求时才使用该方式发货，且费用一般由客户自己承担。

（三）专线物流

专线物流一般是通过航空包舱的方式将货物运输到国外，再通过合作公司进行去往目的国的派送，具有送货时间基本固定、运输速度较快和运输费用较低的特点。

目前，市面上最常见的专线物流产品是美国专线、欧美专线、澳洲专线和俄罗斯专线等，也有不少物流公司推出了中东专线、南美专线和南非专线等。整体来说，专线物流能够集中大批量货物发往某一特定国家或地区，通过规模效应来降低成本，但具有一定的地域限制。

（四）境外仓储

境外仓储是指在其他国家（或地区）建立境外仓库，货物从本国出口通过海运、货运和空运等形式储存到该国家的仓库。当消费者通过网上下单购买所需物品时，商家可以在第一时间做出快速响应，通过网络及时通知境外仓库进行货物的分拣、包装，并且从该境外仓库运送到其他地区或国家，大大减少了物流的运输时间，保证了货物安全、及时和快速地到达消费者手中。

境外仓储的费用由头程费用、仓储管理费用和本地配送费用组成。头程费用是指货物从中国到境外仓库产生的运费；仓库管理费用是指货物存储在境外仓库和处理当地配送时产生的费用；本地配送费用是指在境外具体的国家对客户商品进行配送产生的本地快递费用。这种模式下运输的成本相对较低、时间较快，是未来的主流运输方式。

九、跨境支付

跨境支付是跨境电子商务必不可少的环节，当买卖双方的交易顺利达成，货物通过跨境物流送达买方，确认商品合格后，最后需要进行款项支付。跨境支付可以通过银行电汇、信用卡支付和第三方平台支付等方式进行。特别是第三方平台支付，随着跨境电子商务的发展，其需求日益增多。国际上最常用的第三方平台支付工具是 eBay 的贝宝(PayPal)、西联汇款等。在国内，银联最早开展跨境电子商务支付业务，其他支付工具紧随其后。

2015 年 1 月，我国国家外汇管理局正式发布了《国家外汇管理局关于开展支付机构跨境外汇支付业务试点的通知》和《支付机构跨境外汇支付业务试点指导意见》，开始在全国范围内开展部分支付机构跨境外汇支付业务试点，允许支付机构为跨境电子商务交易双方提供外汇资金收付及结售汇服务。在多年试点之后，国家外汇管理局于 2019 年 4 月发布了《支付机构外汇业务管理办法》，强调跨境支付业务合法资质和持牌经营的重要性，跨境支付外汇牌照终于落地。目前，国家外汇管理局已向国内 30 家第三方支付机构授予了跨境电商外汇支付业务牌照，其中北京和上海领跑全国，北京有 10 家，上海有 9 家。杭州、深圳、重庆、成都、海口、南京处在第二梯队。跨境支付的发展为国内第三方平台支付企业打开了新的广阔市场空间，帮助其获取到相对更高的中间利润，同时也有利于第三方平台支付企业对跨境商家进行拓展并简化支付的结算流程。对境内消费者来说，由于无须再为个人结信汇等手续困扰，可以直接使用人民币购买境外商家的商品或服务，因此大大简化了交易流程。常见的支付工具包括支付宝、财付通、银联、网银在线、快钱和易宝等。

任务二　认识移动电子商务

案例点击 *8－2*

Starbucks(星巴克)太牛了，新推出 Mobile Pour 服务。你在路上走着，突然想喝咖啡，通过 Mobile Pour App，允许星巴克知道你的位置，点好你要的咖啡，然后你就接着走你的，走啊走，不一会儿一个星巴克小伙子或者大姑娘就会踩着滑轮车给你送上一杯心仪的咖啡来。

思考：

在这里主要用到了哪些技术？

一、掌握移动电子商务的概念

移动互联网(Mobile Internet，MI)是指将移动通信和互联网二者结合起来，通过智能移动终端，采用移动无线通信方式获取业务和服务的新兴行业，包含终端、软件和应用 3 个层面。终端层包括智能手机、平板电脑、电子书等；软件包括操作系统、中间件、数据库和安全软件等；应用层包括休闲娱乐类、工具媒体类、商务财经类等不同应用和服务。

移动电子商务就是利用手机、PDA 及掌上电脑等无线终端进行的 B2B、B2C、C2C 或 O2O 的电子商务。它将因特网、移动通信技术、短距离通信技术及其他信息处理技术完美结合，使人们可以在任何时间、任何地点进行各种商贸活动，实现随时随地、线上线下地进行购物和交易、在线电子支付及各种交易活动、商务活动、金融活动和相关的综合服务活动等。在移动电子商务时代，消费者真正突破了时空限制，可随时随地获取所需的各类服务、应用、信息和娱乐。同基于互联网的传统电子商务相比，移动电子商务具备几个显著优势：交易不受时间和地点的限制；移动终端拥有者的身份相对固定，可方便地向消费者提供个性化交易服务；通过移动定位技术，可以提供同位置相关的交易服务，即基于 LBS 的应用服务；有较好的身份认证基础——由于手机号码的唯一性，用户的消费信誉得到有效提升。

二、认识移动电子商务的基本特征

移动电子商务

（一）基于用户体验至上的产品销售与服务

在移动互联网时代，用户量多而碎片化的特征导致无效流量增加，无法通过简单的流量变现来赢利。需要充分利用移动互联网的强社交属性，本质是使用户免去了在购买环节中的“考虑”和“比较”环节，而直接进入“体验”和“购买”环节，从而大大减少营销的传播时间，才能够更好地达到营销目的——从同消费者发生第一次接触开始，在精确地了解消费者需求的基础上，强调简单、精准的用户体验至上。例如，微信朋友圈的集赞类型的强关系营销广告，一般发送的都是企业或产品的基本信息及集满多少个赞就可以换取某件礼品或享受某种优惠等。

（二）基于 LBS(基于位置服务)的集定位、搜索和精确数据库功能服务的业务核心竞争力

依靠 LBS 定位功能，在用户仅有的碎片时间内，推送所在区域周边的娱乐、休闲、餐饮等各种用户最想要的信息和资讯。这种精准的信息投递，也促使用户在接收信息后产生了一系列消费和交互行为，同时构建出本地生活服务市场的移动电子商务业务模式。例如，以大众点评网或生活信息类网站同地理位置服务结合的周边生活服务搜索等。

（三）基于“粉丝”经济的移动营销新模型

粉丝经济以粉丝作为主体，由粉丝主导营销手段，从粉丝的情感出发，企业借力使力，以达到为品牌或偶像增值情绪资本的目的。移动电子商务时代，购物从流量经济向粉丝经济转变，移动互联网通过非标产品（服务）获取用户，提高用户的黏性，从而形成粉丝群。粉丝群对品牌认知度高，付费意愿度高，愿意口碑推广，愿意生产内容。

（四）基于产业链整合的线上线下资源融合

移动互联网加快渗透传统产业，互联网凭借移动终端本身的移动性、便捷性，快速融入诸多实体产业，将带动实体产业的发展。以移动支付为例，通过各类应用同生活服务业广泛结合，如支付宝和微信支付在公共交通、零售、餐饮等行业都得到了普及，为这些行业的发展提供了新的动力。线下商户所提供的产品和服务种类、特征各异，需要移动互联网平台提供定制化程度很高的 LBS、移动支付和移动社交等服务，使传统行业进入移动互联网生态链，让效率大幅提升。

三、了解移动电子商务的发展趋势

随着移动互联网的发展和智能手机的普及，移动电子商务进入风口期，新一轮移动端网民红利带动了许多新兴移动电子商务发展。2015 年，移动交易规模占比超过 PC 端，标志着移动电子商务时代正式到来。2023 年中国移动电商市场规模达到约 12.9 万亿元，移动电商成为主流，用户通过手机端进行网购的占比超过七成。

移动电子商务的发展将以消费者需求为导向，在产品、渠道、传播、终端 4 个维度围绕去中心化和社会化营销持续发力。围绕产品和服务，个性化的需求和小众化特点，有可能汇聚成一股主流文化，形成“小而美”的差异化风格。个性化定制的背后，依托的是后端强大的供应链和高效的生产能力。渠道将更进一步细分，尤其是交易和体验。移动互联时代带来了巨大的营销红利，未来渠道的拓展将是多管齐下，形成合力的时代。传播将日益“脱媒化”，自媒体时代来临——人人都是自媒体，任何产品都可以是自媒体，传播媒介将日益升值，形式也将日益多样化，最终实现价值变现。未来 3 至 5 年间，智能手机仍是最重要的载体，智能手机的功能也将日益泛在化、智能化。其他智能终端，如智能汽车、智能家居等也将兴起。

（一）全渠道、线上线下融合发展是趋势

移动电子商务时代，消费者的需求和网购发展环境均有较大改变，一方面，用户希望随时随地精准购买到所需的商品和服务；另一方面，由于商品供大于求，单一渠道发展的增量空间有限，线上和线下均在布局全渠道发展。线下消费体验和线上购物便利的双向需求将带来线上和线下购物期望值的融合，未来线上线下融合是新零售时代的重要发展趋势，如图 8-4 所示。

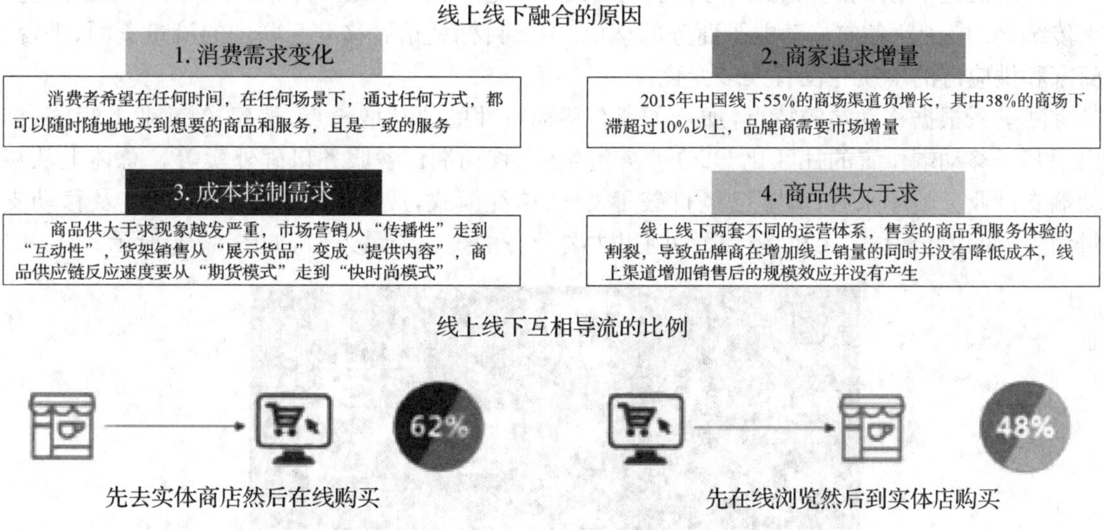

图 8-4　线上线下融合

（二）社交化、内容化、粉丝化、场景化是移动电子商务时代新营销方式

移动社交和自媒体爆发，电子商务走向去中心化新模式。与传统电子商务企业通过一个平台聚集所有商家和流量的中心化模式不同，去中心化的电子商务模式是以微博、微信等移动社交平台为依托，通过自媒体的粉丝经济模式的分享传播来获取用户的。消费者的购

买需求会在人们碎片化的社交场景中被随时激发，从搜索到推荐，用户对精准内容的要求越来越高。移动电子商务时代，用户的消费路径和习惯发生了很大的变革，消费需求场景化，移动购物模式多样。内容化、粉丝化和场景化成为吸引流量的新方式，各大移动电子商务网站纷纷布局内容营销。

（三）大数据驱动垂直经济成为新趋势

美国互联网数据中心指出，互联网上的数据每年增长50%，且增速仍处于逐渐升高的状态。随着互联网计算处理技术的逐渐成熟，大数据开始应用到各行各业，移动电子商务流量红利渐失，大数据将成为新的利益推动点——精准匹配供求信息、个性化推荐、用户偏好预测、优化页面，以提升运营效率。随着国民经济快速发展，人民生活水平提高，各种消费力量快速兴起：一方面，90后、女性等细分用户成为消费新动力；另一方面，用户更加注重商品品质，更多选择符合自身特征的商品。基于特定品类和特定人群的垂直经济成为新的发展趋势，大数据应用将提供更加精准的服务。例如，贝贝网围绕母婴人群发展的"妈妈经济"，基于特定人群，打造一站式购物入口；以易果生鲜为代表的生鲜电子商务和以土巴兔为代表的家装电子商务崛起，基于垂直行业深入发展。

四、认识移动电子商务的模式

移动电子商务模式到底是怎样的呢？它既不是传统电子商务的翻版，也不是传统电子商务模式的重复和全盘照搬，而是更加多样化、精细化。

（一）传统电子商务转战移动端

以手机淘宝、京东移动端等为代表的传统PC电子商务移植到移动电子商务，这类更多是传统PC电子商务向移动电子商务的移植，主要目标是拓展移动互联网的流量资源，平台、商家和供应链的本质并没有太多变化。

阿里系根据移动端的特点，加入了带有移动特性的盈利增长点，构建App业务矩阵，推出了基于移动端位置的社区化O2O业务淘生活、移动端订餐服务口碑外卖等。总体上从移动端支付业务整体来看，淘宝已经打破了C2C单纯模式，成为集C2C、B2C、O2O及移动支付为主体的混合模式，手机淘宝成为阿里主要业务的统一流量入口，如图8－5所示。

图8－5　阿里系移动App业务

京东相继推出基于移动端位置的社区化O2O业务、移动端支付业务，如以移动社交化购物为模式的京致衣橱等。整体来看，京东已经打破了B2C单纯模式，成为集B2C、O2O及移动支付和移动社交为主体的混合模式，其App成为京东主要业务的统一流量入口，如图

8－6 所示。

图 8－6 京东移动业务

(二)移动 O2O 模式

随着移动电子商务的快速发展,O2O 正以一种新的方式得到发展,移动用户能够实时并快捷地进行线上和线下的转换。移动 O2O 的应用不仅是创造了一个展示、聚集人气的平台,同时也打造了一个宣传、营销的平台。例如,百度糯米、饿了么、美团、拉手网、大众点评等典型团购案例,如图 8－7 所示。团购是指互不相识的互联网用户借助网络这一第三方平台聚集成一个以低折扣购买某种产品或服务的网站。

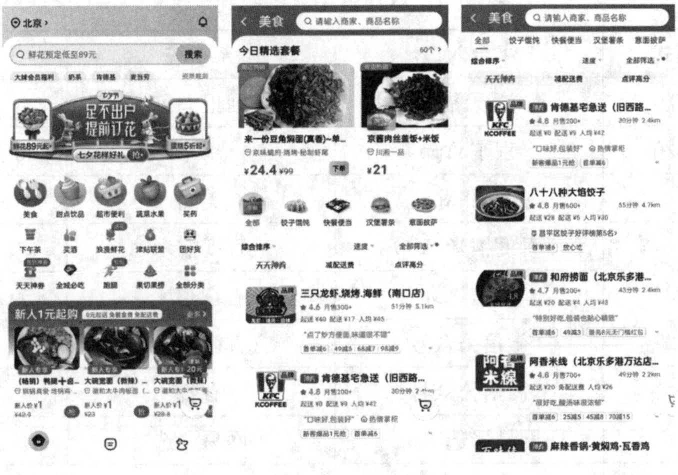

图 8－7 美团 App

移动 O2O 模式的核心是在线预付,优势在于增加线下实体店的竞争力,使用户体验更加丰富,为 O2O 经营者提升运营效率从而提高盈利。

(三)基于社交软件的微店和微商模式

微店作为移动端的新型产物,任何人通过手机号码即可开通自己的店铺,并通过一键分享到微信等社交平台来宣传自己的店铺并促成交易,如图 8－8 所示。这种移动电子商务模式的特征表现在:为买卖双方进行网上交易提供信息交流平台,并为网上交易提供一系列的配套服务;以口碑营销为核心,重在社交互动、社区同自媒体的组合运用;用户数量多,且身份复杂,商品信息多,且商品质量参差不齐;生意准入门槛低,交易次数多,但每次交易的成交额较小。

图 8-8　微店商业模式

（四）移动垂直电商模式

随着移动电子商务的发展，用户精细化运作正在逐渐替代靠流量和速度比拼的传统方式，新一轮移动端网民红利带动了许多新兴移动电子商务发展。以女性时尚电子商务蘑菇街、跨境电商网易考拉、家装电子商务土巴兔、易果生鲜为代表的生鲜电子商务等各垂直领域的移动垂直平台迅速崛起，代表着电子商务产业的未来新趋势。垂直电商优势体现在：供应链、商品管理的优势；商品专业化、服务专业化；场景化的电子商务平台，建立商品自身特有的属性，如表 8-1 所示。

表 8-1　移动电子商务模式示例

移动电子商务模式	平台入口	系　统	店　主
传统电子商务移植	淘宝、天猫 App	阿里淘宝	个体入驻
传统电子商务移植	京东 App	京东	京东自营、京东微店
移动 O2O	美团 App	美团	个体加盟
移动 O2O	百度糯米 App	百度糯米	个体加盟
微商模式	微信 App	京东	京东自营、京东微店
微商模式	微信公众号	官方微信小店	个体入驻
微商模式	微信公众号	有赞	个体入驻
移动垂直电商	网易严选 App	网易严选	网易自营
移动垂直电商	聚美优品 App	聚美优品	聚美优品自营

五、了解移动营销的方式

移动互联网时代是一个营销多元化的时代。移动营销（Mobile Marketing）是指面向移动终端（手机或平板电脑）用户，在移动终端上直接向分众目标受众定向和精确地传递个性化即时信息，通过同消费者的信息互动达到市场营销目标的行为。移动营销在强大的云端服务支持下，利用移动终端获取云端营销内容，实现把个性化即时信息精确有效地传递给消费者个人，达到“一对一”的互动营销目的。

移动营销基于定量的市场调研，深入地研究目标消费者，全面地制定营销战略，运用和整合多种营销手段，来实现企业产品在市场上的营销目标。移动电子商务因其脱胎于电子商务，有很多的营销手段是同传统电子商务相类似的。但作为一个新型的商务类型，它也有着其他商务所没有的营销业务类型、传播方式、营销方法，如O2O营销、App营销、二维码营销、LBS营销、微信营销、H5营销、微博营销等，如图8－9所示。

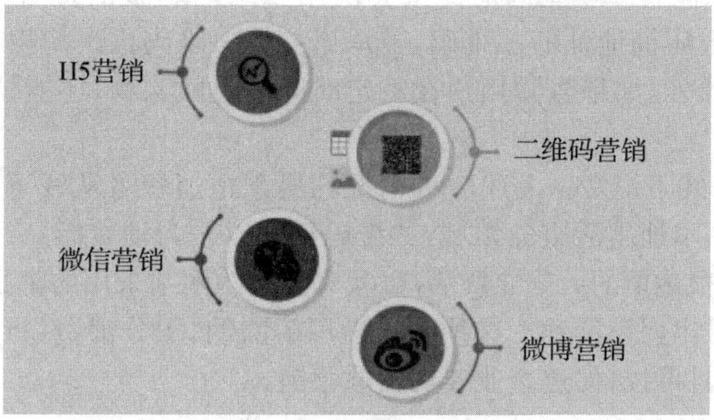

图8－9　典型的移动营销方式

传统营销模式有三大核心要素：广告、价格战、金字塔式的渠道。移动电子商务则正在改变整个市场营销的生态，依托大数据，将使得移动营销更加精准、投资回报率更高。同传统营销模式相比，其主要变化体现为六大特征：品牌返祖，也就是人格产生了价值，如褚时健的褚橙、雕爷的牛腩、黄太吉的烧饼；渠道扁平化，金字塔倒塌；硬广告效能退化，客户不再专注于传统媒体，更多地通过社群口碑传播；快乐营销，娱乐中把货卖掉；定制至上，定制产品将大行其道，一个是电子商务版，另一个是个性化版；粉丝经济。

（一）二维码营销

二维码是根据某种特定的几何图形，按照一定的规律形成的一个记录数据符号信息的图片。将二维码图像输入设备或放入光电扫描设备即可自动识别信息。当二维码被应用到移动电子商务中的时候，因其便捷、新奇、易于传播而被人们广泛应用在营销中。

在移动电子商务营销中，利用二维码进行营销在现在已经司空见惯了，扫一扫加入订阅号、扫一扫下载App、扫一扫进行信息推送、扫一扫买火车票等，移动电子商务同二维码的结合形式越来越多样化——手机的二维码扫描功能也让移动端用户能够随时随地对二维码进行扫描。近两年，扫二维码已经成了人们的一种习惯，移动用户通过对二维码的扫描，在移动端可打开丰富多彩的应用页面，然后，进入到移动电子商务中的任何一个环节，从了解、挑选，到预订、支付，二维码成为人们最为便捷的移动世界入口。

二维码营销的优势是：运营成本低，效果好——二维码营销相比较于传统的广告、传单广告等，在成本上有着绝对的优势；创意广告，实现精准营销——二维码营销属于比较新型的营销方法，容易被消费者所接受，而且有意愿进行扫描的人群都是对商家营销内容比较感兴趣的，这样可以实现精准投放；跨越线上线下空间的立体营销——二维码的扫描能够立刻将用户带到线上，而通过流量转化，其中一批人就会变成线下的消费者；能同传统的广告、企业活动宣传完美地结合。二维码营销的应用方式主要有以下几种：

（1）线下虚拟商店。电商平台开始使用二维码营销。1号店的地铁虚拟商店、京东的楼宇框架广告牌，在每个商品旁边附上二维码，消费者可选择看中的商品并直接扫码购买。但这些二维码基本属于阶段性推出，效果并不理想。

(2)线下广告。品牌商使用二维码主要用于投放线下媒体广告。越来越多的品牌广告会附上一个二维码，扫描后直接进入商品详情页面或品牌店铺。对于冲动型客户而言，这种广告是他们乐于接受的，遇到喜欢的产品他们会立即购买。

(3) 实体包裹或包装。一些淘宝卖家尝试用二维码刺激消费者二次购物：在快递包裹或商品包装上加上店铺地址的二维码，并承诺扫描二维码再次购物有优惠，以此鼓励用户返回线上购物。此外，如果告知用户在特定时间段上网购物，还能拉动网站低峰时期的流量。

(4) 线上预订—线下消费。上述 3 种情况均属于把消费者从线下带到线上，适用于实物类商品交易。而在本地生活服务领域，二维码还可以作为消费者从线上预订到线下消费的凭证。麦当劳、哈根达斯的天猫旗舰店，以及许多团购网站采用的都是这种方式。

以电子优惠券推出促销活动。这种方式适用于团购、积分消费、折扣券兑换、VIP 优惠券等，使活动可评价且可控，促进企业实现精准营销。

（二）微博和微博营销

微博，即微博客(micro blog)的简称，是一个基于用户关系的信息获取、分享、传播平台，以 140 字左右的文字更新信息，并实现即时分享。2009 年 8 月，中国门户网站新浪推出“新浪微博”内测版，成为门户网站中第一家提供微博服务的网站，微博正式进入中文上网主流人群视野。

微博是一种通过关注机制分享简短实时信息的广播式的社交网络平台。国人不爱隐私爱热闹，微博与其说是朋友圈，不如说是粉丝场。微博作为一种分享和交流平台，更注重时效性和随意性。微博更能表达出每时每刻的思想和最新动态，而博客则更偏重于梳理自己在一段时间内的所见、所闻、所感。

微博营销是一种网络营销方式。微博营销以微博作为营销平台，每一个听众(粉丝)都是潜在营销对象，每个企业都可以在新浪、网易等网站注册一个微博账号(也称官微)，然后通过更新自己的微博向网友传播企业、产品的信息，树立良好的企业形象和产品形象。每天可以借助更新的内容跟大家交流，这样就可以达到营销的目的。微博营销具有以下特点：

(1) 原创性。微博的出现具有划时代的意义，真正标志着个人互联网时代的到来。大量原创内容爆发性地被生产出来。博客的出现，已经将互联网上的社会化媒体推进了一大步，公众人物纷纷开始建立自己的网上形象。然而，博客上的形象仍然是化妆后的表演，博客文章的创作需要考虑完整的逻辑，这样大的工作量对于博客作者是很重的负担。“沉默的大多数”在微博上找到了展示自己的舞台。140 个字发布信息，远比博客发布容易，可以方便地利用文字、图片、视频等多种展现形式，是完全利用人们的碎片时间的消息集散基地。

(2) 传播快。微博网站即时通信功能非常强大，可以在计算机上直接书写，而在没有网络的地方，只要有手机也可以即时更新自己的内容。如果在事发现场发微博，这种现场性也增加了事件的真实性，容易呼吁人们一同参与。

一些大的突发事件或引起全球关注的大事，如果有微博博主在场，利用各种手段在微博平台上发表出来，其实时性、现场感以及快捷性甚至超过所有媒体。微博信息传播的方式具有多样性，转发非常方便。利用“名人效应”能够使事件的传播量被几何级放大。

(3) 背对脸。与博客上面对面的表演不同，微博上是背对脸的交流，就好比你在计算机前打游戏，路过的人从你背后看着你怎么玩，而你并不需要主动和背后的人交流。微博可以一点对多点，也可以点对点。移动终端提供的便利性和多媒体化，使得微博用户体验的黏性越来越强。

（三）微信营销

随着近些年移动互联网的不断发展，微信也逐步由原先的聊天工具演变为集聊天、分享、购物、金融等功能于一身的多媒体沟通交流平台，因此微信营销也逐步走入人们的视野。那么，什么是微信营销呢？

微信营销，顾名思义是企业或个人利用微信平台，对微信用户进行的营销活动。微信向用户提供了如朋友圈、漂流瓶、订阅号、服务号等丰富的平台工具，企业或个人可以通过微信所提供的这些平台工具轻松地进行点对点精准营销、关系营销、互动营销等多种方式的营销。

随着近些年微信用户的增加，微信钱包、微信店铺服务的推出，微信营销的商业价值逐步体现，越来越多的企业在微信上开店铺、做宣传。例如，“新东方”就把英语课堂搬上了微信，通过微信服务号、订阅号同学生互动。微信再也不是一款简单的聊天工具。微信营销的商业价值具体体现在 4 个方面：用户规模大——微信有着数亿的用户，庞大的用户量给商家带来了营销的基础；微信公众号——微信公众号为商家解决了线上的数字身份问题，同时又解决了传播模式的问题（一对多、互动反馈、富媒体、移动化），这让商家的销售更加多元化、丰富化；准确的身份确认——微信号是同用户手机号码关联在一起的，也就是说用户注册微信号时必须提供手机号，这意味着微信用户的信息更加真实可靠，为在微信平台上进行商务活动提供了基本的安全保障；面向移动用户——微信是一款在移动端使用的 App，因而用户可以不受时间、空间限制，随时随地地刷朋友圈、看订阅号，这种随身性为微信用户带来了极大的便利。

微信作为一款基于移动端的社交类应用，营销是利用微信平台对微信用户进行的营销。其营销的特点可以总结如下：

(1) 针对性强。微信营销的针对性是极强的，这是因为微信中的好友添加必须通过对方的确认，订阅号、服务号等都需要用户关注后才可以看到其推送的信息，用户具有对信息的选择权。因此，微信营销是针对“关注”用户的营销。

(2)互动性强。微信是一个互动社交平台，用户可以通过它进行交流沟通，商家通过用户的信息反馈了解用户的需求及产品推广情况，用户也可以通过留言的方式将遇到的问题及时反馈给商家。可以说微信本身的互动性决定了微信营销的互动性。

(3) 移动性强。微信是基于移动端（手机、iPad）的应用，因此微信营销不受时间、空间的限制，无论身处何地，无论是清晨还是傍晚，只要有好的营销方案，就可以马上通过手机将方案变成现实。

微信营销是移动互联网时代企业营销模式的一种。微信不存在距离的限制，用户注册微信后，可同周围同样注册微信的“朋友”形成一种联系，订阅自己所需的信息。商家通过提供用户需要的信息，推广自己的产品，从而实现微信营销。微信营销主要是通过“微信”为用户提供的社交功能来实现的。例如，我们熟悉的朋友圈营销、漂流瓶营销、开放平台营销、服务号营销等，都是在利用微信的具体功能进行营销。微信朋友圈营销的优势可以总结为以下几个方面：

(1) 传播成本低。微信朋友圈营销，用户只需要向朋友圈分享或是发送相关的营销内容即可，而这一切过程均是免费的。

(2)针对性强。正如前面提到的，微信朋友圈营销，是对朋友圈中的好友进行的营销，用户可以根据自身营销内容的特点，有选择地在朋友圈内进行营销。值得说明的是，用户在利用朋友圈营销时，可以单独操作某个人不让他看见，或者批量不让某几个人看到(设置隐私中操作)，或者把某几个人踢出朋友圈等。

(3) 用户黏性强。微信建立在信任的基础上，一般是朋友间的关注，对于推送的内容更容易被接受，推广效果更好，且便于忠诚用户向他人推荐分享，传播性高。如果微信公众平台也是用户主动添加的，用户黏性就很强，流失率低。

(4) 随意性强。对于利用朋友圈进行营销的用户，可以不受地点、时间的限制随时随地地进行营销；对于朋友圈中的"好友"，也可对朋友圈中的信息进行自由选择，因此朋友圈营销有着很强的随意性。

(四) H5 营销

1. H5 营销的概念

H5 是 HTML5 的简称，运用该语言可以制作出在微信朋友圈中经常看到的，打开后可以滑动翻页、带动画特效、有音乐之类的非常精美的内容。甚至微信朋友圈中看到的各大品牌广告，也全部都是用 H5 制作的，我们称之为 H5 场景。

H5 场景较以往文字、图片、图文等形式，展现更加精美、更加有趣，互动性更强。它具有动画、触控等更多的元素功能，让用户不再枯燥乏味地阅读内容；它的传播性也很强，除了可以分享到朋友圈，发送给朋友以外，还可以分享到各个社交媒体渠道。例如，微博、豆瓣等，除了链接外还提供了二维码。它还具备了数据搜集功能，可以使用调查问卷、会议报名等表单，甚至有很多制作 H5 场景的工具平台还提供了后台数据统计功能，可以清晰地看到 H5 场景的曝光量、链接点击量、填表数量等信息。

H5 场景比以往的形式更容易引发用户的阅读和分享，制作一个优秀的 H5 甚至可以达到数亿的曝光量，所以现在很多商家都在努力研究制作 H5 场景，达到最终良好的营销目的。当然，除了用于商业之外，个人也可以制作属于自己的个性化 H5 场景。例如，纪念相册、讲义 PPT、婚礼请帖等。试想，当邮寄请帖的方式变成了一键发给所有亲朋好友的精美 H5 场景请帖，是多么有趣的一件事情。此外，还有很多人用其来制作好玩的小游戏。

2. H5 营销的特点

(1) 社交分享便利，传播性强。H5 本身的发布渠道及传播阵地主要是集中在移动互联网的社交平台，在传播过程中的障碍很少，所以微信朋友圈、微博的传播力十分强大。在了解了用户需求、把握了用户传播偏好后，能很好地促使用户主动传播品牌要传播的信息。除了在传播途径上的优势，H5 自身的多设备、跨平台特点也有利于品牌的传播。跨平台的特性使得 H5 在传播过程中不至于存在技术或设备障碍，而像 Flash 动画或 App，在传播过程中是需要用户设备自带插件或是自行下载应用才能体验的。

(2)用户感官体验丰富,互动性好。互动性和用户体验效果是用户对一个产品好坏的重要评判标准。同样,品牌 H5 营销传播内容的互动性和用户体验效果的好坏也直接影响着其传播效果。H5 自身的绘图功能和可以实现三维效果的特点有力地提高了品牌 H5 的互动性及用户感官体验效果。H5 绘图功能同三维效果的结合从技术角度上来说可以实现很多动画形式,制作出来的画面十分美观,再结合触屏、重力感应等技术,用户的感官体验会更加丰富。

(3) 制作及传播成本低,优势明显。这主要表现在以下四个方面:

第一,开发成本较省。品牌 H5 开发成本方面的优势是由 H5 技术的特性决定的,H5 技术的多设备、跨平台优势使得在开发过程中无须分平台分系统来开发。

第二,测试及维护成本低。品牌 H5 营销传播内容制作出来后需要有个测试过程,针对传播过程中暴露出来的问题也需要补救维护。H5 的多设备、跨平台特性节省了品牌 H5 的测试及维护成本。

第三,传播成本低。品牌 H5 营销传播从发布渠道到后续传播的主要阵地都是品牌自有的社会化媒体平台,这样一种传播方式对于企业来说传播成本并不高。

第四,数据反馈便利,有利于效果追踪。H5 营销传播终究要看传播效果,传播效果追踪和数据反馈是企业最为关心的部分。基于 H5 营销传播的效果可以实现跨平台监控和数据反馈及整合,能有这样的优势是同 H5 多设备跨平台特性有关的。在这之前,基于不同平台开发出来的产品在技术上会有所区别,因而在效果监测数据统计方面都使用不同的计算方法各自进行监测统计。这样既增加了效果追踪、数据统计的工作量,又降低了统计结果的可信度,而在对 H5 营销传播进行效果追踪、数据统计工作时则没有这一缺陷。

3. H5 营销的四大传播原则

H5 从立意、创意、设计,到制作、传播,是一个一气呵成的系统工程,技术的把握,创意和文案的优化以及传播的执行不可或缺。在实践过程和实战经验中,应遵循以下 4 个传播原则:

(1) 主题。要有创意的新鲜感,少抄袭,多原创。

(2)内容。要做优质内容,创建具有分享价值的内容,再由微信达人进行分享。

(3) 传播。要集中传播,H5 上线的前 5 天是黄金传播期。

(五) App 营销

1. App 的含义

App 是英文 application 的简称,由于智能手机的流行,三方应用程序,通常通过应用商城供人们下载。

App 营销思想的具体表现,一方面是可以积聚各种不同类型的网络受众;另一方面是借助 App 平台获取流量,其中包括大众流量和定向流量。由于小程序对 App 的冲击,只有高频次的应用才被用户下载使用,如天气、新闻等。中低频次的应用大都移到微信小程序了,如酒店预订、公交查询等。

2. App 的功能

App 已经不仅仅是移动设备上的一个客户端那么简单,如今,在很多设备上已经可以下载厂商官方的 App 软件对不同的产品进行无线控制。不仅如此,随着移动互联网的兴起,越来越多的互联网企业、电子商务平台将App作为销售的主战场之一。一些数据表明,App给手机电子商务带来的流量远远超过了传统互联网(计算机端)的流量,通过App获得盈利也是各大电子商务平台的发展方向。事实表明,各大电子商务平台向移动App的倾斜也是十分明显的,原因不仅仅是每天增加的流量,更重要的是由于手机移动终端的便捷性,为企业积累了更多的用户,更有一些用户体验不错的App使得用户的忠诚度、活跃度都得到了很大程度的提升,从而对企业的创收和未来的发展起到了关键性的作用。

用户基数较大、用户体验不错的客户端,本地服务的有大众点评、豌豆荚、去哪儿、墨迹天气、艺龙在线等;网购的有淘宝、京东商城、当当网、乐蜂网等;理财类的主要有同花顺、腾讯操盘手等。当然游戏、阅读等热门应用更是层出不穷。

3. App营销的现状及特点

企业App应用宣告着中国的移动营销时代已经"燎原",但使用App的风险在于,人们在一分钟内就能决定是否继续使用这款应用,因此很多企业盲目制作的App应用刚上线就被人们抛弃了,这也决定了目前App的应用和开发都更加有难度。App营销的特点有如下几点:

(1) 成本低。App营销的模式,其费用相对于电视、报纸甚至网络都要低很多,只要开发一个适合本品牌的应用就可以了,可能还会有一点的推广费用,但这种营销模式的营销效果是电视、报纸和网络所不能替代的。

(2)持续使用。一旦用户将App下载到手机成为客户端,那么持续使用便成为必然,因为用户选择下载必然是因为喜欢用并且觉得有价值。

(3) 促进销售。App的竞争优势,无疑增加了产品和业务的营销能力,并且可以直接地带来流量,不用消费者再去搜索了。

(4) 信息全面。全面展示的信息能够刺激用户的购买欲望。移动应用能够全面地展现产品的信息,让用户在没有购买产品之前就已经感受到了产品的魅力,降低了对产品的抵触情绪,通过对产品信息的了解,刺激用户的购买欲望。

(5) 提升品牌实力。移动应用可以提高企业的品牌形象,让用户了解品牌,进而提升品牌实力。良好的品牌实力是企业的无形资产,可以为企业形成竞争优势。

(6) 随时服务。App可实现网上订购,通过移动应用了解产品信息,及时地在移动应用上下单或者在链接的移动网站下单。应该说计算机电子商务所具有的优越性,在移动互联中基本都可以实现,而且跨时空、更精准和互动性强等。

(六) 网络视频营销与视频直播营销

1. 网络视频营销

网络视频营销是以视频网站为核心的网络平台,以内容为核心、以创意为导向,利用精细策划的视频内容实现产品营销与品牌传播的目的,是"视频"和"互联网"的结合,兼具二者的优点;既具有电视短片的优点(如感染力强、形式内容多样、创意新颖等),又有互联网营销的优势(如互动性强、主动传播性强、传播速度快、成本低廉等);既有由专业团队制作的精美"微电影",又有中小企业及个人独立制作的宣传片,新颖、有趣、生活化。

视频包含电视广告、网络视频、宣传片、微电影等各种方式。视频营销归根到底是营销活动,因此,成功的视频营销不仅要有高水准的视频制作,还要发掘营销内容的亮点。

在营销市场中，电视的龙头地位依然没有被动摇，但是电视作为视频媒体却有两大难以消除的局限性：一是受众只能是单向接受电视信息，很难深度参与；二是电视内容都有着一定的严肃性和品位，受众很难按照自己的偏好来创造内容，因此电视的广告价值大，但是互动营销价值小。目前年轻人刷手机的时间比看电视的时间多太多，流量的多寡是影响视频营销效果的重要因素。能突破电视这一局限的，就是网络视频。能进行视频互动营销的新平台，如字节跳动、B站、快手等视频网络平台相继上市，代表着视频网站已成为当下互联网企业中的新贵。随着网络成为很多人生活中不可或缺的一部分，视频营销又上升到一个新的高度，各种手段和手法层出不穷。比尔·盖茨在世界经济论坛上预言，5年内互联网将"颠覆"电视的地位，这句话在一定程度上说明了互联网视频的良好发展势头。网络视频广告的形式类似电视视频短片，平台却在互联网上。

"视频"与"互联网"的结合，让这种创新营销形式具备了两者的优点：目标精准、传播灵活、互动性强、效果可预测、感观性强。

视频的表现形式包括影视广告、网络视频、宣传片、创意视频、微电影等多种方式，并把产品或品牌信息植入到视频中，产生一种视觉冲击力和表现张力，通过网民的力量实现自传播，达到营销产品或推广品牌的目的。

2. 视频直播营销

网络视频加上时间轴，就是视频直播。视频直播业务是在点播业务的基础上演变而来的，利用互联网及流媒体技术进行直播。视频直播通过真实、生动的传播，营造出强烈的现场感，吸引眼球，达到印象深刻、记忆持久的传播效果，能够真实、直观、全面地宣传。目前视频直播主要包括游戏直播、生活直播、电子商务直播等。由于直播平台具有比传统平台限制少、门槛低、直播内容多样的特点，因而视频直播营销成为众多创业者的首选。

视频直播营销包括场景、人物、产品和创意4个要素。

(1) 场景：营造直播的气氛，让观众身临其境。

(2)人物：直播的主角，可以是主播或直播嘉宾，主要任务是展示内容，与观众互动。

(3) 产品：产品要与直播中的道具或互动有关，以软植入的方式达到营销的目的。

(4) 创意：有创意的直播可提高直播效果，吸引观众观看，如明星访谈、互动提问等形式就比简单的表演直播更加吸引观众。

视频直播营销是一种营销形式上的重要创新，也是非常能体现互联网视频特色的板块，对广告主而言，视频直播营销有着以下几大优势：

(1) 传播形式本身容易引起关注。在当下的语境中直播营销就是一场事件营销。除了本身的广告效应，直播内容的新闻效应往往更明显，引爆性也更强，一个热门事件或者一个话题，相对而言，可以更轻松地进行传播和引起关注。

(2)体现用户群的精准性。在观看直播时，用户需要在一个特定的时间共同进入播放页面，但这其实与互联网视频所倡导的"随时随地性"背道而驰。但是，也正是由于这种播出时间上的限制，才使得视频直播营销能够真正识别并抓住这批具有忠诚度的精准目标人群。

(3) 实现与用户的实时互动。相较传统电视，互联网视频的一大优势就是能够满足用户更为多元的需求。用户不仅仅是单向地观看，还能一起发弹幕吐槽，喜欢谁就直接献花打赏，甚至还能动用民意的力量改变节目进程。这种互动的真实性和立体性，也只有在直播的时候能够完全展现。

(4) 深入沟通，情感共鸣。在这个碎片化的时代里，在这个去中心化的语境下，人们在日常生活中的交集越来越少，尤其是情感层面的交流越来越浅。直播，这种带有仪式感的内容播出形式能让一批具有相同志趣的人聚集在一起，聚焦在共同的爱好上，情绪相互感染，达成情感气氛上的高度共鸣。如果品牌能在这种氛围下恰到好处地推波助澜，其营销就会有“四两拨千斤”的效果。

视频直播营销应重点关注受众的年轻化、方案有趣且不低俗、主播的选择以及平台的流量支持力度等。

(七) LBS精准营销

随着4G/5G移动网络及各行业应用业务的全面展开，个性化业务的需求以及对高质量信息服务要求的不断提高，对电子商务的营销能力提出了新的挑战。LBS(Location Based Services，基于移动位置服务)与大数据为精准营销提供了保障。未来，精准营销将是网络营销的重要运营思路。

LBS精准营销思维在营销活动中的普及，也为LBS营销提供了巨大的动力。移动互联网使用户在位置不停变换中依然可以保持网络连接，使LBS可以为用户提供更加个性化的位置服务。精准营销思维的融入让LBS营销在准确性、互动性、经济性、可控性和动态性上发挥了更大的价值。LBS的移动终端包括移动电话、笔记本电脑和个人数字助理等。

以目前打车软件的应用为例，之所以无须在路边招手就能让司机找到我们就是因为手机定位足够准确，同时精准服务也优化了资源配置，让闲置的车辆可以上路服务以收取费用，不必人人有车，但却可以随时叫车。

1. LBS的应用原理

LBS包括两层含义：一层是确定移动设备或用户所在的地理位置，另一层是提供与位置相关的各类信息服务。总结起来，与定位相关的各类服务系统(简称“定位服务”)主要由移动通信网络和计算机网络组合而成，通过网关实现两个网络间的交互，即移动终端用户通过移动网络发送请求和定位，经过网关传递到LBS服务平台，然后服务平台根据用户请求和当前定位进行处理，并将结果通过网关传送回用户终端。例如，用户可通过移动终端打开定位系统，然后在用户当前位置的一定范围内(如1 000米附近)寻找宾馆、影院、图书馆、加油站等。实际上，LBS营销就是借助互联网，在固定用户或移动用户之间完成定位和服务功能的一种营销方式。

2. LBS的特点

与其他营销方式相比，LBS营销因为定位的特殊性，具有以下几个特点：

(1) 精准营销。LBS营销是一种十分精准的营销，可以将虚拟化社会网络和实际地理位置相结合，运营商通过用户的签到、点评等可以抓取用户的消费行为轨迹、时间和地点等信息。企业通过用户使用的LBS服务可分析用户的签到商家数等LBS数据，掌握用户的生活方式和消费习惯，从而能够有针对性地为用户推送更精准的销售信息，还可以根据移动用户的消费特质制定更加准确、有效的市场细分策略和营销方式。

(2)注重培养用户习惯。LBS营销有两个基本前提：一是用户主动分享自己的地理位置，二是允许接收企业的推广信息。进行LBS营销时，一定要重视用户的习惯培养，要让用户乐于接收位置营销信息，这样才能更好地发挥LBS营销的价值。

保护隐私安全。LBS营销是基于用户定位的营销方式，不可避免地要涉及用户位置隐私。LBs营销在为用户提供服务便利的同时，如果不能妥善地处理好用户隐私问题，就会造成用户兴趣爱好、运动模式、健康状况、生活习惯、年龄、收入等信息的泄露，甚至造成用户被跟踪、被攻击等严重后果。因此，LBS营销必须用严密的手段保护消费者隐私。

3. LBS＋O2O模式的营销应用

LBS＋O2O模式是传统团购模式的进一步延伸，目前多应用于生活服务方面。基于LBS定位服务的线上到线下闭环营销模式可以缩短用户和企业之间的距离，让用户及时看到企业信息并产生消费，多见于本地化产品和服务。它要求对用户的地理位置进行定位，然后根据用户的需求推送周边的企业服务，如外卖订餐、打车等。常见的LBS＋O2O模式有以下几类：

导航服务。导航服务即电子地图的基本服务，如高德地图的导航功能。

生活服务。餐饮、住宿、娱乐、出行等本地生活服务几乎都需要将地理位置信息推送给用户，如通过百度地图查找附近的酒店并导航。

持续定位。跑步、步行等运动类的提供，物流类的车联网、公交换乘等服务也需要借助LBS地理位置服务。

安全设备。现在很多物品具有定位功能，可以方便用户端应用程序实时获取物品的地理位置信息，比如有些儿童手表等。

社交。社交可以说是当前与LBS结合最紧密的互联网运营模式。凭借LBS技术可实现定位服务和社交功能的组合，从而使网络社交顺利地完成从虚拟社交到现实现社交的转变，LBS顺理成章地成为连接社交和商业的渠道，如很多社交应用具有的“查找附近好友”功能。微信作为一款圈子型的社交工具，也提供了基于LBS技术的“摇一摇”附近的人功能，从而将微信的熟人社交延伸到了陌生人领域，让用户能够基于地理位置扩大好友群体。

移动应用的底层逻辑是地图。LBS营销离不开实时地图功能的支持。因此，基于智能移动端的“LBS＋地图”应用可以说是LBS营销的核心模式，也是LBS营销的基础。LBSs＋地图模式几乎可以在所有移动电子商务领域使用。

LBS＋O2O的餐饮模式。LBS＋O2O的餐饮模式是现在常见的一种营销模式。LBS会根据用户需求，搜索附近或指定区域内的餐厅，然后向用户推送符合搜索条件的餐厅，进行精准营销。利用LBs服务，用户不仅可以了解餐厅的基本信息，还可以查看餐厅的口碑和评价，选择优质餐厅，并根据菜单进行订餐，然后在用餐结束后通过LBS移动支付功能完成付款，整个交易流程都可在应用平台上完成，提高了用户的服务体验。

LBS＋O2O的交通模式。该模式是指用户利用打车应用和平台，发送自己的打车请求，平台会对用户进行地理定位并通知附近车主，车主可以通过相应的应用和平台查看用户的位置，接单后前往用户位置，提供本次服务。例如，滴滴出行等打车软件，其模式都是乘客通过LBS发布请求寻找司机，平台派单，完成线上需求发布，建立一个从线上至线下、司机与乘客都可以控制的信息流，将打车服务、时间和地点高度结合起来，从而使用户获得良好的服务体验。

任务三　认识社群电商与共享经济

案例点击 8－3

社交和生态，中国式社群的演变

中国人最早的社交，来自各地的邮政局，1998 年中国邮政拆分出电信之前，几乎每个城市都有信息港，作为当年互联网技术水平最高的代表。其次是个人站长，一个门户网站、聊天室和 BBS，是标配。这也决定了中国人的互联网使用场景脱离不了基于 LBS 地理位置的服务。

中国当年最著名的站长有王志东、张朝阳、丁磊创立的三大门户，就是当年的 BAT，迄今屹立不倒，社区当中，天涯、猫扑、西祠胡同等都是当年的网红，还有基于区域属性的信息港以及个人门户网站形成的区域互联网生态。聊天室的消亡，来自网易聊天室、OICQ 聊天室的冲击，大公司把聊天场景变得无比庞大，而当年中国网民数也不过百万左右，很快便被稀释了，所有人带来的新鲜感并没有持续太久。

时光总是过得太快，1998 年 3 月，台湾作家痞子蔡在 BBS 敲下了《第一次亲密接触》的第一篇，距离今天已经整 26 年了，男孩“痞子蔡”和女孩“轻舞飞扬”在网上相识，继而在现实中相见，互有好感。但没过多久，“轻舞飞扬”不辞而别，经过多方寻找，才发现“轻舞飞扬”因为身患重症已经去世，留下痞子蔡无尽追忆……

这便是网恋开始的传说，“恐龙”还是“MM”，当年有一句话说，在互联网网上，没有人知道你是不是一条狗。网恋几乎是中国社交史最有诱惑力的一种社交结果，但也仅仅是社交生态的一部分，中国社交与西方互联网社交不同的是，庞大的中国国土，随着互联网的普及，有足够多的用户量能支持基于区域属性的 BBS 发展，并且精细化。

网红的概念也就是在那时候应运而生，名城扬州网的刘明回忆在他们论坛发生的事情，扬州公交车上一个叫做浦娟的姑娘进入他的镜头，随着照片和媒体传播在互联网上一炮而红，而浦捐也拒绝了诸多娱乐圈的邀请，迄今为止依旧在扬州，当年的网红并不太善于炒作自己，与后期的那些博出位的相比，第一代网红与当年的 BBS 气质一样，热情，美丽大方且朴实无华。

无数的互联网事件，都是通过 BBS 发酵，从而被媒体关注，引发强烈的社会影响力，这是当年 BBS 所起到的作用之一，社会上的五花八门，酸甜苦辣，都可以在 BBS 上管中窥豹，过去互联网圈并没有场景的概念，只是希望把互联网定义成一个虚拟城市，每个人都有自己的角色，有人总结为这是一种互联网生态。

社交把 BBS 变得足够有深度，并进行整合，与现在的碎片化不同，版主和管理员可以通过精华、置顶、公告等方式，提升优质内容，制作好的专题和整合内容，让内容足够有连贯性和深度。以西祠胡同为例，创始人响马（刘琥）开创了自建版的方式，任何有兴趣的群体都可以在互联网上创建板块成为版主，后来贴吧学了这招成为现在中国最大的 BBS。

思考：

谈谈你对网络社群及其作用的认识。

一、认识社群电商

（一）社群的含义

“物以类聚，人以群分”，这个自古流传的成语，在很大程度上印证了社群的客观存在及其价值。一般社会学家与地理学家所指的社群（Community），广义上是指在某些地区或领域内发生作用的一切社会关系。它可以指在实际的地理区域内发生的社会关系，或指存在于较抽象的、思想上的关系。另外，Worsley（1987）曾提出社群的广泛含义：可被解释为地区性的社区；可用来表示一个有相互关系的网络；可以是一种特殊的社会关系，包含社群精神（Community Spirit）或社群情感（Community Feeling）。

一群人要形成社群，需要具备两个条件：共同兴趣和沟通方式。具体而言就是要有稳定的群体结构和较一致的群体意识；成员有一致的行为规范、持续的互动关系；成员间分工协作，有一致行动的能力。

随着互联网的发展，消费理念也在变化，由过去的注重产品功能性发展到用户渴望参与到产品中来，也就是有参与度才能提高用户兴趣。社群营销就是基于相同或相似的兴趣爱好，通过某种载体聚集人气，通过产品或服务满足群体需求而产生的商业形态。社群营销的载体不局限于微信等各种线上平台，还包括线下的平台和社区。艾瑞克·奎尔曼在《社群新经济时代》中提到：Facebook、YouTube、Twitter、Plurk 等社群媒体平台在近年迅速走红，它们不只是聊天、玩乐、打发时间的工具，事实上，社群媒体已经彻底颠覆了商业与消费者行为。社群是任何时代、所有商业都在追求的终极目标，但只有到了移动互联网时代，有了微信这样的工具以后，社群价值才得以体现。当一个社群的相同属性越强烈，目标越精准时，这个社群产生的裂变价值就越大。一个有价值的社群必须具备 3 个要素：① 社群的用户群体一定有相同的属性标签；② 社群的用户必须有相同的目标；③ 社群必须有它自己的运营制度。

（二）网络社群的发展

1. 网络社群发展历程

国内网络社群历经了十几年的发展，从最初的网络社区逐渐发展成以移动端为核心的，连接人、信息和一切的社群生态。网络社群在内部发展中形成了一套较为固定的模式，即社群从成员聚集、活跃互动，到合理运营再到商业化变现。在这一发展过程中，网络社群也完成了从简单群组到品牌化、专业化群组的过程。下面就是网络社群从 1.0 到 3.0 的演变过程，如图 8－10 所示。

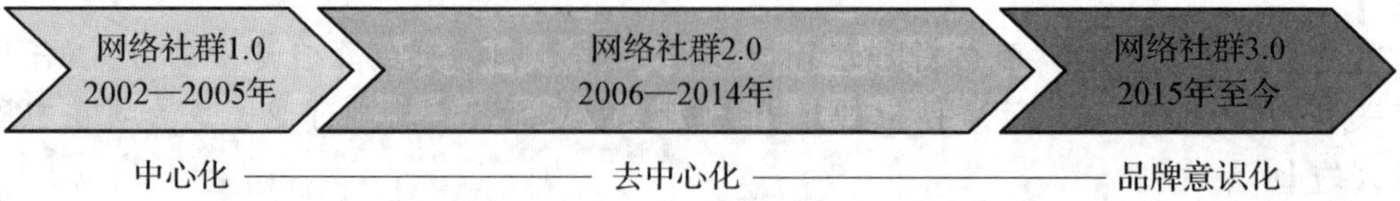

图 8-10 社群发展历程

(1) 中心化的网络社群 1.0 时代。2002 年,QQ 推出群聊功能,使社群形态出现在线上,以人群聚集、信息互通与传递为主要目的。这一社群形态的实质是熟人社群。

(2)去中心化的网络社群 2.0 时代。天涯论坛、猫扑、豆瓣兴趣小组等网络社区的出现,使具有相同兴趣的网民聚集,形成了网络社群 2.0 初始形态;人人网、开心网等社交网络的出现,使社群基于兴趣、细分需求的个性化标签更加突出;微博提供了社群内部成员间更多的互动可能性和公共表达空间;微信作为即时通信平台,提高了网络社群的沟通效率,最终使社群电商经济逐步形成。

(3) 生态化、品牌化的网络社群 3.0 时代。移动互联网时代,通过社群内的情感交流和新科技的应用,社群以连接一切为目标,不仅仅是人的聚合,更是连接信息、服务、内容和商品的载体。社群呈现生态化、品牌化。

2. *社群电商发展趋势*

社群电商主要基于社群的商业生态,将社群和交易相结合,满足消费者不同层次的价值需求,是社会化发展的必然趋势。在商业化方面,网络社群依托于较为完善的支付体系、云服务,围绕自身内容、品牌及圈子进行了多样化的尝试。从发展角度来看,社群电商呈现以下趋势:

(1) 整体品牌化,并向专业化发展。网络社群在内部与外部都将更加系统化。从内部而言,网络社群需要从社群成员的需求与兴趣出发,不断加强社群内部的联系与社群文化的建设,在管理与运营层面上向更加专业化、体系化方向发展;此外,从外部而言,更加重视社群品牌的定位和品牌形象的建立。社群品牌化是其进行更进一步商业化发展的重要环节,与用户产生品牌共鸣,进而培养社群成员及外部用户的品牌忠诚度,这才是网络社群拓展商业模式的核心与关键。

(2)产业链向多维度延伸,社群经济更加多元化。随着网络社群的快速发展,其自身的形态更加多元化,涉及的产业也更加丰富,产业间的合作与融合进一步加深。社群经济以网络社群自身产业链为核心,在内容、硬件、数据挖掘、支付与金融方面具有较大的发展空间;此外,由于产业环节的增加,社群经济产生了更多的新兴模式。例如,项目孵化、众筹、众包、信息对接与深度合作等都将成为新的商机。

(3) 社群服务平台更加全面化、场景化。社群服务平台在网络社群发展各阶段都将制定更加有针对性、个性化的服务方案,从社群入口到交流平台应用,再到营销变现,将社群作为品牌进行整体包装运营,提供全案策划;同时,社群服务平台将结合自身其他业务特色,提供更多拓展性服务,以及更加贴近生活场景与产品使用场景的营销方案与商业变现模式,为进一步探索社群经济提供更多支持。

从网络社群服务产品与技术的角度来看,网络社群服务的整体水平也将在展示平台、运营工具及基础服务技术 3 个方面有更大的发展和提升空间。网络社群的展示平台从以 App

为主向微站和应用号发展，甚至不再局限于智能设备，具有更加灵活的形态；在运营工具方面，不同行业的热门功能都将与社群服务平台产生对接与合作，除了当前火热的直播、打赏之外，问答、共享，甚至金融理财服务等更加垂直且互动性高的工具也将成为运营的新形式；云平台在网络社群各业务中的功能性扩展，使网络社群运营得更加高效。

（三）社群运营

做社群的运营，最核心的是3个问题：拉新、活跃、变现。社群的本质是连接，它连接人与信息、人与人、人与商品，通过建立成员之间的信任来降低广告成本、搜索成本和交换成本。例如，黑马会社群的定位是“创业者帮助创业者，创业者学习创业者，创业者成就创业者”，这是连接人与人。再如，产品型社群酣客公社汇聚了众多中年企业家群体中的白酒爱好者，这是连接人与商品。

做公司要有公司的定位，做产品也要有产品的定位，社群也不例外。如果社群定位不明确，那么后续的规划和运营也一定是不明确的，甚至是无序的。社群可划分为如下6类：

(1) 产品类的社群。类似小米、锤子的粉丝群，社群里的粉丝基本上都是产品粉丝和忠实用户，大家关注的是这个产品和品牌。

(2)兴趣爱好类社群。其代表者为十点读书等，社群用户追求的是一种身份认同，一种优越感。

(3) 知识类社群。代表者为秋叶PPT，社群用户关注的是自身的成长，因此看重的是社群能否有持续干货输出。

(4) 资源类社群。像正和岛、长青会这类，聚集了行业精英的群体，用户主要是拓展自己的人脉资源，希望能达成合作。

(5) 项目协作类社群。其代表者是人人都是运营等，它是基于直接的物质利益和人脉关系去建立的。

(6) 混合类社群。其包含上述各类社群，以职业、行业等划分的社群均属于此类，它以BD(Business Development，业务扩展)为导向，这也是大家关注的重点。

通过提高社群价值、线上线下活动、红包和物质奖励、社群文化建设等方面，将会从物质、精神两个层面激发社群成员的激情，形成社群成员的归属感，增加社群成员之间的黏聚性，从而打造活跃度极高的社群。

（四）社群变现

1. 社群运营原则

运营社群而不追求回报是不可能的，无盈利的社群也无法长久持续下去。

首先，社群运营必须坚持自然而来、自然生长、循序渐进的原则。社群运营要遵循从社群本身特色出发，从拥有社群、发现社群中用户的共同需求出发，进行初级的社群需求个性化满足。形成闭环之后，再决定做进一步的社群运营模式的升级，包括借助技术平台实现规模化效率。

其次，要始终坚持MVP(Minimum Viable Product，最小化可行产品)原则。在未直接开展独立统一技术平台打造前，需要借助互联网通用的工具平台，实现最小化商业闭环实现的实验，才能够确定社群商业运营需求的刚性和可行性。

最后，要始终坚持社群运营从简单工具开始。简单工具辅助社群内部需求满足后，再实现工具向平台的升级，扩大服务对象范围，增加服务提供商的数量等，进而实现社群经济商业价值最大化。

2. 社群价值变现方式

社群价值的变现是多元化的，有如下 5 种常见变现方式：

(1) 产品式。就是直接以产品为导向，社群通过对产品的不断更新来变现。例如，秋叶 PPT 就是通过不断开发新的课程来产生直接的回报，课程就是它的产品。

(2)会员式。通过直接收取会员费来达到变现的目的，如逻辑思维。

(3) 电子商务式。通过销售商品的方式来变现，也是以逻辑思维为代表。

(4) 项目式。通过各种项目协作，然后推出定制化的产品和服务。

(5) 众筹式。利用社群的精准粉丝特性发起众筹。

二、认识网红经济

(一)网红经济的内涵

网红经济是以一位年轻貌美的时尚达人为形象代表，以红人的品位和眼光为主导，进行选款和视觉推广，在社交媒体上聚集人气，依托庞大的粉丝群体进行定向营销，从而将粉丝转化为购买力的经济现象。从“网红”到“网红经济”，一波互联网浪潮从 2015 年开始在国内呈现出“井喷”之势。网红经济模式里有如下 3 个组成部分：

IP(Intellectual Property，知识财产)工场，也称网红孵化器，或称 IP 推手、提供商，包括影视投放、红人培训、动漫设计、营销策划、公关推手等。其商业孵化能力与资源配套是核心竞争力，经纪、版权及周边产品收入是其主要收入来源。

IP 手艺人，多称网红，或称关键意见领袖(Key Opinion Leader，KOL)。其主要的商业模式是代言、打赏供养和产品销售等。其核心竞争力就是具备持续产生圈层内容的能力。

IP 支持商，也称平台，或称卖水者，包括展示平台、电子商务、流量分发、周边产品支持等。

(二)网红产生的原因

网红的产生不是自发的，而是网络媒介环境下，网络红人、网络推手、传统媒体及受众心理需求等利益共同体综合作用的结果。

1. 互联网和社交媒体的普及

随着互联网的普及和社交媒体的兴起，人们的生活方式和消费习惯也发生了巨大的变化。互联网和社交媒体为人们提供了更多的信息和交流渠道，使得人们可以更加方便地了解和追随自己感兴趣的事物。同时，社交媒体也为网红们提供了一个广泛的平台，让他们可以更加容易地被人们所发现和关注。

2. 人们对于个性化和独特性的追求

在这个信息爆炸的时代，人们对于个性化和独特性的追求越来越强烈。在这种情况下，网红们的出现正好满足了人们的这种需求。网红们通常都拥有自己独特的个性和风格，他们的言行和行为也常常引人注目。这一点对于那些追求个性和独特性的人来说，是非常具有吸引力的。

3. 商业化的需求

随着互联网和社交媒体的发展，商业化已经成为社交媒体的一个重要特征。很多企业开始意识到网红的影响力和价值，因此开始寻找和网红的合作机会，以此来推广自己的产品和品牌。这种商业化的需求也促使了更多的人成为网红，以此来获得商业化机会和收益。

4. 人们对于名利的追求

人们对于名利的追求是人类天性中的一部分。网红的出现为那些渴望成名和获得名利的人提供了一个机会。通过在社交媒体上积累粉丝和影响力，网红们可以获得更多的关注和赞誉，同时也可以获得更多的商业化机会和收益。这种名利的追求也促使了更多的人成为网红。

5. 市场竞争的压力

随着网红数量的不断增加，市场竞争的压力也逐渐增大。为了在这个竞争激烈的市场中获得更多的关注和认可，越来越多的人开始投身到网红这个领域中。这种市场竞争的压力也是导致现在网红越来越多的一个重要原因。

（三）网红经济的变现模式

广告是网红变现的最直接方式。作为内容生产者的网红，对内容有极强的驾驭能力，粉丝对其极易产生共鸣。通过原创视频火起来的网红，在视频中插入广告是很容易让粉丝记住的。其广告的展现方式主要有两种：一种是静态的物体在视频中展现；一种是在视频后期制作中加入广告的元素。如果是微信公众号，则在编辑微信时可加入文字或图片广告。

微商推送模式。这种模式通过对粉丝的引导来实现变现。活跃在微博、微信上的网红每天推送一些美妆或知识性的内容，并同时附上一个链接，往往这个链接就是在推送他们卖的产品。只要稍微懂微信、微博电商的操作，变现不是很难。

卖会员资格、VIP，以及粉丝打赏，也是一种比较直接的变现方式。通常网红会制造许多热点话题，粉丝纷纷参与其中，当一个话题有足够多粉丝关注时，就会有许多粉丝去买会员资格、VIP，几十分钟进账几万元是很容易的。网络直播、微信、微博开通的打赏功能也是重要的变现方式。网红创作的内容，很容易突破 10 万次的浏览量，至少有 800 人打赏，因此，网红收到上万元赏钱也不是难事。

网店卖货，即直接通过电子商务销售产品进行变现。网红通过直播等方式推广产品，并抽成。这种模式通过“有影响力的个人＋人格化的店铺魅力＋社交工具传播”来获取客户的喜爱和信任，达到自传播，为网上店铺导流的目的。这种模式不依赖平台搜索规则和活动，不依赖付费流量，实现一套产销闭环。

（四）网红经济的持续发展

网红是自媒体时代活跃在网络世界里的明星。他们的出现改变了这个时代的“造星机制”，成名的门槛降低了很多。网红经济只是互联网经济的一种形式，对于年轻人而言，“高颜值”就可以轻松扬名。赚快钱的范本过多，不加以引导，会影响到年轻人的价值观。

对于拥有技能或知识的人，可以在时间财富网之类的服务众包平台做任务，进行付费知识问答。

（五）直播电商的兴起

中国电商直播起始于 2016 年，从最初以内容建设与流量变现为目的的起步尝试，产业链至今逐步完整化、多元化，目前行业处于爆发式增长阶段，交易额陡增，头部流量平台和交易平台持续向直播倾斜资源，直播带货几乎成为各大平台的标配。

直播起初是淘系提高品牌商在平台转化率尝试的手段之一，类似团购与短视频，此后随着直播带来了良好的转化效果，其入口的优先级逐步提高。此外，内容平台的入局给直播电商带来新增流量，抖音快手的用户画像与电商平台的消费主力高度吻合，而电商平台亦能弥补内容平台变现时供应链资源的欠缺，两者的合作更加深入，为直播电商蓬勃发展带来契机。

2023 年中国直播电商市场规模 4.9 万亿元，电商直播用户 5.3 亿人，直播电商观看人次 5 635.3 亿，购买转化率 4.8%。电商直播能拥有如此广泛受众群体的原因，一方面是平台加以引导，增加用户由被动消费向主动消费的转化；另一方面，信息爆炸、用户时间碎片化，粉丝效应与从众心理等因素导致其倾向做出快、准、稳的消费决策。直播电商生态图谱，如图 8－11所示。

图 8－11　直播电商生态图谱

三、了解共享经济模式

共享经济的模式已在深深地影响着人们的观念和生活。在住宿、交通、教育服务、生活服务及旅游领域，优秀的共享经济公司不断涌现，从宠物寄养共享、车位共享到专家共享、社区服务共享及导游共享，甚至移动互联强需求的 Wi-Fi 共享。新模式层出不穷，在供给端整合线下资源，在需求端不断为用户提供更优质体验。

（一）关于共享经济

共享经济，是指以获得一定报酬为主要目的，基于陌生人且存在物品使用权暂时转移的一种新的经济模式。其本质是整合线下的闲散物品或服务者，让他们以较低的价格提供产品或服务。对于供给方来说，通过在特定时间内让渡物品的使用权或提供服务，来获得一定的金钱回报；对需求方而言，不直接拥有物品的所有权，而是通过租、借等共享的方式使用物品。这种共享更多的是通过互联网作为媒介来实现的。

"共享经济"最早由美国得克萨斯州立大学社会学教授马科斯·费尔逊（Marcus Felson）和伊利诺伊大学社会学教授琼·斯潘思（Joe L. Spaeth）于1978年发表的论文 *Community Structure and Collaborative Consumption: A Routine Activity Approach* 中提出。共享经济现象却是在最近几年才流行起来。共享经济模式里有三大主体，即商品或服务的需求方、供给方和共享经济平台。由第三方创建的、以信息技术为基础的市场平台作为连接供需双方的纽带，通过LBS(Location Based Service，基于位置的服务)应用、动态算法与定价、双方互评体系等一系列机制的建立，使得供给与需求方通过共享经济平台进行交易。

（二）共享经济的基本特征

(1) 借助网络作为信息平台。通过公共网络平台，人们对企业数据采取的是一种个人终端访问的形式。员工不仅能访问企业内部数据，还可将计算机、电话、网络平台全部连通，让办公更便捷。智能终端便携易用，功能越来越强大，用户使用这些设备来处理工作的意愿越来越明显。例如，房屋出租网架起了旅游人士和家有空房出租的房主合作的桥梁，用户可通过网络或手机应用程序发布、搜索度假房屋租赁信息，并完成在线预订程序。

(2)以闲置资源使用权的暂时性转移为本质。共享经济将个体所拥有的作为一种沉没成本的闲置资源进行社会化利用。更通俗的说法是，共享经济倡导"租"而不是"买"。物品或服务的需求者通过共享平台暂时性地从供给者那里获得使用权，以相对于购置而言较低的成本完成使用目标后再转移给其所有者。

(3) 以物品的重复交易和高效利用为表现形式。共享经济的核心是通过将所有者闲置资源的频繁易手，重复性地转让给其他社会成员使用，这种"网络串联"形成的分享模式把被浪费的资产利用起来，能够提升现有物品的使用效率，高效地利用资源，实现个体的福利提升和社会整体的可持续发展。

（三）共享经济的存在形式

共享在网络生活中非常普遍，从文字、图片到视频、软件，共享行为无处不在。随着社交网络的日益成熟，当前共享内容已不再局限于虚拟资源，而是扩展到房子、车子等消费实体，形成了新一代的商业模式"共享经济"。哈佛大学经济系的教授威茨曼把共享经济分成三大类别。

(1) 基于共享和租赁的产品服务，即在同一所有者掌控下的特定物品在不同需求者间实现使用权转移，如拼车网、房屋交换网。从本质上说，金融企业就是基于分享经济理念的经济形态。

(2)基于二手转让，是指同一物品在不同需求者间依次实现所有权转移。例如，瓜子二手车交易平台，业务范围覆盖全国200多个主流城市，为用户提供二手车检测定价、居间服务、汽车金融、跨区流转等服务；孔夫子旧书网，一个品类比较齐全的二手图书交易平台，里面有5万家书摊，9 000万种书籍，有大量的极具收藏价值的古旧真本；转转网，来自58同城旗下的子品牌，业务范围覆盖全国500多个城市，是一个专业的二手手机交易平台，提供上门回收服务。

(3) 基于资产和技能共享的协同生活方式。一般是指对时间、知识和技能等无形资产的分享。例如，Liquid Space(流动空间)复制Airbnb模式，为在外出差者在当地寻找和共享最佳办公空间，并通过LBS应用将信息呈现给用户，这些地点包括办公区、商业中心等许多有Wi-Fi但使用率不高的地方，从而低成本地共享工作间和机器设备。此外，这种形式还包括一方利用闲暇时间为另一方提供服务等形式。

(四)发展共享经济的意义

随着共享经济的兴起，个别的、细微的消费行为变化经过集聚整合最终将会带来巨大的商业变革和社会变革。

(1) 共享经济扩大了交易主体的可选择空间和福利提升空间。在传统商业模式下，人们主要是被动地接受商家提供的商品信息，个别人对商品的体验评价局限于熟人圈子，而基于网络平台的共享经济模式却使供求双方都能够通过互联网发布自己能够供给的分享物品或需求物品，增加了特定供给者或需求者可选择的交易对象，并具备了掌握交易对象更多信息的可能，这就避免了欺诈性不公平交易和交易成本，从根本上提高了交易质量，有利于促进双方福利的增加。

(2)共享经济改变了人们的产权观念，培育了合作意识。共享经济将更多的私人物品在不改变所有权属的基础上让更多的人以较低的价格分享，从而压缩了个人用品中私人专用物品的相对空间，扩充了公共物品概念的内涵。内蕴着集体经济的发展，也要求政府在国家层面更广泛地渗透和干预居民私人生活，推动着社会共有形式的跃迁。借助网络平台，出租或借用东西给自己不认识的人，从根本上扩大了人们分享的人际圈，教会人们如何分享，互相丰富生活，使得分享成为社会交往中不可或缺的重要因素。

(3) 共享经济改变了传统产业的运行环境，形成了一种新的供给模式和交易关系。传统生产方式是企业家组织生产要素提供产品，在生产环节的组织化程度很高，消费者主要是散客。而网络平台提高了消费者的组织化程度，将每一个顾客的消费需求变得更加精确，"柔性生产"和"准时供给"成为普遍的生产方式，预示着精细生活时代的到来。从整个社会供给来看，共享经济减少了社会供给总量，推动了绿色革命，有可能开启下一轮产业革命，将成为过度消费的终结者。

(4) 共享经济改变了劳资关系。共享经济改变了企业的雇用模式和劳动力的全职就业模式，给那些富有创造力的个人提供了一种全新的在家谋生方式——人们可以自由选择自己感兴趣和擅长的任务，以及工作时间和工资。事实上，大多数参与分享业务的人，都拥有自己的本职工作，只是将这些分享服务看成是额外的收入。从公司的角度看，这种模式能够保证公司自身灵活地调整规模，免去了裁员和招聘的痛苦，也不用考虑职工奖金、保险、退休金及工会之类的烦琐事务。这种工作模式对于个人和公司都是非常有利的，从而使社会成员成为自由职业者和兼职人员的混合体，使社会成为一个全合约型社会。

(5) 共享经济有助于解决政府城市管理难题。交通拥堵、生态资源紧张、劳资矛盾、收入分配不公、邻里冷漠是制约多数城市发展的普遍难题。在共享经济理念下，地方政府间可以开展广泛的合作，通过城市间信息共享、政策协调、人力资源共用，有助于缩小城乡差距和区域不平衡问题。共享自行车和汽车改变了城市旨在改善交通的政策，共享汽车还能减少尾气排放，共享私人住宅还能平衡城市住房供需关系，共享经济甚至还可以通过稳定社会网络来解决城市犯罪问题。共享模式切入政治程序，成为民主化进程的重要促进因素。例如，很多国家流行的参与式预算管理，就是一个城市或社区的所有居民共同参与城市预算管理，讨论并决定公共开支项目。

任务四　认识新零售

案例点击 *8－4*

京东便利店是京东集团推出的无人便利店品牌，通过人工智能、物联网和自动化技术实现了24小时自助购物的便利店。

自动化技术：京东便利店通过人工智能和物联网技术实现了无人化运营，用户可以通过手机扫码进入便利店，选择商品后自动结算，无须人工操作。同时，京东便利店还通过智能货架、智能摄像头等技术实现了商品的自动补货和防盗。

便捷体验：京东便利店提供24小时自助购物的便利，用户可以随时随地购买所需商品，无须排队等待。同时，京东便利店还提供了自助支付、无人售货等功能，进一步提升了用户的购物体验。

数据分析：京东便利店通过对用户行为数据的分析，了解用户的购买偏好和消费习惯，从而进行个性化推荐和精准营销。同时，京东便利店还通过数据分析优化商品的布局和调整商品的种类，提高销售效率和利润。

社区服务：京东便利店通过布局在社区附近的方式，为用户提供了便利的购物服务。同时，京东便利店还可以充当社区服务中心，提供快递代收、生鲜配送等服务，满足用户多样化的需求。

京东的便利店充分利用了科技创新和数据分析的优势，通过线上线下融合、供应链整合、无界零售和会员经营等方式，实现了商品的选购、支付、配送和售后服务的全流程全场景体验，提升了用户的购物体验和满意度。同时，新零售的发展也为传统零售业带来了新的机遇和挑战，需要不断创新和适应市场的变化。

思考：

新零售与传统零售有什么区别？其本质是什么？

一、理解新零售的概念

新零售

新零售是企业以互联网为依托，通过运用大数据、人工智能等先进技术手段，对商品的生产、流通与销售过程进行升级改造，进而重塑业态结构与生态圈，并对线上服务、线下体验以及现代物流进行深度融合的零售新模式。

新零售平台的五个“新”：

(1) 新角色。新角色是指新零售平台在下游洞悉消费者需求,并向上游供应商提供消费者需求大数据资源,进而成为供应商的生产研发活动和市场推广活动的服务者。

(2)新内容。新内容是指平台由商品销售者变为“商品和服务”的提供者,如天猫等平台利用商品数字化、会员数字化为生产企业、供应商提供新型的数据服务。

(3) 新形态。新形态是指新零售平台应通过清晰洞察消费者痛点,对零售业态的各要素再次进行边际调整,组成新型经营业态。

(4) 新关系。新关系是指电子商务平台(如天猫等)为供应商赋能,与消费者实现互动和交流,构建平台与消费者之间深度互动的社群关系。

(5) 新理念。新理念是指新零售平台需要适应消费者主权时代的新理念、新模式,通过零售变革更精准地满足消费者需求,为消费者不断创造价值。

二、新零售的主要特征

(1) 渠道一体化。线上线下融合,渠道一体化。真正的新零售应是计算机网店、移动App、微信商城、直营门店、加盟门店等多种线上线下渠道的全面打通与深度融合,商品、库存、会员、服务等环节组成一个整体。零售商不仅要打造多种形态的销售场所,还要实现多渠道销售场景的深度融合,才能满足消费者的需求。

(2)经营数字化。商业变革的目标是通过数字化把各种行为和场景搬到线上去,然后再实现线上线下的融合。零售行业的数字化是依托 IT 技术实现顾客数字化、商品数字化、营销数字化、交易数字化等经营数字化,其中,顾客数字化是经营数字化的基础和前提。

(3) 门店智能化。大数据时代,“一切皆智能”成为可能。门店以物联网等新兴技术进行智能化改造,应用智能货架与智能硬件延展店铺时空,构建丰富多样的全新零售场景。门店智能化可以提升顾客互动体验和购物效率,增加多维度的零售数据,很好地把大数据分析结果应用到实际零售场景中。对于零售行业,在商家数字化改造之后,门店的智能化进程会逐步加快,但脱离数字化基础去追求智能化,可能只会打造出“花瓶工程”。

(4) 物流智能化。首先,新零售要求顾客可以全天候、全渠道、全时段都能买到商品,并能实现到店自提、同城配送、快递配送等,这就需要对接第三方智能配送、物流体系,以此缩短配送周期,实现去库存化。其次,新零售能够实现库存共享,改变传统门店大量铺陈与囤积商品的现状,引导顾客线下体验,线上购买,实现门店去库存化。最后,新零售从消费需求出发,倒推至商品生产,零售企业按需备货,供应链按需生产,真正实现零售去库存化。

三、新零售的本质

新零售的本质是对人、货、场三者关系的重构。人对应消费者画像、数据;货对应供应链组织关系和与品牌的关系;场是场景,对应商场表现形式。场是新零售前端表象,人、货是后端实质变化。

线上线下关联紧密,优势互补,合作共赢。消费者的购买行为呈现线上线下融合的明显趋势，线上了解线下购买，线下体验线上购买的行为十分常见。电子商务的优势在于数据，体验却是其软肋，而实体店的优势恰恰在于体验，数据却是实体店的弱项。

在线上流量红利结束、消费升级的大背景下，线上企业比拼的不再是低价，而是服务和体验，因此，阿里巴巴等线上巨头纷纷拥抱线下企业，致力于打造线上线下消费闭环。线下实体店作为流量新入口，弥补了传统电子商务业务高端用户群体数据的缺失，可助力线上企业描绘多维清晰的消费者画像。线下门店依托线上数据，有利于提高营销精准率和经营效率。

四、理解新零售的运营模式

在新零售模式下，实体零售与电子商务的商业形态不再对立，线上线下融合发展将是电子商务发展的新常态。目前对于各行各业来说，新零售主要有以下几种运营模式。

（一）初级模式

实体店的内在变革是新零售的初级模式，这是现阶段被引用最多的新零售模式。跨界运营就是该模式的典型应用。例如，2017 年，永辉超市推出了“超级物种”旗舰店，“超级物种”的创新之处在于，利用永辉超市的供应链，以生鲜作为主要引流产品，通过高性价比吸引大量的中高端消费者，然后通过餐饮服务的叠加(在超市里面加入餐饮元素)，有效地提高了消费者的复购率。不管是在超市里面放置咖啡桌，还是设置休闲屋，其本质都是为了让消费者尽可能长时间地待在超市里，带动更多的消费。

（二）中级模式

“线上导流，线下消费”是新零售的中级模式，它将线上和线下结合。例如，小米之家通过线上的影响力，把线上的流量导入线下的小米之家门店，然后在门店中以多品类的系列商品来引起消费者的关注，在增强消费者消费体验的同时，使消费者能够购买不同品类的商品，从而增加销量。

（三）终极模式

线上线下一体化是新零售的终极模式，要实现这个目标，通常需要大数据的支持。例如，银泰百货杭州下沙工厂店利用阿里大数据描绘出周围 5 000 米的消费者画像，据此确定门店装修风格、商品品类等。银泰百货通过阿里及其成熟的互联网技术，监控商品价格趋势，了解消费者群体的消费偏好，将商品和消费者精确匹配。此外，实行线上线下同步购物结算，购物者在结束购物后不需要排队结账，只需扫描商品上的二维码，打开相应的 App，筛选购物清单，用支付宝完成支付即可。消费者可以选择当天直接在商场提货回家，也可以等待门店将商品配送到家

五、新零售的未来发展方向

新零售的诞生是一场场景革命，它会给零售业态乃至所有参与其中的相关业态都带来不可思议的改变，新消费升级、大数据赋能、人工智能技术的应用等都将使新零售最终实现降低成本、提高效率、提升体验的目的，让人们以更便利的方式购买质量更好的产品。新零售的未来发展方向主要体现在以下几个方面：

(1) 更加以消费者为中心。在零售市场竞争日趋激烈的环境下，在产品极丰富的大背

景下,零售业已逐步走出以产品为中心的模式,转向以消费者为中心、以流量为中心快速发展。新零售需要从内容、形式和体验上更好地满足消费者的需求,这是零售经营的核心。当前,新零售首先应该"经营"消费者,围绕消费者打造有特色的产品或服务。如何用有特色的产品、场景、服务打动消费者,已经成为发展新零售最关键的要素。

(2) 流量零售,在线下、线上流量到顶的形势下,零售业经营的核心元素已经变成流量的导入。流量是零售企业最重要的资源。未来的零售业的竞争是流量的竞争,是对客户资源的竞争。如何找到客户、建立联系、产生影响、增强黏性、提升价值等是新零售经营的主线。

在流量零售的模式下,所有的客户一定是已注册的、可连接的、可统计的、可管理的和可互动的。零售的经营将以找到客户为起点,通过用户注册,把客户变成可连接和可管理的。企业要尽快用更多的手段,把客户变成自己的注册用户,用一切有效的方式影响自己的客户,并最终将其培养为忠诚客户。

(3) 社交与社群零售。当前的社会环境下,以往以商品、品牌为中心的零售营销模式已经发生了很大变化,社交、社群正在成为新零售营销的重要影响因素,新零售将具备更多的社交属性和更多的社交功能。在互联网环境下,社群已经成为消费者购买商品的重要影响因素。

围绕目标顾客,打造超强生活场景,构建更多的 IP 属性,通过社群产生黏性,逐步提高顾客价值,能够产生更有效的传播。海尔集团首席执行官张瑞敏指出:未来的经济肯定是社群经济,主要看企业的社群规模有多大,社群成员的终身价值有多高。

(4) 智能化零售、无人零售。随着信息技术、智能技术的逐步成熟,人工智能将逐步取代部分人力而使零售效率得到提升。沃尔玛的机器人货架,可替代人工上货、盘点、管理货架。从成本、效率、体验出发,智能化零售、无人零售已经成为当前零售创新发展的新热点。未来可能会成为主要的零售形式,或者成为重要的零售补充形式。

(5) 用户定位更精准。以人脸识别为首的新技术将与大数据的虚拟画像技术进行结合,从而做到更加精准的消费者定位;物流系统在精准用户画像的大数据调配下,能使库存量经常保持在合理的水平上,避免超储或缺货,减少库存空间占用,降低库存总费用,控制库存资金占用,加速资金周转。

(6) 数据争夺更激烈。随着数据变得越来越重要,谁拥有了大数据,谁就掌握了话语权和未来。客户信息代表了客户的消费轨迹,通过它能够更好地帮助企业了解客户,从而预判每一个客户的下一次消费的机会点在哪里。在未来,大数据会成为零售业的"能源",会成为一切商业行为的基本判断依据。

任务五 案例分析

一、"用更少的钱,过更好的生活"的网易考拉海购

(一) 基本概况

网易考拉海购(见图 8 - 12)是网易旗下以跨境进口业务为主的综合型电商,于 2015 年

1 月 9 日上线公测。销售品类涵盖母婴、美容彩妆、家居生活、营养保健、环球美食、服饰箱包、数码家电等。网易考拉海购以 100%正品，天天低价，7 天无忧退货，快捷配送服务，提供消费者海量海外商品购买渠道，希望帮助用户“用更少的钱，过更好的生活”，助推消费和生活的双重升级。

图 8－12　网易考拉海购官网

网易考拉海购主打自营直采的理念，在美国、德国、意大利、日本、韩国、澳大利亚、中国香港、中国台湾设有分公司或办事处，深入产品原产地直采高品质、适合中国市场的商品，从源头杜绝假货，保障商品品质的同时省去诸多中间环节，直接从原产地运抵国内，在海关和国检的监控下，储存在保税区仓库。除此之外，网易考拉海购还与海关联合开发二维码溯源系统，严格把控产品质量，是国内首家获此认证的跨境电商，也是目前国内首家获得最高级别认证的跨境电商平台之一。

作为一家媒体驱动型电商，网易考拉海购是网易集团投入大量优质资源打造的战略级产品，良好地解决了商家和消费者之间信息不对等的现状，并凭借自营模式、定价优势、全球布点、仓储、海外物流、资金和保姆式服务七大优势，仅一年就跻身跨境电商第一梯队。

（二）发展历程

2015 年 1 月 9 日，网易自营跨境电子商务平台“考拉海购”上线公测，网易 CEO 丁磊寄语：做事有态度，做人有良心，无论是做新闻、邮箱，还是电商，都是一样的。

2015 年 1 月 29 日，考拉海购开卖智利车厘子，实现跨境电商生鲜第一单。

2015 年 3 月 12 日，考拉海购推出首个促销活动：为期一周的“纸尿裤狂欢节”，并刷新海淘纸尿裤配送纪录，仅用时 24 小时左右。

2015 年 5 月 20 日，考拉海购上线“爱购狂欢节”，海外商品从母婴用品扩展到美妆个护、美食保健、家居日用等全品类。

2015 年 6 月 2 日，网易 CEO 丁磊、考拉海购 CEO 张蕾及高管团队受邀出访韩国，央视全程报道。

2015年6月18日，考拉海购推出年中大促活动，杭州保税区出单量跃居第一。

2015年6月28日，考拉海购宣布成立日本分公司。

2015年9月6日，考拉海购2.0版App登陆苹果商店，以场景化的创新体验开辟行业先河。

2015年10月23日，考拉海购宣布上线九大国家馆。

2015年11月11日，考拉海购首次参与“双11”大促。

2015年12月12日，考拉海购宣布推出首个生鲜业务：乌拉圭进口牛肉，实现经由保税仓储发货的跨境电商进口牛肉商业第一单。

2015年12月24日，考拉海购上线海外鲜果，24小时送达江浙沪，继续发力生鲜品类。

2015年12月30日，考拉海购宁波新仓奠基，建筑面积超过25万平方米，建成后日出单量可达20万单。

2016年2月21日，考拉海购已于今日起支持用户使用Apple Pay，成为首批支持Apple Pay服务的自营为主的跨境电商平台。

2016年3月29日，考拉海购宣布正式上线，2016年销售目标冲击100亿元人民币。

2017年11月11日，考拉海购销售额为2016年的4倍。考拉海购仅花了28分钟，销售额就达成“双11”全天销售额、32分钟刷新跨境配送时效，78分钟销售额达两倍。

2018年6月，考拉海购宣告进军综合电商市场。

2019年9月6日，阿里巴巴宣布与网易达成战略合作。阿里巴巴集团以20亿美元全资收购网易旗下跨境电商平台考拉，同时阿里巴巴作为领投方参与了网易云音乐此轮7亿美元的融资。

2019年9月6日，“考拉”PC端已更名为“考拉海购”。

2020年8月21日，正式宣布战略升级，全面聚焦“会员电商”。

2022年2月15日，考拉海购奢侈品频道正式上线，包含首饰腕表、包袋、鞋靴、箱包全品类，共覆盖超200个品牌10 000余款商品。

截至2022年7月，考拉海购业务团队已从2021年时的400余人收缩至不足20人，聚焦在以母婴、美妆类目为主的会员电商业务上。产品、技术只做维护，不再升级。

（三）运营模式

1. 独特的“自营模式＋微利生态圈＋保姆式服务”商业模式

第一，采取B2C自营直采的模式，成立专业采购团队深入产品原产地，对所有供应商的资质进行严格审核，并设置了严密的复核机制，从源头上杜绝假货，进一步保证了商品的安全性，增强了消费者对产品的信心。截至2016年年底，网易考拉海购已与全球数百个优质供应商和一线品牌达成战略合作。

第二，基于对自己产业链、供应链上的信心，考拉海购为了增强自营的优势和门槛，提出了微利生态圈概念。所谓的微利生态圈就是希望平台能够把在采购端、物流端等处优化的成本优势让利给消费者，借价格优势，在短时间内快速获取用户，打开市场。同时正是因为产业链上游具有的核心竞争优势，使得考拉海购敢于在互联网巨头之间进行贴身价格战。

第三，网易考拉海购能够提供包括跨国物流仓储、跨境支付、供应链金融、线上运营、品牌推广等一整套完整的保姆式服务，解决海外商家进入中国的障碍，省去了他们独自开拓中国市场面临的语言、文化差异、运输等问题，让商家更为专注地做其擅长的产品供货服务。而事实上，不少海外商家与考拉海沟的合作正是看中了考拉能够提供的差异化服务，以及网易庞大的用户资源和其本身具有的媒体属性（见图 8－13）。

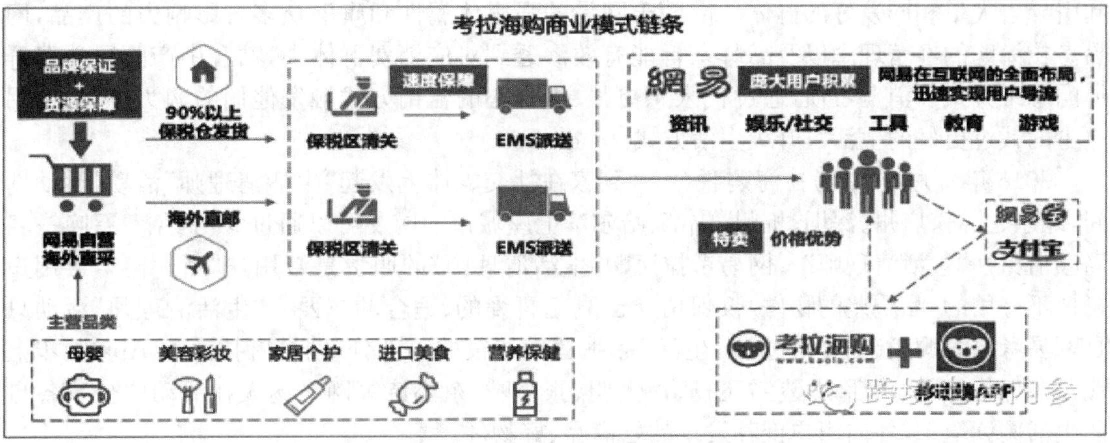

图 8－13　考拉海购商业模式链

2. 媒体型电商的战略定位及“榜单＋直播＋场景”的三大战略

足够强的影响力、足够好的口碑以及消费场景的有效渗透是网易考拉海购对媒体型电商的定义。网易考拉海购 2016 年战略发布会现场，网易考拉海购首次强调了媒体型电商的定位，坚持直播运营、榜单经济和场景营销三大战略与用户沟通，希望通过赋予商品更多的内容信息，引导消费者做出最恰当的决定。

通过虎牙直播、斗鱼直播、nice、网易 BOBO 等四大直播平台的战略合作，推动合作拍摄、专题运营、合作推广等多种形式，共同推进网易考拉海购“全球直采”项目。

榜单经济上，网易考拉海购利用大数据技术，发布的今日热销榜、今日新品榜、今日省钱榜，成为海淘用户购买风向标。

消费场景渗透最有效的方式是提高互动，提升用户参与感，满足用户参与度。网易考拉海购希望通过媒体手段让用户参与运营全流程，并将展现方式内容化，联动博主、达人、明星等资源，让用户深入了解海外商品和品牌（见图 8－14）。

图 8－14　考拉海购的三大战略

3. 打造内容主导消费的营销模式

随着中产阶层的崛起和跨境电商的深度发展，以内容主导的消费模式正取代过去货架式的购买。移动互联网的自媒体属性，更是催生了大批互联网达人，达人的示范效应正聚集和引导着大量相同爱好的群体。借助于网易的强媒体属性和旗下众多有影响力的产品，网易考拉海购的经营理念以及品牌宗旨能有效渗透到对应消费群体中，贴合中产阶层消费群体的思维方式和消费习惯，通过代入感更强、更走心的营销方式触发他们的购买行为。“用更少的钱过更好的生活”，升级生活方式。

2016 年 4 月，网易考拉海购联合 58 到家在社交媒体上发起“生活清理师”活动，活动期间，北京、上海、广州、深圳、杭州、成都、哈尔滨七座城市的网友可以通过参与，免费召唤一名高颜值男性“生活清理师”。网易考拉海购“生活清理师”的职责是帮用户“断舍离”，帮用户扔掉不好用的、品质差的物件，仅保留自己真正喜爱的、适合的东西。“生活清理师”活动只是网易考拉海购发起的“只过 1%生活”品牌营销战役的一部分，网易考拉海购 App 同步上线“1%好物榜”运营活动，夏雪飞扬、卢大胆、张小贼、东小诗等网络达人在活动中分享各自的生活阅读笔记，并向用户推荐发现的好商品、好物件。

“品牌超级体验日”，则是整合了网易考拉海购和 Swisse 内外部的优质资源，配合明星红人效应、社群分享等多种方式赋予 Swisse 更多的内容信息，形成从专业内容生产到推广营销联动的全方位营销模式。除了邀请 Swisse 全球品牌代言人、奥斯卡影后妮可·基德曼“为自己代言”外，网易考拉海购和 Swisse 还寻找到了四位各自领域的年轻女性达人，分享他们的生活状态和态度，积极引发女性的共鸣和思考。

品牌日活动中，网易考拉海购除邀请达人外，还切入互联网用户社群和爱晒的理念，利用互动性较强的 H5 社群营销，打造了“考拉邀你测颜值，成为 swisse lady”和“素颜也要美翻天”两个颇具传播性的 H5，鼓励大家在社群中晒出自己的素颜照，倡导自然美的生活方式，该活动同样在易信、LOFTER、微信等社交圈被引爆(见图 8-15)。

图 8-15　品牌超级体验日海报

(四) 创新与特色

1. 专注于“自营、精品”的定位

网易考拉海购坚持自营直采和精品化运作的理念，在旧金山、东京、首尔、悉尼、中国香港等近 10 个国家和地区成立了分公司和办事处，深入商品原产地精选全球优质尖货，规避了代理商、经销商等多层环节，直接对接品牌商和工厂，省去中间环节及费用，还采用了大批量规模化集采的模式，实现更低的进价，甚至做到海外批发价。在商品选品方面，从爆品到逐渐丰富商品、拓展品类，并由单纯的商品销售，逐渐深化为对消费者生活方式的引导。

(1) 商品溯源：部分商品直接得到品牌授权，由品牌供货。部分商品由一级代理、大型商超供货。商品品质相对有保障，有大量的仓位。

(2)质量把控：供应商不再通过 TP 等中间商，直接与网易考拉海购联系，能够更直接地保证商品正品及质量。

(3) 价格优惠：不通过中间商，能够减少中间商的加价，获得更优惠的进价，给用户提供更优惠的价格。

(4) 品牌诠释：更多地介绍进口的商品、商品原产地、品牌，帮助国外品牌在中国推广、包装，让消费者知道品牌背后的故事。

2. 网易品牌的强势效应

背靠网易的考拉海购以丰富资源优势领跑跨境电商市场，考拉海购的核心竞争力离不开网易背景运作下的品牌、资本、商业模式的关联。

(1) 流量上，背靠网易公司超 7 亿的庞大用户，有网易游戏、网易云音乐等系列产品的支持。

(2)推广上，有网易强门户媒体资源、多产品渠道推广能力，如网易新闻客户端、网易邮箱等。

(3) 资金与金融配套业务上，网易多年高盈利，现金流储备充足，有网易宝及较完整供应链金融服务。

(4) 电商经验基因上，有网易彩票、网易保险等；虚拟电商积累上，有导购网站惠惠网。

(5) 自有品牌上，与网易旗下电商品牌网易严选、网易味央、网易四季生鲜深入合作，扩大自有品牌商品占比。

3. 跨境物流云平台打造海淘业界新标

网易考拉海购已经成为跨境电商中拥有保税仓规模最大的企业，在杭州、郑州、宁波、重庆四个保税区拥有超过 15 万平方米的保税仓储面积，位于宁波的 25 万平方米现代化、智能化保税仓已经破土动工。在海外，网易考拉海购初步在美国、中国香港建成两大国际物流仓储中心，并将开通韩国、日本、澳大利亚、欧洲等国家和地区的国际物流仓储中心。

网易考拉海购拥有专业的国际物流团队负责海外工厂、仓库提货、装箱并安排航空、航务等国际物流操作，建立了一套完善的标准，通过与中国外运合作整合海外货源、国际运输、海关国检、保税园区、国内派送等多个环节，打通整条产业链。

针对跨境电商物流链的痛点，网易考拉海购从源头上去解决行业现存的问题，创新性地打造了国内首个跨境物流云平台——网易考拉海购物流云，并部署了智能化管理系统“祥龙”与云 TMS 系统“瑞麟”，将跨境物流供应链各环节进行一体式打通。除了物流云平台的构建外，网易考拉海购还开创了多个行业新标准，如：所有商品入仓必须全检；24 小时正品海淘生态圈,江浙沪率先实现次日达;全品类恒温储存于保税仓……基于此,网易考拉海购方面表示要让收货便利快捷成为全国海淘族网购的标配服务。

4. 场景化购物体验开创行业先河

区别于传统电商应用基于搜索的集市型商品呈现和交互方式,网易考拉海购 App 2.0 版本开创了业界先河,在交互体验、功能完善、个性化推荐、分享评论方面进行了全方位的优化,并将网易考拉海购 App 定位于不只是简单的跨境购物工具,更是用户发现好东西、分享好东西的窗口。网易考拉海购 App 的独特之处在于:视觉时尚清新,扁平化设计,易于吸引年轻化用户;分类清晰美观,浏览方便,有一种享受"逛街"的感觉;基于大数据,首页会更加智能化、精准化地推荐商品和品牌;采用了浮层交互方式,告别烦琐流程,实现"一页化"购物。

网易考拉海购 App 内容化的商品、阅读式的体验、场景化的运营理念和更加精准的推荐方式,克服了用户在购买海外商品时普遍遇到的不信任、不熟悉、盲目等痛点,直接引领了整个电商行业交互方式的变革,至此场景化被大量运用在电商 App 中。

5. 践行从商品销售到生活方式推广

和网易一贯的气质一样,考拉海购主打精品策略,践行"品牌、资源、科技和文化"的选品八字经。

首先是更加注重商品品质和性价比,宣扬一种生活美学方式,用更少的钱过更好的生活。第一步,让消费者知道买什么;第二步,让消费者买到对的商品;第三步,让消费者感受到,每一次购买行为都与生活密不可分,购买就是改变生活,购买就是生活。

回归理性消费是电商未来不可避免的方向。用"生活清理师"活动提倡的减法生活,网易考拉海购提倡的减法消费,让用户把精力、时间、金钱投到对自己最重要的人和事上去,过更舒适的生活。

网易的老总丁磊曾说过:如果一个电商平台在用户眼里不仅是一个购买渠道,而是一种生活方式的引导者,那是行业的一种进步。网易考拉海购一直如此践行着。

(五) 总结与思考

1. 考拉海购的品类有待不断提升和丰富

跨境电商发展的前期的商品类别主要是母婴领域、美容彩妆、家居生活、营养保健等,而网易考拉也不例外。随着中产阶级家庭在国内的崛起,以及人们的生活消费不断升级,用户对海外高品质商品的需求越来越旺盛。人们对海外商品的购买需求已经不仅仅局限在购买奶粉、纸尿裤、化妆品等方面,网易考拉海购的在"双 11"的销售数据也显示,日用百货类、轻奢类产品(服饰箱包及大牌美妆)和母婴类产品分列销售额的前三位,大牌美妆和服饰箱包为主的轻奢品类首次超过母婴类产品进入销售额前三。显然,品类更丰富的跨境电商平台更能满足用户的消费需求,而品类单一的跨境电商平台则会陷入同质化竞争当中,逐步被用户抛弃。

根据考拉海购 2016 年"双 11"的销售记录,轻奢品已经超过了母婴产品,所以网易考拉海购在未来不久的一段时间内需要不断扩展轻奢品的品类。另外,考拉海购需要进一步加大对采购团队的培育和投入,利用网易品牌优势进一步打造和优化海外选品团队。

2. 如何解决保税仓扩展与资金成本的矛盾

通过全球选货、大批量采购、集中海运或空运，考拉海购以海外批发价拿回来海外商品，然后通过国内保税区发货，2～3 天送到消费者手中。随着品类的扩增，要继续保持自己一个送货快的优势，就必须不断扩展自己的保税仓。尽管网易考拉国内保税仓的总面积最大，但是网易考拉的低价模式决定它需要大量的保税仓。而跨境电商的迅速发展，保税仓成为稀缺资源，扩展保税仓需要在资金成本上不断地投入。

京东通过打造自营的物流体系赢得了口碑与用户体验优势，但同时也吞噬了销售利润，从这个角度看，网易的考拉海购也面临同样的两难选择。保税仓稀缺是整个跨境电商面临的一个难题，当前是跨境电商的发展速度高于保税仓储的发展，网易考拉需要加大对保税仓储市场的关注力度，尽可能在第一时间抢夺相关资源。

3. 宣传力度及用户沟通渠道有待拓展

考拉海购是网易第一次接触实体电商的实践。相比较于天猫和京东在电商领域的知名度，考拉的发展时间比较短，还未被广大的消费者熟知。但综合考拉海购商品的品质、性价和物流等方面，考拉海购自身是足够优秀的，与天猫国际和京东全球购相比只是缺少被消费者发现的机会。考拉海购需要做出宣传策略上的调整，改变只在网易的其他平台做宣传的现状，加大对宣传的投入，如电视广告、网络广告等。

二、移动商务之行业巨头的 O2O 实践——星巴克咖啡

（一）基本概况

星巴克(Starbucks)是美国一家连锁咖啡公司的名称。它于 1971 年成立，是全球最大的咖啡连锁店（见图 8－16），总部坐落在美国华盛顿州西雅图市。星巴克旗下零售产品包括 30 多款全球顶级的咖啡豆、手工制作的浓缩咖啡和多款咖啡冷热饮料、新鲜美味的各式糕点食品及丰富多样的咖啡机、咖啡杯等商品。截至 2023 年年末，星巴克在全球有门店近 3.8 万家，分布在 80 多个国家和地区；中国是星巴克第二大市场，门店总数达 7 093 家，预见到 2025 年年末将达到 9 000 家，从业员工 9.5 万名。

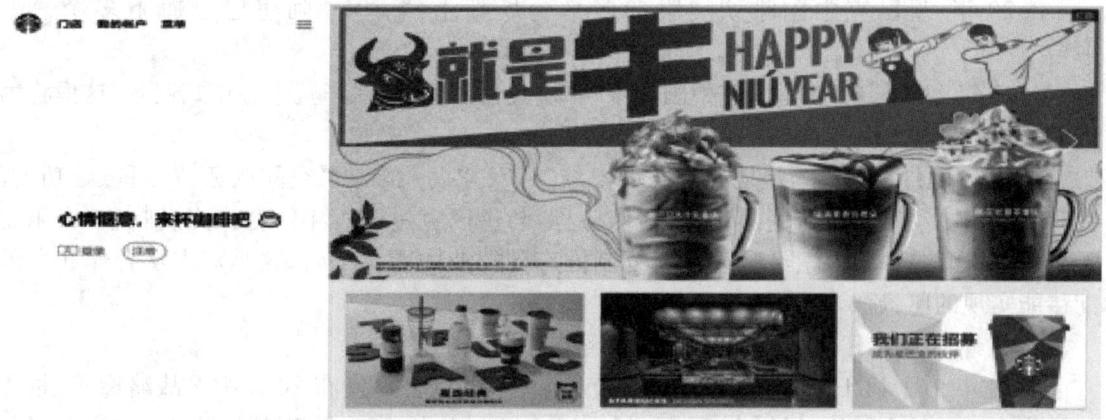

图 8－16　星巴克官网

（二）发展历程（大事记）

1971 年，星巴克在西雅图派克市场成立第 1 家店，开始经营咖啡豆业务。

1982 年，霍华德·舒尔茨先生加入星巴克，并担任市场和零售总监。

1987 年，舒尔茨收购星巴克，并开出第 1 家销售滴滤咖啡和浓缩咖啡饮料的门店。

1992 年，星巴克在纽约纳斯达克成功上市，从此进入一个新的发展阶段。

1998 年，星巴克上线了官方网站 Starbucks.com，以方便越来越多的网民通过网站来了解星巴克。

2000 年，舒尔茨卸任 CEO 后，星巴克的互联网之路进展相对缓慢。

2001 年，同微软合作，开始在门店里为消费者提供 Wi-Fi 收费网络服务。

2005 年 11 月，注册 YouTube 账号，并组建专门团队运营其 Facebook、Twitter 和 YouTube 账号。凭借线下良好的品牌声誉和线上妥善的运营，星巴克成为各大社交网络上最受网民喜欢的餐饮品牌之一。

2008 年，舒尔茨重新担任 CEO，发布了其互动网上社区 MyStarBucksIdea.com，以鼓励消费者通过这个网站给星巴克提建议。

2010 年 7 月，星巴克开始在全美提供无须注册、无时长限制的免费 Wi-Fi。

2011 年 1 月，星巴克发布了移动支付的客户端，第一年移动交易额就超过 2 600 万美元。

2015 年，推出星巴克天猫官方旗舰店。

2016 年 6 月 8 日，《2016 年 BrandZ 全球最具价值品牌百强榜》公布，星巴克排第 21 名。

2017 年，星巴克中国宣布未来五年投资约 1.32 亿元人民币（2 000 万美元），回馈社区，发挥社会影响力。

2018 年，星巴克“用星说”功能在支付宝平台全面上线。

2018 年，星巴克全新多重体验式旗舰店——星巴克臻选®北京坊旗舰店揭幕。

2018 年，星巴克与阿里巴巴集团达成新零售全面战略合作。

2019 年，星巴克“在线点　到店取”服务——“啡快™Starbucks Now”全新上线。

2020 年，星巴克中国啡快™服务多平台焕新上线，登录阿里巴巴旗下多个 App 平台。

2021 年 11 月 10 日，星巴克中国首家“非遗文化体验店”在华贸中心正式迎客，这里将为传承技艺的乡村女性提供展示作品的空间。

2022 年 1 月 18 日起，星巴克在美团上线“1971 客厅”的专属空间服务、“专星送”功能。针对星巴克“专星送”接入美团，饿了么回应称，与星巴克过去三年的合作充满收获，很乐意看到“专星送”服务的探索经验现在正复制推广到行业内更多平台，这是双方从合作初期就期待能实现的愿景。

2022 年 3 月 8 日，星巴克公司宣布暂停在俄罗斯的业务。

2022 年 9 月 14 日，在全球投资者交流会上，星巴克公司发布 2025 中国战略愿景，推出以价值为导向的全新增长计划，重磅加码中国市场。未来 3 年，星巴克中国将通过六大增长引擎，多项重大投资，加快推进公司发展势能。

2022 年 12 月 5 日消息，星巴克全国第二家非遗概念店落地上海，这也是星巴克中国又一家非遗概念店。

2023 年 5 月 30 日，星巴克中国消息，星巴克全球首席执行官纳思瀚近日展开了首次对中国市场的访问，并表示：星巴克中国将坚持直营，到 2025 年开设 9 000 家门店。

2023 年 8 月 2 日，星巴克发布 2023 财年第三季度(截至 2023 年 7 月 2 日)财报。其中，中国市场在报告期内净收入达到 8.219 亿美元，同比增长 60%(去除汇率变动影响)，较上一季度增长 10%；同店销售额增长 46%，同店交易量增长 48%，平均客单价下降 1%，相较于第二季度提高。

2024 年 3 月，随着星巴克中山古镇利和店的开业，星巴克在广东迎来了一个重要里程碑——第 1 000 家门店落成，这是继上海市和浙江省之外，星巴克中国内地第三个突破千店的区域。

2024 年 4 月 20 日，星巴克咖啡正式进驻黄冈。

(三) 产品与服务(运营模式)

1. 由产品转向服务，由服务转向体验的经营理念

星巴克所有店铺都是直销的模式，拥有所有店铺的所有权和经营权，而不是麦当劳那样的特许经营店。这样能够保证每家店铺统一的装修风格，员工都有较高的素质、经过统一的培训，所有店铺地址只选择在最繁忙的市区交叉路口；星巴克几乎不做广告宣传，每年花在广告上的费用不超过 2 000 万美元；除了香浓的口感，星巴克更注重氛围的营造。在消费者需求的重心由产品转向服务，由服务转向体验的时代，星巴克成功地创立了一种以创造“体验”为特点的“咖啡宗教”。

星巴克利用 4 种元素——浪漫的味道、负担得起的奢侈、众人的绿洲、悠闲的交际空间，创造出顾客满意的“第三空间”，自然而然地受到了顾客的青睐。人们在这里享受到的不仅是一杯自己喜欢的咖啡，在这个注重品质的时代，星巴克选址在最繁华的街道为顾客提供优质且悠闲的环境，更是让人们在闲暇之余，在一片净地，好好地享受轻松。

2. 会员制营销模式

星享俱乐部是星巴克推出的顾客忠诚计划，顾客可以通过注册星享俱乐部账户成为星享俱乐部会员，并通过消费积累“星星”，根据星星的个数确定会员等级，享受会员权益，以增强消费者在星巴克消费的体验感。

星巴克给会员卡命名为星享卡(见图 8 - 17)，会员一共分为三个等级银星级、玉星级和金星级，并有赠送咖啡邀请券、升杯等多重优惠。会员每消费 50 元即可获取一颗星星作为积分。当星星达到 20 颗时，会员卡升级为带有会员署名的金卡，享受每消费 10 次获取一杯免费咖啡等优惠。不过，星享卡积分会定时清零，想保住会员等级和更多优惠需要不断地在星巴克消费。以金卡会员为例，一张卡一年需累计消费 1 250 元，次年才可保持会员等级。为了保住等级，在多个咖啡品牌出现时，星巴克会员会不自觉地选择一杯星巴克而放弃其他品牌。

图 8-17　电子版星享卡

3.“社交媒体+O2O”的运营思路

星巴克建立了“官方网站+网络社区+社交媒体”三者紧密结合的线上运营思路。为了更好地实现O2O,2011年8月星巴克还开通了购物网站(starbucksstore.com)。从O2O的角度来讲,星巴克的线上部分已经高效承担了品牌营销、产品销售及客户关系管理的三重作用。因此,在结合移动互联网特点的基础上,通过移动支付领域的不断创新,星巴克的线上和线下已经实现了高效融合。

(1)通过社交网络,进行线上品牌推广,推动线下消费转化。2004年以后,社交网络发展日趋成熟,Facebook、YouTube、Twitter先后上线,所以此时通过社交网络进行线上品牌推广的时机已经非常成熟。为了能够在社交网络进行品牌推广,星巴克成立了专门的社会化营销团队,负责社交网络账号的运营,如图8-18所示。在社交网络同顾客互动,不仅分享星巴克的相关信息,还分享转发众多顾客感兴趣的内容。在Foursquare上,为消灭艾滋病捐款25万美元;在Google上,通过Googleoffer捐赠支持美国创造就业的倡议,通过公益提升自己的品牌形象。

图 8-18　星巴克社交网络图谱

在中国，星巴克通过手机 App 以及以微博、微信为主的各类社交媒体和消费者连接的平台，坐拥 200 多万个粉丝，在中国的门店数目有 1 200 个，并且以每 18 小时新开一间门店的速度迅速扩张。

(2)通过网上社区，鼓励线上反馈，改善线下服务。2008 年，舒尔茨的回归使得星巴克的互联网之路走得更加顺畅，更加精彩。舒尔茨回归不久就指出了重视用户反馈的重要性，并发布了 My Starbucks Idea 网上社区。在这个网上社区，客户可以针对星巴克的某个问题提出自己的建议和思路。对星巴克留言、评论星巴克的产品、进行优惠互动，从而帮助星巴克听取群众意见，更好地融入群众中。这样最终提升了星巴克的服务品质，赢得了消费者的信任，尤其建立并提升了星巴克在年轻消费者心目中的品牌形象：关注顾客，聆听顾客，关注服务。

(3) 通过免费网络，提供上网服务，吸引线下消费。提高客户黏性是每个企业乐于追求的目标。星巴克在这方面自然不甘落后，开创了一种独特的零售体验——为客户提供除工作场所和家庭外的“第三空间”。星巴克咖啡的核心客户群在 25 岁到 40 岁之间，经过长期的市场调研，星巴克发现这部分群体每月平均进店消费 18 次，其中 90% 是互联网用户，并且越来越多的顾客会带笔记本电脑喝咖啡。针对这种情况，星巴克提出了吸引顾客上门和停留更久的前瞻性措施——提供无线上网服务。

(4) 移动 App，第一时间传递星巴克新消息。2009 年 9 月，星巴克正式上线了其第 1 个客户端 My Starbucks，主要作用是帮助用户能更快捷地查询到附近的星巴克店铺及星巴克的菜单饮品信息。该客户端不仅帮助客户在第一时间了解到星巴克的相关信息，节省客户询问时间，同时还能够帮助客户避免不懂星巴克的尴尬。通过该客户端，星巴克在一定程度上快速提升了消费者的新品认知速度，同时拓展了促销渠道，降低了新品推广成本。

(5) 移动支付系统，引领便捷支付习惯。2011 年，星巴克在其客户端中整合了移动支付功能。其具体的操作方法是：消费者通过向星巴克 App 中的数字“星巴克卡”充值，之后星巴克店的收银处通过扫描二维条码进行支付。该功能推出后，每周通过手机支付的订单超过了 100 万笔，仅仅半年的时间，交易数量就达 6 000 万笔。2012 年 11 月，星巴克正式在其门店使用 Square 服务。2013 年 1 月初，星巴克在其美国 7 000 多家门店开售 Square 刷卡器。为了打开市场，星巴克采取的促销方式是只要 10 美元购买激活就送用户 10 美元余额。通过 Square 钱包，用户可直接同信用卡或借记卡账户关联，并通过点击支付或扫描二维码支付。同时，该程序还有一些附加功能：允许用户搜寻附近的企业、浏览商店和菜单信息、检查交易历史、定位商店、核对返点服务等。

(6) 线上线下融合，打造第四空间“啡快”(见图 8－19)。2019 年 7 月 12 日，星巴克全球首家“啡快”概念店在北京正式揭幕。星巴克“啡快”概念店，是星巴克门店类型的又一次创新，与星巴克传统门店和臻选店差异很大，这是一种全新的零售门店形态。不同于以往主打第三空间体验，星巴克“啡快”概念店主要服务用手机下单，到店自取的“啡快”服务和“专星送”外卖。相比于社交和空间化的体验，“啡快”概念店更突出“效率”。这是星巴克中国“数字创新”的又一次新的尝试。

图 8-19 星巴克"咖快"店面

截至 2020 年年底，星巴克中国数字业务（包括专星送外送服务、啡快手机点单服务）的营收占比已经超过了 26%，并且持续快速增长；2020 年第三财季，星巴克在中国净新开了 259 家商店，这些店以啡快概念店为主。咖快概念店集合了"在线点、到店取"的啡快服务、"专星送"服务和到店顾客体验三大功能。与传统门店及臻选门店差异很大，有别于第三空间的理念，可谓是第三空间和第四空间的一次新融合。

（7）早安闹钟 Early Bird 改变顾客生活习惯。有一个词相信大家都不陌生——拖延症，不到最后一刻不去做一件事情，拖延睡眠更是如此。每天清晨，很多人都深深受着不想起床和不得不起床的双重压力折磨，拖延了一会，再拖延一会，直到最后一刻。现在一款充满动力的星巴克 Early Bird 闹铃产生了。

Early Bird 是一款别具匠心的 App 闹铃，是星巴克 2012 年在其星巴克 App 中新添加的一项功能。这款闹钟区别于其他闹钟 App 的地方在于：用打折咖啡的鼓励诱惑顾客起床。用户在设定的起床时间闹钟响起后，只需按提示点击起床按钮，就可得到一颗星，同时如果能够在一小时内走进任一星巴克店里，凭手机应用记录就能买到一杯打折咖啡，迟到作废。之后，还可以将自己的起床信息在 Facebook、Twitter 上同朋友们一起分享、评论。

（8）同微信合作社交礼品体验，打造咖啡版的"微信红包"。2016 年 12 月，星巴克和腾讯宣布达成战略合作，中国大陆近 2 500 家门店接入微信支付。微信用户通过访问社交礼品体验"用星说"，可以在线购买礼品卡送给自己的微信上的朋友，受赠方收到的卡片自动存入卡包并可在门店兑换使用。在送礼的过程中可以自主发文字、图片或者视频。

2020 年 5 月，星巴克上线了全新的星巴克微信小程序，其中涵盖"用星说"体验、专星送服务以及搜索附近的门店功能。星巴克微信小程序，为顾客提供了线上和线下无缝衔接的使用体验，凭借微信平台的社交属性，与顾客建立情感联系。

微信的社交互动功能带来趣味社交、数字化体验带来便捷，星巴克让消费者自发地帮助它提升品牌的温度和黏性。用户购买卡片并赠送给微信朋友的同时，附带的祝福语、图片、视频等心意素材可以自由发挥，这种一对一的体验有点类似微信红包，但形式更多样，可以说是咖啡版的"微信红包"。微信卡包产品服务，使用户走到门店时，卡片会自动置顶。线上送礼、线下使用的礼品体验，能够加强用户和用户之间的互动，实现用户和品牌的连接，也能缩短用户和门店的距离。

（四）创新与特色

1. 文化理念的创新，星巴克的门店不只卖咖啡，也传递文化

“来，先让我们享受一杯星巴克”，独特的星巴克体验和“第三空间 ”，是吸引人们迷上星巴克的原因。在专注于咖啡品质的同时，星巴克致力于邀请更多的人来分享这一独特的咖啡体验，创造出一种在家和工作场所以外的“第三空间”，使每个来到这里的人，在品味咖啡的同时，更获得一种咖啡延伸出的情感体验，而这也正是星巴克咖啡氛围最经典的诠释。星巴克的成功精髓在于，它让咖啡不仅仅只是一种饮品，而是通过咖啡这一载体传递一种生活方式和文化。

2. 本土化体验，星巴克的粽子入乡随俗，调制“中国味”

星巴克除了卖来自西雅图的咖啡，还卖“中国味的粽子”。星巴克在为消费者提供始终如一的星巴克体验的同时，也同时强调产品和服务的个性化，不断给消费者带来愉悦和惊喜。例如，在美国，星巴克的小型门店生意很好，因为办公室职员早上常常会在上班路上匆匆买个培根干酪三明治；而在中国，消费者看重的是休闲空间，如可供他们在下午放松一下的沙发，因此，星巴克力求加入更多的中国本地元素，在门店设计、地方食品和饮料供应等方面，完美地将当地习俗融合到星巴克体验中。

3. 人文情怀，星巴克的“伙伴”计划将心注入，员工即品牌

星巴克曾经三次被评为“全球最佳雇主”，在员工流失率居高不下的饮食零售行业，星巴克的团队凝聚力和人员稳定性显得比较另类，但这些正是来源于公司对员工的真正尊重与信赖，星巴克的雇员在内部互相不称为员工，也不叫雇员，而是互相称为伙伴。

目前在中国，星巴克有约 7 万名“伙伴”，到 2025 年将增加到 9.5 万人。有这么多的员工，意味着要承担责任，而不只是仅仅以挣钱为目标。星巴克做品牌营销的方法非常不同，不是通过市场营销，不是通过广告，而是通过门店的体验，让客户获得真正的星巴克体验。激发并孕育人文精神——每人、每杯、每社区，这是星巴克的使命。每一杯小小的咖啡，都承载着舒尔茨先生“将心注入”的理念。而星巴克伙伴通过精心制作每一杯完美的咖啡，来传递一种独特的体验和精神，把每一个人紧紧联系在一起。

4. 全渠道融合，引领消费者在社交媒体推广

在英国伦敦市中心的星巴克，有这么一位个性鲜明的咖啡师，他的名字叫 Lafitte。在闲暇之余，他会收集消费者喝完留下的纸杯并带回家中，然后在纸杯上画出精美的涂鸦并且附带上消费者的名字，当消费者有幸再回到店内的时候，Lafitte 会亲手将这件艺术品交还给那位消费者。欣喜若狂的消费者会直接将这些杯子上传到不同的社交平台，久而久之，光顾这家星巴克门店的消费者越来越多。

用户主动上传这些杯子到社交平台，成功地引起了品牌营销，似乎是星巴克和其他零售商在社交媒体战略上的不同之处。利用用户的主动性来传播品牌，会走得更远更广，因为星巴克懂得消费者的心态。

5. 个性化优惠和会员积分奖励，增加用户忠诚度

星巴克通过手机应用这个渠道同自己顾客沟通交流，不断发放优惠信息，提供免费饮料

和一些生日礼物，增加用户黏度和互动性。

通过植入移动端的积分奖励措施，成功地替代了传统的星享卡。星巴克除了能够不断地保持同用户的黏度，还能从它的用户使用的手机应用上获得更多的数据。

（五）经验要点

星巴克积极探索O2O道路取得了巨大成就，品途咨询2013年4月发布的文章《美国餐饮企业O2O化排行榜星巴克居首》里，美国餐饮新闻网(NRN)以美国主流的三大社交媒体及社交网络(Facebook、Twitter和YouTube)为衡量指标，对各大餐饮企业的社交化程度进行了排名，星巴克以107.09的总分高居美国餐饮企业社交化排行榜榜首。

(1) 星巴克的O2O实践的成功首先依赖于线下建立好的强大品牌优势。星巴克在40多年的发展历程中一直坚持给顾客提供最好的咖啡和最佳的服务，其品牌美誉度受到各方高度肯定。

(2)星巴克积极主动尝试新事物，敢于用新技术去改造和提升其传统服务。同其他传统企业相比，星巴克的创新意识更强，其领导人直接参与和推动线上线下融合，无论从重视程度还是动作力度上都更为果断。

(3) 星巴克在利用互联网进行品牌营销和推广方式上的优点是：在进行互联网营销推广时不是以增加新顾客为第一出发点，而是更加重视维护已有的客户关系；通过同互联网和线下已有良好关系的顾客建立新联系，依赖忠实客户在网络上宣传星巴克的理念进行口碑营销，最终达到增加新顾客的目的；举办线上创意活动(如个性签名饮品)，通过星巴克的奖励项目(My Starbucks Rewards)，鼓励顾客积极分享，以加大网络传播广度；星巴克一向坚持公益，在网上推广时注重把品牌营销同公益紧密结合，号召网民在参与的同时提高自己的美誉度。

(4) 星巴克采取全平台营销，而且根据Facebook、Twitter、Pinterest等平台的不同特点来进行对应的运营及开展有针对性的活动。

相比星巴克线上高效承担了品牌营销、产品销售及客户关系管理三重作用，中国绝大多数餐饮企业并没有从战略上重视线上的作用。虽然很多中国本土餐饮企业已经开通了相关的社交媒体及社交网络账号，但同国外餐饮企业相比，中国本土餐饮企业利用社交媒体或社交网络的能力还非常弱。观察中国Top 30本土餐饮企业的官方微博发现，绝大部分企业的官方微博还处于摆设阶段，粉丝少、微博数量少、同粉丝沟通少是它们的共同特点。

O2O线上线下结合是未来的趋势，中国本土餐饮企业应该积极适应变化，用互联网理念和思维武装自己，尽早建立专业团队，统筹企业的线上营销和销售业务；积极学习和适应社交网络及社交媒体，确保企业品牌在各大平台上的正面曝光；坚持创新，以创意结合礼品赠送等形式来加强同线上用户及粉丝的交流，根据线上意见反馈来完善线下服务，找到线上和线下的融合点，以O2O思维努力打造企业未来的核心竞争力。

三、社群营销——大咖罗辑思维

（一）概况

罗辑思维——互联网知识社群，成立于2012年年底，是罗振宇与独立新媒创始人申音合作打造知识型视频脱口秀节目。半年内，由一款互联网自媒体视频产品，逐渐延伸成长为全新的互联网社群品牌。包括微信公众订阅号、知识类脱口秀视频及音频、会员体系、微商城、百度贴吧、微信群等具体互动形态。

罗辑思维的口号是"有种、有趣、有料"，倡导独立、理性的思考，推崇自由主义与互联网思维，凝聚爱智求真、积极上进、自由阳光、人格健全的年轻人，是国内微信公众号营销的典范。

（二）发展历程

罗振宇，人称罗胖，1973 年 1 月出生，安徽芜湖人，历任 CCTV《商务电视》、《经济与法》、《对话》制片人。自媒体视频脱口秀"罗辑思维"主讲人，互联网知识型社群试水者，资深媒体人和传播专家。

罗辑思维的发展主要有三个阶段：

(1) 知识社群的形成期。通过优酷视频、微信等平台，分享知识类内容，吸大批粉丝，2012 年年底，确定社群商业化发展路线。

(2)试水社群电商。25 000 名粉丝为罗辑思维核心付费会员，推出中秋月饼卖出 4 万份，超过星巴克同期销售额，从知识分享到做电商，粉丝们能接受吗？知识需要付费吗？引发网友争议。

(3) 知识电商平台化。基于知识社群强大的影响力，2015 年估值 13 亿元，打造以微信书店为主的知识电商模式，2016 年推出"得到"，构建知识电商平台(见图 8－20)。

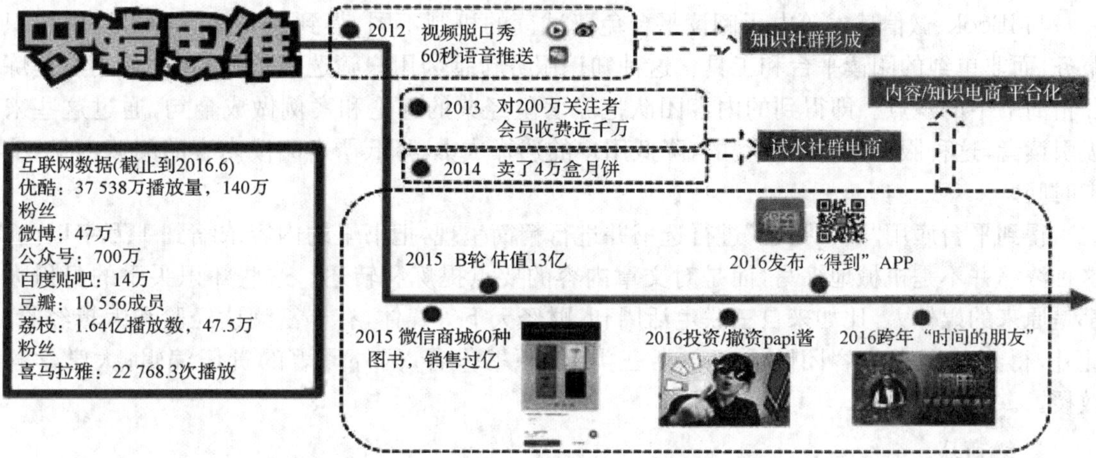

图 8－20　罗辑思维发展历程

2017 年 11 月 8 日，罗辑思维入选时代影响力·中国商业案例 TOP30。

2019 年 10 月，罗辑思维以 70 亿元位列《2019 胡润全球独角兽榜》第 264 位。

2020 年 8 月，罗辑思维以 70 亿元位列《苏州高新区 2020 胡润全球独角兽榜》第 351 位。

（三）产品与服务

1.“罗辑思维”自媒体视频脱口秀直播

“有种、有料、有趣!”“罗辑思维”自媒体视频脱口秀节目是一场互联网社群试验，罗振宇把自己视为“手艺人”，为大家读书，做大家的书童，集结一群勇于创新的小伙伴，一起用全新的思维方式重新发现世界。

播出时间：微信公众订阅号“罗辑思维”语音，每天早上六点半左右发出，365 天全年无休；视频节目每期 50 分钟，每周五在优酷网播出，全年 48 期。罗辑思维脱口秀音频节目在喜马拉雅网上线，截至 2016 年 8 月，专辑播放量逾 3.9 次。

2. 图书《罗辑思维》系列

罗振宇根据互联网视频知识脱口秀节目“罗辑思维”创作系列图书。作者对正在到来的互联网时代有深刻的洞察，为我们提供了一种全新的思维。

2015 年，罗辑思维微信小书店全年的图销售额超过 1 亿元人民币。从不定期上新，到每周五固定上新书。从开始的三五本书，到如今独家在售将近 60 种图书，还守住了图书销售不打折的底线。

3. 知识服务类“得到 App”

得到是一个提供知识服务的 App，每天为用户提供 6 条免费的语音，每条时长 2 分钟左右，大都是知名大佬的商业观点或科学理论。另外还提供干货图书(精简版的电子图书)和音频演讲资料。

与 iBook、微信读书等电子阅读平台免费试读的机制不同，得到主要是为用户提供知识服务，而非单纯的阅读平台和工具。这种知识服务包括为用户筛选有价值的书、为用户提炼和精简书中的观点。即得到的内容团队把原著里经典的理论和案例做成金句，通过这些来吸引读者，这种服务是直接收费的，降低用户的选择成本，降低严肃阅读内容的阅读门槛，节省时间。

得到平台雇用“知识买手”进行选书并进行精简呈现，把书里的内容浓缩到 1 万字以内，这种浓缩并不是机械地缩写，而是对文章内容的要点提炼和转述。这些知识买手的身份大都是原来的媒体人，比如来自三联生活周刊、财经天下等媒体，有丰富阅读经验和编辑经验。此外，得到的图书内容团队大概包括三类人：原书作者；国外译著的责任编辑；大学学科教授。

4. 微商城

罗辑思维是基于微信第三方应用的有赞微商城首推的典型客户，2014 年轰动互联网界的“罗辑思维卖月饼”事件更是移动互联网、自媒体对传统行业深度融合案例，从此拉开了自媒体卖货之路。

随着罗辑思维发展迅速，经营思路变化快速。基于个性化需求，罗辑思维电商业务变阵，放弃原有的标准化有赞微商城，通过有赞的“大客户定制”服务模式，成立独立电商平台“生活作风”，包括 pc 端和微信端(见图 8-21)。

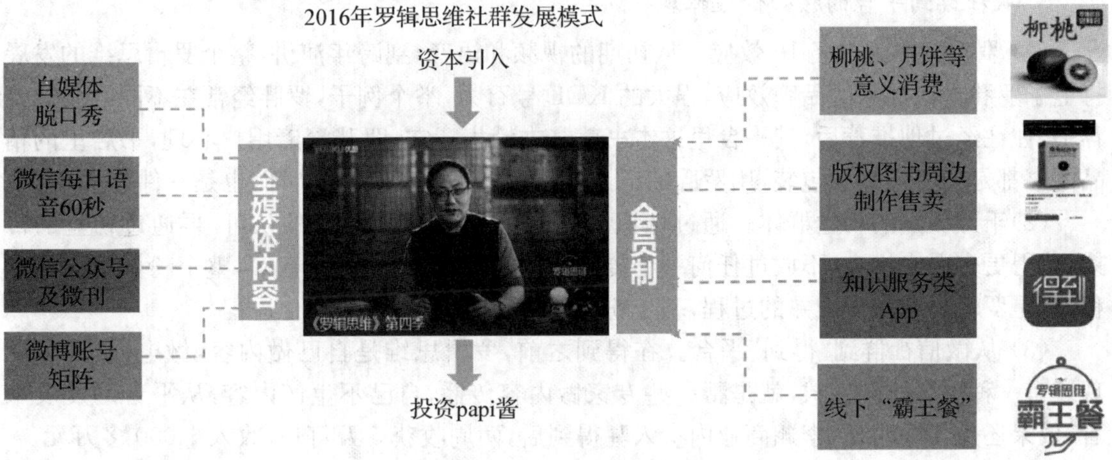

图 8－21 罗辑思维社群运营模式

（四）创新与特色

1. 用死磕自己唤醒尊重、用情感共鸣黏住用户

"罗辑思维"死磕精神的最典型体现是每天早上六点半的 60 秒语音。很多人无法理解为何非要 60 秒，但在罗振宇看来，60 秒代表一种仪式感，代表对用户的尊重，通过死磕和自虐获得用户发自内心的尊重与信任。罗振宇要完全采用纯脱口秀的方式来进行讲述，节目充满强烈的对话感，出现 BUG 就立即从头重录，每期不到一小时的节目都要花 8～10 小时才能录制完成。

日常的运营中，罗辑思维的创始人团队长期坚持亲自在微博、微信及客服系统中面向用户回复意见，解决客服问题，与用户进行直接互动。

第一次做线下活动时，"罗辑思维"设置了两个特殊环节。第一个是爱的抱抱，鼓励人们表达自己的真实情感，结果演讲结束后一群年轻人冲上台去拥抱罗振宇。第二个设计是两个箱子，一个名为打赏箱，一个叫吐槽箱，如果对活动满意可以进行不限金额的打赏，如果不满意可以写下意见以助改进。

2. 用人格思维凝结社群，用社群力量拓展边界

工业社会用物来连接大家，互联网社会要用人来连接大家。创新就必须要从物化的、外在的东西，重新变回到人的层面进行思维。因此，罗辑思维一直强调 U 盘化生存，"自带信息，不带系统，随时插拔，自由协作"。未来大家可以用自己的人格、自己的禀赋，为自己创造价值，市场进入万物有灵的时代。

罗辑思维与其他自媒体、互联网产品最大的差异在于，除了数百万用户，罗辑思维还建立了一个由数万人组成的付费会员群体。这个群体成为罗辑思维不断扩展事业边界的核心力量。而且在每年只开放一次招募会员，明确宣布罗辑思维会员群体最终上限为 10 万人，绝不扩大。在每次会员招募时，罗辑思维都不承诺任何的会员物质回报权益，会员更多的是秉持"供养社群"与"价值认同"的理念来支付会员费，罗辑思维会员群体是一个以价值观为基础的创业和知识社群。

3. 从社群到平台的核心价值体现

(1) 罗振宇本人具备 IP 效应。从初期的视频和语音,到跨年演讲,整个罗辑思维的发展打上了罗胖本人深深的品牌效应,强大的 KOL 号召力,举个例子,罗胖经常在不同的场合推荐书,往往经过他推荐后,其平台里这本书就基本销售一空,罗胖深谙用户心理,书店里的精品图书都是精心设计和包装,用罗胖的话说,就算是买回去放着做装饰,也是一件艺术品。

(2)千万级别的粉丝群体。通过知识的提炼和传播,获得粉丝的认可,再通过粉丝的传播,获得更多曝光机会,不放过任何一个传播的途径,微信、视频、语音等,整个粉丝量化的过程,就是罗辑思维品牌成熟的过程,基于粉丝的不同需求,推进商业化进程。

(3) 从微信社群到“得到”平台。在得到之前,罗辑思维是自己做内容,做电商,罗胖发现还有一种更轻松的方式,就是帮一些专家做内容传播,自己不生产内容,从平台的发展来看,效果还是比较明显,李翔商业内参入驻得到后,两周收获 5 万订户,收入 1 000 多万元。

(五) 经验要点

罗振宇是个颇具争议的人物。在他身上贴上了太多的标签:知识贩卖者、网络红人、商人、意见领袖、投资人等,从微信每天早上一段语音到卖月饼、开书店,再到投资又撤资 Papi 酱,引发社会热议的风头一时无出其右。然而,不可否认的是,罗胖确实把知识电商玩转了,而且玩得很好。并非每个人都能像罗胖这样成为网络热点,且不管有多少争议和受众,在研究知识电商的发展中,罗辑思维是一个重要的符号,而这个符号的精要之处在于如何让知识变现,这也许是众多知识拥有者想了解的真相或需要的启示:

(1) 知识经济和内容电商不存在风口,只是现在变现的条件开始成熟起来,只要是优质的内容,就可以通过各种平台实现变现;

(2)不是一定需要像罗胖这样的超级 IP 才能快速商业化,重在垂直,深耕下去,注重用户体验和阅读感也能获得粉丝;

(3) 在一个领域里面,方向正确,条件成熟的话,坚持下去就能越做越好,罗辑思维经历了 5 年的发展才取得一定的成就,知识电商领域不会有暴发户,只有深耕者。

罗辑思维的社群模式,本质上是让用户尝试着去思考,社群定位白领用户,给用户的满足也依然是参与感的打造。在学习知识方面,除了长期提供给用户高大上与然而并没有什么用的逻辑思维,有时也会有一些接地气的生活知识传递;在逻辑共鸣方面,通过 60 秒的讲故事来占领用户的琐碎时间,在故事的逻辑层面上简单易懂,最后听完了语音还可以回复关键字看文章,进一步地来加强深度的共鸣。

罗辑思维主要面临的问题是什么? 我们从社群运营的角度做以下探讨:

(1) 罗辑思维的社群模式更像是一种渠道,一头连接的是强势供应,一头连接的是人群不同的需求切面。特点是强连接,弱需求,用户的消费需求大部分都是被“人工创造”的。这种需求的变现就像罗振宇说的“U 盘化生存”模式,一种商品卖完就走,下次也很难再有同类产品迭代,为了不断刺激购买,产品线就要越铺越长,最后整体的管理成本迅速攀升,对整体的运营构成了巨大压力。

(2) 罗辑思维通过“贩卖知识”“为你读书”的方式吸引粉丝,将人群聚合在一起,就像罗振宇所说:承担了一个过滤和筛选的渠道,筛选出“爱知求真”的中产阶级,完成了对用户的圈层处理。但实际上罗辑思维整个社群用户之间的联系和共性很少,罗辑思维聚焦在自己的供给侧，然后推出相应的产品，难以形成稳定的体系。

(3) 用户追捧罗辑思维，除了自认为可以提高认知之外，最大的诉求就是节省时间，用最短的时间攫取知识，并养成独立思考问题的习惯。在罗辑思维的新鲜感消失的时候，用户突然发现通过罗辑思维并不能让自己真正拥有自己想要的那种独立思考能力，也就会慢慢开始怀疑罗辑思维的效果，社群的运营必然会出现崩盘的危险，这才是真正的危机。

罗辑思维的内容电商本质上依旧是披着聚粉利器的外衣搞着媒体擅长的流量生意。内容电商开始总是纯粹的美好，随着时间拉长，核心用户需求和电商能力缺失等问题就会暴露出来。到了一定阶段，电商带来的直接收益容易让平台丧失理智，盲目扩张品类，甚至利用所谓粉丝的信任，贩卖假货，与用户核心需求产生背离。这就是罗振宇演讲中所说的“内容电商有坑”。

四、内容与直播的结合——抖音

（一）基本概况

抖音，是由今日头条孵化的一款音乐创意短视频社交软件，该软件于 2016 年 9 月 20 日上线，是一个面向全年龄段的音乐短视频社区平台。用户可以通过这款软件选择歌曲，拍摄音乐短视频，形成自己的作品，并能根据用户的爱好，来更新用户喜爱的视频。

（二）发展历史

2016 年 9 月 26 日，抖音版本 1.0.0 上线。当时短视频正处于高热度阶段，这种比文字、图片更加低门槛、低成本分享信息的方式广受用户喜爱。

2017 年 5 月，抖音推出海外版，名为“Tik Tok”。

2017 年 11 月 10 日，“今日头条”以 10 亿美元收购北美音乐短视频社交平台 Musical.ly，与抖音合并。

2018 年 4 月 10 日，今日头条旗下短视频平台抖音表示，抖音正式上线反沉迷系统。

2018 年 6 月，抖音月活用户达到 3 亿。

2018 年 6 月，国资委新闻中心携中央企业媒体联盟与抖音签署战略合作，首批 25 家央企集体入驻抖音，包括中国核电、航天科工、航空工业等，昔日人们印象中高冷的央企，正在借助新的传播形式寻求改变。此前，七大博物馆、北京市公安局反恐怖、特警总队和共青团中央等机构也开始入驻抖音等短视频平台。除了娱乐、搞笑、秀“颜值”、秀舞技，不少传播社会主义核心价值观的内容开始在短视频平台上流行起来。

2018 年 7 月，抖音宣布启动“向日葵计划”，将在审核、产品、内容等多个层面推出 10 项措施，助力未成年人的健康成长。

2019 年 1 月，中央电视台与抖音短视频举行新闻发布会，正式宣布抖音将成为《2019 年中央电视台春节联欢晚会》的独家社交媒体传播平台。

2020 年 1 月 8 日，火山小视频和抖音正式宣布品牌整合升级，火山小视频更名为抖音火山版，并启用全新图标。

2021 年 1 月，抖音与央视春晚联合宣布，抖音成为 2021 年春晚独家红包互动合作伙伴。这是继 2019 年春晚后，抖音第二次与央视春晚达成合作。

2023 年 5 月 25 日，抖音宣布联合科普中国、中国科学院之声等发起青少年科普创作计划。9 月，北京市委网信办坚持问题导向，针对重点环节出实招、破难题，指导属地重点网站平台在热搜热榜设置固定辟谣位，抖音作为首批试点平台。

2023 年 9 月，抖音推出了地方方言自动翻译成文字的功能。首期上线的方言包含了粤语、闽语、吴语、西南官话、中原官话等。创作者使用“自动字幕”功能，选择“转为普通话字幕”，即可完成对视频内容的方言语音自动识别，并将视频里的方言内容转化成普通话字幕。

2023 年 9 月 29 日，抖音在湖北武汉举办“中秋登楼夜”晚会活动。本次晚会以“每一首唐诗都为我而作”为主题，内容分为“古人的唐诗”和“今人的唐诗”两大篇章，以不同的艺术形式演绎唐诗。

（三）产品与服务

1. 抖音短视频

抖音是一款专注年轻人的 15 秒音乐短视频社区，用户可以通过抖音短视频分享自己的生活，同时也可以在这里认识到更多朋友，了解各种奇闻趣事。视频时长一般在 15 秒到 5 分钟。相对于文字图片来说，视频能够带给用户更好的视觉体验，在表达时也更加生动形象，能够将创作者希望传达的信息更真实、更生动地传达给受众。因为时间有限，短视频展示出来的内容往往都是精华，符合用户碎片化的阅读习惯，降低了人们参与的时间成本。抖音中，用户可以对视频进行点赞、评论，还可以给视频发布者私信，视频发布者也可以对评论进行回复。这加强了上传者和用户之间的互动，增加了社交黏性。

抖音视频常常运用充满个性和创意的剪辑手法，或制作精美震撼，或运用比较动感的转场和节奏，让人看完一遍还觉得不过瘾，想再看一遍，如最近比较火的 Vlog（视频博客），在抖音上引起众多人跟风拍摄。

2. 剪映

剪映是抖音官方推出的一款手机视频编辑剪辑应用。带有全面的剪辑功能，支持变速，多样滤镜效果，以及丰富的曲库资源。

2019 年 6 月上线的剪映以门槛低、功能强大著称，它目前是中国用户量最大的移动视频编辑工具。作为抖音、西瓜视频官方推荐的视频创作工具，剪映“一键发布”的功能让用户投稿至其对应平台更方便了。“剪映”制作产品的界面中，也出现了这样一行字“直接分享到抖音会携带剪映标签，可获得更多曝光”，这也就意味着，在“剪映”中制作视频分享到抖音中，该视频将会获得“抖音”的流量加成。抖音作为一款日活 3 亿的短视频产品，拥有的信息曝光度和流量是很多产品无法比拟的。而这一次推出这款官方免费剪辑软件，或许是对打造以抖音为主体的矩阵的进一步延伸。虽然抖音当中也有视频处理功能，但操作相对困难，而推出一款视频剪辑软件，不仅能吸引更多用户下载，双向刺激用户增长，也能在一定程度上，抢先占据该细分市场。

3. 抖音电商

2020 年 6 月 18 日电商大战之日，多家媒体爆出，在经历了内部一轮针对电商业务的组织架构大调整后，字节跳动正式成立了“电商一级业务部门”，统一协调管理抖音、今日头条、西瓜视频在内的多个产品的电商业务运营。2020 年，字节跳动在电商领域动作频仍，尤其是旗下的抖音，在时下正夯的“直播电商”领域颇为发力。

抖音电商功能按照权限大致可以分为商品橱窗、抖音视频电商（抖音购物车）、抖音小店、抖音直播电商。

(1) 商品橱窗。

拥有个人主页电商橱窗，可以为发布的视频添加商品并售卖，也可以在直播间中添加商品并售卖，并拥有 dou＋推广功能。

入驻条件：需要抖音账号发布 10 条以上视频，且实名认证。商品橱窗功能是抖音商品分享的基础，“商品橱窗”开通后才可申请视频购物车和抖音小店。

入驻费用：缴纳 500 元保证金。

优势：门槛低，方便抖音运营者管理商品，抖音用户也能直接在商品页挑选商品。

(2)视频电商(购物车)。

解锁“个人主页商品橱窗”新手任务，才可解锁“视频电商功能”，即视频购物车功能。

入驻条件：点击“解锁”后需在 15 天内发布符合规则的商品视频数≥2 条，且视频内容与推荐的商品具有相关性，并通过审核；与视频内容不相关的商品，将被系统自动移除。

优势：发布视频时可直接添加商品。

(3) 抖音小店。

开通商品橱窗之后，需要添加商品，不想使用淘宝店铺或者没有店铺，可申请抖音小店来添加小店商品，实现商品售卖。

① 入驻条件

营业执照、实名抖音号、法人银行卡。

② 入驻费用

类目保证金：每个类目的保证金都是不一样的，平台是按照店铺经营类目中最高的收取，不会叠加计算。个体店保证金基本都是 2 000 元到 5 000 元左右，新手建议选择缴纳 5 000元。

条件二：资质齐全，抖音账号粉丝大于等于 30 万，西瓜、火山、头条账号粉丝大于等于 10 万。(校验的是注册店铺账号的粉丝情况)

优势：用户可直接在抖音 APP 购买，无需跳转。

(四) 特色与创新

抖音电商 2023 年全年 GMV(自营＋第三方跳转) 2.2 万亿元，2024 年预见超 3 万亿元。如果古典电商解决了传统零售品类不足的问题，视频电商则在解决古典电商的用户消费意愿问题。流量瓶颈下，传统电商的获客成本骤然攀升，以短视频平台为代表，优质流量入口成为品牌商家们的重点争夺对象。

不同于古典电商的发展历程，视频电商的立身之本是用户注意力，而非服务和品类，这使视频电商的成长路径异于古典电商——先作为流量中介导入第三方交易，再打造小店、支付工具，尝试在平台内部完成交易闭环。与其他直播平台相比，抖音的电商之路起步相对晚一些，其 GMV 由第三方交易以及抖音小店构成，短视频以及直播是主要实现方式。

2018 年 12 月，抖音正式开放购物车功能申请，允许内容创作者将视频内嵌入淘宝链接，同时在个人抖音账号内开通商品橱窗。

头部主播以外，抖音也在扶持中小商家，鼓励商家自播。抖音电商和 KA 品牌签约后，除了约定返点，品牌自播的小店还会增加 20%的额外返点。

抖音对主播的限流相当普遍，对违禁词的处理比淘宝更严。如直播间出现“国家级”“高级""纯羊毛""抗菌"等关键词,且拿不出相关证书,商品将被直接下架,严重的会关闭直播间。而且,抖音的违禁词库更新极快,主播被限流后,往往不知道是哪句话出了问题。从平台角度看,视频电商有能力复刻古典电商的用户规模,但很难在短期内逾越这些老牌平台在履约能力、商家管理等方面的积累。短视频平台唯有通过监管施压,才能补足与古典电商同台竞技的劣势。

在第一代电商平台崛起的年代,大部分供需匹配都通过搜索完成,但未来,更多的电商成交可能会诞生在社交和娱乐场景下,由"人找货"演变为"货找人"。服务于商品交换的传统电商则面临流量成本攀升的难题,遭遇平台流量挤压的中小商家急需寻找新的流量入口,而以视频号、抖音、快手为代表,通过视频形式提供娱乐内容的视频电商正悄然崛起。

PC电商—移动电商—社交电商—视频电商的演变,对应了内容生态由图文到视频、直播的变迁。PC电商是对线下实体交易的颠覆,移动电商随着基础设施的完善不断迭代和进化,社交电商对应了拼多多的崛起,抖音、快手以及微信视频号的电商化则代表着视频电商的未来。

(五)经验要点

如今,提起电商大家都会想到直播带货这类话题,可见视频内容的加持给各电商平台带来了可观的流量。据极光发布的报告显示,直播带货整体转化率为20%,与传统电商相比上升了几倍。由此可见,视频内容已然成为电商平台重要的获客渠道。

而视频内容电商行业爆发的原因,有以下几点:

(1)视频内容受众广,营销传播强。而今短视频、直播等行业发展得如火如荼,视频内容相比图文等其他内容更受用户青睐。而且,不论是传播能力还是展示效果,短视频、直播都比其他内容形式更受广告主的认可。

(2)优化"人货场",提高供应链转换效率。视频内容沉浸式体验强,大大优化了用户购物体验,而且基于平台用户大数据精准推荐刺激用户消费,提高消费转化效率,进而反哺上游供应链持续,实现"人货场"的全方位优化升级。

(3)利好政策支持,行业稳健发展。视频内容电商行业因能推动消费,引发了越来越多的重视,如今已有多个利好政策出台,涵盖了人才建设、补贴奖励、税收优惠、基地建设等多方面,引领该行业健康有序发展。

以内容刺激提升转化,加上政策扶持,如今内容电商的行业前景好,而抖音作为内容驱动型玩家,正加快以内容平台步入视频内容电商市场。

自抖音直播起正式限制第三方链接后,抖音电商已迎来了一波入驻热潮,实力已不可小觑。据抖音官方数据显示,2020年1月至11月,抖音电商总体GMV增长11倍,抖音小店GMV增长44.9倍。

在流量方面,字节跳动系的流量已经仅次于腾讯系,且抖音作为目前字节跳动的顶流项目,在视频内容领域已经有很大的用户群体。在高手林立的市场,电商平台最大的忧虑莫过于流量的获取,而抖音自带流量发展电商业务有先天优势。

就抖音电商推出的"12·12抖音年终嗨购节"来说,抖音提高优质视频内容曝光,激发了用户的购买欲。同时,通过为进驻商家提供补贴和抢购等营销方式,刺激流量提升转化,促使用户快速下单。

在内容方面,抖音通过扶持头部主播增加优质内容体量,以期达到通过内容刺激消费的目的。其中,算法推荐是提高转化率的最佳方式,先向用户精准推送内容,再以低价吸引用户关注购买,大大提高了用户的购买率。

但是,在内容电商这个纷争不断的大染缸中,抖音电商也存在劣势。抖音电商闭环内的供应链还处于初级发展阶段,即使斥巨资构建供应链体系,但售后服务、物流体系等多个领域还未完善,因此在直播带货的热潮下,抖音主播买假货事件层出不穷。

另外,抖音电商内容分发的中心化机制使得头部流量集中,中长尾主播直播观看量低时,其直播带货的积极性就会大减。

不管怎样,抖音从直播带货切入内容电商领域的野心已经十分明显,内容电商市场又将迎来新的角逐局面。

小结

本项目介绍了近年新催生的几种典型电子商务模式——跨境电子商务、移动电子商务、社群电商、新零售等的相关知识。

复习思考题

1. 谈谈跨境电子商务与传统外贸电子商务的区别。
2. 外贸企业或个人在选择跨境电子商务平台时应该从哪些方面进行考量?
3. 移动电子商务的应用领域有哪些?结合本章内容谈谈你对移动电子商务的看法。
4. 在移动互联网时代,为什么电子商务社交化是大势所趋?
5. 你是如何理解新零售的?新零售和O2O电子商务有何联系与区别?

实践题

1. 在亚马逊中找一件需要的商品并进行购买,了解跨境电子商务的买家操作流程。
2. 选择一个合适的跨境电子商务平台,注册为商家,掌握注册入驻商家的流程。
3. 下载并安装天猫和京东App,根据自己的观察和使用,从登录、退出、搜索、二维码扫描、拍照购等方面对比这两个App的功能和体验。
4. 选择一个社交电子商务平台,写一个分析案例,分析平台的商业模式、优势和缺点等。

参 考 文 献

[1] [美]加里·P.施奈德.电子商务[M].10版,张俊梅,徐礼德,译.北京:机械工业出版社,2014.

[2] 叶琼伟,孙细明,罗裕梅.互联网+电子商务创新与案例研究[M].北京:化学工业出版社,2017.

[3] 陈德人.电子商务概论与案例分析:微课版[M].2版.北京:人民邮电出版社,2020.

[4] 曹磊.互联网+:产业风口[M].北京:机械工业出版社,2015.

[5] 卢金钟,雅玲.电子商务概论[M].北京:清华大学出版社,2017.

[6] 杨泳波.电子商务基础与应用教程[M].北京:人民邮电出版社,2017.

[7] 姜红波.电子商务概论[M].3版.北京:清华大学出版社,2020.

[8] 董志良,丁超,陆刚.电子商务概论[M].北京:清华大学出版社,2014.

[9] 居上游.电子商务——创新模式案例分析[M].北京:电子工业出版社,2017.

[10] 于宝琴.电子商务与快递物流服务[M].北京:中国财富出版社,2015.

[11] 李飒,刘春.电子商务安全与支付[M].北京:人民邮电出版社,2014.

[12] 徐寿芳.电子商务案例分析[M].北京:电子工业出版社,2018.

[13] 蔡剑,叶强,廖明玮.电子商务案例分析[M].北京:北京大学出版社,2011.

[14] 帅青红.电子支付与结算[M].2版.大连:东北财经大学出版社,2015.

[15] 胡赋.电子商务概论:微课版[M].2版.北京:人民邮电出版社,2018.

[16] 相广萍,陆川.电子商务概论:微课版[M].北京:人民邮电出版社,2020.

[17] 杨坚争.电子商务基础与应用[M].5版.西安:西安电子科技大学出版社,2006.

[18] 陈孟建,李华.电子商务网站运营与管理[M].北京:中国人民大学出版社,2015.

[19] 冯英健.网络营销基础与实践[M].4版.北京:清华大学出版社,2013.

[20] 白东蕊,岳云康.电子商务概论[M].3版.北京:人民邮电出版社,2016.

[21] 赵礼强,荆浩.电子商务理论与实务[M].北京:清华大学出版社,2010.

[22] 李琪.电子商务概论[M].北京:高等教育出版社,2004.

[23] 方美琪,付虹蛟.电子商务理论与实践[M].北京:中国人民大学出版社,2005.

[24] 洪涛.高级电子商务教程[M].北京:经济管理出版社,2009.

[25] 王玮,梁新弘.网络营销[M].北京:中国人民大学出版社,2016.

[26] 邓顺国.电子商务运营管理[M].北京:科学出版社,2011.

[27] 仝新顺.电子商务概论[M].北京:人民邮电出版社,2015.

[28] 王蕾,桂学文.电子支付原理与应用[M].武汉:华中科技大学出版社,2016.

[29] 汤兵勇,熊励.中国跨境电子商务发展报告(2015—2016)[M].北京:化学工业出版社,2017.

[30] [美]埃弗雷姆·特班,等.电子商务:管理与社交网络视角[M].7版.时启亮,等,译.北京:机械工业出版社,2014.